新文科·科学健身系列

普通高等学校体育专业教材

体育测量与评价

（第三版）

孙庆祝　孙晋海　陈培友　主编

中国教育出版传媒集团
高等教育出版社·北京

内容简介

本教材在第二版的基础上，以进一步提高教材质量为目标，结合当前我国体育发展中的最新研究成果进行修订。本教材主要内容包括绪论、体育测量与评价的基础理论、身体形态测量与评价、心肺功能测量与评价、身体素质测量与评价、心理健康与社会适应能力测量与评价、体质综合测量与评价、身体活动测量与评价、运动技术测量与评价、青少年运动员选材测量与评价、学校体育评价、社会体育常用综合评价方法。本教材体系完整、语言通俗易懂，新增“身体活动测量与评价”和“学校体育评价”的内容，同时通过二维码链接多种拓展资源。本教材可供体育教育、运动训练等专业学生使用，也可作为其他体育专业学生和研究人员的参考书。

图书在版编目（CIP）数据

体育测量与评价 / 孙庆祝，孙晋海，陈培友主编. -- 3版. -- 北京 : 高等教育出版社，2022.9（2024.12重印）
ISBN 978-7-04-058236-9

Ⅰ. ①体… Ⅱ. ①孙… ②孙… ③陈… Ⅲ. ①人体测量(运动医学)-高等学校-教材 Ⅳ. ①G804.49

中国版本图书馆CIP数据核字(2022)第027316号

Tiyu Celiang yu Pingjia

策划编辑 范　峰　　责任编辑 杨　琛　　封面设计 王凌波　　版式设计 李彩丽
责任绘图 于　博　　责任校对 刁丽丽　　责任印制 耿　轩

出版发行 高等教育出版社
社　　址 北京市西城区德外大街4号
邮政编码 100120
印　　刷 山东韵杰文化科技有限公司
开　　本 787mm×960mm　1/16
印　　张 28.5
字　　数 440千字
购书热线 010-58581118
咨询电话 400-810-0598
网　　址 http://www.hep.edu.cn
　　　　 http://www.hep.com.cn
网上订购 http://www.hepmall.com.cn
　　　　 http://www.hepmall.com
　　　　 http://www.hepmall.cn
版　　次 2006年7月第1版
　　　　 2022年9月第3版
印　　次 2024年12月第8次印刷
定　　价 48.00元

物 料 号 58236-00

编写组成员

主　编：

孙庆祝教授　博导　南京师范大学
孙晋海教授　博导　山东大学
陈培友教授　博导　南京师范大学

编　委（以编写章节为序）：

孙庆祝教授　博导　南京师范大学
魏登云教授　硕导　安徽师范大学
王运良副教授　硕导　安徽师范大学
贺洪副教授　硕导　湖南师范大学
马国东教授　硕导　吉林体育学院
金成吉教授　博导　辽宁师范大学
郝文亭教授　硕导　海南经贸职业技术学院
陈培友教授　博导　南京师范大学
陈海春教授　博导　福建师范大学
刘嘉津教授　硕导　宁波大学
王韶峰教授　硕导　哈尔滨师范大学
李秋菊副教授　硕导　云南师范大学
孙晋海教授　博导　山东大学
高岩副教授　硕导　山东大学

第三版前言

党的二十大报告指出“加强教材建设和管理”，表明了教材建设国家事权的重要属性，凸显了教材工作在党和国家事业发展全局中的重要地位。“体育测量与评价”是《普通高等学校本科专业类教学质量国家标准》中体育学类专业核心课程，在夯实体育专业学生专业技能方面具有重要作用。《体育测量与评价》一书自2006年问世以来，得到了广大师生和读者的厚爱，并于2010年推出了第二版教材。当前，我国正处于迈上全面建设社会主义现代化国家新征程、向第二个百年奋斗目标进军的关键时刻，为了适应新的形势、新的变化和新的要求，及时更新教材内容，在高等教育出版社的支持下，我们对第二版教材进行了全面的修订。

本次修订深入贯彻党的二十大精神，落实立德树人根本任务，守正创新，注重理论与方法相结合、方法与技术相融合，立足于体育测量与评价的科学研究成果和实践经验，增补了相关基础知识内容。

（1）增加身体活动测量与评价内容。缺乏身体活动已经成为全球第四大风险因素，每天的身体活动量应该是多少，如何测量和评价身体活动及效果，如何促进身体活动健康发展，对于指导全民健身具有重要的意义，当前也迫切需要构建身体活动测量与评价的目标体系、评价体系，希望增加此部分内容能对其起到积极的作用。

（2）增加学校体育评价内容。2006年第一版教材单独列出“第九章 学校体育评价”，2010年第二版教材去掉了这一章，改为“社会体育评价”一章，当时认为“社会体育评价”包括的范围更广，可以包括“学校体育评价”。第二版教材出版使用后，学者们建议，我们的教材主要面向学校，学校体育有它自身的特点，应该围绕学校体育的特点构建评价体系，因此，本次修订增加了学校体育评价内容。

（3）**增加常用体育综合评价方法。**随着体育的迅速发展，体育评价方法从单一指标评价发展到多指标综合评价，体育评价方法在得到快速发展的同时，也遇到一些问题，如对不同评价方法的适用性论述不够，缺少不同评价方法之间的综合研究等。因此，有必要对常用体育评价方法的构造原理、各种评价方法的特点、评价方法的适用性进行研究，对各种评价方法在应用时出现的问题进行分析，尤其是对综合运用各种评价方法进行介绍，以便学生在今后的学习和工作中更好地、更有效地利用多种评价方法综合评价多种体育发展状况。

本次修订受全国高等学校体育教学指导委员会和高等教育出版社的委托，由南京师范大学体育科学学院牵头组织编写。参加编写工作的有：南京师范大学孙庆祝教授（第一章），安徽师范大学魏登云教授、王运良副教授（第二章），湖南师范大学贺洪副教授（第三章），吉林体育学院马国东教授（第四章），辽宁师范大学金成吉教授（第五章），海南经贸职业技术学院郝文亭教授（第六章），南京师范大学陈培友教授（第七、八章），福建师范大学陈海春教授（第九章），宁波大学刘嘉津教授（第十章），哈尔滨师范大学王韶峰教授、云南师范大学李秋菊副教授（第十一章），山东大学孙晋海教授、高岩副教授（第十二章）。孙庆祝教授、孙晋海教授、陈培友教授对全书进行了统稿。

本书在编写过程中得到了高等教育出版社体育分社的大力支持，在此表示感谢。同时，本书也参考、吸取了国内外有关专家学者的研究成果，对此都作了说明，在此一并表示感谢。书中难免存在疏漏，恳请同仁批评指正。

孙庆祝

2023 年 5 月

第二版前言

2006年,《体育测量与评价》(第一版)由高等教育出版社出版。教材以《全国普通高等学校体育教育本科专业课程方案》为指导思想，力求培养学生分析、解决体育实际问题的能力，所以本教材的出版在推进高等学校培养体育教育等相关专业本科生的过程中发挥了积极作用。该教材面世以来，蒙读者垂青，至2010年初，已发行10万余册，被国内诸多高校当作核心课程教材。在深感欣慰之余，我们深知，教材中仍存在不少问题，更有许多有待提高和完善之处。为此，在高等教育出版社和广大读者的支持下，我们从2009年开始，着手该教材的再版修订工作。根据院校、读者的反馈意见，编写组分别在南京和海口召开了两次专门会议，就教材章节、内容商讨修订意见，并逐步达成最终修改意见。

本次修改结合当前我国体育发展的重点、热点问题，增加了“运动员选材的测量与评价”以及“社会体育评价”，同时对原有各章节进行一定的改动。面对当前竞技体育人才紧缺的问题，如何把先天条件优越、适合从事某项运动的人才尽早选拔出来，充实我国竞技体育后备力量，是一个亟待解决的问题。所以在本次修订中增加了“运动员选材的测量与评价”。社会体育包含内容广泛，涉及各个方面，如社会体育管理、体育场馆设施建设、社会体育指导员队伍建设、社区健身运动组织与服务等。如何对社会体育进行评价是一项复杂的系统过程，本次修订增加了以社会体育评价方法体系为主要内容的“社会体育评价”。

本次修订受全国高等学校体育教学指导委员会和高等教育出版社的委托，由南京师范大学体育科学学院牵头组织编写。参加编写工作的有：南京师范大学体育科学学院孙庆祝教授、陈培友副教授（第一、十章），安徽师范大学体育学院魏登云教授（第二章），湖南师范大学贺洪副教授（第三章），首都体育学院洪峰副教授（第四章），辽宁师范大学体育学院金成吉教授（第五章），海南师范大学体育学院郝文亭教授（第六章），山东师范大学体育学院夏淑芳副教授（第七章），南京体育学院张世林教授、福建师范大学体育学院陈海春教授（第八章），宁波大学体育学院刘嘉津教授（第九章）。孙庆祝教授、洪峰副教授对全书进行了统一修正。本书在编写过程中得到高等教育出版社尤超英同志的关心和帮助，在此一并表示感谢。同时，本书也参考、吸取了国内外有关专家学者们的研究成果，对此都作了说明，谨此一并感谢。

孙庆祝

2010 年 5 月

第一版前言

体育测量评价作为研究体育现象的测量、评价及其规律的科学，同其他学科一样，必然要经历一个由产生到发展，再由发展到成熟的过程。在这个过程中，国内外许多体育专家和学者都在进行积极的探索。探索的内容之一就是关注体育测量评价这个新学科的建设。

对学科建设来说，学科体系既是一门学科成熟度的重要标志，也是一门新兴学科发展的必然要求。从这一观点出发，本书将体育测量评价划分为三个领域：一是测量评价理论领域，主要研究体育测量评价的基本理论；二是测量评价技术领域，主要阐述体育测量评价的方法论内容；三是测量评价实践领域，主要讨论体育测量评价的实际应用。这是一个探索性的基本框架结构。

本书旨在强调对体育测量评价理论的研究，强调对体育实践的重视，并在理论与实践的结合上来探讨体育测量评价问题。评价与学校体育管理的目标是一致的。由于学校体育管理主要是对人的管理，管理关系即人的关系，而评价从本质来说又是对人的评价，是在进行价值判断的过程中把人的积极性调动起来，所以本书实践领域的测量评价主要是围绕人的测量评价而展开的，包括对学生、教师和学校领导的评价。另外，本书还包括学校体育评价和社会适应能力评价方面的内容。

现代体育测量评价的对象领域是广泛的，但是重点应放在哪里，这是人们一直在思考的一个问题。衡量任何学校体育工作的根本标准是学生身心健康的水平。根据这一标准，体育测量评价的重点对象无疑是学生身心健康质量。所以学校体育评价，要按照学校体育工作的价值标准，对学生的身心发展变化及构成其变化的诸种因素进行价值判断。

从历史上看，学校体育评价一直是围绕“为什么评、评什么、谁来评、怎么评”这样四个基本问题进行的，并根据评价实践的需要开展了许许多多的评价理论研究工作。当前，素质教育要求学校体育主要是增进学生身体健康、心理健康和社会适应能力。以前的体育测量评价教材多关注身体综合能力的测量评价，忽视了心理健康和社会适应能力的测量评价。因此，为了促进学生全面素质的提高，本书增加了学校体育评价和社会适应能力评价方面的内容。

本书的指导思想是：力求贯彻《全国普通高等学校体育教育本科专业课程方案》，注重学科的实用性，培养学生分析、解决体育实际问题的能力。在内容安排上，着重介绍在体育研究中常用的体育测量评价思想和方法，以及体育测量评价研究的实例，进一步突出应用性。

受全国高等学校体育教学指导委员会和高等教育出版社的委托，南京师范大学体育科学学院孙庆祝教授牵头组织编写本教材。参加本书编写工作的有：南京师范大学体育科学学院孙庆祝教授（第一章、第九章），首都体育学院洪峰副教授（第四章、第七章），辽宁师范大学体育学院金成吉教授（第五章），安徽师范大学体育学院魏登云教授（第二章），西北师范大学体育学院芦平生教授（第六章），湖南师范大学体育学院贺洪副教授（第三章），天津师范大学体育学院王晔副教授（第八章）。其中孙庆祝教授对全书进行了统一和修正。本书在编写过程中得到高等教育出版社支持。同时，本书也参考、吸取了国内外有关专家学者的研究成果，对此都作了说明，谨此一并致谢。

“路漫漫其修远兮，吾将上下而求索。”尽管在编写过程中编写组作了不懈努力，但由于体育测量评价问题的复杂性，加之编写组（笔者）能力所限，书中疏漏之处在所难免，恳请同仁批评指正。

孙庆祝

2006年5月

目　录

第1章 绪论

本章提要

体育测量与评价是一门具有较高实用价值的新兴学科。体育测量与评价的过程，实质上是在系统地、科学地和全面地搜集、整理、处理和分析体育相关领域信息的基础上，对体育活动中事物或人的现实的或潜在的价值做出判断的过程。其目的在于促进体育改革和发展，提高体育工作质量。本章主要介绍体育测量与评价的概念、研究对象、意义和功能，以及体育测量与评价学科发展概况。

关键词

体育测量与评价　自然科学　社会科学　系统科学　信息科学　教育科学　体育科学　方法论　教育测量评价

体育测量与评价（Measurement and Evaluation in Physical Education）是对体育范畴内现象（身体综合能力）及其有关因素进行测量与价值判断的一门应用学科。它属于方法学范畴，为体育运动实践提供了各种测量和评价的基本理论与方法，有着极大的实用价值。

第一节　体育测量与评价概述

一、体育测量与评价学科概况

体育测量与评价这门学科如何界定？应从以下几个方面去认识。

1. 从大的科学体系来看

体育测量评价横跨自然科学和社会科学两大科学门类。如体育测量与评价中涉及大量的运动人体科学方面的知识，属于自然科学范畴；也包含社会调查、体育教学训练、体育管理、体育心理方面的知识，属于社会科学范畴。当前，素质教育要求学校体育主要增进学生身体健康、心理健康和社会适应能力。以前的体育测量与评价教材多关注身体综合能力的测量评价，忽视了心理健康和社会适应能力的测量评价。为了促进学生全面素质的提高，体育测量评价必须充分考虑自然科学和社会科学两方面的因素。

2. 从系统科学的角度来看

体育测量评价是一个系统，测量、评价和反馈是相互影响、相互依存的子系统。体育测量的目标任务是搜集信息；体育评价目标任务是对所获得的信息进行加工处理、通过科学分析作出价值判断；反馈目标任务则是应用体育评价信息进行调控。由此可见测量是基础、是前提；评价是结果、是目的；反馈是调整、是控制。三者之间密切联系、不可分割，形成一个有机的整体。没有科学正确的测量作为前提，就不可能获得真实、可靠、有效的数据；没有评价提供信息，就没有反馈调控；而数据不真实，即使评价方法再先进，也不可能得到接近实际情况的较为准确的价值判断结果和可行的调整方案。

3. 从信息科学的角度来看

体育测量与评价是体育信息输入—转换—输出的过程。

体育测量是体育信息搜集的主要方法之一。体育信息搜集是指接收主体在体育活动过程中，通过一定的信息渠道或信息网络，按照一定的程序，采用科学的方法，对体育活动中的有用信息进行有组织、有计划、有目的搜集的工作过程。体育信息搜集是体育信息工作的起点和基础，是体育信息运行中的第一个环节，是体育信息管理的重要开端，也是体育信息加工、处理、存贮、检索、传输、利用等各项工作的重要基础。体育信息搜集工作的质量直接影响着体育信息管理各方面工作的质量。体育信息搜集不仅是体育信息运行的起点，还贯穿体育运行的全过程。

体育信息处理就是把已搜集的大量原始信息，按照一定的程序，采用科学的方法进行处理，其中，体育评价是体育信息处理的主要方法之一。

学校体育评价，是对学校体育活动中人或事物的价值判断。学校体育评价的过程，实质上是在系统地、科学地和全面地搜集、整理、处理和分析学校体育信息的基础上，对学校体育活动中事物或人的现实的或潜在的价值做出判断的过程。目的在于促进学校体育改革，提高学校体育工作质量。

4. 从教育科学的角度来看

体育测量与评价是教育测量与评价学科的一个分支，是一门新兴学科。随着科学技术的进步、体育教育的发展，许多学科从母系学科派生而出，并渗透移植到体育领域。体育测量与评价这门学科，正是近年来随着体育科学的发展和体育实践的需要，应运而生并快速发展起来的新兴体育学科之一。学科特有的基本理论以及测量与评价方法，大大地提高了教学、训练等体育实践活动的科学性。除此之外，就大众体育而言，人们掌握最基本的体育测量与评价知识与技能，也是适应社会发展需求与提高体育修养，提高国民自身健康与体质水平的需要。社会实践的需求，为体育测量与评价这门新兴学科的发展提供了良好的外部条件。

5. 从体育科学的角度来看

体育测量与评价是一门综合性的交叉学科，与其关系密切的学科有运动生理学、运动解剖学、运动医学、体育统计学、体育社会学、体育管理学等。这些学科的有关理论是体育测量与评价学科的基础，而体育测量与评价学科，正是在引用相关学科有关知识的基础上，运用本学科独特的测量与评价基本理论，借鉴发展中的先进科学技术，不断改进、创新测量与评价方法。体育测量与评价学科使人们在从事体育实践活动时能从多学科、综合性的角度出发，对被测事物作出较为深入与客观的价值判断，认识到事物本质属性。

6. 从方法论的角度来看

体育测量与评价是一门应用学科，具有较高的实用价值。它为我们了解身体综合能力水平及其有关因素提供了实用的测量与评价方法。由于近年来测量技术、数理统计方法的进步，电子计算机的更新换代，当今的体育测量与评价已由主观评价逐渐转向客观评价，即由定性分析逐渐向定量分析发展。体育测量与评价的目的在于通过测量获取被测事物各种属性及其特征的信息；通过评价对所收集的信息进行加工处理，再作出价值判断；最终将评价结果作为反馈信息，指导教学与训练等体育实践活动，以便科学、主动地调控体育实践活动过程，提高教学、训练效果，形成良性循环。

测量与评价是一个过程的两个方面。体育测量就是借助一定的工具，给体育现象赋值，来获取评价对象数量的方法。体育测量不是体育评价，但它与体育评价有密切的联系。体育测量是体育评价获得数据资料的重要手段。评价只有在测量的基础上才能得到正确的判断，通过测量作出的评价才可靠。测量也需要评价，测量的结果只有通过评价的解释才能揭示其实际意义。测量是评价的依据，评价是测量的具体体现。体育测量与体育评价是两个不同的概念。测量关心的是数量的多少，评价关心的是价值的高低；测量是一种纯客观的过程，评价带有主观性，是主观估计与客观测量的统一；测量是一种单一的活动；评价则是一种综合的活动。

二、体育测量与评价的研究对象、意义和功能

（一）体育测量与评价的研究对象

体育测量与评价作为一门学科，同其他学科一样，都有其特定的研究对象，否则，就不能成为一门学科。体育学科群的各门学科都是以人类社

会所特有的体育现象为研究对象的，这是体育学科同其他门类学科的最根本的区别。在体育学科中，有的以体育现象整体为研究对象，有的以体育现象的不同领域或不同层面为各自特定的研究对象，这是体育学科中各学科的根本区别。那么，作为一门学科的体育测量与评价是研究什么的呢？体育测量与评价的研究对象当然离不开体育，它同运动生理学、体育管理学等学科的研究对象不同，它是以体育领域中各个要素、发展过程、系统整体的价值关系及其体育价值目标的实现程度、实现过程和结果的解释、评估、判断为研究对象的，从而揭示体育测量与评价活动的规律性。

学校体育测量与评价作为一种活动，研究对象应该包括体育活动中的一切现象和结果。学校体育测量与评价的研究对象包括以下几个。

（1）学校体育测量与评价最重要的对象是每个学生。从体育活动的终极目标是使每个学生的身体健康得到发展这点来看，其重要性也是不言而喻的。体育活动的前提条件、发展过程、成果等首先都必须依据学生的能力、行动、状态来进行评价。因此，学生在学校体育测量与评价中占据着核心的地位。

（2）学校体育测量与评价的研究对象包括体育活动。体育活动促使学生身心沿着一定方向成长发展，而各种体育活动的有效性或成功度是实现体育目标的关键，具体地说，教学、训练活动、课余锻炼活动、竞赛活动评价等都是体育测量与评价的主要对象。

（3）学校体育测量与评价的研究对象包括直接制约体育活动的教师和体育活动计划。

（4）学校体育测量与评价的研究对象包括影响学生成长发展的群体和学校整体，如学生集体、班级、教师集体、学校体育整体状况。

（5）学校体育测量与评价的研究对象包括学校体育活动物质的社会环境条件，主要有体育场馆设施设备、周围社会的环境等。

（6）学校体育测量与评价的研究对象包括以学校为构成要素的、范围更广的体育体制，主要有体育行政体制、法规、制度，学校体育在整个社会中的地位和职能等。

从以上表述中我们可以看出，作为一门科学的体育测量与评价的研究对象与作为一种活动的学校体育测量与评价的研究对象是不同的，两者既有区别又有联系。作为一种活动的学校体育测量与评价的研究对象是作为一门科学的体育测量与评价的研究对象的载体、“附着物”，两者既不能等同，又不能割裂开来，我们应当在它们的区别和联系中把握两者研究对象的关系。

体育测量与评价研究的内容主要有理论、方法技术和实践三个部分。理论部分研究的主要内容有体育测量与评价的本质、目的、原则，体育测量与评价的类型、功能，体育测量与评价的模式，体育测量与评价的心理调控等。方法技术部分研究的主要内容有观察、访问、调查、测验、统计等。实践部分研究的主要内容包括体育各个领域的具体评价活动，诸如对学生、教师、教学、学校管理、办学水平等的评价。

（二）体育测量与评价的意义和功能

1. 体育测量与评价的意义

研究、学习体育测量与评价理论和方法对于作出体育决策、进行学校体育管理、提高体育教育教学质量、增强学生身体健康和使学生树立终身体育思想都有重要的意义。

（1）有利于体育决策的科学化和正确性：决策是体育行政部门和学校管理的重要职能，决策的正确与否，对于体育事业的发展至关重要。而正确的决策必须建立在客观的、科学的评价基础上，否则无法进行正确的决策。决策依赖评价，评价是决策的基础。认真研究和学习体育测量与评价理论，是使评价科学、客观的重要基础之一。缺少理论指导的体育测量与评价是零散的、不系统的，往往是凭领导者个人的经验、知识或智慧作出的。将这种经验式的评价作为决策的基础，无法保证决策的科学化和正确性。

（2）推进学校体育管理工作的规范化和科学化：管理好学校体育是体育行政部门和学校领导者的主要任务之一。如何管理好学校体育，虽然有各种不同的主张，但任何管理都离不开评价。体育测量与评价是学校体育管理过程的基本环节，也是提高学校体育管理水平的重要手段。通过科学的、客观的评价，可以提高学校体育管理水平，促进学校体育管理工作步入规范化、科学化的轨道。要做到科学、客观的评价，就只有研究、学习体育测量与评价理论，掌握体育测量与评价的方法技术。

（3）提高教师的评价能力，促进体育教学质量和科研水平的提高：教师在学校中具有重要地位，学校的一切活动都离不开教师的参与。而教师在参与中，都会自觉或不自觉地通过各种形式对参与的事物作出评价，例如，对学校领导者的评价、对学生的评价、对体育教学质量的评价、对学校体育管理工作的评价、对自己的评价等。其中，教师对学生的评价是大量的、最基础的评价，它关乎学生的成长和发展。体育测量与评价还为制订与修改教学训练计划提供客观依据，在教学、训练工作开始之前，掌握原始资料，了解教学、训练对象的基本情况与能力水平极为重要。通过测量与评价所提供的诊断信息来确定目标，为达到目标科学地制订教学、训练计划，所制订的计划尽量与个体实际情况符合，可以收到事半功倍的实施效果。在计划实施的各个阶段，通过测量与评价，随时了解个体差异情况及进步幅度。发挥评价的功能，根据获取的反馈信息及时修订计划，调整内容，积极主动地控制计划的实施，不断改善教学训练过程。

教师通过研究、学习体育测量与评价理论，可以掌握现代体育测量与评价理念，学会运用体育测量与评价方法技术，还可以为体育科学研究课题的设计提供科学依据。教师应掌握实用的测量手段，以便为体育科研提供获取数据资料、收集信息的方法；教师应掌握信息处理、评价分析的方法，直接应用于对测试结果的研究，以提高科研能力与水平。

（4）强化学生评价的理念，提高学生自我评价的能力：学生掌握体育测量与评价的理论与方法，能使学生了解本人身体素质状况，长处、弱点及能力水平，综合各种信息，客观地认识个人在集体中所处位置及水平差距。明确个人努力方向，激发学习情趣，主动与指导者配合，积极参与教学、训练等活动，提高教学、训练效果。

2. 体育测量与评价的功能

对体育测量的结果进行分析即为体育评价。因而体育测量的功能是为体育评价奠定基础，而体育评价的功能具体如下：

（1）导向功能：体育评价具有指引方向的功能。通过评价目标、指标体系的引导，可以为学校指明办学方向，为教师与学生指明教与学的奋斗目标。评价的导向功能是客观存在的，不以人的意志为转移的，它对体育目的的实现和方针的贯彻，有相当强的制约和保证作用。体育评价是根据体育目标进行的，它通过对现状与目标之间距离的判断，有效地促进被评对象不断接近预定的目标。所以，体育评价具有导向功能。

（2）监督检查功能：社会各界要了解、考察学校体育的发展状况；体育行政领导部门要对学校工作进行指导与管理；学校本身也要对师生的教学活动进行调节和控制；教师要对学生的学习进行监督和帮助，这些都需要通过一个具有检查监督功能的形式和手段进行，即体育评价。利用评价的监督检查功能，我们可以全面地掌握体育的各种情况，敏锐地发现问题并及时加以解决，对任务完成数量与质量进行控制，为促进、提高体育活动的有效性提供科学的依据。

（3）激励功能：体育评价会激发被评者争先的情绪，从而创造出一种正式或非正式的竞争环境。在体育教学训练管理中，根据工作的特点和活动的规律性，我们可以有意识地利用评价来强化评价对象间的竞争情绪，这样，不仅能起到激励先进、鞭策后进的作用，还可以使评价者预先设定的目标得以实现。

（4）筛选择优功能：在体育的实际工作中，经常要对体育的对象进行筛选择优。这就需要将众多的对象根据一个标准来衡量和判断，也就是要对他们进行科学的评价，因而评价也具有筛选择优功能。

（5）诊断改进功能：通过体育评价，可以发现体育教学过程中存在的问题和不足，然后针对这些薄弱环节提出改进的措施，这就是体育评价的诊断改进功能。例如，通过对体育管理或教学活动的每个环节、每一步骤、每一要素的正确性、适应性的分析和研究，我们就能判断出学校管理、教师教学和学生学习的薄弱环节或存在的问题，从而对其进行有效的指导，并为其改进提供可靠的依据，进而达到直接促进教学发展和提高的目的。对于体育实际工作者来说，这才是最有实际意义的。

第二节　体育测量与评价学科发展概况

体育测量与评价学科的产生与发展，正如其他体育学科一样，整个发展的各个阶段是互相交叉、互相重叠的。

一、运动人体测量的发展阶段

体育测量与评价是教育测量与评价学科的一个分支，也与运动人体科学紧密相连，它的发展与运动人体科学和教育测量与评价学科的发展密切相关。伴随着运动人体科学的发展，运动人体测量的发展大体经历了 5 个阶段，即：人类学测量时期、肌力测量时期、循环机能测量时期、运动能力综合性测量时期、标准化测量时期。

早在公元前 3500—前 2000 年，已经有了类似人体测量方面的研究存在。如古埃及、古希腊、古印度等国，为了了解身体各环节比例，对身体的各个部位进行了测量，试图用人体某一部位作为身体整体测量的计量单位。“掷枪人”就是当时对人体各部理想比例进行大量研究的结果。

我国远在 2 000 多年前，已有关于人体测量方面的研究记载。在医学经典著作《黄帝内经》中的《灵枢 · 骨度篇》，对人体测量方法已有了较详细而又科学的阐述。

关于人体测量方面的大量研究于 19 世纪中后叶开始。当时主要以身体的左右对称，身体各部的比例为重点内容进行研究。除此之外，在测量内容中开始有了引体向上等肌力测量。此后，哈佛大学的萨金特（D. A. Sargent）发展与实施了有组织的大面积群体测量，并将第 50 百分位数作为基准值进行评价。这一研究成果为体育测量与评价学科的发展作出了极大的贡献。1885 年在美国举行了第一次“保健体育、康乐体育协会”成立大会，大会首先讨论了测验的一致性和评价标准。然而，最早在这方面著书立说进行系统研究的是马丁（E. G. Martin），他于 1925 年写出《人体测量学》一书。书中的测量方法在当时被广泛应用，该书主要简述了运动对人体形态的影响及体型的分类。

1880 年前后，一些科学家将研究重点由人体测量转向肌力测量。他们主张与其研究肌肉的大小，不如研究其机能，并设计了肌力测验。1896 年凯洛格（I. H. Kellogg）发明了测力计，用来测量各肌肉群力量，但由于测力计造价昂贵，无法推广使用。1914 年马丁在研究小儿麻痹症儿童肌肉状态时，发现“局部肌力是全身力量良好标志”的原则，这一理论的发现使得肌力测验大大前进了一步。其后因社会上有一些人提出了“身体高大的人，不一定是强壮的人，而身体强壮的人，不一定有高度耐久力”的主张，肌力测量曾被一度冷落。萨金特的肌力测验，经罗杰斯（Rogers）的研究于1926年再度引起体育界的重视。罗杰斯以科学的方法向人们证明，肌力测验是人体运动能力的反映，即肌力与人体一般运动能力的关系密切，用肌力测验反映运动能力是有价值的，这个观点推动肌力测量向前发展。

1884年，意大利生理学家莫索（Mosso）发明了肌力记录仪，并将身体机能状态与肌力测量联系起来进行研究。他认为：“任何身体机能发生障碍，都可以降低人体作业能力，部分肌肉疲劳可以影响其他肌肉疲劳。”他从本质上指出身体状态与肌肉活动有着密切的关联。由于心血管系统研究的迅速发展，人们逐渐将肌力、机能、疲劳等一起进行综合研究，大量的研究发现，它们之间的确有着密切的联系，这些研究向人们证明：“人体心血管系统处于良好工作状态时，身体运动能力也呈现高水平工作状态；当其疲劳或发生障碍时，身体运动能力也随之下降。”并以此为理论依据编制一些测验用于体育运动，从而指导体育实践活动，这些研究成果在当时大大促进了体育测量与评价学科向前发展。

20世纪初，随着社会的发展及科学技术的进步，体育测量与评价学科逐渐转向对人体实际运动能力的研究。许多科学家认为对身体运动速度、耐力等多方面进行综合性研究，更能客观地、真实地反映身体运动能力。1901年萨金特率先创造了6个单项组成的成套测验，以30 min连续完成测验并能坚持到底者为优秀。当时，一些发挥人体基础运动能力的跑跳、腾越、攀登及其他综合性测验很快得到普及。1913年美国为了鼓励青年努力达到最低身体能力标准，公布了男女田径奖章测验。此后，依受试群体的年龄、身高、体重进行分组的测验竞相推出。在评价方面有的还将测验结果的第70百分位数测量值定为及格标准。这个时期除注重对身体能力的全面测量外，还特别注意结合群体特征对身体能力进行评价研究，以期能够较为客观地对人体运动能力作出综合性的价值判断。

近几十年来，为了能使不同地区、国家之间进行比较研究，各国不但在测量内容方面力求统一，而且测量仪器、实验方法等均力求统一，以使测量达到标准化、规范化。例如，美国的“体育及格标准”、苏联的“劳卫制”、日本的“体力测定”、我国在学生中进行的“体质调查”等，均是标准化测量与评价的实施。在各国研究并实施标准化测量的基础上，体育测量与评价学科逐渐实现了国际间的研究合作。1964年国际体力测量组织成立。该组织于1974年以“国际体力测定标准化委员会”名义公布了标准化体力测量内容。国际体力标准化测量内容的公布，极大地促进了体育测量与评价学科的发展。

二、教育测量的发展阶段

体育测量与评价伴随着运动人体科学发展的同时，也受教育测量与评价学科的发展影响，并得到快速的发展。一般可将教育测量的发展分为以下三个阶段：

1. 教育测量的萌芽阶段（1864年以前）

根据《学记》的记载，早在我国的西周时期，就实行了教育考评。自隋朝开始，至清朝废止，我国实行了1 300多年科举制度。如今尽管科举制度早已成为历史，但它的经验教训，对我们进一步完善高等学校招生制度乃至整个干部选拔制度，都不无借鉴意义。

在18世纪以前的西方各国，由于学校尚未普及，学校考试主要是口试。1702年，英国的剑桥大学首先以笔试替代口试，开西方学校考试笔试之先河。1845年，美国初等学校普及，学生数量激增，对毕业生口试已不可能，于是，波士顿教育委员会率先在美国相继以笔试取代口试，考察该市所属学校的毕业生。由于笔试客观性、可靠性比口试高，并且节约时间，测试结果大大优于口试。但是，因为评分易受主观偏见影响，况且试题太少，不足以反映学生所获知识与能力的全貌，因此，客观性仍大受影响。为矫正此弊，力求考试的客观化，测验方法随之出现。

2. 教育测量的蓬勃兴起阶段（1864—1940年）

20世纪20年代，美国的教育测验运动蓬勃发展起来。美国的教育测验运动的发展可分为三个时期。

（1）开拓期（1904—1915年）：这一段时间是方法的探索与初步的发展时期。在美国心理学家卡特尔的研究基础上，1904年桑代克发表了《精神与社会测验学导论》，这是一本在测验学史上划时代的巨著，标志着教育测验运动的开始。桑代克在书中宣称：“凡是存在的东西都有数量；凡是有数量的东西都可测量。”

（2）兴盛期（1916—1930年）：这一时期对桑代克的观点，不但在技术方面努力求得正确应用，而且不断提高到理论上加以证实。这一时期已发展了三种不同性质的测验，即学力测验、智力测验和人格测验。

（3）批判期（1931—1940年）：随着教育测验运动的不断发展，人们逐渐认识到，教育测验尽管能使考试客观化、标准化，并能把人的能力换算成数字，甚至个别差异的程度也可以量化，但它毕竟不能测出人的全部，即使是研究最多、最富有成果的学力测验也不能测得学力的全部领域。在人格测验方面，单纯的测验是无法把握的，如社会态度、兴趣、情绪、情感、鉴赏力等。然而，这些又都是教育的重要方面。1931年，塞蒙兹（P. M. Symonbs）发表了《人格与行动的诊断》一书，主张人格测量应用评定法、问卷法、交谈法、轶事记录法等，从思想上否定了单纯的人格测量法。从此，教育测验运动逐步过渡到教育评价的时期。

3. 教育测量的深入发展阶段（1941年至今）

20世纪30年代，美国进步主义的一些学者认为，教育测量固然可以使学生学业的考查客观化、标准化，但不能测得学生学力的全部，对学生的学习态度、兴趣、鉴赏能力、品德、性格、情操等方面，不能全面把握，需要进一步改革。

随之，现代的教育测量，在以下方面有了新的发展：

（1）开始重视学生智力和思想品德的测量。这是对过去教育测量多为测量学生的知识，忽视测量其他方面内容的改进。

（2）现代教育测量量表的编制突破了过去单一答案的求同式思维题，发展为包括多种答案的求异式思维题和论文式试题。

（3）教育测量的范围由过去偏重于学生学习成绩的测量，发展为涉及课程设置、教材、教育改革方案等效益方面的测量，现在在教育工作的各个方面都在运用测量。

（4）现代的教育测量由过去单一的常模参照性测验模式发展为常模参照性测验与目标参照性测验相结合的模式。

（5）教育测量本身的理论研究与技术开发更加深入与完善。如关于测验等值、项目反应理论（IRT）、测验信度、评分误差控制的研究等都有了较大的发展。

另外，不仅学校教育工作正在大量使用教育测量，而且其他行业也在大量运用测量来选拔人才、分配工作和鉴定工作效率。同时，现代化的测量工具（如电脑、光学扫描器等）也在教育测量中得到广泛的使用。

三、教育评价的发展阶段

教育评价作为科学概念，是20世纪30年代，在美国进步主义教育联盟的新教育课程的改革实验“八年研究”中正式诞生的。正像任何新事物的诞生都有其历史渊源和孕育发展、演变的过程一样，教育评价也不例外。具体地说，教育评价思想源于我国古代教育的考试，孕育于西方对教育测量的批判，形成于“八年研究”的改革实践。

现代教育评价思想的酝酿和教育评价理论的诞生，是在批判教育测验运动中，在教育改革的实践中进行的。教育评价自产生至今大致经历了三个发展阶段，在这三个阶段中教育评价方法论各有其不同的特点。

1. 开创时期（1930—1958 年）

“八年研究”是美国进步主义教育联盟一些教育家以教育理论为指导，提出的一套新教育课程实验研究。泰勒教授承担并设计了教育实验的评价方案，并结合实验进行评价研究。实验结果证明：

“八年研究”是成功的，教育评价的实施也是有效的。专门总结这次教育评价的报告《史密斯—泰勒报告》，被誉为“划时代的教育评价宣言”。在这个报告里，泰勒系统地总结了教育评价思想体系，第一次提出了教育评价的科学概念，阐明了教育评价的指导思想、目的和原理。他明确提出实施教育评价首先必须明确教育应达到的目标，根据目标评价教育效果，运用教育评价促进教育工作向理想目标迈近。

至此，现代教育评价正式诞生，终于取代了教育测量成为考查教育效果，促进教育改革的重要理论和手段。总之，教育评价源于考试测量，又高于考试测量，考试测量只是教育评价获取信息的重要手段，它并不等于教育评价。

2. 大发展时期（1959—1972 年）

20世纪50年代以前相当长的一段时间里，许多美国人都认为，无论是美国的社会经济还是美国的科技与教育都是世界上最先进的。但是1957年苏联的人造卫星先于美国发射，这让美国人开始反省。经过一番争论，美国政府和公众都把科技落后的原因归咎于教育的落后。为了改变这种状况，1958年美国通过《国防教育法》，提出新的课程研制计划，要求政府拨巨款投资教育。在投入大量经费发展教育的同时，政府和公众要求对教育工作实行科学的评价。于是，教育评价很快地就从过去仅是学术机构和民间的研究转而被纳入各级政府和各地方教育当局的议事日程。1963年美国政府正式提出要对教育的效能和质量进行评价，并拨出大量专款用于教育评价理论与技术、方法的研究和培养专门的教育评价工作人员。在这种情况下，教育评价理论、技术和方法得到了大发展。在这一段时间内，出现了40多种评价模式。它们各适用于不同的范围，采取了不同的方式方法。教育评价呈现出一派生机勃勃、迅速发展的趋势。

这个时期的教育评价，开始从专家学者的研究领域变成政府工作范围。评价的内容和范畴也从学生学习、课程与教学效果发展为教育决策和教育规划。评价的理论与方法技术也有了迅速发展。在这个阶段中，教育评价方法论的主要特点是实证化倾向仍占主要地位，人文化倾向已开始萌芽。

在这一时期，由于社会条件的变化，对评价需求迅速增加，在评价领域不断扩大的形势下，泰勒的目标导向评价模式已不能完全适应形势发展的需要，许多人从不同的需要、不同的观点出发，提出了许多不同的评价模式。在这些评价模式中，有些是在泰勒的目标导向评价模式基础上进一步发展的，有些是对泰勒的目标导向评价模式的改造，也有些是对泰勒的目标导向评价模式的批判。其中实证化倾向最明显的是系统分析模式。这一模式的具体评价方法有两个重要特点：① 强调科学实证的方法，要求在评价分析过程中所使用的材料必须是能证实的。② 强调使用定量的资料和数学技术，如线性规划、回归分析、计算机技术等。此模式的提出者认为“明确性是系统分析的最小公分母，在分析中使用的假设和判断准则必须是具体的，对于不可比和不确定的资料要仔细地加以清除”。

3. 专业时期（1973年至今）

在这一阶段中，教育评价方法论的人文化特点得到迅速发展，并有超过实证化倾向的势头。第二次世界大战后，随着美国经济的增长，公民权运动开始高涨，特别是20世纪60年代的社会动乱和社会变革时期，人们在研究教育问题时，开始考虑人的需要和人与人之间交互作用对教育的影响，在方法论上逐渐向人文主义哲学靠拢。教育评价也顺应这种潮流，出现了一系列新的教育评价模式。这些评价模式的共同特点就是在评价中不只是单纯从评价者的需要出发，而是考虑到所有参与人的需要，强调个体的经验、活动和主观认识的作用，不过分追求客观性，并试图摒弃数量特征，从人的角度出发，重视人文社会科学方法在评价中的运用。如应答评价模式的应答，就是让评价对象和其他与评价有关人员提出他们关心的问题，并表达他们各自的意见。在评价过程中，评价者的职责就是把搜集到的这些资料与众人讨论，并以磋商的形式，逐渐消除分歧，最后达成共同的、公认的、统一的观点。

教育评价方法论的人文化倾向得到迅速发展的同时，实证化特征并没有完全消失，而是在新的形势下得到进一步的发展。

四、我国体育测量与评价的发展

我国于20世纪80年代初期，由华南师范大学的陈骏良先生率先翻译了第一本美国体育测量与评价专著，引进了体育测量与评价学科。1982年陈骏良、杨迺军等人，在广州体育学院举办了全国第一期培训班。1984年北京体育学院组织翻译了美国《体育教育中的评定》、日本的《体力测定与评价》、苏联的《运动计量学》。1985年邢文华教授等正式编著出版了第一本体育测量的专业教学参考书。同年，为了加速学科的发展，西安体育学院成立了专业教研室。此后，西安、武汉等体育院校亦从国外引进相关学科内容。多年来体育测量与评价讲习班的举办，为各地培养了专业人才，各体育学院相继将体育测量与评价学科纳入教学计划。1987年全国高等师范院校编写出版了《体育测量学基础》。目前体育测量与评价的教材已有十几种版本。由于大家为学科建设所作的共同努力，特别是国家教育部门颁布最新专业目录之后，《体育测量与评价》被列为体育教育与运动训练专业的主要课程，这一决定大大加快了学科建设步伐。体育测量与评价学科虽然发展很快，但有些基本理论以及测量评价方法还需进一步修改完善与创新，有待大家携手努力，发展具有中国特色的体育测量与评价学科。

思考题

1. 简述体育测量与评价学科性质。
2. 体育测量与评价的研究对象是什么？
3. 简述体育测量与评价学科的发展概况。
4. 教育评价的意义和功能有哪些？

第 2 章 体育测量与评价的基础理论

本章提要

体育测量与评价的基础理论是指导我们设计、选择测量与评价指标、实施测量与评价的依据。本章主要介绍体育测量与评价的基础知识和基本理论以及体育评价的基本方法。主要包括体育测量的基本概念，体育测验的客观性、可靠性和有效性概念及其检验，体育测验的编制原则及方法，体育评价的基本知识和基本方法。

关键词

体育测量　体育测验　客观性　可靠性　有效性　频数　校标　成套测验　体育评价　评价量表　评价方法　分值量表　等级量表

第一节　体育测量的基础理论

体育测量是体育教学、运动训练和体育科研的重要基础。只有实施科学的测量，才能获得准确而可靠的数据，并通过分析和研究，得出科学的结论。为了收集准确的资料，获得可靠的信息，达到测量的目的，必须在体育测量的基本理论指导下实施测量。

一、体育测量的基本概念

（一）测量

在体育实践中，测量是一种手段，如用计时表计量跑的时间，用身高坐高计测量人体身高、坐高，用钢尺丈量立定跳远的距离等，都是通过测量把各种事物或现象定量化，以便人们进行比较、分析和评价。

体育是一种复杂的社会现象，体育测量具有广泛的含义，不仅包括物理量的测量，如身高、体重、跳高高度、跳远距离、血压等，而且包括非物理量的测量，如技战术水平、疲劳程度、心理素质、身体素质等。

史蒂文斯认为，广义而言，测量是根据法则给事物赋予数量。也就是说，用一定的法则给事物属性指派数字或符号的过程即为测量。这是目前大家公认的测量的定义。

体育测量是指依照一定的法则，对体育领域中事物的属性或特征赋予数量的过程。由于体育现象的复杂性，体育测量的内容和形式多种多样，有些测量需要借助仪器，而有些通过观察就可以测量；有些测量针对现成的指标，而有些测量指标需要筛选；有些待测属性或特征一次测量就可以完成，而有些则需要多次甚至重复测量才能完成。例如，测量血压需要借助血压计，而在体操、武术比赛中，裁判员给运动员评分则是通过观察测量；测量某人的肺活量，测量指标是现成的，而要测量某人的心肺功能，肺活量只是我们采用的一项简易指标，因为研究表明肺活量在一定程度上反映心肺功能，但不是最有效的指标；在田径比赛中，100 m 跑一次测量就可以完成，而跳远则是多次重复测量取最好成绩。

（二）测验

为了某种测量目的所进行的一系列测量构成的系统称为测验。与测量相比，测验具有完整性，强调的是系统性，一次测量未必就完成了一次测验，可能只是一次测验的一部分；当然一次测验可能只要一次测量，也可能需要多次测量，这取决于测验的设计。例如，100 m 跑比赛一次测量就是一次测验，而跳远比赛三次试跳（三次测量）相当于一次测验，三次试跳的最好成绩称为测验值，每次试跳成绩称为测量值。

（三）测量的要素

就最一般的思路来看，测量工作面临三个问题：一是“测什么”，二是“怎么测”，三是“测量结果如何表示”，这就决定了测量的三个要素。

1. 待测属性或特征

测量的目的是通过测量值有效地反映事物的属性或特征，那么“待测事物的属性或特征是什么”是首先必须明确的问题，也是最重要的问题，所以待测事物的属性或特征是测量的第一要素。在体育实践中，事物的属性有些很简单、直观，而有些却很复杂、抽象。例如，测量某人 100 m 成绩，待测属性是“速度”，需要测的是跑完 100 m 所用的“时间”；测量立定跳远成绩，待测属性是“下肢爆发力”，即“下肢肌肉在短时间内，发挥最大作用的能力”，需要测出立定跳远的距离；然而，测量灵敏性、心理素质、技战术水平、意志品质等属性就比较复杂。实际应用中，关于待测属性的理解和把握，本身就是课题，对属性理解越深刻，测量的科学性才可能越高。

2. 法则

待测属性明确以后，下面的任务就是如何去测量该事物的属性或特征，这就需要制定一套能有效衡量事物属性的规则和尺度，或是能显示事物属性的程序，即测量法则。例如，欲测某同学的身高，其法则是：受试者取自然立正姿势站在测量计的底板上（两臂自然下垂，足跟靠拢，足尖分开约 60°），足跟、骶骨和两肩胛间与测量计立柱接触，保持耳眼水平位。测试者将水平板下滑，轻压其头顶点，两眼与压板成水平位时进行读数并记录。测量精度为 0.5 cm。由于属性明确，所以法则很容易制定。但有时属性抽象，测量法则也就不容易制定。例如，要测量某同学的心理素质，待测属性比较抽象，测量法则的制定也就有一定的难度。在体育领域内，很多事物的属性和法则还在探讨之中。

3. 数字符号

测量是对事物的属性或特征数量化，测量结果需要用数字符号来表示。例如，经过测量，某人身高 152 cm；体育比赛的成绩和名次；某人的心理素质得分或等级，均由数字符号来表示。数字本身只是一种符号，只有当我们赋予它实际含义时，它才变成量化的数。数字本身具有逻辑运算的特征，所以通过测量所得的数，不仅可以表示事物属性的类别、大小、多少，而且可以在一定的条件下通过数的运算对事物的属性进行推测。数字的含义与测量内容有关，同样的数字符号，在表示不同的测量结果时，其实际含义可能大不相同。例如，8 号队员、比赛成绩第 8 名、俯卧撑成绩 8 次，数字符号都是“8”，但是蕴含的信息不同。数字类型不一样，数据处理的方法也不同。

（四）测量量表

所谓测量量表是指测量所获得数据属性的表述规则，反映用以表示测量结果的数字符号的性质和类型。这个表述规则是由实数列的诸特性所决定的，即实数列的三种特性：顺序、距离、原点。具体地说，两个以上的实数有顺序之分；两个实数之间的差距可以用距离描述；原点是对应于零位数的那一点。根据量表中含有实数列特征的数量，我们将量表分为 4 类。

1. 名称量表

名称量表又称定类量表或分类量表。名称量表是所有量表中最简单的一种，它只能依照某种法则给事物或属性指派名称或类别。它不含实数列中的任何特征，量表中的数字只起着标示符的作用，用来区分和归类所研究的对象。如足球运动员的号码，一个数字只代表一个具体的人，不具有其他含义，数字的大小不代表他们运动水平的高低。例如，10 号运动员的成绩不能被认为比 7 号运动员优秀。因此，使用名称量表时，只能计算出某一数字出现的次数和频率，而不能进行加减运算。

2. 有序量表

有序量表又称定序量表或顺序量表。它含有实数列的第一个特性——有序性。有序数字可以表示或区分事物属性或特征的差异，如优劣、强弱等。这种量表比名称量表稍精确些，它不仅将事物及属性分类，而且还在此基础上根据某一标准将其分为若干等级或进行有序排列，但该量表只能定性不能定量。如，比赛名次表中，第一名优于第二名，第二名优于第三名……它们之间只能说谁比谁好，但不能确定好多少，也就是说，能力上的差异不能由名次上的差异来确切反映，也不能说最后一名的能力为零。因此，在有序量表中数列的距离是不确定的。

3. 等距量表

等距量表亦称定距量表，它含有实数列的第一和第二两个特征，即有序和距离。这种量表的数字按等级排列，而且其间距是相等的，所以它能反映事物的属性或特征的差异程度。它不仅能回答“好坏”的问题，还能回答“好多少”的问题。例如，甲同学引体向上成绩 10 次，乙同学引体向上成绩 5 次，丙同学 0 次，我们可以说甲同学的引体向上比乙同学和丙同学好，甲比乙多做 5 次，甲比丙多做 10 次。虽然该量表可以进行加减运算，但因为没有绝对零点（原点），所以不能用于数值之间的倍率的比较。如不能说甲的上肢力量是乙的两倍，也不能说丙完全没有力量。

4. 比例量表

比例量表，也称定比量表或比率量表。它含有实数列的全部特征，可以表示两个事物特性的差异程度，而且也可以说明它们之间的比率。例如，180 cm 的身高是 90 cm 身高的 2 倍。该量表有绝对的零点，可做各种数值运算与分析，适合大部分物理量测量，如长度、重量、时间等，用途广泛，属于高级量表。

通过对测量量表的分析，我们可以看到，同样的数值，在不同的测量量表中其含义是不相同的，不能把测量数值单纯看作是抽象的数字，而要与体育专业知识相结合并加以分析。总之，体育测量数据，都是体育领域中某对象、特征的定量表现，是质和量的统一，并非抽象的数字概念。测量数据的整理，借助于数学方法，但不等于数学运算，这是必须明确的。

（五）测量的类型

测量的分类方法较多，按照不同的分类标准，就有不同的分类。常见的测量类型有：

1. 按测量方法分类

（1）直接测量：是指能直接获取数据，反映某种属性或特征的测量，如身高、体重、跳远距离等。

（2）间接测量：是指获取间接数据，反映某种属性或特征的测量。如下肢爆发力可通过立定跳远获取间接数据来反映。

2. 按测量属性分类

（1）物理量测量：是指直接测量物质的实体，获得其物理特性的定量数据。如身高、跑速、血压测量等属性的测量。

（2）非物理量测量：是指测量抽象、复杂的属性，获取非物理特性的数据。如疲劳程度、技战术水平、心理素质等的测量。

3. 按测量组织形式分类

（1）连续性测量：是指在连续的一段时间内，对固定的对象的某种属性或特征所进行的定期性测量。它可获取连续、系统的数据，反映纵向发展变化的规律。连续测量的延续时间长，工作量大，见效慢，不易坚持，但测量资料十分宝贵。在体育教学、训练中，有较稳定的对象，是开展连续性测量的有利条件。

（2）横断面测量：是指在规定的时间内，对各个年龄组的某种或某些指标所进行的一次性测量。它可获取系统的数据以代替连续性测量结果，显示纵向发展变化的规律。横断面测量虽有一定的误差，却是一种省时间、见效快的好方法。

（六）体育测验的类型

在体育领域，由于运动现象的复杂性，体育测验有其特殊性。表现为：有些测验需要多个测试者同时对某一个受试者进行测量，有些测验需要对受试者进行多次重复测量。我们根据“测试者人数”和“重复测量次数”对体育测验进行分类。

1. 按测试者人数分类

（1）单个测试者的测验：以一个测试者的测量值作为受试者的测验值。例如，身高、体重等测验。

（2）多个测试者的测验：多个测试者同时对某个受试者进行测量，以多个测试者测量结果的综合值作为受试者的测验值。例如，体操比赛中，6位裁判员同时对某个运动员评分，去掉一个最高分和一个最低分，以剩下4个分数的平均数作为最后得分，最后得分就是运动员的测验值。

2. 按测验的频数分类

我们称测验本身所要求的重复测量次数为测验的频数。根据测验的频数，测验可分为“频数等于1的测验”和“频数大于1的测验”。

（1）频数等于1的测验：该测验仅需要1次测量即可得到最终的测验结果。如测量某人100 m跑成绩，一次测量就完成了测验，该测验的频数为1，类似的800 m跑、100 m游泳等测验也属于频数为1的测验。

（2）频数大于1的测验：需要多次重复测量才能得到最终的测验结果的测验。例如，跳远比赛中，通常有三次试跳（三次重复测量），三次测量的最大值作为测验值，即三次测量才完成了一次测验，该测验的频数是3。

（七）测量误差

体育测量中，由于测量仪器精度、测量技术、测量方法与条件等限制，观测值与真值之间会有一定差距，出现各种测量误差。所谓测量误差，是指与测量目的无关的变因产生效应，所引起的观测值与真值之间的差异。由于测量误差在所难免，所以没有绝对准确和毫无误差的测量。

测量误差可以使用下式表示：

$$E = X - T \tag{2-1}$$

其中：E 表示误差；X 表示测量结果；T 表示真值。

1. 测量过程的分解

所有的被测在特定的条件下，理论上都有一个对应的客观、实际值存在，我们称之为“真值”。它只是个理想的概念，但它在误差理论研究中非常重要。为了进一步理解体育测量的误差，可人为地把体育测量过程分解为三个子过程。

测量的目的在于了解被测事物或现象的真值。这里所说的真值，是假定用理想的工具，在理想的条件下所应测得的准确值。根据真值的近似可知性和体育测量的推测过程的基本特点，我们把测量过程分解为以下过程：

$$X \xrightarrow{\mathrm{I}} T_1 \xrightarrow{\mathrm{II}} T_2 \xrightarrow{\mathrm{III}} T \qquad (2-2)$$

其中，X 指标测量值；T_1 现象真值；T_2 指标真值；T 待测真值。

（1）第Ⅰ过程：由测量值推测现象真值的过程，称为第Ⅰ过程。测量值是对受试者个体某次测量表现出来的现象的数量表示，现象真值是该受试者在该次测量中所表现的真值。由于测试者的原因，测量值与现象真值之间存在误差。例如，测试者对某受试者某次立定跳远成绩进行测量，测量值可能是 2.61 m，而受试者该次立定跳远真实成绩可能是 2.60 m，即现象真值是 2.60 m。

（2）第Ⅱ过程：由现象真值推测指标真值的测量过程，称为第Ⅱ过程。指标真值是某受试对象关于某个或某些指标的真值。例如，某受试者某次立定跳远的距离是 2.60 m，即现象真值是 2.60 m，而他的立定跳远真实水平（指标真值）未必是 2.60 m，或许是 2.65 m。

（3）第Ⅲ过程：由指标真值推测属性的过程，称为第Ⅲ过程。测量的目的就是要了解受试对象的某种属性，而属性一般是不能直接得到的，需要人们借助某些测量指标对受试对象的属性进行推测。例如，以立定跳远（指标）成绩来推测下肢爆发力（属性），即使该受试对象的立定跳远真正水平（指标真值）为 2.65 m，也未必能完全反映该受试对象的下肢爆发力。

2. 测量误差的分解

公式（2-1）给出了总测量误差，即由测量值推测真值存在的误差。依据对测量过程的分解，可以将总误差分解为测试者误差、受试者误差和指标误差三部分。

（1）测试者误差：在第Ⅰ过程中，现象真值（T_1）是确定的，而指标测量值（X）与之有差异，很明显，误差来源是测试者。尽管可能有主观和客观原因，如测试者对测量的重视程度、对测量方法的理解和熟练程度以及测试条件、测量方法等产生的随机误差、系统误差等，但毕竟误差是通过测试者表现出来的，所以第Ⅰ过程中的测量误差称为测试者误差。

（2）受试者误差：在第Ⅱ过程中，相对于 T_1 来说，T_2 是确定的。该过程的误差表现为现象真值与指标真值之间的差异。造成误差的原因有受试者本身能力水平、受试者主观态度、受试者对测量方法的熟悉程度、受试者内在条件以及影响受试者稳定发挥的测试条件等多方面，但该误差最终是通过受试者表现出来的，所以该过程的误差称为受试者误差。

（3）指标误差：第Ⅲ过程是通过指标真值去推测属性的过程，其误差大小主要取决指标能否真实地反映待测属性。如果测量指标中含有非待测属性的因素较多，那么该过程的测量误差较大。所以，这一过程的误差主要来源于测量指标，又被称为指标误差。例如，欲测量下肢爆发力，其待测属性为“下肢大肌肉群短时间内快速收缩的力量”，如果采用 100 m 跑作为指标，其指标属性主要为机体的单位时间内的位移属性，与立定跳远等指标相比，含有待测属性相对较少，因此不适合作为下肢爆发力的测量指标。

以上所述为一般性的测量过程和测量误差的分解，实际应用中，具体到某一次测验，可能没有三个过程，测量误差也可能不需要考虑三部分。例如，标枪测验测试者误差一般很小，几乎可以不考虑，受试者误差是主要的；而在体操、武术等主观评分项目的比赛中，人们往往关心的是测试者误差。

测量理论的主要任务是如何使测验具有科学性和可操作性，其中科学性就是控制测量误差，使测量误差尽可能小，所以分析测量误差的来源、衡量测量误差大小是其重要内容。由于待测真值是未知的，直接计算测量误差是不可能的，只能借助测量值去间接衡量。一般来说，测量误差的来源很多，笼统地衡量总测量误差是很困难的，借助于测量误差的分解，可以就测试者误差、受试者误差和指标误差分别进行度量，从而得到对总测量误差的整体衡量。

由于是对测试者误差、受试者误差和指标误差的间接度量，因而就有必要进一步研究体育测验的客观性、可靠性和有效性。

二、体育测验的客观性[1]

（一）体育测验的客观性的概念

客观性是间接衡量第Ⅰ过程中测量误差（测试者误差）大小的一种量度。所谓间接衡量是指通过不同测试者对同一受试对象同时测量，通过测量结果的一致程度来衡量测试者误差大小。从直观上看，如果测试者误差小，那么由不同的测试者对同一受试者实施测量时，会得出极为接近的测量结果，即所有的测量值应具有较高的一致性；反之，如果不同测试者测量结果的一致程度低，则说明测试者的测量误差大。如果某一项测验的测试者误差小，则该测验的客观性高；反之，测验的客观性低。

客观性常见于一些主观评分类项目，如体操、武术、跳水、花样滑冰等体育比赛中。

1. 测验的总体

在体育测量中，测验本身对测试者和测试对象都有一定的要求，我们称满足测验要求的所有测试者和测试对象构成的全体称为测验的总体，记为（A，B），其中 A 代表测试者，B 代表测试对象。明确了测验的总体，也就明确了测验的适用范围。

2. 测验的客观性定义

设从测验总体中随机抽取一名测试者（或若干名测试者）[2] 和一个受试对象，测验值[3] 为 X，根据误差理论和测量过程的分解，测验的第Ⅰ过程误差模型为：

$$X = T_1 + e_1 \tag{2-3}$$

其中，T_1 为受试对象表现的现象真值，e_1 为测试者造成的误差，e_1 和 T_1 相互独立。从而

$$\sigma_X^2 = \sigma_{T_1}^2 + \sigma_{e_1}^2 \tag{2-4}$$

① 在本书中，一次测量被看作是一次测验的一部分，所以客观性针对测验来定义，后面的可靠性和有效性同样如此。

② 根据测验的类型而定：单个测试者的测验和多个测试者的测验。

③ 对于单个测试者的测验，X 是一个测量值；对于多个测试者的测验，X 是多个测量值的综合值。

其中，σ_X^2 为测验值的总体方差，$\sigma_{T_1}^2$ 为真值方差，$\sigma_{e_1}^2$ 为测试者的误差方差。

定义客观性系数为：

$$R_0 = \frac{\sigma_{T_1}^2}{\sigma_X^2} = 1 - \frac{\sigma_{e_1}^2}{\sigma_X^2} \tag{2-5}$$

可见，客观性系数是一个相对数，反映测试者的测量误差相对于个体差异的大小，若测量误差相对较大，则客观性系数较小，反之亦反。客观性系数介于0和1之间，最小值为0，最大值为1。公式（2-5）定义的客观性系数是测验关于全体测试者和受试对象的客观性系数，即关于测验总体的客观性系数，称之为测验的总体客观性，也称测验的客观性，一般总是未知的，实际应用中需要通过样本进行检验。

（1）测验的客观性检验：

客观性检验，也就是通过样本对总体客观性系数进行估计。为此，从总体中随机抽取若干名测试者和若干名受试者，由测试者对每一个受试者进行相同的测量或测验，得到样本观测值，通过样本构造一个统计量作为总体客观性系数的估计量，该统计量称为样本客观性系数。实际工作中，人们正是用样本客观性系数对测验的客观性进行估计，进而对测验的科学性进行评价。

在体育测量实际工作中，如果采用的测验是现成的（已经通过检验，其客观性符合要求），人们关心的是某一次测验的客观性，即测验结果的客观性，那么，与总体客观性相比，这种客观性是测验关于部分测试者和部分受试对象的客观性，我们也称之为样本客观性。

如此看来，样本客观性系数可用来对总体客观性进行检验，也可用于评价某一次测验结果的客观性，从而定量地反映测验对受试者的区分度。

（2）测验的客观性检验误差：

根据参数估计的理论，由样本客观性系数检验总体客观性时，不可避免地存在估计误差，检验误差的大小与样本含量有关，同等条件下，增大样本含量可以减小检验误差。这就是说，在客观性检验中，同样条件下抽取的测试者和受试者人数越多，检验误差就越小，即样本客观性系数对总体客观性系数的估计就越精确。但是，不能简单地说增大样本含量可以提高测验的客观性。客观性系数与测试者人数的关系，要视测验的类型而定。

（二）体育测验的客观性检验

根据测验的分类，多个测试者的测验，其客观性比单个测试者的测验高，两种测验类型的客观性检验方法有着本质的区别，下面按两类测验分别讨论客观性检验方法。

1. 单个测试者的测验

这种测验在实施过程中，以一个测试者的测量值作为受试者个体的测验值，检验客观性时，需要抽取若干名测试者对同一受试者进行测量，以便对测试者的误差做出估计。常用检验方法有两种。

（1）一致性系数（W 系数）法：

如果测量值是受试者的成绩等级（即名次），则检验客观性的方法可用 W 系数法（非参数统计方法）。其公式如下：

$$W=\frac{12S}{m^2(n^3-n)} \tag{2-6}$$

其中：W 为客观性系数，m 为测试者人数，n 为受试者人数，S 为受试者名次之和的离差平方和。

W 系数的变动范围在 0~1，系数越接近 1，表明测量客观性越好。

［**例 2.1**］根据比赛中 10 名裁判对 8 名运动员评分所得等级数据（表 2-1），试计算测验的客观性系数（该测验被视为单个测试者的测验）。

▶ 表 2-1　等级数据表

测试者（m=10）	受试者（n=8）							
	1	2	3	4	5	6	7	8
1	3	6	2	5	1	4	7	8
2	4	1	5	6	3	2	7	8
3	2	3	4	6	1	5	7	8
4	1	2	6	4	5	3	7	8
5	2	5	3	6	1	4	7	8

续表

测试者（$m=10$）	受试者（$n=8$）							
	1	2	3	4	5	6	7	8
6	2	4	3	6	1	5	8	7
7	1	4	3	6	2	5	7	8
8	3	2	1	4	5	6	7	8
9	2	1	4	5	3	6	7	8
10	2	4	3	5	1	6	8	7
$\sum x$	22	32	34	53	23	46	72	78

根据表中数据，第一步：求受试者秩和的平均数

$$\overline{X}=\frac{22+32+34+\cdots+78}{8}=45$$

第二步：求受试者秩和的离差平方和

$$\begin{aligned}S&=\sum(X-\overline{X})^2\\&=(22-45)^2+(32-45)^2+\cdots+(78-45)^2\\&=3\ 186\end{aligned}$$

第三步：求 W 系数

$$W=\frac{12S}{m^2(n^3-n)}=\frac{12\times3\ 186}{10^2\times(8^3-8)}=0.76$$

（2）方差分析法：

如果测量值是高级量表，可以使用方差分析的方法构造样本客观性系数。

针对单个测试者的测验，为了检验其客观性，从测验总体中抽取 m 名测试者和 n 名受试者，m 个测试者对 n 个受试者同时进行测量，测验数据如表 2–2 所示。

▶ 表 2-2　测验数据表

测试者（m）	受试者（n）			
	1	2	…	n
A_1	x_{11}	x_{21}	…	x_{n1}
A_2	x_{12}	x_{22}	…	x_{n2}
⋮	⋮	⋮		⋮
A_m	x_{1m}	x_{2m}	…	x_{nm}

根据误差模型（2-3）和测验数据表（表 2-2），容易得知，$\sigma_{e_1}^2$ 的估计量应为

$$\hat{\sigma}_{e_1}^2 = MS_{内} = \frac{1}{n(m-1)}\sum_{i=1}^{n}\sum_{j=1}^{m}(x_{ij}-\bar{x}_i)^2 \tag{2-7}$$

σ_X^2 的估计量为

$$\hat{\sigma}_x^2 = MS_{总} = \frac{1}{nm-1}\sum_{i=1}^{n}\sum_{j=1}^{m}(x_{ij}-\bar{x})^2 \tag{2-8}$$

根据式（2-5），样本客观性系数 R 可以用下式表示

$$R = 1 - \frac{MS_{内}}{MS_{总}} \tag{2-9}$$

样本客观性系数 R 是对总体客观性系数的估计。

2. 多个测试者的测验

考虑以多个测试者测量结果的平均值作为测验值的测验（主观评分项目比赛均属于这类测验）。常用的检验方法主要有两种：

（1）裂半相关法：

这种方法是将整个测验看作是两个半测验构成，先计算两个半测验之间的相关系数，再根据斯皮尔曼 - 布朗公式（Spearman-Brown formula），即可得到整个测验的客观性系数的估计量。具体过程如下：

① 将测试者编号，然后分成奇数组和偶数组，并分别计算奇数组和偶数组所给得分或名次之和。

② 求奇、偶两组之间的相关系数。

③ 根据斯皮尔曼－布朗公式，求出整个测验的客观性系数。

［例 2.2］某学校进行广播操比赛，6 名裁判员根据 6 个班级的表现给出等级数据（即名次），以 6 名裁判员所给名次的平均数确定班级名次。原始数据见表 2–3，试对该测验的客观性进行检验。

▶ 表 2–3　测验数据表

测试者（$m=6$）	班级（$n=6$）					
	1	2	3	4	5	6
1	2	5	1	6	4	3
2	2	6	1	5	3	4
3	1	6	2	5	4	3
4	2	5	1	6	4	3
5	1	4	2	5	3	6
6	3	6	1	5	4	2

客观性系数计算表见表 2–4。

▶ 表 2–4　客观性系数计算表

	班级					
	1	2	3	4	5	6
奇数组成绩求和	4	15	5	16	11	12
偶数组成绩求和	7	17	3	16	11	9
奇数组成绩求秩	1	5	2	6	3	4
偶数组成绩求秩	2	6	1	5	4	3
等级差	−1	−1	1	1	−1	1

计算奇数组和偶数组之间的相关系数

$$r = 1 - \frac{6\sum d_i^2}{n^3 - n} = 1 - \frac{6 \times 6}{6^3 - 6} = 0.829$$

代入斯皮尔曼－布朗公式，求出整个测验的客观性系数：

$$R = \frac{2r}{1 + r} = \frac{2 \times 0.829}{1 + 0.829} = 0.907$$

计算结果表明，该测验的客观性比较好。

（2）方差分析法：

设测验要求的测试者人数为 m，检验客观性时，从测验总体中随机抽取 m 个测试者和 n 个受试者，按该测验的要求对每个受试者进行测验，得到测验数据矩阵（表 2–5）。

▶ 表 2–5　测验数据表

测试者（m）	受试者（n）			
	1	2	…	n
A_1	x_{11}	x_{21}	…	x_{n1}
A_2	x_{12}	x_{22}	…	x_{n2}
⋮	⋮	⋮		⋮
A_m	x_{1m}	x_{2m}	…	x_{nm}
平均值	$\bar{x}_1$	$\bar{x}_2$	…	$\bar{x}_n$

对于多个测试者的测验，受试者的测验值是 m 个测试者测量结果的平均值，测验误差模型如公式（2–3），其中的测验值 X 是 m 个测试者对一名受试者的 m 个测量值的平均值，T_1 为受试者表现出的现象真值，e_1 为测验误差，e_1 和 T_1 相互独立，客观性系数的定义公式仍如公式（2–5），但其中 σ_X^2 为 m 个测量值的平均值的方差，$\sigma_{e_1}^2$ 为误差方差。根据方差分析的基本思想，σ_X^2 的估计量应为

$$\hat{\sigma}_X^2 = \frac{1}{n-1}\sum_{i=1}^{n}(\bar{x}_i - \bar{x})^2 \qquad (2\text{–}10)$$

$\sigma_{e_1}^2$ 估计量为

$$\hat{\sigma}_{e_1}^2 = \frac{1}{n}\sum\frac{1}{m}\left[\frac{1}{m-1}\sum(x_{ij}-\bar{x}_i)^2\right]$$
$$=\frac{1}{m}\left[\frac{1}{n(m-1)}\sum\sum(x_{ij}-\bar{x}_i)^2\right]=\frac{MS_{内}}{m} \qquad (2-11)$$

从而构造样本客观性系数为：

$$R = 1-\frac{\hat{\sigma}_{e_1}^2}{\hat{\sigma}_X^2} = 1-\frac{\frac{1}{m}MS_{内}}{\frac{1}{n-1}\sum_{i=1}^{n}(\bar{x}_i-\bar{x})^2} = 1-\frac{MS_{内}}{MS_{间}} \qquad (2-12)$$

[例 2.3] 3 名裁判员，以 10 分制给 5 名运动员的技术动作评分，以 3 名裁判员评分的平均值作为运动员的最后得分，测量结果如表 2-6 所示。试计算该测验的样本客观性系数。

▶ 表 2-6 评分结果

裁判员（m=3）	运动员（n=5）				
	1	2	3	4	5
A	10	6	8	7	9
B	9	6	8	7	7
C	9	7	9	8	8

依据题意，我们知：

$$SS_{内} = \sum_{i=1}^{n}\sum_{j=1}^{m}(x_{ij}-\bar{x}_i)^2 = 4.7$$

$$MS_{内} = \frac{SS_{内}}{df_{内}} = \frac{SS_{内}}{n(m-1)} = \frac{4.7}{2\times 5} = 0.47$$

$$SS_{总} = \sum_{i=1}^{n}\sum_{j=1}^{m}(x_{ij}-\bar{x})^2 = 19.7$$

$$MS_{总} = \frac{SS_{内}}{n\times m-1} = \frac{19.7}{15-1} = 1.407$$

所以

$$SS_{间} = SS_{总} - SS_{内} = 15.0$$

$$MS_{间} = \frac{SS_{间}}{n-1} = \frac{15.0}{4} = 3.75$$

依据公式（2–12）得

$$R = 1 - \frac{MS_{内}}{MS_{间}} = 1 - \frac{0.47}{3.75} = 0.875$$

［例 2.4］第34届世界体操锦标赛女子平衡木决赛评分数据如表（2–7）。试检验该测验的客观性。

▶ 表 2–7　第 34 届世界体操锦标赛女子平衡木决赛评分数据表

裁判员（$m=6$）	运动员（$n=8$）							
	1	2	3	4	5	6	7	8
1	9.75	9.20	9.45	9.70	9.55	9.65	9.40	9.75
2	9.75	9.40	9.40	9.70	9.65	9.65	9.45	9.75
3	9.80	9.60	9.40	9.75	9.70	9.65	9.50	9.65
4	9.65	9.50	9.45	9.75	9.50	9.65	9.45	9.75
5	9.80	9.50	9.30	9.75	9.50	9.55	9.45	9.80
6	9.80	9.65	9.55	9.75	9.65	9.75	9.55	9.80

根据体操比赛规则，对表中数据进行初步处理，去掉一个最高分，去掉一个最低分，按照方差分析计算方法，得到方差分析计算表（表 2–8）。

▶ 表 2–8　方差分析计算表

来源	平方和（SS）	自由度（df）	方差（MS）
运动员（组间）	0.547 5	7	0.078 2
误差（组内）	0.047 5	24	0.002 0
总计	0.595	31	

根据样本客观性系数计算公式（2−12），有

$$R=1-\frac{MS_{内}}{MS_{间}}=1-\frac{0.002\ 0}{0.078\ 2}=0.975$$

客观性系数较高，说明相对于运动员的个体差异来说，裁判员评分是比较一致的。

（三）影响体育测验的客观性的因素

1. 测试者水平

测试者水平的高低，直接影响测量的客观性。测试者对测量技巧的熟练程度以及对测试工作的态度，直接影响着对同一受试者测验结果的一致程度。尤其在主观评分中，要最大限度地减小评分者的主观随意性。除此以外，测试者对工作的态度、是否认真负责、是否公正，也会对测量的客观性产生较大影响。

2. 测验的规范化、标准化程度

所选指标是否规范，测量的条件是否按照要求严格控制，整个测试过程是否实施标准化测量，对测验的客观性来说非常重要。一个客观性较高的测验，不仅测试方法、仪器、指标、顺序、间隔时间、测试的练习次数、测试时间等应该一样，而且对测试细则、仪器使用的方法都应有准确详细的说明，且便于测试者把握执行。任何模棱两可的文字都会影响测量的客观性，尤其在一些无法用客观指标进行严格定量描述的项目中表现得更为突出。

3. 测量的指标特征

测量指标本身特征直接影响测量的客观性，特别是一些含主观因素较多的测量指标，测量的客观性相对较差。因此，在条件许可的情况下，应尽量选择可以客观定量测量的指标，以提高测量的客观性。

4. 测量的尺度

在一些主观判断因素较多的测试中，如评分运动项目往往因测试者掌握测试尺度不一致，造成测量的客观性较差。因此，应尽可能明确评分、评价标准及实施细则，尽量减少测量中的主观因素，实施标准化测量以提高测量的客观性。

三、体育测验的可靠性

（一）体育测验的可靠性的概念

体育测量的信度

可靠性是间接衡量第Ⅱ过程中测量误差（受试者误差）大小的一种量度。间接衡量受试者误差是指在受试者的机能能力没有发生变化的情况下，由同一测试者对同一受试对象进行相同内容的重复测量时测量结果的一致性程度。不难理解，如果多次重复测量结果的一致性程度高，说明测量误差小，测验的可靠性高。所以测验的可靠性是衡量第Ⅱ过程中测量误差（受试者误差）大小的一个客观指标，它有严格的统计学定义。

1. 测验的总体

任何测验都有其测试对象（或称适用对象），某种测验适用范围内所有测验值的全体，称之为测验的总体。值得注意的是，这里所谓测验值与测量值是不同的概念，测验值与测验的频数有关，如果测验的频数是1，则测验值是1次测量的结果；如果测验的频数大于1（比如是 m），则测验值是 m 次重复测量值经过计算后的结果，可能是 m 次重复测量值的平均值，也可能是 m 次重复测量值的最大值。例如，体育比赛中的跳远比赛，测验值是3次试跳结果的最大值。

2. 第Ⅱ过程的误差模型

由测量过程的分解可知，第Ⅱ过程是由现象真值推测指标真值的过程，即 $T_1 \xrightarrow{\text{Ⅱ}} T_2$，该过程的误差为 e_2，则第Ⅱ过程的误差模型为：

$$T_1 = T_2 + e_2 \qquad (2-13)$$

模型假定 e_2 的平均值为零，且 T_2 与 e_2 相互独立，则有：

$$\sigma_{T_1}^2 = \sigma_{T_2}^2 + \sigma_{e_2}^2 \qquad (2-14)$$

式中：$\sigma_{T_1}^2$ 为现象真值的方差，$\sigma_{T_2}^2$ 为指标真值的方差，$\sigma_{e_2}^2$ 为误差方差。

3. 可靠性的统计学定义

根据误差模型，如果 $\sigma_{T_1}^2$ 和 $\sigma_{T_2}^2$ 比较接近，则测量误差较小；反之，则测量误差较大。所以，可用 $\dfrac{\sigma_{T_2}^2}{\sigma_{T_1}^2}$ 反映第Ⅱ过程的误差大小，定义可靠性系数为：

$$R_0=\frac{\sigma_{T_2}^2}{\sigma_{T_1}^2}=1-\frac{\sigma_{e_2}^2}{\sigma_{T_1}^2} \quad (2-15)$$

我们注意到，在衡量第Ⅱ过程误差时，由同一测试者对同一受试者进行重复测量，所以现象真值的方差近似等于测量值的方差，即：

$$\sigma_X^2=\sigma_{T_1}^2$$

从而：

$$\sigma_X^2=\sigma_{T_2}^2+\sigma_{e_2}^2 \quad (2-16)$$

因此可靠性系数可以定义为：

$$R_0=\frac{\sigma_{T_2}^2}{\sigma_X^2}=1-\frac{\sigma_{e_2}^2}{\sigma_X^2} \quad (2-17)$$

可靠性系数也是一个相对数，反映测验误差相对于个体差异的大小，取值范围为 0~1，越接近于 1 可靠性越高。以上定义的可靠性系数 R_0 是关于测验总体的，也称为总体可靠性系数，一般总是未知的，在实际应用中需要通过样本进行检验。

（二）体育测验的可靠性检验

由于总体可靠性系数 R_0 总是未知的，为了研究某测验的可靠性，需要借助于样本，构造一个统计量去估计总体可靠性系数，从而对测验的可靠性进行评价，这就是可靠性的检验。用于估计总体可靠性系数的统计量，我们称之为样本可靠性系数（记作 R）。可靠性的检验，实际上是对总体可靠性系数 R_0 的一种估计，所以可靠性检验的思想实质上是参数估计的思想，可靠性检验的方法也就是参数估计的方法。

可靠性检验的方法与测验的类型有关，不同类型的体育测验，其样本以及检验方法也有着本质的不同。

1. 频数等于 1 的测验

对于频数等于 1 的测验，由于真值 T_2 未知，直接通过样本无法对（2-14）式中的测验误差方差 $\sigma_{e_2}^2$ 做出估计，所以必须进行重复测验来获得所需要的信息。下面按重复测验次数，分两种情况讨论可靠性检验方法。

（1）两次重复测验：

对同一受试者在不同的时间实施两次测量，利用两次重复测验结果来检验测验的可靠性。对于测验总体内的任意一个个体，真值为 T，两次测验值分别为 X 和 X'，则两次测验的误差模型为

$$X=T+e,\quad X'=T+e' \tag{2-18}$$

模型假定，e 和 e' 为测量误差，且与 T 独立。

记 X 与 X' 之间的相关系数为 ρ，容易证明

$$\rho=1-\frac{\sigma_e^2}{\sigma_X^2} \tag{2-19}$$

根据（2-17）式，对于频数为 1 的测验，ρ 即为测验总体的可靠性系数。以两次重复测验值之间的样本相关系数 r 估计 ρ，从而样本可靠性系数为

$$R=r \tag{2-20}$$

［**例 2.5**］为了检验引体向上测验的可靠性（测验频数为 1），某测试者对 6 名同学实施两次重复测验，测验结果如表 2-9 所示，试检验该测验的可靠性。

▶ **表 2-9　6 名受试者的两次测验结果**

测验次序	受试者（$n=6$）					
	1	2	3	4	5	6
A	6	8	14	10	9	12
B	5	8	13	11	10	12

计算得：

$$L_{xx}=\sum(x-\bar{x})^2=\sum x^2-\frac{1}{n}(\sum x)^2=621-\frac{3\,481}{6}=40.8$$

$$L_{yy}=\sum(y-\bar{y})^2=623-\frac{3\,481}{6}=42.8$$

$$L_{xy}=\sum(x-\bar{x})(y-\bar{y})=\sum xy-\frac{1}{n}(\sum x\sum y)=620-580.2=39.8$$

所以：

$$r=\frac{L_{xy}}{\sqrt{L_{xx}L_{yy}}}=\frac{39.8}{\sqrt{40.8\times 42.8}}=0.95$$

从而，该测验的样本可靠性系数为 0.95。

（2）多次重复测验：

设同一位测试者对 n 个受试者进行 m 次重复测验，测验结果如表 2-10，要对该测验进行可靠性检验，常用的有两种方法，即方差分析法和同类相关法。

▶ 表 2-10 n 个受试者的 m 次重复测验结果

测验次序（m）	受试者（n）			
	1	2	…	n
I_1	x_{11}	x_{21}	…	x_{n1}
I_2	x_{12}	x_{22}	…	x_{n2}
⋮	⋮	⋮		⋮
I_m	x_{1m}	x_{2m}	…	x_{nm}
$\bar{x}$	$\bar{x}_1$	$\bar{x}_2$	…	$\bar{x}_n$

① 方差分析法：

欲构造统计量估计总体可靠性系数 R，我们应先分别对式（2-17）中的 $\sigma_{e_2}^2$ 和 σ_X^2 进行估计，对于某一位受试者而言，设 m 次重复测验结果为 $(x_{i1}, x_{i2}, \cdots, x_{im})$，由于是相同的测试者，所以可用其方差 $\frac{1}{m-1}\sum_{j=1}^{m}(x_{ij}-x_i)^2$ 作为误差方差的估计值，对于 n 个受试者，以 n 个方差的平均值作为误差方差 $\sigma_{e_2}^2$ 的估计值，即：

$$\hat{\sigma}_{e_2}^2=\frac{1}{n}\sum_{i=1}^{n}\left(\frac{1}{m-1}\sum_{j=1}^{m}(x_{ij}-\bar{x}_i)^2\right)$$

$$=\frac{1}{n(m-1)}\sum_{i=1}^{n}\sum_{j=1}^{m}(x_{ij}-\bar{x}_i)^2=MS_{内}$$

如果 n 相对于 m 比较大，则可用样本总方差作为 σ_X^2 的估计值①，即：

① 样本总方差实际上是 σ_X^2 的有偏估计，在 n 相对于 m 较大时偏差较小。否则，建议采用同类相关法。

$$\hat{\sigma}_X^2=\frac{1}{nm-1}\sum_{i=1}^{n}\sum_{j=1}^{m}(x_{ij}-\bar{x})^2=MS_{总}$$

从而，我们得到样本可靠性系数：

$$R=1-\frac{MS_{内}}{MS_{总}} \tag{2-21}$$

［例 2.6］为了检验某测验的可靠性，对 5 名同学进行 3 次重复测验，测验结果见表 2–11。试检验该测验的可靠性。

▶ 表 2–11　5 名同学 3 次测验结果

测验次序（$m=3$）	受试者（$n=5$）				
	1	2	3	4	5
I_1	8	5	7	3	9
I_2	6	6	8	5	8
I_3	8	4	7	4	8

按照方差分析的方法，经计算，可得方差分析计算表（表 2–12）。

▶ 表 2–12　方差分析计算表

来源	平方和（SS）	自由度（df）	方差（MS）
受试者（组间）	39.6	4	9.90
误差（组内）	8.0	10	0.80
总计	47.6	14	3.40

根据样本可靠性系数计算公式，可得：

$$R=1-\frac{MS_{内}}{MS_{总}}=1-\frac{0.80}{3.40}=0.77$$

② 同类相关法：

对于表 2–10 中的测验结果，也可以使用同类相关法，通过计算组内相关系数，可以得到样本可靠性系数的另一个计算公式：

$$R=\frac{MS_{间}-MS_{内}}{MS_{间}+(m-1)MS_{内}} \tag{2-22}$$

对于表 2–12 中的计算结果，使用同类相关法可得

$$R=\frac{MS_{间}-MS_{内}}{MS_{间}+(m-1)MS_{内}}$$

$$=1-\frac{9.90-0.80}{9.90+(3-1)\times 0.80}=0.79$$

2. 频数大于 1 的测验

设测验频数为 m（$m>1$），这时 1 次测验就可以得到受试者的 m 次重复测量值，所以直接通过样本就可以对总体可靠性系数 R_0 进行估计。样本可靠性系数的计算方法常见有两种：方差分析法和裂半相关法。

（1）方差分析法：

设受试者人数为 n，测验结果如表 2–10，我们假定每个测验值是 m 次重复测量值的平均值①，则在公式 2–15 中，$\sigma_{e_2}^2$ 是 m 次重复测量值平均数的误差方差，$\sigma_{T_1}^2$ 是 m 次重复测量值的平均值的方差。

在表 2–10 中，当频数为 m 时，某个受试者，比如第 i 个受试者，一次测验的误差方差估计量为：

$$\frac{1}{m-1}\sum_{j=1}^{m}(x_{ij}-\bar{x}_i)^2$$

所以，m 次重复测量值的平均值的方差估计量为：

$$\frac{1}{m(m-1)}\sum_{j=1}^{m}(x_{ij}-\bar{x}_i)^2$$

从而，该测验（频数为 m）的误差方差 $\sigma_{e_2}^2$ 的估计量为 n 名受试者误差方差估计量的平均值，即：

$$\hat{\sigma}_{e_2}^2=\frac{1}{n}\sum_{i=1}^{n}\frac{1}{m(m-1)}\sum_{j=1}^{m}(x_{ij}-\bar{x}_i)^2$$

$$=\frac{1}{mn(m-1)}\sum_{i=1}^{n}\sum_{j=1}^{m}(x_{ij}-\bar{x}_i)^2$$

① 对于测验值是 m 次重复测量的最大值的测验，有待探索。

如前分析，$\sigma_{T_1}^2$ 可以用 σ_X^2 来代替，σ_X^2 可以通过样本方差来估计，由于测验的频数为 m，n 名受试者的测验值分别为（$\bar{x}_1, \bar{x}_2, \cdots, \bar{x}_n$），从而样本方差为：

$$\frac{1}{n-1}\sum_{i=1}^{n}(\bar{x}_i-\bar{x})^2$$

即：

$$\hat{\sigma}_X^2=\frac{1}{n-1}\sum_{i=1}^{n}(\bar{x}_i-\bar{x})^2。$$

根据可靠性的统计学定义，样本可靠性系数为：

$$R=1-\frac{\hat{\sigma}_{e_2}^2}{\hat{\sigma}_{T_1}^2}=1-\left(\frac{1}{mn(m-1)}\sum_{i=1}^{n}\sum_{j=1}^{m}(x_{ij}-\bar{x}_i)^2\right)\Big/\left(\frac{1}{n-1}\sum_{i=1}^{n}(\bar{x}_i-\bar{x})^2\right)$$

$$=1-\frac{MS_{内}}{MS_{间}} \tag{2-23}$$

[**例 2.7**] 在例 2.6 中，如果测验频数为 3，测验结果如表 2–11，试检验该测验的可靠性。

根据例 2.6 中的方差分析表，结合（2–22）式，不难得出，总体可靠性系数的估计值为：

$$R=1-\frac{MS_{内}}{MS_{间}}=1-\frac{0.80}{9.90}=0.92$$

通过与例 2.6 计算的可靠性系数相比较，可以发现，当测验频数增加时，其可靠性系数也增加。

（2）裂半相关法：

如果测验的频数 m 为偶数（$m=2h$，$h\geqslant 1$），样本容量为 n。裂半相关法是把测验看成由两个半测验组成，每个半测验的频数为 h，半个测验的可靠性系数可以通过两个半测验数据之间的相关系数来估计，即估计量为两个半测验结果之间的样本相关系数 r，再根据斯皮尔曼 – 布朗公式，整个测验的可靠性系数 R_0 的估计量为：$R=\dfrac{2r}{1+r}$。这种方法已经在客观性中介绍过了，这里不再详述。

（三）影响体育测验的可靠性的因素

1. 受试者个体差异及能力水平

在一组受试者中个体差异程度较大时，其测量可靠性系数会出现偏高估价的倾向。

受试者能力水平对一次测量的可靠性有着直接的影响。受试者的训练水平越高，运动成绩与技术水平也越稳定，所以在重复测定中能表现出更为稳定的成绩。重复测定的成绩越稳定，可靠性系数也越大。因此，对不同能力水平的受试者应选取相应水平的可靠性系数，即训练水平越高，所要求的可靠性系数也应越高。例如，同样一项技术重复测量，用于技术水平较高的受试者重复测量，其可靠性也就较高，对于技术水平较低的人来说，其重复测量结果变化较大，可靠性也就随之降低。

2. 重复测量间隔时间

测定的间隔时间越长，可靠性越低。对于不同的测量指标，应规定不同的重复测量间隔时间。因为指标不同，重复测量间隔时间不同，会使可靠性发生变化。如果某项测量指标在一天内多次重复测量结果变化不大，而间隔几日后再次重复测量成绩变化很大，那么用作估价多日间隔测量的可靠性，计算的可靠性就有高估的倾向，因它只反映了一天内波动情况。如将间隔几日重复测量结果计算的可靠性，用来估价一天内测量的可靠性的话，就会出现低估的倾向。所以重复测量的间隔时间要根据测验的特点而定，不宜过长。

3. 受试者能力发挥的水平

当受试者对测验内容和方法较为熟悉且态度认真时，能够发挥出自己最好的能力水平。这种最好的能力水平，在一定时间内相对较为稳定，所以可靠性也较高。相反，当受试者不能发挥自己的能力水平时，成绩的波动也较大，因而测量的可靠性也会受到影响。为提高测量的可靠性，应尽量选择简单易行的测定项目，而且在正式测定之前多给受试者以一定的练习机会，也可在测定过程中，采取适当的激励措施，以便使受试者发挥自己最好的能力水平。

此外，测验的长度、频数，测试条件的规范化程度，测试人员的能力水平，测量手段的鉴别功能以及评分标准的适宜程度等，对测量的可靠性也有相当大的影响。因此，为了提高测量的可靠性，应从各个方面进行分析，排除可能会对可靠性产生影响的因素是十分重要的。

值得一提的是，可靠性分析只是对测量结果进行质量估价的诸多方法中的一部分，不能代替误差分析与处理等其他方法，在对数据进行分析之前应先检查并剔除过失误差，检查并修正系统误差，之后才能利用可靠性分析随机误差的影响，否则，可靠性系数较高并不能说明测量结果较为准确。

四、体育测验的有效性

（一）体育测验的有效性的概念

体育测量的效度

测量的有效性是指测量的结果（成绩）真实地反映测量目的的程度。如引体向上对于测定相对于自身体重的上肢屈肌群的力量耐力是有效的，但对于测定上肢肌群的绝对力量未必是有效的。又如，50 m 跑对于测量速度素质是有效的，而对于测量耐力素质却是无效的。

有效性包含两层含义，即测量结果与测量目的的一致性及测量结果的可靠性。一个有效的测量，其结果不仅要与测量的目的相符，而且必须可靠，两者缺一不可。只有通过可靠的测量所获得的结果，才有可能是有效的，即可靠性是有效性的必要条件。然而，可靠的测量不一定都能准确地、真实地反映测量的目的或属性。

所以，根据对测量过程的分解，从统计学意义上考虑，有效性度量的是由现象真值到属性真值这一推测过程中的误差，即第Ⅱ过程和第Ⅲ过程的合并误差，这一过程的误差模型为：

$$T_1 = T + e_2 + e_3 \qquad (2-24)$$

模型假定，T 与 e_2 和 e_3 相互独立，e_2 和 e_3 之间也相互独立，它们各自的平均值为零。有效性系数可以定义为 T_1 和 T 之间的相关系数，即：

$$R = \sqrt{\frac{\sigma_{e_2}^2+\sigma_{e_3}^2}{\sigma_{T_1}^2}} \qquad (2-25)$$

式中：$\sigma_{e_3}^2$ 表示第Ⅲ过程中的测量误差方差，考虑所有的测量值均有相同的测试者所测，所以式 2-25 可以转化为：

$$R=\sqrt{\frac{\sigma_{e_2}^2+\sigma_{e_3}^2}{\sigma_X^2}} \tag{2-26}$$

我们称该式为有效性的统计学定义。

（二）体育测验的有效性的类型

根据测验的性质和目的，有效性可分为内容有效性、结构有效性、相合有效性等。

1. 内容有效性

内容有效性是指测量内容与拟测属性的一致性程度。例如，测量腹肌力量，若选用屈膝仰卧起坐指标，则是无效的。因为屈膝仰卧起坐是一种固定负荷的重复动作，表现了腹肌耐力水平，而腹肌力量应是腹部肌肉能承受的最大负荷，所以选用负重仰卧起坐指标是比较有效的。又如测量身体素质全面发展水平，选用 50 m 跑、引体向上、1 000 m 跑、10 m×4 往返跑、立位体前屈等一组指标，从专业知识和经验上来判断，这组指标的内容有效性是显而易见的。它包含了欲测属性（身体素质）的各个部分，即速度、力量、耐力、灵敏、柔韧，从中可以获得反映身体素质全面发展水平的信息，因此，从内容上看是有效的。

所以，在编制测验或分析内容有效性时，应视测量目的的要求，欲测事物的总体属性与所选择测量内容特征的一致性程度，它们的一致性程度越高，说明内容有效性越高。换句话说，我们不妨把全部内容视作一个总体，把选择出来的几个或一些认为对总体具有代表性的内容视作一个样本，如果这个样本对总体所具有代表性程度高，而且我们所抽取的样本数量也足够，那么就可以说这项测量的内容有效性也高。

2. 结构有效性

结构有效性是指一组测量所包含的各种属性与总体属性各种拟测成分在结构上的一致性程度。例如，假设篮球运动技能由投篮、传球、运球组成，如果有一套测验，是由这三种技术测验构成，就可以说，该测验具有结构有效性。因为从逻辑上分析，该套测验中每一种技术测验都能够测量到篮球运动技能的一个方面，所以包含这三种技术的一套测验是篮球运动技能的有效测量。

不难理解，结构有效性的拟测属性是一种综合的、整体的属性，而实际测量出来的只是构成总体属性的各个成分或特征。故所选择测量指标代表的属性与总体属性的理论结构方面的一致性程度高，这项测量的结构有效性也就越高。在体育测量中，对于成套测验，特别是运动技术的测量，常采用结构有效性来分析所编制测验的有效性。

结构有效性与内容有效性有时容易混淆，它们在要求达到测量目的这一点上是相同的，但是在使用时是有区别的。结构有效性常用于心理测量与运动能力成套测验，特别是编制运动技术测验时经常使用，而内容有效性则常用于理论知识测验。

3. 相合有效性

相合有效性是指运用一种测量手段所获得的测量结果与一个已被证明有效的效标的相关程度。所谓效标是目前大家公认的最能反映测量属性的客观标准。

某些测量指标虽然非常有效，但需在实验室条件下进行。尽管这项指标测量有效性很高，但限于经济性、实用性、可行性，不宜选来用作大面积群体测量指标使用。在实践中，有时只能采用一种新指标代替，进行间接测量，那么对新指标而言，就产生了一个与效标一致性的问题。即要看该新指标与效标是否相关，要进行相合有效性检验。如果相关程度很高，说明该新指标是可以替代效标进行测量的。例如，最大吸氧量为测量心血管机能的最有效的测量手段（效标），然而这种测量需要昂贵的设备和复杂的技术操作，还需要受试者承受精疲力竭的负荷，不易进行群体测量，因此要选择另外的简易可行的测量手段替代之。据报道，12 min 跑与最大吸氧量测量结果之间的相关系数为 0.94，则可认为用 12 min 跑来测量心血管机能能力的相合有效性较高。

（三）体育测验的有效性检验

如前所述，受试者真实的机能能力、真实的成绩是无法直接测得的。所以只能以效标作为最佳标准来检验测量的有效性。当然这个客观标准的有效性，应高于拟检验的任何一种测量。但效标又如何确定呢？

1. 效标的确定

有时，很难找到一个单一而有效的客观标准，如许多一定技能的测定、灵敏性的测定等。常见的确定效标的方法主要有如下三种：

（1）专家法：

由数名专家（教师或教练员），以5级分制或10级分制，分别对受试者的某种机能能力评分，最后求其平均数作为检验有效性的客观标准。这里最重要的是要把评分标准规范化，以减少主观的“成见误差”，同时对评分的客观性也要进行检验。

（2）总分法：

对同一测试对象，以不同的数种指标与方法测量同一个机能能力并求其总分作为检验的客观标准。当某一种机能能力无法以一种方法进行测量时更应如此。如“灵敏性”是一种较复杂的身体素质，难以一种指标进行测定。这时可以用十字变向跑、立卧撑、反复横跨等几种方法测定同一测试对象的灵敏素质，并以这些成绩的总分作为客观标准，一一计算各种测定结果同总分之间的相关系数，并选择相关程度最高的一项作为测定灵敏素质的简易指标。这里总分以标准分计算。

（3）正式比赛法：

以正式比赛的成绩作为检验的客观标准。这在运动技能的测定中更为常用。比赛中的名次、某种技术动作的成功率（如投篮命中率、发球成功率）均可作为客观标准。测定成绩同这些客观标准之间的相关系数，即为有效性系数。尽管正式比赛有许多偶然性，但这仍是确定效标的一种较好的方法。

考虑到比赛的名次不一定服从正态分布，计算等级相关系数（秩相关系数）也许更为稳妥。

2. 有效性检验方法

（1）逻辑分析法：

逻辑分析法是通过逻辑分析、推理去判断测量有效性的一种定性分析方法。其依据是科学的专业知识和长期从实践中总结出来的经验。对于内容有效性与结构有效性，常从逻辑推理、判断分析的角度，去估价所选择的测量对总体属性的代表程度。如对某些运动技术的测量，本身就是某项运动的各个技术环节，运用专业知识即可判断该测量的有效性。

（2）相关法：

根据有效性的定义，只要判明某一种测量结果（成绩）同反映该测量目的的某种真实机能能力（成绩）之间的一致程度（相关程度或差异程度），即可检验出该测量的有效性。在实际应用中，我们通常把效标作为最能反映某种真实机能能力的参照标准。效标是目前大家公认的最能达到测量目的的客观标准，我们假定效标的有效性是最高的，即为1，所以我们要检验某测验的有效性时，只要与效标进行比较，看该测验与效标的相关程度，通过他们的相关系数，即能估计出它的有效性系数。根据测验数据的不同，我们常用两种方法，一种是等级相关法，另一种是积差相关法。由于前面已经讲述过了，这里仅举两个例题来说明。

用Excel计算[例2.8]

[例2.8]（积差相关法）随机抽取20名男生（18岁）做5项静力性测验，结果如表2-13，试以5项成绩的T分和（不加权）为效标，检验各项指标的有效性。

► 表2-13　5项静力性力量测验结果　（单位：kg）

	握力/kg	背力/kg	下肢力量/kg	上肢力量/kg	腹肌力量/kg	T分总分（C）/分
1	36.5	121.5	153.5	40.5	85.5	172.1
2	45.5	143.5	194.5	46.5	100.5	232.7
3	37.5	134.5	175.5	42.5	96.5	201.6
4	50.0	173.5	215.5	54.5	112.5	281.3
5	55.5	164.5	200.5	50.5	105.5	267.0
6	42.5	142.5	165.5	46.5	97.5	212.5
7	56.5	185.0	195.5	47.5	106.5	273.3
8	63.0	195.5	223.5	60.5	121.5	326.8
9	57.5	175.5	193.0	49.5	114.5	278.9
10	55.5	168.5	175.5	53.5	102.5	258.0
11	56.5	184.5	210.0	62.5	96.5	285.6

续表

	握力 /kg	背力 /kg	下肢力量 /kg	上肢力量 /kg	腹肌力量 /kg	T 分总分（C）/ 分
12	44.5	134.5	153.5	43.5	84.5	190.7
13	48.5	165.0	184.5	50.0	96.5	241.8
14	37.5	114.5	132.0	42.0	86.5	163.2
15	52.5	164.5	173.5	62.5	93.5	252.0
16	46.5	153.5	185.5	55.0	85.5	228.6
17	60.3	180.5	212.5	73.5	114.5	318.3
18	52.0	173.5	200.0	63.4	105.5	279.6
19	47.0	142.5	195.0	75.0	111.5	274.3
20	56.5	172.0	180.5	56.5	97.5	201.2
$\bar{X}$	50.1	159.5	186.0	53.8	100.7	
S_x	7.8	22.4	23.1	9.9	10.8	

第一步：计算每个人的 5 项 T 分并求和（见表 2–13 中 T 分总分）

$$T = 50 + 10Z$$

$$Z = \frac{X - \bar{X}}{S_x}$$

$$C = \sum T$$

第二步：根据积差相关系数计算公式，计算出每项指标与效标 C 之间的相关系数 r，计算结果如下：

$r_{1C} = 0.83$ （握力）

$r_{2C} = 0.86$ （背力）

$r_{3C} = 0.91$ （下肢力量）

$r_{4C} = 0.71$ （上肢力量）

$r_{5C} = 0.85$ （腹肌力量）

这些数据说明，下肢力量与背力测验的有效性较高，而上肢力量测验的有效性较低。若想选择一两项测量人体静力性力量的简易指标，可考虑选择下肢力量或背力测验。

[例 2.9]（等级相关法）对 6 支篮球队进行技术测验、身体素质测验，测量得分（全队的平均成绩；以 10 分制计算）以及在对抗赛中的名次如表 2-14，试以比赛中的名次为效标，检验这一套测验的有效性。

▶ 表 2-14 测验成绩与比赛名次表

队别	技术分 / 分	素质分 / 分	合计 x/ 分	秩次 y	比赛名次	d_i	d_i^2
1	7	8	15	2	1	1	1
2	6	5	11	6	6	0	0
3	6	6	12	4.5	5	−0.5	0.25
4	8	6	14	3	3	0	0
5	7	5	12	4.5	4	0.5	0.25
6	9	7	16	1	2	−1	1

根据上表中数据，使用等级相关系数计算公式，得：

$$r = 1 - \frac{6\sum d_i^2}{n^3 - n} = 1 - \frac{6 \times 2.50}{6 \times 35} = 1 - 0.071 = 0.929$$

计算结果表明，这一套测验的有效性令人满意。

（四）影响体育测验的有效性的因素

1. 测量的可靠性

可靠性是有效性的必要条件，有效性系数的上限等于可靠性系数的平方根。可以说，测量的有效性被它的可靠性所限制。如果某项测量的可靠性不够理想，则势必影响其有效性。所以说，在检验测量有效性之前首先检验指标本身的可靠性，会对有效性产生良好影响。

2. 效标有效性

一个测验如使用不同的效标的确定方法，可能会有不同的效标。效标有效性是以所选择的测量指标与效标之间的相关程度来检验其是否有效，以及有效性程度高低，所以效标的选择极为重要。若采用的效标本身有效性低，则不能评定测量指标的有效性，作为效标，其有效性必须是被证明过和检验过的。所以，必须根据指标的特点，以及测量目的等具体情况，选用适宜的且可靠性高的效标，以提高测量的有效性。

3. 受试者总体特征

任何一种测量方法都有其适用范围（即测验的总体），总体不一样，其有效性程度也不同。

任何一种测验都是为特定的目的、对象和时间而设计的，没有一种测验是适合于所有情况的。因此，在选用某种测验时，要考虑到受试者的年龄、性别、能力、水平等因素。因为一项测验对某一性别、年龄组有效，而对另一性别、年龄组则不一定有效；对初学者有效，而对掌握了该项测验技能者不一定有效，即使有效，有效性程度也会有所不同。例如，引体向上，对于测量高中及以上男生的上肢力量是有效的，但对于女生和小学生则是无效的。

4. 测量指标的数量

通常适当增加测量指标的数量，有利于提高测量的有效性。例如：欲测学生的灵敏素质，可根据灵敏素质的定义，选择若干测量指标组织测验。假定选择了简单反应时、10 m 往返跑、十字变向跑、立卧撑（10 s）等 4 项。而且这 4 项指标的有效性分别是：① 简单反应时为 0.66；② 10 m 往返跑为 0.74；③ 十字变向跑为 0.78；④ 立卧撑（10 s）为 0.72。任一项指标的有效性系数均未达到 0.80，若使用 2~3 个指标组合成一套测验，则可指望将其有效性系数提高到 0.80，甚至 0.90 以上，从而使灵敏素质测验更加合理、结果更加准确。

增加测验指标，还要考虑实施条件等其他客观因素，同时要考虑指标之间的相关因素，不能盲目地将有效性系数大的几项指标，组合成一个测验内容，这样可能反而会降低测验的有效性。

当然，影响有效性的因素还有很多，如样本含量的大小、样本的代表性、测量的难度和区分度等。在实际应用中，应综合考虑，减少测量的误差，提高测量的有效性。

五、体育测验的科学性之间的关系

体育测验的科学性是指体育测验的客观性、可靠性和有效性。通过对测量过程的分解以及“三性”的定义，可知三个科学性分别从不同的方面对测量误差进行估价，客观性度量第Ⅰ过程中的误差，即测试者误差，可靠性度量第Ⅱ过程中的误差，即受试者误差，而有效性度量的是第Ⅱ过程和第Ⅲ过程中的合并误差。从本质上说，测量的三个科学性因衡量测量误差的要求而产生，都是用来衡量测量误差大小的指标，从这个意义上说，测量三性是统一的；但从局部来看，它们分别衡量三个子过程中的误差大小。欲提高测量的科学性，客观性、可靠性和有效性都必须进行提高，三者缺一不可。

可靠性是有效性的一部分，可靠性高，有效性未必高；可靠性低，则有效性一定也低，可靠性是有效性的必要条件，而非充分条件。比较（2-17）式和（2-26）式可以看出，在第Ⅲ过程没有误差的情况下，有效性系数等于可靠性系数的平方根，即有效性系数的上限为可靠性系数的平方根。

对于测量的可靠性来说，“三性”系数究竟控制在多大范围内的测量才是客观的、可靠的、有效的？这一点，要结合测量目的，参考大家公认或已发表的测量“三性”的参考标准，结合受试对象的特征等方面先进行逻辑估计和预先判断，然后再进行综合的考虑。

六、体育测验的编制和实施

（一）体育测验的编制的基本原则

测验的编制是测量理论和测量实践相结合的重要环节，也是体育测量的前提条件，没有一个（套）编好的测验，根本无从说起测量与评价。编制测验时，一般要遵循以下几个原则：

1. 科学性原则

所谓科学性原则，是指所编制的测验或所选择的测验方法必须符合测量的有效性、可靠性和客观性。根据这个原则在编制测验时，测验的编制者在选择测量指标时，不仅要注意该测量手段能准确、有效地测量某个属性，而且要保证对相同的受试者进行重复测量时能得到前后一致的测量结果，同时还要考虑不同测试者对同一受试者使用同一测量手段进行测量时，可以取得一致的测量结果。测量的科学性是测验编制必须考虑的，而且是任何一个测验都应具备的。一项好的测验，是可以通过这“三性”检验的。

2. 可比性原则

可比性原则，是要求编制者按测量与评价的理论和测量的有关规定来编制规范化的测验。所谓规范化的测验，即对测验内容和细节作出统一的、明确的说明和规定。应尽量采用已有的、国际或国内通用的标准化测量，这样能使测量结果具有可比性。根据这个原则编制的测验，只要在测验规定的相同测量环境条件下，无论任何测试者对同一总体进行测量，其测量的方法和要求等都应是相同的。以此进行测量而获得的测量结果，以及以该测量结果确定的评价标准，都可以用于样本之间的相互比较。

3. 适用性原则

测验的编制必须符合受试对象的实际情况，全面地考虑受试者的年龄、性别、形态、机能和运动能力、普通人或运动员等方面的特点。同一测验对于不同的受试者，测量结果也不尽相同，其测验的“三性”要求是不同的。另外，选择的测验指标应是测验对象力所能及的，最好是受试者熟练的、能较好完成的、能充分发挥其最大能力的指标。使编制的测验具有适当的难度和区分度，以有效地区分受试者之间的个体差异，达到测量的目的。一般来说，难度适中的测验具有较大的鉴别性。要尽量避免选用那些浪费时间、要详细阐明并要用相当的时间学习才能掌握的测验指标。

4. 相关、独立性原则

在编制成套测验时，要仔细考虑相关独立性原则。测验的相关性，是指成套测验中各个测验与总体属性的相关关系。各测验内容或测验结构与总体属性的相关程度越高，其有效性就越高。成套测验旨在测量某种综合或总体的属性，在实际测量中，这种综合或总体属性是难以直接测量的，而要通过若干个测验组合，并以各测验之和来代表它。

测验的独立性，是指成套测验中各个测验（指标）应具备的单一属性和独立性。而各指标之间的相关程度则越低越好，各指标之间的低相关说明成套测验中各指标的独立性强，这样在测量时就可避免不必要的重复，节约人力、物力、财力和时间。同时，在进行统计分析时，可避免同类指标的互相影响，提高计算结果的科学性。

（二）体育测验的编制的基本程序

1. 确定测验目的

编制测验，首先要考虑的是测验的目的，亦即测验编制者要解决什么问题。它是整个编制的核心，必须首先确立。它将决定测验对象和测验指标的选择、组织工作安排、仪器和经费等一系列问题。目的一般不宜定得过多，以解决一两个具体问题为宜。

2. 分析拟测属性和选择测验指标

拟测属性是测验编制者编制和使用测验而期望的一种测量结果，它是根据测验目的来确定的。测验目的确定后，则要对拟测属性进行分析，分析其概念、内容、结构、内在联系和外部特征等，然后据此用定性和定量的方法去选择相应的测验指标。

定性分析选择测量指标，是基于理论和经验，运用逻辑判断、分析、比较的方法选择测验指标。

定量分析选择测量指标，是在定性分析的基础上，运用数理统计的方法和手段，对待定的测验指标做定量分析后进行选择的。常用的数理统计方法有回归分析、聚类分析、主成分分析等。

3. 预备测验

测验指标定下来之后，应从所需要测量的对象中抽取较小的样本进行试验，这种试验称为预备试验。预备试验时，选择的试验对象应与正式测量时的对象条件类似，同时要在标准化条件下进行测验。另外，对测验的时间、仪器、场地、测验方法和测试人员，应明确作出统一的规定。

这种试验的目的是：

（1）检验测验的客观性、可靠性和有效性，并确立其系数。

（2）检查所编制或选择测验的可行性和实用性，如检查测验是否适合于原定的测试对象；检查测验方法、要求、成绩记录、测验次序、组织实施以及有关测验的各个环节是否符合测量的实际情况和实施要求。

（3）根据试验情况和出现的问题，对测验做进一步的修改，使之趋于完善。

经过预备试验后，精选测验指标，剔除测量值不稳定、有效性和可靠性低或测验结果呈极度偏态的指标。进行预备试验，可以发现编制测验中意想不到的问题，进一步修改和完善测验的编制，确保正式测验的成功。

4. 科学性检验

科学性检验是指对测量进行“三性”——客观性、可靠性、有效性检验。如待定测验指标的“三性”达到了使用标准便可选用，否则要另行选择。另外，我们还应对筛选出来的各指标进行相关程度的检验，如某两项指标的相关程度高且与效标的相关程度又很接近，说明这两项指标属同质测验，要剔除其中一项。总之，最后确定的指标，互相之间的相关程度要低（独立性），与属性的相关程度要高（相关性）。

5. 编写测验实施细则

测验实施细则可以说是测验的说明书，它是测试者和受试者要共同遵守的一种测验准则。如果编制的测验为很多的测试者使用，那么更应将标准化、规范化的测验实施办法较具体地体现在测验实施细则一般测验实施细则应包括下列内容：

（1）测验的目的。

（2）测验对象的年龄与性别。

（3）测验的有效性、可靠性和客观性。

（4）测验的方法和要求。

（5）记录、评分的方法和要求。

（6）测验中要注意的问题和安全措施。

6. 实施正式测验

（三）体育测验程序的编排

在施行多项测验或群体测验时，要考虑测验程序的编排问题。测验程序是指实施测验的先后次序，它是根据测验时间、测验项目、测验内容、测验人数、测验难易度和强度、测验条件（场地、设备）以及测试人员等方面的情况而进行编排的。编排测验程序的原则是：① 省时，便于组织实施；② 保证前后测验之间不会产生不良影响。

在体育测验实践中，测验程序的编排通常采用以下三种方法：

1. 逐一测验编排法

逐一测验编排法是安排所有受试者逐项完成测验的一种方法。它要求受试者统一完成一项测验后，才进入另一项测验。这种编排比较耗时，只适用于测验项目少，或测试人数少，或受条件限制的测验。

2. 连续测验编排法

这是安排受试者连续完成各项测验的一种方法。例如，拟定在一个单位时间内实施 n 项测验，可将这 n 项测验按图 2-1 的次序进行：所有受试者均从测验 1 开始，然后逐一完成后面的各项测验。此法主要适用于耗时不一、负荷量不大、不影响下一个测验的测验项目。它最大的优点是易组织，受试者可逐个或分批进入测验，无须统一等待测试。

（受试者）××× 开始 ⟶ 测验 1 ⟶ 测验 2 ⟶ …… ⟶ 测验 n ⟶ 结束

图 2-1　连续测验法

3. 循环测验编排法

循环测验编排法是将受试者按测验项目分组，然后以一定的次序和方向（顺时针或逆时针）轮流完成各项测验的一种编排方法。

如计划测 n 个项目，将受试者分成 n 组（图 2-2），令所有受试者随其所在组同时进入各项测验，直至各组都完成 n 项测验为止。该方法的优点是：用时最少，且能在短时间内容纳多个项目、多人数的测验。但测验的组织工作相对上面两种方法来说要难一些。

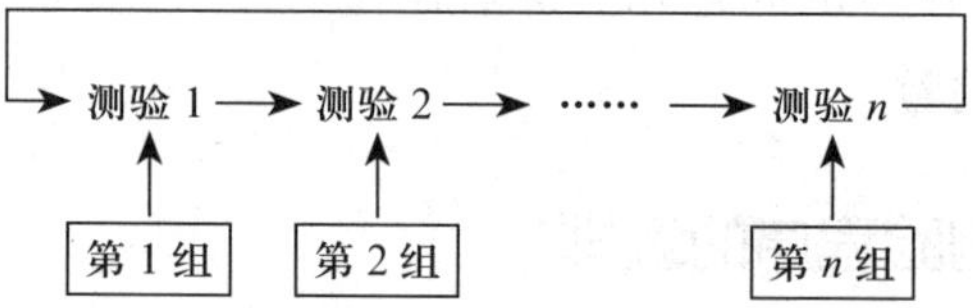

图 2-2　循环测验编排法

（四）成套测验

有一些机能领域的测验项目（指标），不只是一项而是有多项组成。这样由多项指标来测定某个同一机能领域的测验，称成套测验，又称组合测验或系列测验等，它主要用于测量体育范畴中某一方面或某些行为（或现象）的综合属性，并同样具有诊断、评价和预测等功能。例如，运动能力、协调性与灵敏性以及平衡能力的测定，一般均采用成套测验，专项运动技术及心理素质的测验更是离不开成套测验。

1. 成套测验的特点

然而，成套测验的总体属性常常难以直接测量获得，一般只是测量构成其总体属性的各个测验项目（各个指标），把它们的测量观测值综合起来以对总体属性进行估价。由此可知，成套测验具有以下特点：

（1）总体属性与其各个测验成分应高度相关：这种高度相关，不仅要反映在各成分之和与总体属性之间，而且还要反映在各成分与总体属性之间的关系上。

（2）各成分测验（指标）之间应是独立的：即成套测验中各测量之间应是低度相关的。这样才能体现各测量的独立性，才能使成套测验具有最佳的测验组合。

（3）评价时应该结合实际综合考虑：成套测验的总体属性要依靠各个测验项目的观测值的综合考虑才能反映，所以成套测验编制时必须要考虑各结构成分（各测验）的权重、各观测数的转换以及综合评价的方法等问题。这些问题解决的正确与否，直接影响观测值信息的增减，甚至会失去评价意义。

2. 成套测验的编制

成套测验的编制的基本原则和基本程序与其他测验基本相同（见前述），这里仅介绍有关成套测验“三性”系数检验的问题。成套测验的有效性、可靠性与客观性检验包括项目的难易度检验、项目的区分度检验、项目间的相关（组内相关）分析等内容。

（1）项目的难易度检验：

测验项目的难度过大或过小均会降低测量效果，所以成套测验中的各个项目的难度要适中，而且在排列项目顺序时，也应采用由易到难的排列法。为此需要对项目的难易度做必要的检验。项目的难易度，可用受试者在该项测验中的成功率表示，成功率愈高，难度愈小；当然亦可用失败率表示，失败率愈高，难度愈大。

［例 2.10］在以 8 个不同动作组成的平衡能力成套测验中，100 名学生的成绩如表 2-15 所示，试检验这 8 个动作的难易度。

▶ 表 2-15 100 名学生在平衡能力成套测验中的成功率

动作	成功人数 / 人	成功率 /%	失败人数 / 人	失败率 /%
1	36	0.36	64	0.64
2	25	0.25	75	0.75
3	45	0.45	55	0.55
4	15	0.15	85	0.85
5	0	0	100	1.00
6	7	0.07	93	0.93
7	29	0.29	71	0.71
8	3	0.03	97	0.97

由表 2-15 可知，在 8 个动作中，难度最大的是“5”，最小的是“3”，由难到易的排列为：5、8、6、4、2、7、1、3。

（2）项目的区分度检验：

所谓项目的区分度，是指该项目的测验成绩，能够区分受试者不同能力水平的程度。

设成套测验总分的上位 25% 与下位 25% 的人为“上位群”及“下位群”，而且“上位群”在某项测验中的失败者（不合格者）为 $W_{上}$，“下位群”在同一个测验中的失败者为 $W_{下}$，则 $|W_{上}-W_{下}|$ 的值越大，该项目的区分度越好。

若受试者人数为 N，则上、下位群的人数为：

$$N_{上}=N_{下}=0.25N, \tag{2-27}$$

则，$W_{上}$与 $W_{下}$的最大值分别为：

$$W_{上}=N_{上}，W_{下}=N_{下} \tag{2-28}$$

而最小值均为 0。显然，区分度的最大值，只有当“上位群”全部成功，而“下位群”全部失败时才会得到。从而，可得计算区分度指数的公式：

$$d=\frac{|W_{下}-W_{上}|}{0.25N} \tag{2-29}$$

［例 2.11］100 名学生在协调性成套测验中的总分“上位群”与“下位群”中的失败者人数如表 2-16 所示，试检验各个动作的区分度（计算每个动作的区分度指数）。

▶ 表 2-16　协调性成套测验的辨别力计算表

项目（动作）	失败人数		$\|W_{上}-W_{下}\|$	d
	上位群 $W_{上}$	下位群 $W_{下}$		
1	10	22	12	0.48
2	8	24	16	0.64
3	5	18	13	0.52
4	23	25	2	0.08
5	20	24	4	0.16
6	25	25	0	0
7	22	25	3	0.12

由表 2-16 区分度指数表明：7 个动作中第 2 个动作的区分度最好，其次为第 3 个动作与第 1 个动作，而后面 4 个动作的区分度太差，可以考虑从成套测验中剔除，另换区分度较好的动作。

一般认为，区分度指数至少应达到 0.20。

（3）项目间的相关分析：

理想的成套测验，要求各项目之间的相关程度要低，若项目间呈高度相关，则意味着这些项目所代表的是共同的属性，因而只采用其中的一项亦不影响测量的效果。项目间的相关程度可用相关矩阵表示，即计算每两项目间的积差相关系数或等级相关系数。

3. 编制成套测验的应注意的问题

（1）成套测验编制必须遵循前面所谈到的测验编制基本原则和程序，

并着重对成套测验的有效性、可靠性和客观性进行分析和研究。即使是别人使用过而且又证明是有效和可靠的成套测验，也必须对其进行三性检验，原因是各套测验组合有异、对象不一。

（2）成套测验以 3~5 个项目组合为宜。此数目的测验便于组织实施，而且还相对省时；另外，此数目的测验基本能反映拟测的整体属性。研究表明：若测验超过 5 项时，其成套测验有效性的递增率将会逐渐降低；换言之，测验项目多不一定能提高有效性，反而还会增加测验的难度。

（3）编制成套测验时，必须要考虑综合评价的问题，如各子测验的权重、观测值转换以及综合评价的方法等。在考虑和处理上述问题时，一定要遵循有关测量与评价的基本原理，以免降低测验的有效性。

（五）体育测验的实施

按照测验的实施过程，体育测验的组织实施过程可分为三个阶段。

1. 测验前的准备工作

在测验计划确立后及测验实施前，我们应做如下准备工作：

（1）组建测试队伍。根据测验的性质、要求及工作量来组织各项测试者。

（2）组织测试者认真学习测验计划、测试细则，明确分工。力求全面深刻了解各个侧面，统一认识，明确自己的任务和职责。

（3）测试实习。其目的是：① 熟悉测验，测试者应能熟练地完成测验，并要求体会到测验的难点和关键；② 掌握测试技术，力求统一测试要求和评分记录的尺度等。

（4）准备测验场地、设备和仪器。

（5）准备成绩记录的表格或测试卡片及其用具。

2. 测验工作的进行

（1）向受试者说明有关事项。向受试者说明测验的目的，测验的分组及测验程序，讲解示范有关测验的方法和要求。

（2）准备活动。

（3）测验前的练习。正式测验前，要让受试者做 1~2 次练习，以熟悉完成测验的方法。

（4）必要的提示。测验中可对受试者进行必要的提示。恰当的提示有利于保证测验的完成。在实际测验中，如下几种情况需要提示：① 测验的关键之处；② 易误之处；③ 报告受试者完成测验的情况等。提示时，要用简练的语言，提示的程序也应一致。

（5）思想激励。

3. 测验后的工作

（1）放松活动。

（2）整理测验场地、设备及仪器。

（3）检查所记录的测验成绩。若发现错漏，应列出错漏者的名单和项目，并安排他们补测的时间，及时补测，以保证资料的完整和可靠。凡检查出的不合格的卡片，应予以剔除。

（4）按原计划及时分析处理测量资料。

第二节 体育评价的基础理论

体育测量是将一些可以测得的物理量和非物理量转换为数值或符号，进行资料汇集、信息收集的过程。评价则是对所获得的信息进行加工处理，通过科学的分析进而作出价值判断，且赋予被测量事物或现象某种意义。所以说，测量是基础，是前提；评价是结果，是目的。二者紧密联系，不可分割。

一、体育评价的基础知识

（一）体育评价的概念

评价是指评定事物的属性或特征的价值。目的在于正确地解释事物现状的基础上，为改善现状和实现理想的目标而制定的决策提供判断依据。所谓体育评价是指依据一定的标准，判断体育测量结果，并赋予其价值或意义的过程。如某 15 岁男学生的跳高成绩是 1.29 m，另一同龄男学生的跳高成绩是 1.15 m，参照《国家体育锻炼标准》，判断前者得分是 90 分，后者得分是 55 分，这就属于体育评价。在现代体育活动中，评价已成为体育活动过程中的一个重要环节。

（二）体育评价的标准

依据体育评价的概念，我们发现，如果对体育测量的结果赋予价值或意义时，必须给定一个价值标准。然而，事物的价值标准不是唯一的，而是多层次的。如评定青少年健康水平的标准，自最理想状态至病态，是连续的状态序列，因而可以自上而下或自下而上划分若干不同的标准。若评价的目的仅仅是区分健康人与病人，可以把评价标准定到最低的健康水平上，达到这一标准就意味着身体健康，但不能判断是否达到了理想的目标，即最佳健康水平。

评价标准，均可分为两大类：即具有理想值（标准值）性质的评价标准，及只具有现状平均值（中位数）性质的评价标准，有人将前者称为绝对评价标准（参照标准），将后者称为相对评价标准（常模标准）。近年来有学者注意探索动态评价标准（进步度评价标准）的制定。既不参照绝对评价标准，亦不参照所属群体的成绩，而同自己的原成绩相比较而判断进步程度的方法，称动态评价。

总之，在实际工作中，应根据评价的目的、指标和对象的特点，选择适宜的评价标准，进行科学评价。

（三）体育评价的基本形式

在体育实践中，体育评价有三种基本形式：

1. 诊断性评价

诊断性评价又称初始评价，是指在教学和训练开始前的评价。其主要目的是了解学生的身体、能力、技能等状况及初始水平，做到心中有数，并且可根据初始状况、水平进行分组教学与训练，以达到因材施教、获得最佳效果之目的。

2. 形成性评价

形成性评价又称阶段性评价。教学和训练是分阶段进行的，在确定整个教学和训练总目标的同时，也要确定若干阶段性目标。由此所确定的阶段性教学训练的目标是否合适，是否需要修正，教学训练的内容是否需要调整，这些都依赖于形成性评价。形成性评价，就是把某一教学或训练的总目标分解成若干个阶段目标，并在教学和训练过程中随时检查评定阶段目标完成的情况，以便及时反馈有关计划的完成情况，并为最终达到教学和训练总目标而不断地调整、改善、控制整个教学和训练过程。故形成性评价是科学地控制、调整、改进教学与训练的中心环节。

3. 终结性评价

终结性评价又称终末性评价，是指在教学、训练过程的最后（如学期、学年末或训练周期末）进行的评价。它主要对学生体能、技能、成绩和身体能力的提高及体质的增强、个体的进步等方面进行评价，确定个体在集体中的位置以及进行不同群体间的相互比较。通过终结性评价可以获得全面的反馈信息，以检查教学或训练方法、手段的效果，总结经验，发现问题，为确定下一阶段教学和训练的目标提供科学的依据。

总之，评价所处的阶段不同，评价的形式也不同。在教学和训练进行的全过程中，若将几种评价形式融合于整个过程且运用恰当，它可为我们控制整个教学和训练活动提供必要的信息和依据，因而是十分重要的。

（四）体育评价的类型

评价是参照特定的评价标准确定测量数据的价值。由于参照标准的不同，评价可分为以下几种类型：

1. 相对评价

相对评价以被评价对象所在的总体为参照标准，判断被评对象在总体中成绩的优劣。

例如，湖南省 12 岁城市男孩的胸围数（cm）比较标准：61.5 以下为下等，61.5~63.1 为中下等，63.2~68.4 为中等，68.5~71.4 为中上等，71.4 以上为上等。相对评价标准的制定，必须明确其特定的总体，并且只能适用于这一总体中的个体或群体之间的评价。例如：在上例中，“湖南省 12 岁城市男孩的胸围数（cm）比较标准”只能适用于“湖南省，12 岁，城市，男孩的胸围”这一总体，超出这一总体，均不能使用。另外，相对评价标准还受时间的影响，如果使用时间过长，则参照标准需要修订。

2. 绝对评价

绝对评价是利用绝对评价标准，对个体或群体进行评价。绝对评价标准，应客观地反映人体特定领域的正常与异常或理想水平，并经实践检验而得到社会公认。以身体发育为例，所谓具有理想值性质的标准，是指假定在没有任何身心障碍的情况下，人体应该发育的理想水平或标准的发育水平，以及能够满足社会需要的理想的各种机能能力水平。显然，除了部分用以判断正常与异常的绝对标准（血压、脉搏）外，要确定上述标准是十分困难的，况且制定评价标准时，也无法回避实际上存在着的个体发育的差异。例如：某人的篮球投篮命中率为70%，我们说他的水平并不高，这就是绝对评价，因为绝对评价标准是命中率为100%；如果我们说他在队中是最好的，这则是相对评价了。

绝对评价在实际应用中并不多，因为绝对评价标准不易制定。通常我们说的评价，大多是相对评价。

3. 进步度评价

进步度评价又称个体评价，是以被评对象以前的水平为评价标准，判断个体或群体前后进步幅度的评价。个体标准是对同一个体不同时期、不同状态下的指标进行比较的一种评价标准。它能相对客观地反映运动员个体的情况的变化。

个体评价是根据个体成绩按时间序列变化的大小予以评定，所以在制定评价标准时要注意进步的幅度，同时还要考虑进步的难度。例如：100 m跑成绩从16 s提高到15.5 s，与从11 s提高到10.5 s，尽管进步幅度是一样的，但后者进步的难度比前者大得多。

二、体育评价量表及常用评价方法

有了评价标准以后，如何对个体或群体进行评价，则需要制定一种标尺，即制定评价量表。所谓评价量表是指能辨别事物属性、特征价值的一种度量方法，它是用统计方法把测量获得的实测值转换为一组导出数据所组成的参照标准。在体育测量中，常见的评价量表主要有两种：分值量表和等级量表。

（一）分值量表

分值量表是以分值对事物的属性或特征进行评价的量表。常用的有以下几种：

1. 标准分分值量表

标准分分值量表，是以标准差为单位划分评价等级或分数区间值的一种评价量表。它有三大特点：第一，以标准差为单位划分评价等级的间距，故成绩的递增或递减的间距是相等的；第二，使用方便、广泛，在正态分布表上容易查出某个成绩范围内的人数占总人数的百分比；第三，在多指标、计量单位不一的综合评价中，它可以把原始测量值全部换算成标准分（是相对分值），可以相互比较，并能进行算术运算，这就更加显示其优越性。它要求原始资料必须服从正态分布或近似于正态分布。常见的有 Z 分量表，T 分量表和标准分量表等。

（1）Z 分量表：

Z 分量表是一种最基本的标准分分值量表，它把平均数定为 0 分，相差 1 个标准差为 1 分。Z 分的计算公式为：

田赛：

$$Z=\frac{X-\overline{X}}{S} \tag{2-30}$$

径赛：

$$Z=\frac{\overline{X}-X}{S} \tag{2-31}$$

其中：X 为实测值（成绩）；$\overline{X}$ 为平均值；S 为标准差。

由于原始数据服从于正态分布，故分一般在 −3～+3 之间。Z 分量表中存在负数，实践中不便应用，一般将其转化为 T 分量表。

（2）T 分量表：

为了使 Z 分全变为正数，可将 Z 分的计算公式做简单变换，便得到 T 分（满分为 100 分）计算公式。

田赛：

$$T=\frac{10\times(X-\bar{X})}{S}+50 \qquad (2-32)$$

径赛：

$$T=\frac{10\times(\bar{X}-X)}{S}+50 \qquad (2-33)$$

且有：

$$T=10Z+50 \qquad (2-34)$$

计分范围是（$\bar{X}-5S$，$\bar{X}+5$S）。

（3）标准分量表：

T 分的满分为 100 分，在实际应用时，如果满分值取一个一般化的值，如 20 分，25 分，50 分等，则应该制定一般化的评分量表。

设满分为 A，考虑到原始成绩的范围为（$\bar{X}-3S$，$\bar{X}+3$S），则相差 1 个单位，标准分相差为：

$$\Delta T=\frac{A}{6S} \qquad (2-35)$$

显然的，分数相差 1 分，则该项成绩应该相差：

$$\Delta S=\frac{6S}{A} \qquad (2-36)$$

据此可制定评分表。

［例 2.12］测得某市 10 岁男生立定跳远成绩，经计算，$\bar{X}=149.7$ cm，$S=15.3$ cm，试制定该市 10 岁男生的立定跳远成绩的标准分评分表（满分为 20 分和 100 分）。

$A=20$ 分时，

$$\Delta S=\frac{6S}{A}=\frac{6\times15.3}{20}=4.6$$

$$\Delta T=\frac{A}{6S}=\frac{20}{6\times15.3}=0.218$$

将 $\bar{X}=149.7$ cm 定在 10 分位置上，则可以制表。

$A=100$ 分时，

$$\Delta S=\frac{6\times 15.3}{100}=0.9$$

$$\Delta T=\frac{100}{6\times 15.3}=1.089$$

将 $\overline{X}=149.7$ cm 定在 50 分位置上，也可以制表。

以 $\overline{X}$ 对应的分数为基值，向上或（向下）递增（递减）1 分（$A=20$）和 5 分（$A=100$），可以得标准分评分表（表 2–17）。

▶ 表 2–17　某市 10 岁男生立定跳远评分表

得分 / 分		成绩 /cm	得分 / 分		成绩 /cm
20 分制	100 分制		20 分制	100 分制	
20	100	195.7	9	45	145.1
19	95	191.1	8	40	140.5
18	90	186.5	7	35	135.9
17	85	181.9	6	30	131.3
16	80	177.3	5	25	126.7
15	75	172.7	4	20	122.1
14	70	168.1	3	15	117.5
13	65	163.5	2	10	112.1
12	60	158.9	1	5	108.3
11	55	154.3	0	0	103.7
10	50	149.7			

2. 百分位数分值量表

百分位数分值量表是以百分位数为单位划分评价等级或分数区间值的一种评价量表。这种评价量表有如下特点：

（1）它对资料的分布没有特殊要求，不仅适合于正态分布的资料，也适合于非正态分布的资料。

（2）这种量表的分数直接反映了相应的成绩在群体中所处的位置。百分位数量表，是以低于某一百分位数的人数的百分比来确定评价等级区间或得分的。例如，第 80 百分位数对应的成绩，则意味着低于此成绩的人数有 80%，故可将此成绩定在 80 分。而低于第 20 百分位数对应成绩的人数有 20%，则此成绩对应的分数为 20 分，其他依此类推。这种分数不仅能告诉我们比此成绩低的人数百分比，同时也可知道比此成绩高的人数百分比。例如，比 75 分对应的成绩低的人有 75%，那么比此成绩高的人数就有 25%。

（3）百分位数只是一种序数，不能进行算术运算。百分位置同一般的名次排列不同，它是位置的量度；同时，成绩的排列也不是同单位的，即成绩的间隔是不相同的，所以不能进行算术运算。

（4）中等成绩分值偏高，两端成绩分值偏低。由于分布在中间的人数较多，而上下两端的人数稍少，百分位数评分表的中等成绩的间隔，小于两端的成绩间隔。这也是该量表的缺陷之一。

《体育统计》中介绍过位置百分，将样本数据由小到大排序（田赛），然后再 100 等分，如果成绩 x 对应的 H 等分位置，则 x 的位置百分为 H。

例如，共有 $n=250$ 人，某人的成绩排序号为 150，则其位置百分为：

$$H=150\times\frac{100}{250}=60$$

百分位数是指位置百分所对应的原始数据，若 x 的位置百分为 H，则 H 的百分位数为 x，计为 P_H。所以，求百分位数是位置百分的逆运算。其公式可以表示为：

$$P_H=L+\frac{i}{f_x}\left(\frac{H}{100}n-C\right)\qquad(2\text{-}37)$$

用Excel生成百分位数评分表[例2.13]

式中：L 为 P_H 所在组的组下限；f_x 为组频数；i 为组距；n 为总人数；C 为 P_H 所在组上一组的累计频数。

[例 2.13] 表 2-18 中有 105 位同学的立定跳远成绩频数分布表，试制定立定跳远百分位数评分表。

根据频数分布表，结合百分位数公式（式 2-37），计算百分位数，如：位置百分为 10，其百分位数计算如下，

$$P_{10}=134+\frac{6}{7}\left(\frac{10}{100}\times 105-8\right)=136.1$$

将计算的百分位数填入表 2–18 中。

根据立定跳远成绩的百分位数计算表，我们可以制定立定跳远百分位数评分表（表 2–19）。利用表 2–19 可以对该总体的任何一个个体进行评价。

另外，百分位数表的间隔可根据需要而定，一般用 5% 或 1% 的间隔，不必分得过细。因为误差是不可避免的因素，即使把评分表编制得十分精细，误差也是存在的。考虑到测量误差，有人主张在评分表中规定对应于成绩的百分位置的区间（幅度），其上限为比该成绩高一个测量标准误的百分位置，下限为低一个测量标准误的百分位置。呈正态或近似正态分布资料的任何一种评分表，均可规定百分位置的区间。由于测量误差的存在，个体真正的分数是无法确认的，但百分位置区间，可提供真正分数所落在的大致范围。

▶ 表 2–18 立定跳远成绩百分位数计算表

组距	频数	累计频数	累计频率	计算
110～	1	1	0.009 5	$P_{0.1}=110+\frac{6}{1}\left(\frac{0.1}{100}\times 105-0\right)=110.6$
116～	1	2	0.019	$P_{1}=116+\frac{6}{1}\left(\frac{1}{100}\times 105-1\right)=116.3$
122～	2	4	0.038	$P_{5}=128+\frac{6}{4}\left(\frac{5}{100}\times 105-4\right)=129.9$
128～	4	8	0.076	$P_{10}=134+\frac{6}{7}\left(\frac{10}{100}\times 105-8\right)=136.1$
134～	7	15	0.143	$P_{15}=140+\frac{6}{13}\left(\frac{15}{100}\times 105-15\right)=140.4$
140～	13	28	0.267	$P_{20}=140+\frac{6}{13}\left(\frac{20}{100}\times 105-15\right)=142.8$
146～	23	51	0.486	$P_{25}=140+\frac{6}{13}\left(\frac{25}{100}\times 105-15\right)=145.2$
152～	25	76	0.724	……
158～	10	86	0.819	
164～	8	94	0.895	

续表

组距	频数	累计频数	累计频率	计算
170～	5	99	0.943	$P_{50}=152+\frac{6}{25}\left(\frac{50}{100}\times 105-51\right)=152.4$
176～	3	102	0.971	……
182～	2	104	0.990	$P_{100}=188+\frac{6}{1}\left(\frac{100}{100}\times 105-104\right)=194.0$
188～	1	105	1.000	

▶ 表 2-19　立定跳远百分位数评分表

（$n=105$，$\bar{X}=152.7$ cm，$S=13.71$ cm）

百分位置	成绩 /cm	百分位置	成绩 /cm
100	194.0	45	151.0
95	177.5	40	149.7
90	170.4	35	148.3
85	166.4	30	146.9
80	162.8	25	145.2
75	159.7	20	142.8
70	157.4	15	140.4
65	156.1	10	136.1
60	154.9	5	129.9
55	153.6	1	116.0
50	152.4	0.1	110.6

3. 累进评分量表

累进评分量表是根据累进计分法制定的评价表，其主要特征是能使分值增加的幅度与成绩提高的难度相适应。例如，《田径全能运动评分表》中的 100 m 成绩，从 12 s 提高到 11.9 s，增加 21 分，而从 14 s 提高到 13.9 s 只增加 15 分。虽然同样是提高了 0.1 s，但付出的代价不一样，因此增加的分值也不一样。一般来说，水平越高，成绩每提高 0.1 s 的难度也越大，所以相应增加的分值也就应越高。累进评分量表对优秀运动员是有利的，它对成绩差的人明显不利，因而它不利于调动低水平的人参加体育锻炼的积极性，所以累进评分量表不适合对群众性体育锻炼进行评价。另外，累进评分表要求资料服从或近似服从正态分布。

由于累进计分法在《体育统计》中已经讲述，这里仅举一个例子说明累进评分表的制定方法。

[例 2.14] 某年级男生 50 m 跑的平均数与标准差分别为 $\bar{x}=6.7$ s，$s=0.47$ s，最好成绩为 5.5 s，成绩分布经检验为近似正态分布，若规定在 $\bar{x}-3s$ 处为满分（100 分），在 $\bar{x}+s$ 处为 60 分，试制定累进评分表。

用 Excel 生成累进评分表 [例 2.14]

（1）计算基分点和满分点的位置及其对应的 D 值：

$$D_1=5-\frac{x-\bar{x}}{s}=5-\frac{\bar{x}-3s-\bar{x}}{s}=8$$

$$D_2=5-\frac{x+\bar{x}}{s}=5-\frac{\bar{x}+s-\bar{x}}{s}=4$$

（2）确定计分公式：

根据累进计分方程 $y=KD^2+Z$，将基分点和满分点的 D 代入，列方程组有：

$$\begin{cases}100=8^2K+Z\\60=4^2K+Z\end{cases}$$

解方程组得：

$$K=0.83，Z=46.67$$

则，其累进计分公式为：

$$y=0.83D^2+46.67$$

（3）确定 D 值间距：

按田径计分规则，计分间距为 0.1 s，则 D 值间距为：

$$\Delta D=\frac{\text{计分间距}}{\text{标准差}}=\frac{0.1}{0.47}=0.21$$

（4）确定计分范围：

根据正态分布的特点，计分范围定在 $\bar{x}\pm 3s$ 内。

（5）计算分数，列评分表：

在空白表中，先填上平均数 6.7 s 和相应的 D 值 5，然后从 6.7 s 往下填到 8.1 s（约 $\bar{x}+3s$ 处），往上填到 5.3 s（约 $\bar{x}-3s$ 处），每增加 0.1 s，D 值就减少 0.21，每减少 0.1 s，D 值就增加 0.21，按公式分别计算出全部分数，填入表 2–20 中。

▶ 表 2–20　某年级男生 50 m 跑累进评分表

成绩 /s	D 值	分数 / 分	修正值 / 分	成绩 /s	D 值	分数 / 分	修正值 / 分
5.3	7.94	99	100	6.8	4.79	65.71	65.5
5.4	7.73	96.26	96	6.9	4.58	64.08	64
5.5	7.52	93.61	93.5	7.0	4.37	62.52	62.5
5.6	7.31	91.02	91	7.1	4.16	61.03	61
5.7	7.10	88.51	88.5	7.2	3.95	59.62	59.5
5.8	6.89	86.07	86	7.3	3.74	58.28	58
5.9	6.68	83.71	83.5	7.4	3.53	57.01	57
6.0	6.47	81.41	81	7.5	3.32	55.82	56
6.1	6.26	79.20	79	7.6	3.11	54.70	55
6.2	6.05	77.05	77	7.7	2.90	53.65	54
6.3	5.84	74.98	75	7.8	2.69	52.68	53
6.4	5.63	72.98	73	7.9	2.48	51.77	52
6.5	5.42	71.05	71	8.0	2.27	50.95	51
6.6	5.21	69.20	69	8.1	2.06	50.19	50
6.7	5.00	67.42	67				

（二）等级量表

等级量表一般定为五个等级：上等、中上等、中等、中下等、下等或称优、良、中、下、差。常用离差法、百分位数法制定等级评价量表，对于多指标时也使用回归法制定等级量表。

1. 标准分等级量表

该量表是使用离差法制定的，一般只适用于原始数据服从正态分布或近似正态分布情况。其制表步骤如下：

（1）确定各等级人数的理论百分比：

根据评价目的、预期达到的评价效果和实际情况来确定各等级人数的百分比。原则上要求中等水平成绩人数所占的百分比较高，而高水平和低水平成绩人数所占的百分比较低。中国体质研究会的有关专家对各等级人数的理论百分比作了确定，如表 2–21 所示。

▶ 表 2–21　等级人数百分比表

下等	中下等	中等	中上等	上等
10%	15%	50%	15%	10%

（2）划分出各等级的标准：

根据表 2–21 的百分比，查正态分布表，划出各等级的标准（表 2–22）。

▶ 表 2–22　离差法划分等级的标准

等级	标准	理论百分比
上等	$(\bar{x}+1.28s)+\Delta$（含）以上	10%
中上等	$(\bar{x}+0.67s)+\Delta$~$(\bar{x}+1.28s)$（含）	15%
中等	$(\bar{x}-0.67s)$（含）~$(\bar{x}+0.67s)$	50%
中下等	$(\bar{x}-1.28s)-\Delta$（含）~$(\bar{x}-0.67s)$（不含）	15%
下等	$(\bar{x}-1.28s)-\Delta$（不含）以下	10%

其中，Δ 表示规定允许的最小单位，若最小取值单位为 10，则 $\Delta=10$。

（3）计算各等级的分界值：将 $\bar{x}$ 和 s，Δ 具体数值代入，可直接算出。

2. 百分位数等级量表

该量表是使用百分位数法制定的，适用于原始数据为不明分布时。量表的制定步骤如下：

（1）划分等级：

用百分位数划分五个等级的方法如表 2–23 所示。

▶ **表 2–23　用百分位数划分五个等级的方法**

评价等级	标准	所占百分比
上等	90（不含）百分位数以上	10%
中上等	75（不含）~90（含）百分位数	15%
中等	25（不含）~75（含）百分位数	50%
中下等	10（含）~25（含）百分位数	15%
下等	10（不含）百分位数以下	10%

（2）计算各等级分界值（百分位数）：

使用公式（2–39）计算出百分位数。

（3）列出等级评价表：

根据表 2–25 评价等级标准，列出等级评价表。

3. 回归等级量表

该量表是用相关法将关系密切的几个指标联系起来制定的。

如，某女生体重 45 kg，身高 155 cm，则身体发育情况评价为中等；若身高 175 cm，则评价为下等。

现以评价跳高成绩为例，说明制表方法（考虑身高对跳高成绩有影响）。

［**例 2.15**］已知身高平均值 $\bar{x}=164.06$ cm，标准差 $s_x=5.68$ cm；跳高平均值 $\bar{y}=129.46$ cm，标准差 $s_y=11.03$ cm，且已知身高与跳高成绩的相关系数为 $r=0.47$，试制定回归等级评价量表。

制表步骤：

（1）建立以身高（x）推测跳高成绩（$\hat{y}$）的一元回归方程：

$$\hat{y}-\bar{y}=r\cdot\frac{s_y}{s_x}(x-\bar{x})$$

计算得：

$$\hat{y}=0.913x-20.3$$

（2）求剩余标准差 $s_{y\cdot x}$：

$$s_{y\cdot x}=s_y\sqrt{1-r^2}=11.03\times\sqrt{1-0.47^2}=9.74$$

（3）以 1 cm 为间距，将不同的身高值代入回归方程，计算跳高推测值 $\hat{y}$：

如 $x=150$ cm 时，

$$\hat{y}=0.913\times150-20.3\text{ cm}=116.7\text{ cm}$$

（4）根据等级标准，确定等级范围：

若：$x=150$ cm，则跳高成绩的评价等级为：

“上等”下限值为

$$\hat{y}+1.5s_{y\cdot x}=116.7+1.5\times9.74\text{ cm}=131.3\text{ cm}$$

“中上等”下限值为

$$\hat{y}+0.5s_{y\cdot x}=116.7+0.5\times9.74\text{ cm}=121.6\text{ cm}$$

“中等”下限值为

$$\hat{y}-0.5s_{y\cdot x}=116.7-0.5\times9.74\text{ cm}=111.8\text{ cm}$$

“中下等”下限值为

$$\hat{y}-1.5s_{y\cdot x}=116.7-1.5\times9.74\text{ cm}=102.1\text{ cm}$$

据此，可将 150 cm 身高的跳高成绩评价标准定为：

上等：131 cm 以上；

中上等：122～131 cm；

中等：112～121 cm；

中下等：102～111 cm；

下等：102 cm 以下。

据此，可制定出评价表。

很明显，该量表的制定比较复杂。但在运用相关法制定回归等级评价量表时，应注意自变量和因变量之间相关程度要高，否则，回归方程无实际意义，此时就不宜制定回归评价量表。另外，当 s_y 值偏大时，回归方程和回归等级评价量表都是没有太大的实用价值的。

思考题

1. 如何理解测量与测验?
2. 体育测量的三要素是什么?
3. 试说出各种测量量表的特点。
4. 如何理解测验的总体?
5. 试分析体育测验的特殊性。
6. 试分析测验的频数与重复测量次数的关系。
7. 体育测验有哪些类型?
8. 根据测量过程的分解，谈谈误差的主要来源及控制方法。
9. 体育测验的客观性、可靠性和有效性的实质分别是什么?
10. 测验的总体客观性与样本客观性的含义是什么?
11. 测验的总体可靠性与样本可靠性的含义是什么?
12. 测验的总体有效性与样本有效性的含义是什么?
13. 谈谈测验的客观性、可靠性和有效性检验的思想实质。
14. 测验的科学性检验误差与测量误差有何区别?
15. 谈谈影响测量“三性”的主要因素有哪些?
16. 简述测试者人数与测验客观性的关系。
17. 简述重复测量次数与测验可靠性的关系。
18. 测验的有效性与其效标有效性有何关系?
19. 谈谈效标的确定方法。
20. 试述体育测量有效性的检验方法。
21. 体育评价有哪些类型?
22. 谈谈体育评价在体育工作中的实际意义。
23. 试比较体育评价三种基本形式的特点。
24. 试比较常见体育评价方法的优缺点。
25. 第 34 届世界体操锦标赛女子自由体操决赛成绩如表 2-24，请结合评分规则，去掉一个最高分和去掉一个最低分后，对该测验的客观性进行评价。

▶ 表 2-24　第 34 届世界体操锦标赛女子自由体操决赛评分数据

测试者（m=6）	运动员（n=8）							
	1	2	3	4	5	6	7	8
1	9.70	9.50	9.80	9.50	9.80	9.75	9.60	9.80
2	9.75	9.55	9.70	9.55	9.75	9.85	9.65	9.80
3	9.60	9.65	9.75	9.55	9.65	9.80	9.65	9.75
4	9.80	9.60	9.80	9.55	9.70	9.85	9.65	9.80
5	9.75	9.60	9.85	9.45	9.70	9.85	9.55	9.80
6	9.75	9.65	9.80	9.60	9.80	9.85	9.50	9.85

26. 为了检验某测验的客观性，安排 3 名测试者对 5 名学生进行测验（只计名次），测量结果见表 2-25。

▶ 表 2-25　测验名次表

测试者	受试者				
	1	2	3	4	5
1	1	3	2	5	4
2	2	3	1	4	5
3	1	4	3	2	5

请根据上表内容，对测验的客观性进行检验。

27. 为了检验某测验的客观性，请 3 名测试人员对 5 名学生进行测验，结果见表 2-26。

▶ 表 2-26 测验结果数据表

测试者	受试者				
	1	2	3	4	5
1	8	5	7	3	9
2	6	6	8	5	8
3	8	4	7	4	8

有人用两种方法计算客观性系数如下:

$$R_1 = 1 - \frac{MS_{内}}{MS_{总}} = 1 - \frac{0.80}{3.40} = 0.77$$

$$R_2 = 1 - \frac{MS_{内}}{MS_{间}} = 1 - \frac{0.80}{9.90} = 0.92$$

两种结果相差较大，试谈谈你的看法。

28. 为了检验某测验的可靠性（频数为1），对5名学生进行3次重复测验，结果见表 2-27。

▶ 表 2-27 测验数据表

测验次数	受试者				
	1	2	3	4	5
1	8	8	7	9	1
2	6	9	8	9	2
3	8	7	7	8	2

按方差分析的方法计算可靠性系数为:

$$R_1 = 1 - \frac{MS_{内}}{MS_{总}} = 1 - \frac{0.67}{6.98} = 0.90$$

如果去掉第5位学生的测验结果，按同样的方法计算

$$R_2 = 1 - \frac{MS_{内}}{MS_{总}} = 1 - \frac{0.75}{0.75} = 0$$

两种结果相差很大，试解释原因。

29. 已知某市 13 岁男生握力近似服从正态分布。从样本中计算出：$\bar{x}=27.32$ kg，$s=3.92$ kg，试计算该市 10 岁男生 A（握力 31.8 kg），男生 B（握力 21.5 kg）的标准分（$\bar{x} \pm 3s$ 范围）。

第3章

身体形态测量与评价

本章提要

身体形态测量与评价是定量描述人体外部特征的重要方法，不但可以提供研究人体生长发育规律的重要数据，而且也为分析个体发育特征和评价个体发育水平提供不可缺少的依据，同时，为运动员选材工作提供重要信息。本章简单介绍了人体主要测量点及其定位，重点阐述了体格测量、身体成分测量、体型测量及身体姿势测量的基本内容和评价方法，主要介绍了体格评价指数、皮褶厚度法、柯里顿体型分类法、希思－卡特体型分类法等。

关键词

身体形态　体型　体格　身体发育　身体成分　身体姿势

身体形态，是指身体的概观性特征，包括器官的外形结构、体格、体型和姿势。形态测量，包括观察与计量两个过程，属于前者的有姿势的观测，属于后者的有身高、体重和胸围等指标的测量。身体形态测量，是定量化研究人体外部特征的重要方法，其测量获得的数据资料在许多专业领域中均有着非常广泛的实用价值。它是研究人体的生长发育规律、体质水平、营养状况和运动员选材必不可少的方法手段。同时，为运动能力、身体素质、运动技术和身体机能等方面的研究提供大量有价值的信息。

身体形态的测量内容，参照"国际体能测验标准化委员会"（ICSPFT）、"国际促进人体功能形态测量学会"（ISAK）提出的《国际人体测量标准（2006 版）》和《国际生物学计划》（IBP）的测定方案，以及国内外多种教材和参考书，概括起来，主要有体格测量、身体成分测量、体型测量和身体姿势测量等。

第一节 身体形态测量概述

进行身体形态测量时，使用精密的测量仪器，按照规定的姿势和测量点定位，使用标准化的测量方法，严格遵守形态测量的各项规则，是获得准确测量数据资料的前提。

一、身体形态测量常用的定位术语

在测量过程中，测试者对所测指标含义的理解及其部位的选择是否正确，均会直接影响测量数据的可靠性。在人体测量工作中，要注意正确地运用定位术语。这是因为人体的姿势可能随时发生变化，即一个结构在人体中的位置可能随体位的变化而变化。因此，在阐述人体各部形态结构的关系时，都以标准的解剖姿势进行说明。标准的解剖姿势为身体直立、两眼平视、两脚并拢、足尖向前、两上肢自然下垂于躯干两侧、手掌向前、两下肢自然并拢。基于这个标准姿势，我们定义下列定位术语（图 3-1）。

（1）正中面与正中线：沿身体中线将身体切成左右对称两半的平面，称

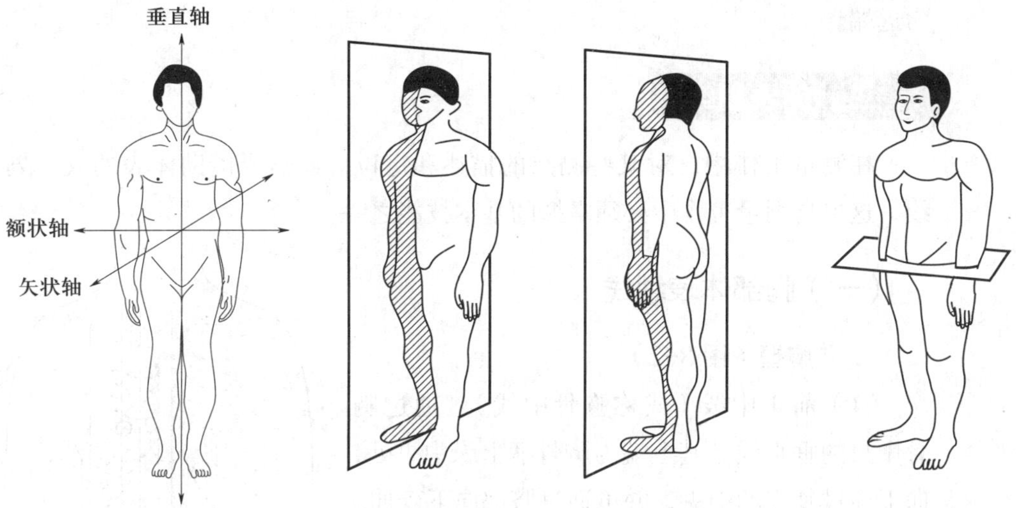

图 3-1 人体的基本平面和基本轴

为正中面。人体被正中面平分为左右两半，这一平面的前线及后线的正中垂直地面的线，称为正中线。

（2）矢状面：沿身体前后径所作的与地面垂直的（一切）平面。

（3）额状面：沿身体左右径所作的与地面垂直的（一切）平面，亦称为冠状面。

（4）水平面：与地面平行，与矢状面和冠状面相互垂直的平面，将人体分为上、下两部分的平面。

（5）矢状轴：垂直通过额状面的轴（前后方向）。

（6）额状轴：垂直通过矢状面的轴（左右方向）。

（7）垂直轴：垂直通过水平面的轴（上下方向）。

（8）腋中线：躯干上通过腋窝前后皱襞连线中点向下所引的垂线，称为腋中线。

（9）上与下：靠近头部的称为上；靠近足底的称为下。

（10）前与后：靠近腹侧的称为前；靠近背侧的称为后。

（11）内侧与外侧：靠近身体正中线的称为内侧；远离身体正中线的称为外侧。

（12）近端与远端：两肢靠近躯干的部分称为近端；远离躯干的部分称

为远端。

二、体表划线

在测量工作中，对某些测点的描述和定位，还需要借助体表的人工划线，这也是测量工作中必须掌握的基本技能之一。

（一）胸部体表划线

1. 前胸壁（图 3-2）

（1）前正中线（或称胸骨中线）：通过胸骨中央的垂直线。其上端为胸骨柄上缘中央处，向下通过剑突的中央，并可通过脐部向下延伸。

（2）锁骨中线（左、右）：通过锁骨中点的垂线。它与前正中线平行，为前胸壁最重要的一条直线，与乳头线相吻合。

（3）胸骨旁线（左、右）：胸骨线与锁骨中线之间的一条垂线。

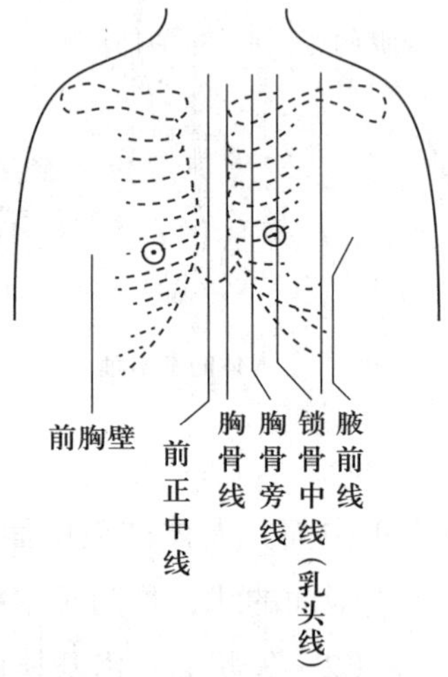

图 3-2 胸部体表划线

2. 侧胸壁（图 3-3）

（1）腋前线（左、右）：通过腋窝前皱襞所作的垂线。腋窝前皱襞，从表面看似一条斜线，通过该斜线的上端与上肢下垂时相交的点作垂线，即为腋前线。

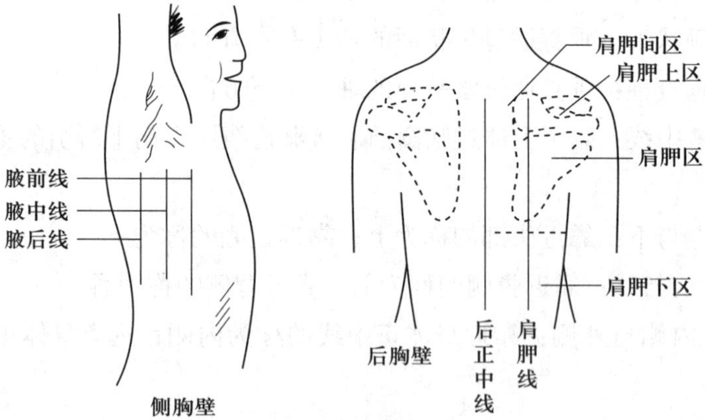

图 3-3 侧胸壁与后胸壁划线

（2）腋中线（左、右）：通过腋窝中央所作的垂线。与腋后线、腋前线等距。

（3）腋后线（左、右）：通过腋窝后皱襞所作的垂线。

3. 后胸壁（图 3-3）

（1）后正中线：通过脊柱棘突所作的垂线。

（2）肩胛线：上肢自然下垂时，通过肩胛下角所作的垂线。

在胸壁上没有人工划的水平线，而是利用肋骨及肋间隙或胸椎作为水平标志。

（二）腹部体表划线

最简单的方法是通过脐的水平线与垂直线，将腹部分为右上、右下、左上、左下四个区（图 3-4（a））。有时也用两条水平线和两条垂直线，将腹部分为九个区。上面的水平线为横贯第十肋骨下缘的连线，下面的水平线为左右髂前上棘的连线。左右侧垂线是通过髂前上棘至腹正中线连线的中点所作的垂线（图 3-4（b））。

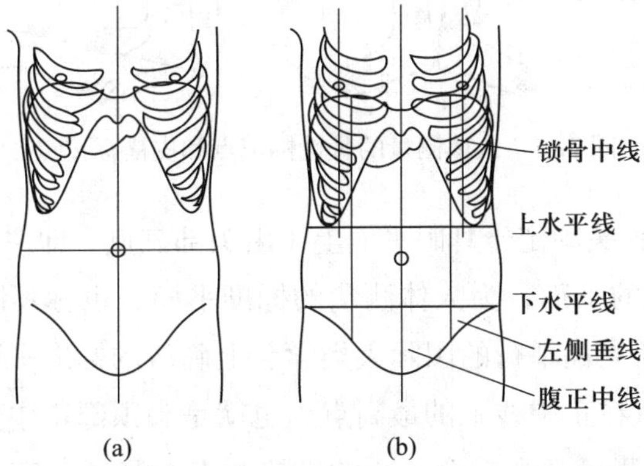

图 3-4　腹部体表划线

三、人体主要测量点

身体形态测量的测量点，大多是根据骨性标志（即骨的隆凸、结节、骨骺的边缘等）来确定的。而另外一些测量点，则是根据皮肤皱褶、皮肤特殊结构和肌性标志所确定。以下介绍人体测量中的主要测量点（图 3-5）：

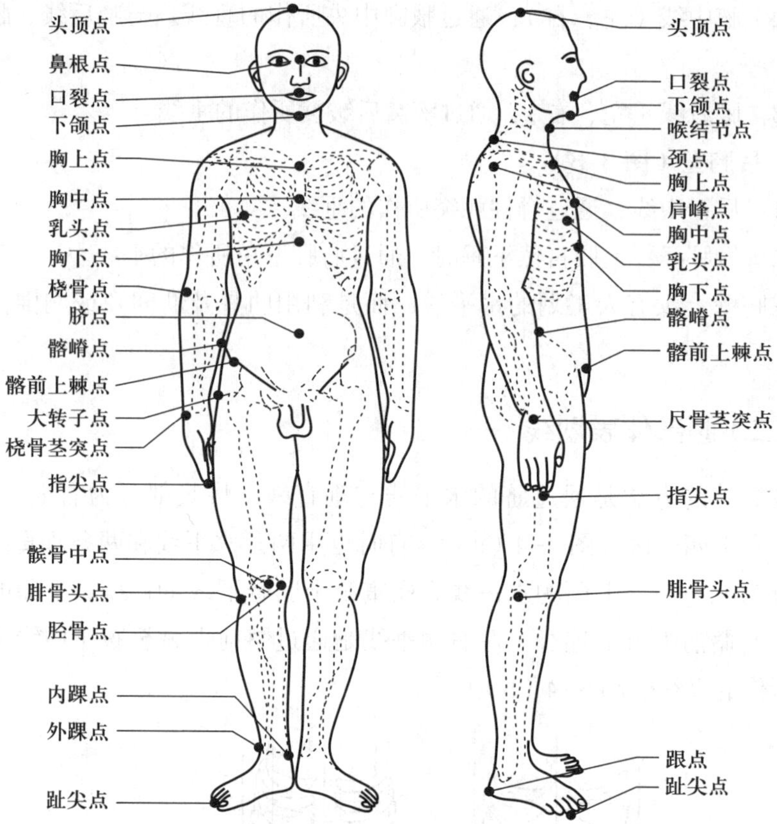

图 3-5 人体测量的骨性标记点和皮褶标记点

（1）头顶点：头固定于耳眼平面上（由头部三点，即左右侧耳屏点和右侧眶下点所确定的平面，为人体测量的标准平面，也称耳眼平面。此平面是 1884 年在法兰克福举行的国际人类学会上确认的标准平面，也称法兰克福平面），头顶点在正中线上的最高点，也就是头顶部正中矢状面上最高的一点。头顶点是测量身高或全头高的重要测点。测试者应站在受试者的侧面确定头顶点。

（2）头后点：又称枕后点，在头颅枕骨后部，相当于枕外隆凸（最突出处取其一点）和中央矢状面相交之点，距前面的眉间点最远。测量头的前后径及头围时，它是后头部的测点。头后点为头发所掩盖，有发结的要松开头发测量。

（3）头侧点：头的两侧最向外突出的点。

（4）枕外隆凸点：头后部枕外隆凸的尖端。

（5）眉间点：面部两眉之间，鼻根上方，正中矢状面的骨隆起部位为眉间点。长有眉毛处的骨性部位——眉弓，男性较明显，眉间点即为眉弓之间的隆起。测量头围时，眉间点是前头部的测点。

（6）耳屏点：外耳道前方耳屏软骨上缘的起点，是决定耳眼平面的重要测点。

（7）下颌点：当头部固定于耳眼平面位置时，下颌点即下颏颌骨前缘正中的最低点。下颌点是测量全头高的测点（由头顶点至下颌骨）。测量俯卧背伸指标时，下颌距地面的距离即以下颌点作为测点。

（8）颈点：指颈项背交界处的第七颈椎棘突的尖端。从此点到头后点为颈长。此点到座椅面的高度，可称背面躯干高（但从解剖学角度讲，测躯干高应从胸上点或颈点测至坐骨结节）。第七颈椎棘突，在7个颈椎棘突中是最高的。低头时，是颈部下方正中线上第一个突出点，能随着头部的转动左右移动，所以可与其下方的不能随头转动，但同样突出的第一胸椎棘突相区别。一般第一胸椎棘突与肩胛冈连线平面平齐或稍靠下。有的人第六颈椎的棘突也较突出，易与第七颈椎相混，须加注意。

（9）喉结节点：正中矢状面上，喉结节最向前突出的一点。

（10）胸上点：指胸骨柄上缘和正中矢状面的交点。胸骨位于胸部正中，胸骨柄上缘呈凹形，解剖学称胸骨上切迹或颈静脉切迹，胸上点位于其前缘的正中，从此点到座椅面距离为躯干（腹面）的高度。

（11）胸中点：接近人体的胸骨中部，位于左右第四胸肋关节连线的正中点，是测量胸前后径的测点。胸中点的平面一般比第四肋间隙的乳头间平面要高一些，也是测量胸围的测点。如因胸部肌肉发达或脂肪较多而不易辨认胸肋关节界限时，可以从与胸骨角对应的左右第二胸肋关节数起。胸骨柄与胸骨体相接处有一横行隆起，称胸骨角，极易从表面辨认，从此角向外即可找到第二胸肋关节。

（12）胸下点：胸骨体下缘（和剑突相连的地方）与正中矢状面的交点。

（13）乳头点：乳头的中心点，一般位于锁骨中线的第四肋间处。但仅适用于儿童及乳房不下垂的女性，对乳房下垂或不规则的受试者不宜采用，应使用胸中点。

（14）脐点：脐部中心点。

（15）肩胛骨下角点：肩胛骨下角的最低点。

（16）耻骨联合点：耻骨联合上缘与正中矢状面的交点。此点是左右耻骨联合在骨盆前的连接部，在外阴的上方。测量时应使受试者放松腹肌，否则不易触及。测量骨盆必须用此点，用直尺法测腹部脂肪，亦用此点，有人测下肢长也选用此点。

（17）髂嵴点：指髂嵴最向外突出之点，是测量骨盆宽的测点。一般人易于触及，但肥胖的人由于脂肪过厚而影响定位。左右髂嵴一般与第四腰椎棘突相平。

（18）髂前上棘点：髂前上棘最向前下方突出的一点。令受试者弯曲大腿，在腹股沟线上方用拇指从下向上按髂前上棘，即可找到此测量点。

（19）肩峰点：指肩胛骨的肩峰上外侧缘向外最突出之点。肩峰点是一个重要测点，测上肢长和肩宽时都要用此点。为准确找到肩峰点的位置，测试人员可在受试者肩部外上方，用中指沿肩峰外侧缘向背侧摸，同时以拇指沿肩胛冈自内侧向外侧摸，中指与拇指交合处，即为肩峰的起点，然后沿其上外侧缘摸取最向外突出之点，便是肩峰点。取此点时，受试者的肩应保持自然放松，不能耸肩。

（20）桡骨点：在上肢下垂，前臂旋前，手掌朝内侧的自然姿势中，桡骨小头上缘的最高点，即为桡骨点。它是测量肘关节高度（研究桌椅高度时用此点）和上臂长度的测点。确定桡骨小头的方法，可以利用伸直肘关节时，在关节背面外侧，即鹰嘴突的外侧所见的一个小凹，在凹底部可触到桡骨小头，为避免与肱骨下端相混，可令受试者旋转前臂，该点可以随之转动，然后取其上缘的最高点便是。

（21）桡骨茎突点：指上肢下垂时，桡骨茎突的最下缘。为测量桡骨茎突高度及全臂长度的测点，一般可在手腕部桡侧下端的凹陷中央触及。如有困难，可让受试者的拇指用力上伸并外展，此时腕部肌腱可构成三角形窝，此窝底部用指按其近侧位，即可触及此点。

（22）尺骨茎突点：尺骨茎突最下点。

（23）桡侧掌骨点：手部第二掌骨小头向桡侧突出的点，也是测量手宽的测点。手指伸直，从此点测至尺侧掌骨点的距离，即为手宽。

（24）尺侧掌骨点：为手部第五掌骨小头向尺侧最突出的一点，是测量手宽的测点。此点位于皮下，易触及，亦可令受试者握拳，取其向尺侧最突出之点。

（25）指尖点：中指尖端最靠下的一点，是测量手长、上肢长、中指间距的测点。

（26）大转子点：指股骨大转子的最高点，是测量下肢长和大腿长的测点，一般不易用手触及。确定此点时应让受试者两腿分立并外展，或令受试者上体前屈，此时由于肌肉及腱膜放松，便于触及。另一种方法是，由于大转子一般在离髂嵴下方一横掌处，可以将髂嵴作为触摸的起点。

（27）髌骨中点：髌骨底最高点与髌骨尖最下端连线的中点。

（28）胫骨点：指胫骨内髁内缘上的最高点，是测量膝关节高、大腿长、小腿长、小腿加足高的测点。触及胫骨点的最好方法是利用能活动的髌骨。先摸到髌骨后面的内侧膝关节线（关节间隙），线之上为股骨内侧髁，线之下为胫骨内侧髁上缘，寻其最高点即是。

（29）内踝点：足的内上方突起，也是胫骨下端内侧面的最突出之点，是测量踝高、小腿长等的重要测点。

（30）外踝点：足外侧上方的突起，即腓骨下端的突起，是外踝向外最突出之点。

（31）跟点：指直立时足跟向后最突出之点，是测量足长的测点。

（32）外侧跖骨点：指直立时第五跖骨小头向外侧最突出之点，是测量足宽的测点。

（33）内侧跖骨点：是指直立时第一跖骨小头向内侧最突出之点，是测量足宽的测点。

（34）趾尖点：最长的趾的趾端，是测量足长的测点。人足五趾中最突出的多为拇趾或第二趾，而小趾突出者罕见。

四、身体形态测量注意事项

形态测量是用以研究人体形态、结构、体型及人体生长发育情况最常用的方法，也是从事体质研究及运动员选材工作必须具备的技能。测量结果的准确性，主要取决于测量方法是否正确，操作是否熟练，因此，熟练地掌握测量方法是至关重要的。测量方法中，尤其要注意测量点的定位、器材的操作、受试者的姿势及读数记录这几个主要环节。

（一）影响测量结果的主要因素

反映体格特征的各种形态指标的测量结果的准确性和可靠性，取决于很多因素。其中，影响较大的有测量仪器的精密度和灵敏度、测量的姿势和方法、测量的时间等。

1. 测量仪器的精密度和灵敏度

任何测量，都应保证对使用仪器精密度和灵敏度的要求。尤其是大规模的群体测量，必须统一测量器材，做到标准化。同时，使用前应进行严格的检查和校正。

2. 测量的姿势和方法

进行人体测量时，受试者的姿势和测试人员的测量方法的规范化极为重要。在测量过程中，受试者姿势的每一细微变化或测试人员对测量部位的定点稍有疏忽，都将影响测量结果的准确性和可靠性。因此，测量方法必须作规范化的说明，且必须严格按照统一的要求进行测量。

3. 测量的时间

测量的时间，对测量结果有着一定影响。比如身高和体重在一天中的变化最为明显。因此，最好在早晨或上午测量。另外，人体围度的变化，受运动的影响较大，尤其是臂围、腿围和胸围。运动后由于毛细血管充血，肌肉体积增大，其测量结果会大于安静时。若在运动后测量围度，应让受试者休息 20～30 min。大规模的群体测量，应对测量时间作出统一的规定。

（二）身体形态测量要求

为使测量结果准确、可靠，受试者和测试者应注意做到以下的基本要求。

1. 受试者须知

（1）身体形态测量时除头部及坐高取坐姿外，其他测量一律取直立姿势，并注意保持耳眼水平位（即左右耳屏点与眼眶下点在同一水平面）。

（2）受试者男性着装为上身裸露、下着短裤、赤足；女性为上着背心、下着短裤、赤足。

（3）测试前受试者应排便排尿。

2. 测试者须知

（1）在未提出特殊测量要求时，测试者一般测量受试者的右侧肢体。

（2）测量仪器要保持清洁，测量前必须检验校正测量仪器。测量中应在经过一定人数的测量后，随时校正仪器，以保证测量的精度。

（3）掌握测量方法，熟悉测量点，要求精度较高的小样本测量时，可由专人在受试者身体上标出测量点，以提高测量的准确性。身高、体重等易受时间因素影响的指标，一般在上午 10：00 左右测量为宜。

（4）测量仪器读数时，测试者的视线应垂直于测量仪器上的标度部分，不可斜视，避免产生测量误差。

（5）测量长、宽、围度时，以 cm（厘米）为单位；皮褶厚度以 mm（毫米）为单位；体重以 kg（千克）为单位。测量与记录一般取小数点后一位。

（6）测量中，应注意尽量减少测量误差。长度测量误差，除身高及较长的身体部位不得超过 0.5 cm 外，其余肢体环节长度的测量误差均不得超过 0.2 cm，体重测量误差不得超过 0.1 kg。

第二节 体格测量与评价

体格测量是指对人体整体及各部位的长度、宽度、围度、量度所进行的测量，是研究人体外部形态结构、生长发育水平等必不可少的方法手段。以下是体格测量中常用的标准化测量方法。

一、体格测量

（一）量度测量

量度测量的主要指标是体重。

体重是描述人体横向发育的指标，它在一定程度上能够反映人体骨骼、肌肉、皮下脂肪及内脏器官综合发育状况。一般而言，体重与身体横断面积的发育成正比，与肌肉量成正比。体重的增加，表示肌肉量、肌力的增长和营养状况的改善。因此，人类形态学把体重作为反映人体长、围、宽、厚度发育状况的重要整体指标。

测量仪器：电子体重计或杠杆式体重计。

测量方法：测试前应校准体重计的灵敏度及精确度。测量时体重计应放在平坦的地面上，令受试者轻上，立于秤台中央（图 3-6）。测试者在读数稳定后记录，测量误差不得超过 0.1 kg。

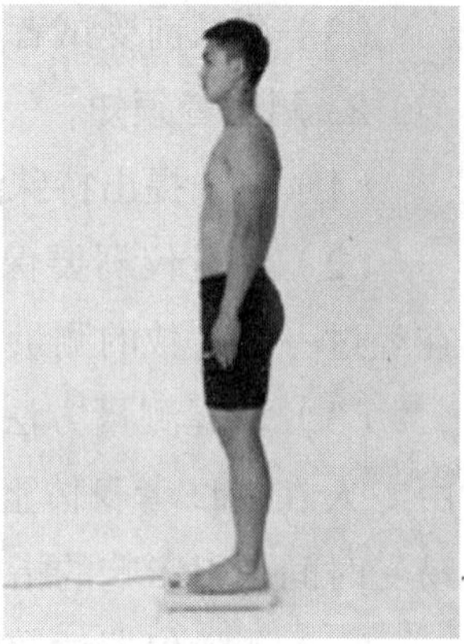

图 3-6 体重测量姿势

注意事项：受试者上下秤台时动作要轻，称重时要站在秤台中央。测试人员应熟悉游码和刻度尺刻度所表示的重量，并注意随时校正仪器。由于体重在一天内主要受饮食和运动时排汗量的影响，因此一般在上午 10：00 左右测量体重比较稳定。

（二）长度测量

1. 身高

身高是指人体直立时支撑面（身高计底板）至头顶点（身高计水平板）之间的垂直距离。身高是人体生长发育过程中一个反映人体骨骼发育状况、身体纵向发育水平的重要指标。据研究报道，一天内身高的变动在 1.5 cm 左右。清晨起床时最高，夜晚最低，这是由于经过一天的活动，椎间盘被压缩，椎体间隙变小，同时由于肌肉和韧带的疲劳，脊柱的弯曲度增加，足弓变浅等原因致使身高变矮，经过睡眠身高又复原。因此测量身高要考虑上述因素的影响，一般应在清晨或上午测量身高为宜。

测量仪器：身高坐高计（仪器误差每米不得超过 0.2 cm）。使用仪器前应校对零点，同时检查立柱是否垂直，连接处是否紧密，有无晃动，零件有无松脱等情况，若有故障，应及时加以纠正。

测量方法：受试者取自然立正姿势站在底板上（两臂自然下垂，足跟靠拢，足尖分开 30°～40°），足跟、骶骨和两肩胛间与立柱接触，注意保持耳眼水平位。测试者将水平压板下滑，轻压其头顶点，两眼与压板呈水平位读数并记录（图 3-7），记录的身高以 cm（厘米）为单位，精确到小数点后

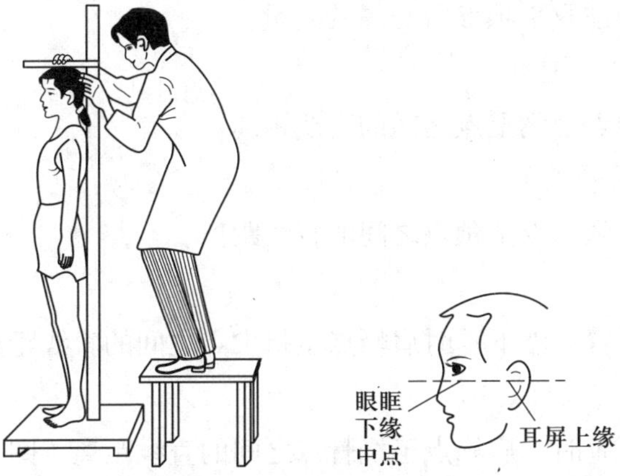

图 3-7　身高测量姿势

一位，填入表内。测量误差不得超过 0.5 cm。

注意事项：身高坐高计应选择平坦靠墙的地方放置，立柱的刻度尺应面向光源。测量时应注意足跟、骶骨和两肩胛间是否靠紧立柱。水平压板与头顶接触时，松紧要适度。头发蓬松者要压平，头顶的发辫、发结要解开，饰物要取下。读数完毕后，应立即将水平压板轻轻推向安全高度，以防碰撞。

2. 坐高

坐高指人体成坐位姿势时，头顶点至座板平面之间的垂直距离。坐高反映了躯干的长度，本来躯干长是指从胸骨上端至耻骨联合点的垂直距离，但为了测量方便，后来以坐高代替。实际上，坐高与躯干长并不一致。躯干的长短，受后天因素影响较小。因为躯干是贮藏内脏之处，因此测量躯干长度可以间接地了解内脏器官的发育状况。另外，坐高与身高的比、体重与坐高的比，对于评价人体体型及营养状况是有一定意义的。

测量仪器：身高坐高计。

测量方法：令受试者坐于身高坐高计座板上，躯干与头部自然正直，保持耳眼水平位，骶骨及肩胛间紧贴立柱。上臂自然下垂，大腿与地面平行并与小腿成直角，注意不要用手撑座板。测试者将水平压板沿立柱缓慢下滑，轻压受试者头顶部。两眼与压板成水平位时读数并记录。测量误差不得超过 0.5 cm。

注意事项：坐高计的座板应平稳固定。坐高计的放置高度应根据受试者小腿长短进行调整。可使用垫板以保证受试者双足平踏地面或垫板，大小腿成直角。其他注意事项参看身高的测量。

3. 颈长

颈长指下颌点至胸上点之间的直线距离。

4. 项长（后颈长）

项长指枕外隆凸点至颈点之间的直线距离。

5. 上肢长

上肢长指手臂自然下垂时肩峰点至指尖点之间的直线距离（图 3-8）。

6. 上臂长

手臂自然下垂时，肩峰点至桡骨点之间的直线距离（图 3-8）。

7. 前臂长

手臂自然下垂时，桡骨点至桡骨茎突点之间的直线距离（图 3-8）。

8. 手长

桡骨茎突点与尺骨茎突点在掌侧面连线中点（此点相当于腕关节远端腕横纹中点）至指尖点之间的直线距离（图 3-8）。

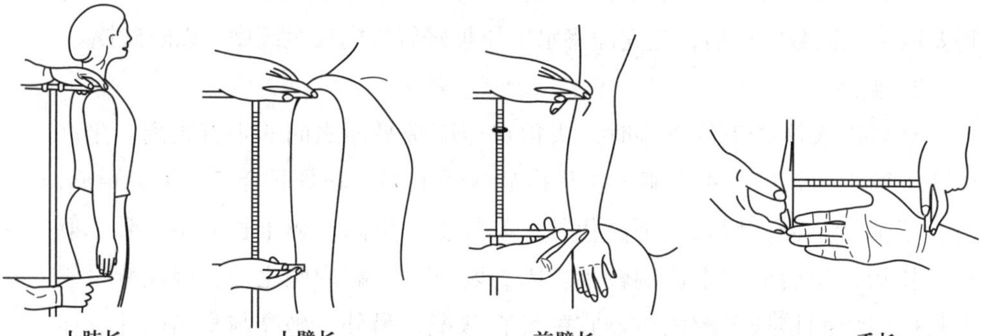

图 3-8 上肢长、上臂长、前臂长、手长的测量

9. 中指间距

两上肢向左右做水平伸展时两侧指尖点间的直线距离。

测量仪器：指距尺或带滑板 2 m 以上有刻度的钢尺。每米误差不超过 0.2 cm。

测量方法：将测量尺固定在平台上，受试者两脚分开，两臂侧平举，上体伏在测量尺上，一手指尖点固定于零位，另一侧上肢尽量向侧面伸展，手掌（掌心）、臂、胸紧贴尺面，两臂成一直线，测试者面对受试者，测量两指尖点之间的直线距离。另外还可将钢卷尺或直尺平行于地面，固定在墙壁上，令受试者面对墙壁站立，两臂侧平举，手掌（掌心）、臂、胸紧贴墙面，两上肢尽量向两侧伸展，测量两指尖点之间的直线距离（图 3–9）。测量误差不得超过 0.5 cm。

10. 手足间距

人直立手臂尽量上举时，指尖点至足底平面的垂直距离。

测量器材：直立标尺，或把带尺垂直固定在垂直于地面的墙上。

测量方法：令受试者直立于标尺杆的一侧，以右上肢贴近标尺尽量上举，此时双足并拢，不得提脚踵。量取右手指尖点至足底平面的垂直距离（图 3–9）。

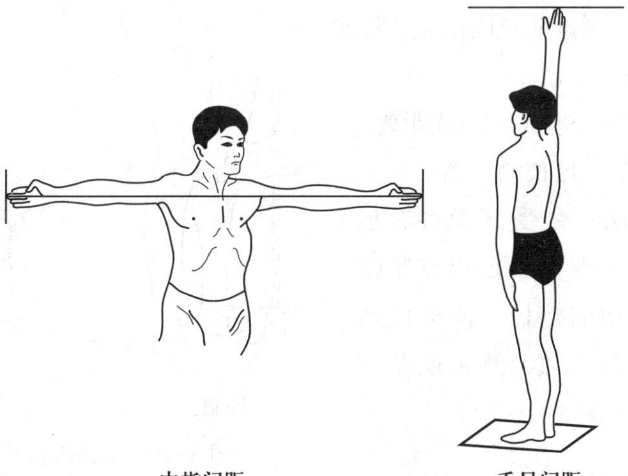

图 3–9 中指间距与手足间距测量姿势

11. 下肢长

股骨大转子点至地面的垂直距离，在体育测量中习惯称为下肢长 B（学名大转子高）。因大转子点不易确定，还可采用以下方法表示下肢长：

（1）身高 – 坐高。

（2）髂嵴点至地面的垂直距离，称为下肢长 H（学名髂嵴高）。

（3）臀纹线至地面的垂直距离，称为下肢长 C（学名臀纹线高）。

（4）髂前上棘点至地面的垂直距离，称为下肢长 A（学名髂前上棘高）。

12. 小腿长 + 足高

大小腿屈曲 90° 时，胫骨点至地面之间的垂直距离。

13. 小腿长

大小腿屈曲 90° 时，胫骨点至内踝点之间的垂直距离（图 3–10）。

以上 4~12 项长度指标的测量仪器均可以使用直脚规或带游标的直钢尺。将直脚规或带游标的直钢尺固定端轻靠在测量的一点，然后移动活动尺至另一测量点，测量两点间的距离。

14. 跟腱长

小腿腓肠肌内侧肌腹下缘至跟点的垂直距离。测量跟腱长时，注意令受试者两脚自然开立，扶墙提踵，小腿肌肉充分收缩，测试者在受试者小腿腓肠肌内侧肌腹下缘画一标志，然后令受试者成自然站立姿势，再在跟点画一标志，测量两点间的垂直距离。

15. 足长

足跟点至趾尖点间的直线距离。

测量仪器：足长测量器。

测量方法：令受试者将右足置于足长测量器上，足跟点紧贴后挡板，移动前挡板，使标尺贴于趾尖点进行读数，测量误差不超过 0.2 cm（图 3–10）。

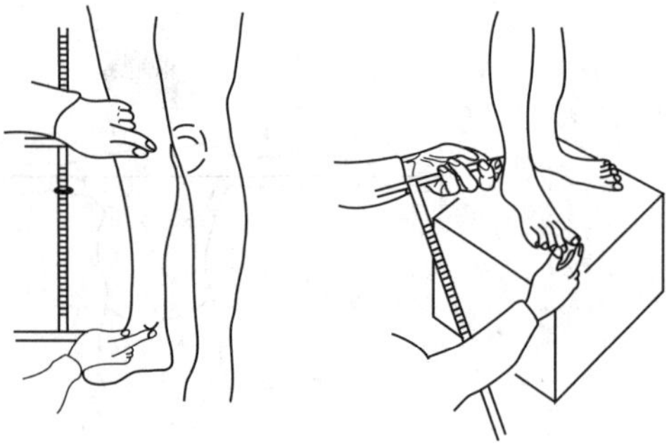

小腿长　　足长

图 3–10　小腿长和足长测量

（三）宽度测量

1. 肩宽

肩宽表示肩的长径。它与体重、胸围等指标有关，是反映体形特征的重要指标之一，也是形态测量的常用指标。

测量仪器：测径规。使用前应以标准钢尺或特定标尺校正，50 cm 误差不得超过 0.2 cm，或 5 cm 误差不得超过 0.1 cm。

测量方法：受试者两足分立与肩同宽，自然站立，两肩放松。测试者在受试者的背面，先用两手拇指沿左右肩胛骨的肩胛冈，自内向外摸到肩峰外侧缘中点（即峰点），然后用测径规测量两点之间的距离（图 3–11）。

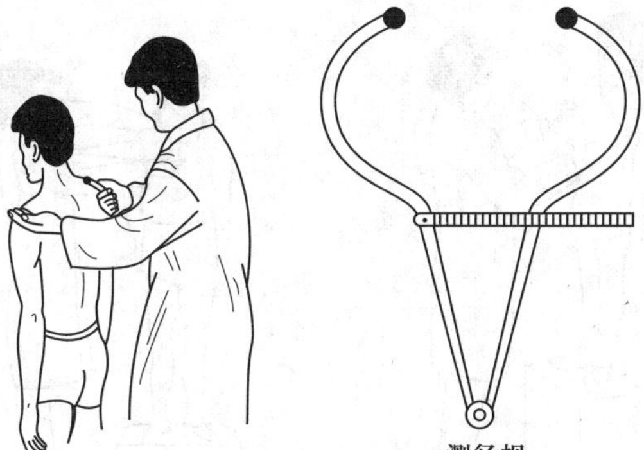

图 3-11　肩宽测量

测量误差：不得超过 0.5 cm。

注意事项：测量时，受试者两肩要放松，不可耸肩。要注意鉴别肩峰点与肱骨大结节，为此可令受试者两臂旋前旋后，若测点随之转动即表明测点不在肩峰点上，应予纠正。

2. 胸廓横径

通过测量胸廓可以评价胸廓的形态特征及发育程度。

测量仪器：测径规。

测量方法：受试者取立位姿势，两臂外展 60° 左右。测试者站在受试者对面，将测径规的两端置于腋窝腋中线与第四胸肋或乳头水平线交点的位置，在平和的呼气之末读数（图 3-12）。

测量误差：不得超过 0.5 cm。

注意事项：测径规两触角的位置一定要位于同一水平面；受试者不得低头含胸。

3. 胸廓前后径（矢状径或纵径）

测量仪器：测径规。

测量方法：测试者站在受试者前面，令受试者自然站立，两臂放松下垂。测试者将测径规的一端置于胸骨与第四胸肋关节处，另一端水平置于背侧后正中线的对应棘突上，测量前后两点间的距离（图 3-12）。

测量误差：不得超过 0.5 cm。

注意事项：测量时测径规两端的位置一定要成水平位。

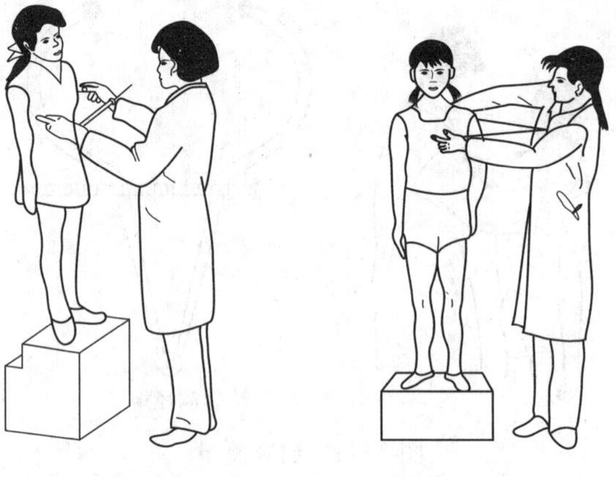

胸廓横径测量　　胸廓前后径测量

图 3-12　胸廓横径和前后径测量

4. 骨盆宽

测量仪器：测径规。

测量方法：受试者自然站立，两足分开与肩同宽，两肩放松。测试者站在受试者前面，用食指摸到髂嵴点（骨盆最宽处），用测径规量取两测点间的距离（图 3-13）。

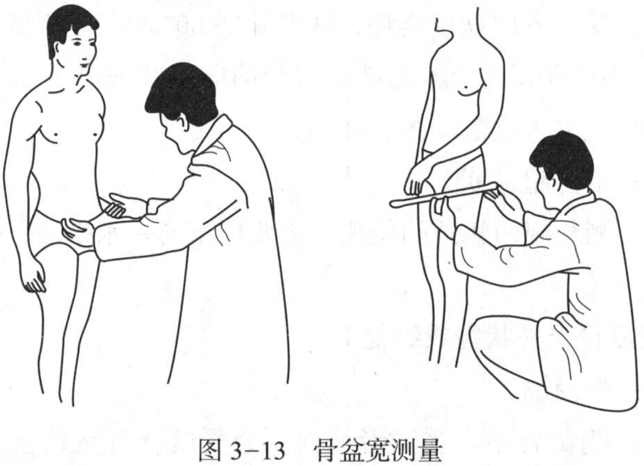

图 3-13　骨盆宽测量

5. 手宽

测量仪器：测径规或带游标的直尺。

测量方法：测试者站在受试者对面，令受试者将手平置于桌面上，测量第五掌骨小头和第二掌骨小头之间的距离。

测量误差：不得超过 0.2 cm。

6. 足宽

测量仪器：测径规或带游标的直尺。

测量方法：令受试者用全足掌踏在凳面上，测量第五跖骨小头至第一跖骨小头之间的距离。

测量误差：不得超过 0.2 cm。

（四）围度测量

围度也是用来评价身体发育的常用指标。这些指标受年龄、性别、劳动和生活条件等因素的影响，经常参加体育锻炼的人，由于肌肉较为发达，身体各部的围度比一般人要大（除腰围外）。

1. 胸围

胸围的大小反映呼吸器官、胸部肌肉和脂肪的发育情况。

测量仪器：每米误差不超过 0.2 cm 的带状皮尺。

测量方法：受试者两足分立与肩同宽，两上肢自然放松下垂。测试者面对受试者，将皮尺上缘经背部肩胛骨下角下缘绕至胸前（图 3-14）。男性

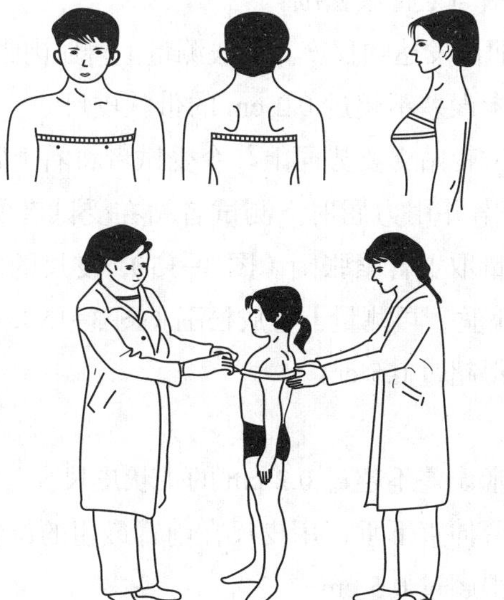

图 3-14　胸围测量

和乳房未发育的女性，皮尺的下缘可经乳头点测量，而乳腺已发育的女性，则皮尺下缘应经乳头上方的胸中点（第四胸肋关节）测量。

测量误差：不得超过 1 cm。

注意事项：测量时要注意受试者背部的皮尺是否折转，位置是否正确，最好二人测量，一人在后，一人在前。测量时皮尺的松紧度要适宜。要量取呼气之末、吸气之前的胸围。

2. 呼吸差

呼吸差为最大吸气时胸围值与最大呼气时胸围值的差数。

测量仪器：每米误差不超过 0.2 cm 的带状皮尺。

测量方法：体位及皮尺所放的位置同上。令受试者深吸气后测量胸围，之后令受试者尽量将气呼出，再测其胸围。吸气时胸围值减去呼气时胸围值即为呼吸差。

测量误差：不得超过 0.5 cm。

注意事项：呼气时不要弯腰、耸肩或低头。注意皮尺的位置，防止脱落。经常参加运动的人，呼吸差也较大，运动员的呼吸差平均为 7~10 cm，一般人平均为 5~7 cm。从事游泳、中长跑和角力运动的运动员呼吸差更大。

3. 臂围

（1）上臂紧张围与上臂放松围：

臂围反映上臂肌肉发达的程度。一般测量上臂肌肉收缩和放松时的围度。

测量仪器：每米误差不超过 0.2 cm 的带状皮尺。

测量方法：受试者站立姿势同上。令受试者将右上臂斜向前方平举（约 45°），掌心向上握拳并用力屈肘。测试者站在受试者的对面，将皮尺绕肱二头肌肌腹最粗处量取上臂紧张围（图 3–15），皮尺的位置不变，让受试者将肘关节伸直，臂下垂，再测量上臂放松围（图 3–15），分别记录。

测量误差：不得超过 0.5 cm。

（2）前臂围：

测量仪器：每米误差不超过 0.2 cm 的带状皮尺。

测量方法：前臂伸直下垂，用皮尺在前臂最粗的位置测量（图 3–15）。

测量误差：不得超过 0.5 cm。

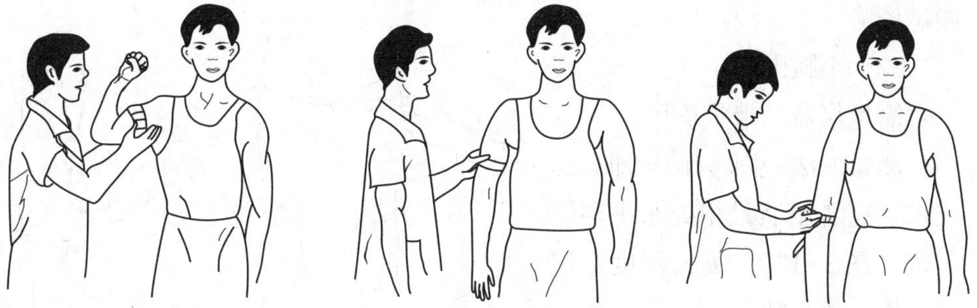

图 3-15 臂围测量

4. 腰围

腰围主要反映腹壁肌和腹部脂肪的情况，当腹壁肌肉紧张度降低或腹部脂肪堆积过多时腰围会增加。体育锻炼可使脂肪减少，腹部张力提高，因而可使腰围减小。

测量仪器：带状皮尺。

测量方法：测试者站在受试者的右侧或对面，将带状尺水平放在髂嵴上方 3~4 横指的位置（相当于腰部最细处）测量（图 3-16）。记录时取到一位小数。

测量误差：不得超过 1.0 cm。

注意事项：注意观察皮尺的位置是否成水平位。在受试者平稳呼吸时进行测量，不得俯身或挺腰。

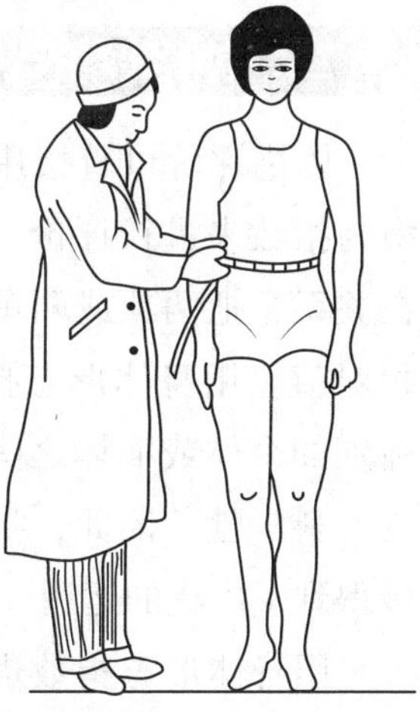

图 3-16 腰围测量

5. 腿围

（1）大腿围：

测量仪器：带状皮尺。

测量方法：受试者两足分立与肩同宽，体重平稳地落在两足，双肩放松。测试者站在受试者的侧面，将皮尺置于大腿臀大肌皱纹（臀纹点）处水平绕一周，量其围度（图 3-17）。记录时取到一位小数。

测量误差：不得超过 0.5 cm。

注意事项：测试者应帮助受试者将臀纹点外露，并监督受试者保持正确测试姿势。

（2）小腿围：

测量仪器：带状皮尺。

测量方法：受试者姿势同上。皮尺经过腓肠肌最粗处水平环绕一周（图 3-17），量其围度。记录时取一位小数。

测量误差：不得超过 0.5 cm。

注意事项：注意使受试者保持正确姿势，应使身体的重量平均落于两腿上。

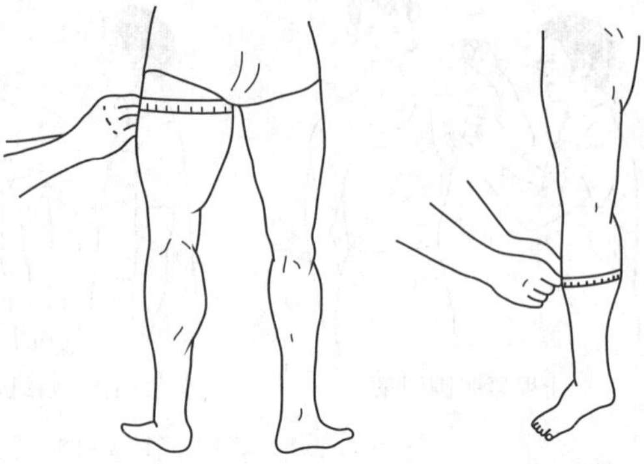

大腿围测量 **小腿围测量**

图 3-17 腿围测量

二、体格评价

体格评价可直接用测量获得数据进行绝对值评价，也可把测量数据转换为指数来进行评价。身体形态指数是根据人体各部分的比例和相互的内在关系，把两项或两项以上指标的测量值按照一定的数学方法计算得出的相对值。用身体形态指数进行身体发育水平的评价时，可以使不同年龄、性别的个体或群体之间的评价建立在对等条件之上，使相互之间的比较更具有科学性。因此，身体形态指数在评价身体生长发育和运动员选材等领域得到了广泛的运用。目前国内外常采用多项指标的综合评价。

用身体形态指数进行体格评价时，先计算出身体形态指数，然后用离差法、百分位数法对身体形态指数划分等级，制定出体格评价标准。在制定评价标准时，必须考虑年龄、性别等因素，对生长发育期的儿童少年应按类别和年龄分别制定评价标准。国外的一些评价标准不宜直接引用于对中国人进行评价，而且不是所有的指数对任何性别和年龄的被评价者都是越高越好。因此，在评价时应具体分析，才能作出正确的判断。

（一）人体局部发育水平评价

1. 描述人体各环节长度的指数

描述人体各环节长度的指数主要有上肢长 / 身高 ×100、指距 / 身高 ×

100、坐高 / 身高 ×100、前臂长 / 身高 ×100、下肢长 / 身高 ×100、足长 / 身高 ×100。

以上几种指数主要是通过有关长度与身高之比，来衡量各环节长度的相对值。指数越大，相对较长。其他指数的求法可根据评价的需要而定。

2. 描述人体各环节宽度的指数

描述人体各环节宽度的指数有肩宽 / 身高 ×100、骨盆宽 / 身高 ×100、腰宽 / 身高 ×100、手宽 / 身高 ×100、足宽 / 身高 ×100。

以上几种指数主要通过有关宽度与身高之比，反映人体各部位的发育程度。指数大，身体相对较宽，体格较强壮。

3. 描述人体各环节围度的指数

描述人体各环节围度的指数有胸围 / 身高 ×100、腰围 / 身高 ×100、上臂放松围 / 身高 ×100、上臂紧张围 / 身高 ×100、大腿围 / 身高 ×100、小腿围 / 身高 ×100。

以上几种指数主要通过有关围度与身高之比，来评价胸、腰、上臂及大、小腿的相对围度。指数大，相对较粗壮。它们是反映人体各部位发育程度的常用指数。

4. 人体比例

（1）身高中点为耻骨联合上缘：该点至支撑面的垂直距离一般为身高的1/2，小于1/2为腿短型，大于1/2为长腿型。

（2）指间距（肩臂长）一般与身高等长：指间距 / 身高小于1者为臂短型，大于1者为臂长型。

（3）坐高与身高之比例：一般用“坐高 / 身高 ×100”这一指数研究评价人体体格、体形特征。比值52以下是短躯型；52~53为中躯型；53以上为长躯型。该数值受年龄、性别等因素的影响，亚洲人较欧洲人大，女子比男子大，儿童较成人大。

（二）人体整体发育水平评价

1. 克托莱指数

克托莱指数 = 体重 / 身高 ×1 000

克托莱指数是19世纪被称作“人体测量之父”的克托莱提出的，它通过体重与身高的比例关系，作为相对体重或等长体重来反映人体的围、宽、厚度以及机体组织密度，又称作肥瘦系数。它在一定程度上能反映身体的充实度，指数越大，相对体重越大。例如，攀岩是以力量与耐力为主的运动项目，要有一定的肌肉力量，故克托莱指数相对较大者为宜。

克托莱指数随年龄增长而发生规律性的变化。在人体生长发育过程中，由于身高和体重的非等比增长，男、女性该指数均随年龄增长而增长（图 3−18）。男性 21 岁、女性 19 岁时基本稳定。7~25 岁间，男性指数均值为 172~347、女性在 168~327 范围变动。对 18~25 岁成人，男性平均为 343，女性平均为 324。由于女性突增期开始比男性早，因此这个指数男性和女性的均值曲线在 7~25 岁间形成两次交叉。第一次在 11 岁，第二次在 15 岁。第一次交叉前、第二次交叉后，男性各年龄组指数均大于女性，两次交叉期间，女性大于男性。16 岁后，男女性别差异更加显著。该指数一般随着年龄增长而增大，但同年龄不同个体、群体等的指数会有较大的差异。

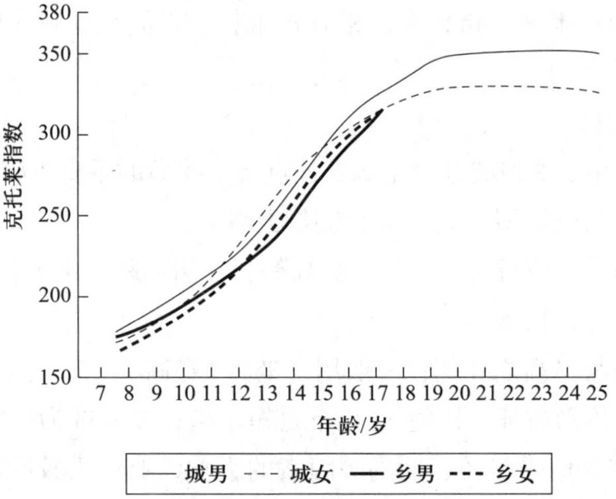

图 3−18 克托莱指数均值曲线

2. 维尔威克指数

$$维尔威克指数 = (体重 + 胸围) / 身高 \times 100$$

维尔威克指数是 1920 年维尔威克提出的。它实际上是体重与身高之比和胸围与身高之比两个指数的和。它反映了人体长、围、宽、厚度和组织密度，与心肺和呼吸机能密切相关。身高、体重、胸围是衡量体格发育状况和发育水平的重要指标，三者的结合，可以说明人体的充实度和发育程度。因此，它不仅是体格、体质的评价指数，而且也是一个很好的营养评价指数。从这个指数均值曲线看，男、女性自 7 岁开始，该指数均随年龄增长而增大（图 3–19）。男性 20 岁、女性 18 岁时基本稳定。对 18~25 岁成人，男性平均为 84.7，女性平均为 82.0。7~25 岁间，男女性的指数均值曲线形成两次交叉。第一交叉在 12 岁，第二次在 16 岁。第一次交叉前、第二次交叉后，指数值均是男性大于女性。两次交叉期间，女性指数值大于男性。

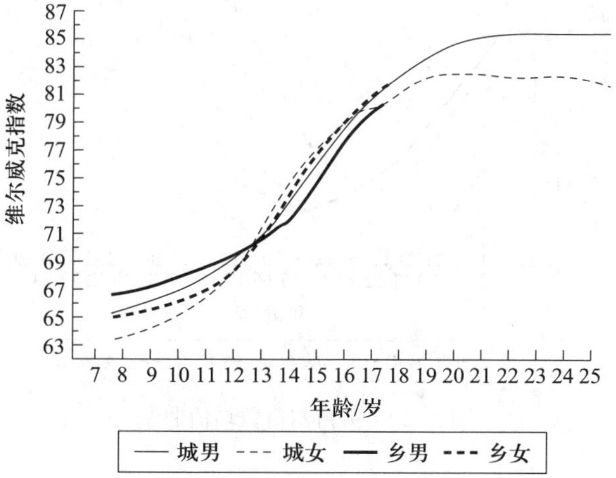

图 3–19 维尔威克指数均值曲线

3. 劳雷尔指数

$$劳雷尔指数 = 体重 / 身高^3 \times 10^7$$

劳雷尔指数是 1908 年德国学者劳雷尔设计发表的。它认为人体是一个立方体，身高是这个立方体的一个边。用体重除以身高的三次方，反映了肌肉、骨骼、内脏器官及脂肪组织的发育状态，作为显示人体充实度和营养状态的指数被广泛采用。

从劳雷尔指数均值曲线看，由于进入青春发育期之前，人体身高的增长领先于体重的增长，因此男性 7~13 岁、女性 7~11 岁，指数随年龄增长而呈下降趋势（图 3–20）。男性 13 岁、女性 11 岁时指数最小，分别为 109.9 和 109.8，之后随年龄增长，指数逐年增大。男性 20 岁、女性 18 岁左右基本趋于稳定。18~25 岁成人，男性平均为 118.5，女性平均为 128.7。男女性均值曲线在 12 岁时形成交叉，交叉前男性指数大于女性。交叉后尤其进入青春发育期后，由于女性皮下脂肪增多，开始青春期发胖，所以这个指数明显大于男性。同性别、同年龄，劳雷尔指数随身高不同而变化。即随身高增长而减小，这一点是不容忽视的。

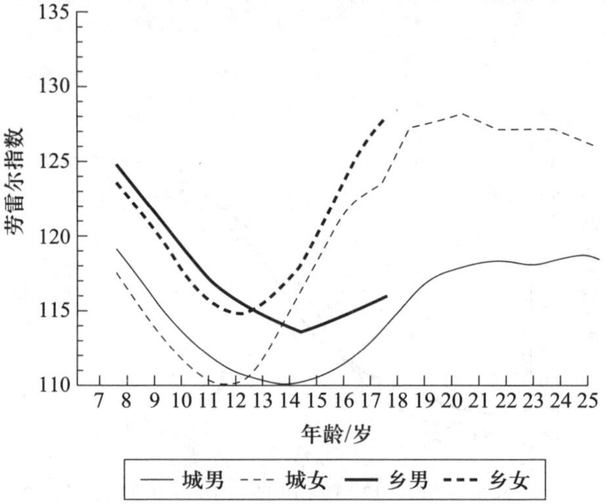

图 3–20　劳雷尔指数均值曲线

4. 利维指数

$$\text{利维指数}=\sqrt[3]{\text{体重}}\ /\ \text{身高}\ \times 1\ 000$$

利维指数是 1886 年意大利军医利维提出的。他认为体重是代表一个体积的重量，因而他把体重的开立方作为体积的一个边长，然后将它与身高进行比较，用以判断人体的充实度和营养状况。

从利维指数的均值曲线看，大致与劳雷尔指数均值曲线相似（图 3–21）。男性 7~12 岁、女性 7~10 岁，指数随年龄增长呈下降趋势，之后均随年龄增长而增大。男性 20 岁、女性 18 岁时，该指数值基本稳定。18~25 岁成人，男性平均为 22.8，女性平均为 23.4。男女性指数均值曲线在 11 岁形成交叉。交叉前男性指数值大于女性，交叉后女性明显大于男性。青春期开始至 18 岁左右，性别差异尤为显著。

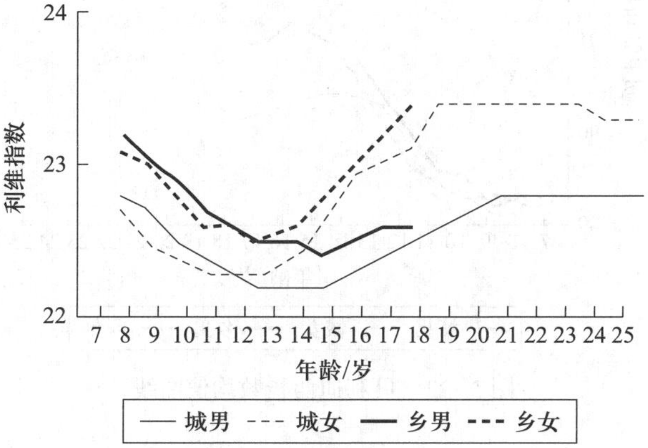

图 3-21 利维指数均值曲线

5. **贝利迪西指数**

$$\text{贝利迪西指数} = \sqrt[3]{10 \times \text{体重}} / \text{坐高} \times 1\ 000$$

贝利迪西指数是 1916 年澳大利亚学者皮尔奎特从年龄、性别、身高各方面深入研究身高^3/体重指数（皮尔奎特指数）后提出的修正值。他认为坐高与体重的立方根有关，食物营养的吸收与肠面积有关，肠面积又与坐高有关。人的肠管有 8~9 m 之长，约为坐高的 10 倍，肠宽约为坐高的 1/10，故用体重的立方根与坐高之比来评价营养状况和肥胖程度。因而可用体重的立方根与坐高之比来判断营养状况和肥胖程度。

从贝利迪西指数的均值曲线看，男女性的指数值均从 9 岁以后随年龄增长而增大，20 岁左右趋于稳定（图 3-22）。男性 12 岁以后，指数值增长缓慢，14~17 岁略有下降，之后又缓慢增长。18~25 岁成年人，男性平均为 90.7，女性平均为 92.7。男女性该指数均值曲线在 13 岁形成交叉。交叉前男性大于女性，交叉后女性明显大于男性。15 岁后性别差异更为显著。这可能与女性青春期发胖、皮下脂肪增多有关。贝利迪西指数与劳雷尔指数、利维指数相似，同性别、同年龄者指数值随身高增长而减小。

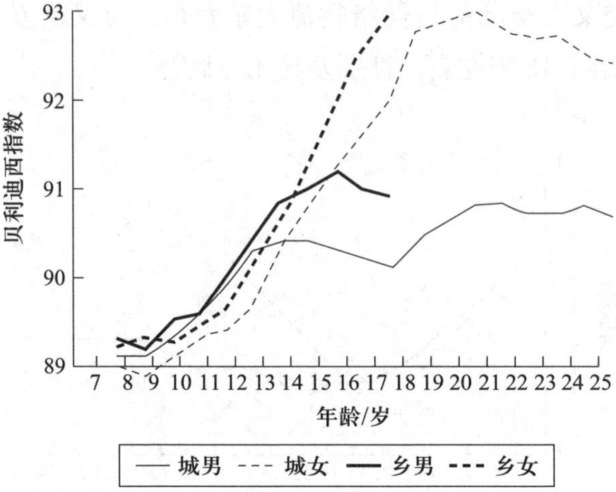

图 3-22 贝利迪西指数均值曲线

6. 布罗克指数

布罗克指数 = 体重 −（身高 − 100）

布罗克指数是19世纪法国外科医生保尔·布罗克提出的一种确定一个人身高与体重比例的公式。他认为一个人的正常体重应该是他的身高减去100的差数。后来苏联学者在多次研究和实际应用中做了修改，提出身高在155～165 cm者减100；身高在165～175 cm者应减105；身高在175～185 cm者应减110。但这仍不能准确地反映一个人的标准体重，同时，也不适用于140 cm以下儿童和妇女。

从布罗克指数的均值曲线看，男性7～15岁、女性7～13岁，指数随年龄增长呈下降趋势（图3−23）。男性15岁、女性13岁时指数值最小。之后，指数随年龄增长逐渐增大。男、女性的这一指数均存在着显著的年龄差异。男性21岁、女性18岁时，指数值基本稳定。

男女性布罗克指数均值曲线分别在8岁和12岁形成两次交叉。第一次交叉前、第二次交叉后，均是女性指数大于男性。尤其在第二次交叉后，男、女性差异十分显著。两次交叉间，即9～11岁，男性指数大于女性，但差异不明显。同性别、同年龄者，指数随身高增长而增大。

以上各项指数均受到体育锻炼、遗传、生活环境、营养状况、年龄等因素的影响。

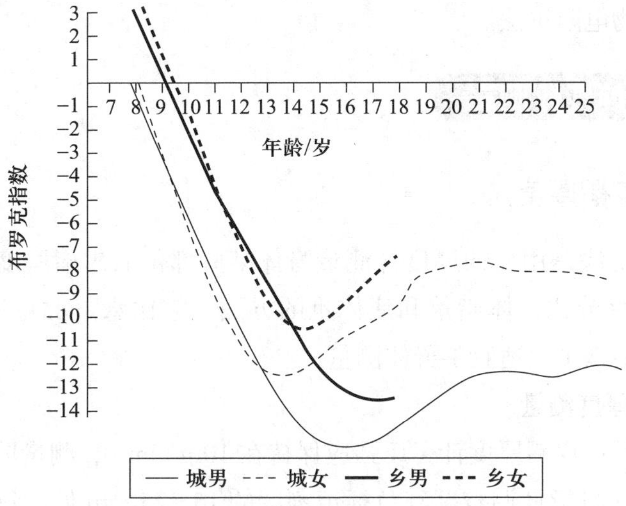

图 3-23 布罗克指数均值曲线

第三节 身体成分测量与评价

人体主要由水、脂肪、蛋白质、无机盐和糖类等物质组成。人体各组成成分的相对平衡，对有机体正常的生命活动和维持健康水平极为重要，因此，对身体各种成分的测量一直受到医学领域的重视。

身体成分的测量与评价主要是对人体脂肪成分的测量与评价。同样年龄、性别、身高、体重的人，其身体成分并不一定相同。脂肪成分过少的人，说明营养不良或有某种疾病。而脂肪成分过多的人，则表明运动不足、营养过剩或有某种内分泌系统的疾病。身体成分的测量评价，对了解人体的营养状况，科学指导膳食和预防某些疾病均有重要的作用。

身体成分的测量方法可分为直接测量法和间接测量法。直接测量法，主要用于尸体解剖分析人体脂肪含量。活体脂肪成分只能通过间接测量法进行测量。身体成分的间接测量法主要有皮褶厚度法、水下称重法、生物电阻抗法、超声波法。目前，随着高科技的发展和普及，人们已经采用 CT 法、核磁共振法等对身体成分进行测量。本章主要介绍皮褶厚度法、水下称重法和生物电阻抗法。

一、身体成分测量

（一）皮褶厚度法

皮褶厚度法是用皮褶厚度计测量身体某些部位的皮褶厚度，再计算体密度、体脂百分比、体脂重和瘦体重的方法。它比水下称重法简便易行，仪器轻便容易携带，适宜于群体测量。

1. 皮褶厚度测量

测量仪器：皮褶厚度计（压强应保持在 10 g/mm^2），测量前应将校验砝码挂于钳口，将指针调整至红色标记刻度的 15~25 mm 处。每次测试前将指针调至零点。

测量方法：受试者自然站立，暴露测试部位。测试者选准测量点，用左手拇指和食指、中指将皮褶捏起，右手持皮褶厚度计将卡钳张开，卡在捏起部位下方约 1 cm 处，待指针停稳，立即读数并做记录。测量三次取中间值或取其中两次相同的值。测量误差不得超过 5%。以 mm 为单位，取小数点后一位记录。

测量部位：

（1）臂部：肩峰与上臂后面鹰嘴连线中点，皮褶走向与肱骨平行。

（2）肩胛部：肩胛骨下角点下约 1 cm 处，皮褶走向与脊柱成 45°，方向斜下。

（3）腹部：脐水平线与锁骨中线相交处，皮褶走向水平。

（4）髂部：髂嵴上缘与腋中线相交处上方约 1 cm 处，皮褶走向稍向前下方。

2. 计算方法

（1）计算身体密度（D）：

将测得皮褶厚度数值代入体密度推算回归方程式（表 3-1）计算体密度。

（2）计算体脂百分比（$F\%$）：

$$F\% = \left(\frac{4.570}{D} - 4.142 \right) \times 100$$

（3）计算体脂重（F）：

$$F = W \times F\%$$

其中 W 为空气中体重（单位：kg）。

（4）计算瘦体重（LBW）：

$$LBW = W - F$$

▶ 表 3-1　体密度推算回归方程式

年龄 / 岁	男子	女子
9～11	$D=1.0879-0.00151X_1$	$D=1.0794-0.00142X_1$
12～14	$D=1.0868-0.00133X_1$	$D=1.0888-0.00153X_1$
15～18	$D=1.0977-0.00146X_1$	$D=1.0931-0.00160X_1$
成年人	$D=1.0913-0.00116X_1$	$D=1.0897-0.00133X_1$
成年人	$D=1.0863-0.00176X_2$	$D=1.0709-0.00105X_2$
成年人	$D=1.0872-0.00205X_3$	$D=1.0711-0.00164X_3$

注：表中 D 为体密度，X_1 为肩胛部与臂部皮褶厚度之和，X_2 为腹部皮褶厚度，X_3 为髂部皮褶厚度。

（二）水下称重法

水下称重法的原理主要是阿基米德的浮力原理，即浸入液体中的物体所受到的浮力等于该物体所排开同体积液体的重量。人体浸入水中所受到的浮力等于人体所排开水的重量，通过人体在空气和水中体重的差值、浸入水中体内肺残气量以及水的密度等，可以计算出人体密度，再推算出体脂百分比、体脂重和瘦体重。

用水下称重法测量身体成分较为复杂，需要在实验室条件下进行，不适宜大面积地进行群体测量。但在进行群体测量时，水下称重计算体密度的方法有效性和可靠性较高，常作为效标用来检验其他身体成分间接测量方法的有效性。

1. 水下称重法测量

测量仪器：水箱、称重仪、恒温器、水温计、肺活量计、体重计。

测量方法：

（1）测量前 2 h 之内不得进食，需排空大小便。

（2）令受试者着游泳衣（裤）测量空气中体重。

（3）测量肺活量并换算成标准状态下的肺活量（表 3-2）。

（4）进入水下称重器水箱之前，先淋浴全身及头发，使其全部湿透。

（5）进入水下称重器水箱，坐于称重器座位上，排出身体表面及衣裤中的气体。

▶ 表 3-2　不同室温标准状态下肺活量

室温 /℃	肺活量 /L	室温 /℃	肺活量 /L
20	1.102	26	1.068
21	1.096	27	1.063
22	1.091	28	1.057
23	1.085	29	1.051
24	1.080	30	1.045
25	1.075		

（6）深吸气后将肺内气体尽量呼出，然后闭气将头浸没在水中，至水中气泡全部排出，身体不要摆动，当称重仪上的指针稳定后立刻读数并记录。连续测量几次，当测量值稳定在一定范围时，取相邻数值接近的三个实测值的平均数为水下称重的测量值。测量完毕，立刻记录即时水温。计算时，按照记录的即时水温查水密度。水密度见表 3-3。

▶ 表 3-3　水密度表

水温 /℃	水密度 /（$kg \cdot L^{-1}$）	水温 /℃	水密度 /（$kg \cdot L^{-1}$）
21	0.9980	23	0.9975
22	0.9978	24	0.9973

续表

水温 /℃	水密度 / (kg · L^{-1})	水温 /℃	水密度 / (kg · L^{-1})
25	0.9971	33	0.9947
26	0.9968	34	0.9944
27	0.9965	35	0.9941
28	0.9963	36	0.9937
29	0.9960	37	0.9934
30	0.9957	38	0.9930
31	0.9954	39	0.9926
32	0.9951	40	0.9922

2. 计算方法

（1）计算体密度（D_b）：

$$D_b = \frac{W_a}{\dfrac{W_a - W_W}{D_W} - (R_V + 0.1)}$$

式中，W_a 为空气中体重（kg）；W_W 为水中体重 – 水中附加物重量（kg）；D_W 为测定时水温所对应的水密度（kg/L）；R_V 为肺残气量（L），男子 R_V = 肺活量 ×0.24；女子 R_V = 肺活量 ×0.28，肠残气量 = 0.1 L。

（2）计算体脂百分比（$F\%$）：

$$F\% = \left(\frac{4.570}{D_b} - 4.142\right) \times 100$$

（3）计算体脂重（F）：

$$F = W_a \times F\%$$

（4）计算瘦体重（LBW）：

$$LBW = W - F$$

（三）生物电阻抗法

生物阻抗分析仪的基本原理是，生物组织对外加电流场具有不同的导电效果，当在人体表面加一固定频率的低电平电流时，含水 70% 以上的肌肉组织是良好导体，而含水较少的脂肪组织近似为绝缘体，因此通过测出阻抗值可计算出身体成分。生物阻抗分析仪用于人体成分分析是基于这样的假设：人体具有圆柱状的几何外形，生物组织中的水和电解质的分布均匀而恒定，人体整体阻抗主要由手臂和腿的阻抗决定。通过测量手臂或腿的长度和电阻就可精确地预测人体成分，此方法将特别适用于老人、小孩或卧床病人。

目前所有的生物阻抗法评估人体成分公式都是采用 Nyboer 的基于人体为规则几何形状的理论模型，其基本公式为 $R=\rho L^2/V$，其中 ρ 是导体的电阻率。即导体的电阻 R 与导体的长度 L 的平方成正比，与导体体积 V 成反比，对此公式作变换，得 $V=\rho L^2/R$，这样通过测量出导体的电阻就可计算出导体的体积。把此公式应用于人体，则可获得类似的经验公式：

$$V=\rho h^2/R$$

式中：h 是人体身高；R 是身体总电阻。

由于对导电有贡献的是非脂肪组织，因而通过此公式可计算出非脂肪组织的体积 V，然后乘以该物质的平均体密度，则可得出非脂肪组织的含量，因此其基本公式可写为

$$FFM=\beta h^2/R$$

$$BF\%=100\times[1-\beta h^2/(R\times W)]$$

式中：β 为非脂肪组织的体密度和电阻率的乘积；W 为人体体重。

但随着性别、年龄的不同，人的外形及生物组织中水和电解质的含量都会发生变化。因而人体成分与阻抗之间的回归曲线也应有所变化。

尽管研究人员致力于研究用人体阻抗的局部测量分析人体成分，但他们都设法用局部成分分布代替整体成分分布，其结果使测量准确性不如整体测量。因此采用分段测量的理论模型，充分考虑身体各部分的结构和形状差异，结果更精确。原理同上，在此不再赘述。

现有多种专门的人体成分分析仪如 InBody720，只要几分钟的时间就可以直接给出如体重、去脂肪体重（*LBM*）、身体水分总量（*TBW*）、细胞内液总量（*ICW*）、细胞外液总量（*ECW*）、体表面积、身体脂肪（*BF*）腰臀脂肪分布比率、骨骼肌（*SMM*）、身体脂肪比率（*BF%*）等数据，极大地提高测量效率。

二、身体成分评价

据有关研究报道，我国青年男子体脂百分比一般在10%～15%，女子为20%～25%。随着年龄的增长体脂百分比有所增加，中年时期最高。除个别运动项目外，长期从事运动的人及运动员体脂百分比较一般人低。人体要保持良好的机能状况，适宜的脂肪是必不可少的，各种身体状态下的体脂百分比如表3-4所示。

▶ 表3-4 各种身体状态下的体脂百分比 （单位：%）

身体状态	男	女
必需脂肪量	0～5	0～8
最少脂肪量	5	15
运动员	5～13	12～22
最佳健康状况	10～25	18～30
最佳体力状态	12～18	16～25
肥胖	>25	>30

我国目前对身体成分评价方面尚未有统一标准，有待研究制定。表3-5为日本人用皮褶厚度评价肥胖程度的标准，仅供参考。

▶ 表3-5 用皮褶厚度评价肥胖程度的标准

性别	年龄阶段/岁	轻度肥胖		中度肥胖		高度肥胖	
		皮褶厚度/mm	体脂/%	皮褶厚度/mm	体脂/%	皮褶厚度/mm	体脂/%
男	6～8	20	20	30	25	40	30
	9～11	23	20	32	25	40	30
	12～14	25	20	35	25	45	30
	15～18	30	20	40	25	50	30
	成年人	35	20	45	25	55	30

续表

性别	年龄阶段/岁	轻度肥胖		中度肥胖		高度肥胖	
		皮褶厚度/mm	体脂/%	皮褶厚度/mm	体脂/%	皮褶厚度/mm	体脂/%
女	6～8	25	25	35	30	45	35
	9～11	30	25	37	30	45	35
	12～14	35	25	40	30	50	35
	15～18	40	30	50	35	55	40
	成年人	45	30	55	35	60	40

注：皮褶厚度＝臂部皮褶厚度＋肩胛部皮褶厚度。

脂肪对于人体维持正常的生命活动和健康是必不可少的，对于提高运动成绩来说，瘦体重则显得更为重要。因此，不同运动项目的理想体脂百分比要求各异。不同运动项目的青少年运动员理想体脂百分比如表 3-6 所示。

▶ 表 3-6　青少年运动员理想体脂百分比

项目	理想体脂/%	
	男	女
长距离跑	6～10	7～11
短跑、投掷、跳跃	10～14	10～16
篮球	7～9	7～11
排球	7～9	7～11
足球、曲棍球	7～9	7～11
棒球、垒球	8～10	10～12
体操	5～7	5～10
游泳	6～10	6～12
摔跤	5～7	7～9

1975 年库茨尔曼（Kunlzlemor）介绍了一种体脂百分比简易测量法，根据皮褶厚度总和查表估计体脂百分比。此方法男女皮褶测试部位不同，男子测量肱二头肌部、肱三头肌部、髂嵴部、肩胛部四个部位；女子测量肱三头肌部、髂嵴部两个部位。然后依表 3-7 根据各部位皮褶厚度测试总和查找对应体脂百分比。

▶ 表 3-7　皮褶厚度估计体脂百分比

男		女	
皮褶厚度总和 /mm	体脂 /%	皮褶厚度总和 /mm	体脂 /%
15	5	8	13
20	9	12	14
25	11	14	15
30	13	18	16
35	15	20	17
40	17	24	18
45	18	26	19
50	20	30	20
55	21	32	21
60	22	34	22
65	23	38	23
70	24	40	24
75	25	42	25
80	26	44	26
90	27	48	27
100	28	50	28
110	29	52	29
120	30	56	30

续表

男		女	
皮褶厚度总和 /mm	体脂 /%	皮褶厚度总和 /mm	体脂 /%
130	31	58	31
140	32	62	32
150	33	64	33
160	34	68	34
175	35	70	35
190	36	72	36
205	37	76	37
220	38	80	38
235	39	82	39
255	40	86	40
275	41	88	41
295	42	90	42

第四节　体型测量与评价

一、体型测量与评价概述

体型（body type，somatotype）是对人体某个阶段形态结构及组成成分的描述。肌肉和骨骼的发达程度与脂肪积蓄程度是判定体型的主要依据。人体体型的研究有着较长的历史。体型测量在人类学、医学、心理学、行为科学和体育科学等领域得到了广泛的应用。通过测量评价研究人类的不同形态特征，探讨体型与某些疾病的关系、不同体型的性格和行为特点等。体育测量，可以为运动员选材提供依据，研究人体生长发育过程中的体型变化，以及运动对人体体型的影响等，均有很大的实用价值。

据有关文献报道，体型的分类已有300余种。目前，应用较多的是柯里顿体型分类法及希思－卡特体型分类法。

体型的分类的依据是人体脂肪、肌肉、骨骼发育发达的程度。根据其发育的程度将其分为7个等级，用1~7的数字来表示。第一位数字表示内胚叶成分；第二位数字表示中胚叶成分；第三位数字表示外胚叶成分。

（一）体型测量与评价的意义

人体测量学，早期被用以研究由于运动所引起的肌肉体积的变化。近代则倾向于体型与生长发育、体育锻炼及选材之间关系的研究。通过对体型的研究，了解各不同年龄阶段个体发育的特征，不仅有助于估计身体的结构和组成，同时也有助于估计健康状况及免疫功能，对运动员的选材则有更直接的帮助。体型为肥胖型者易患高血压、脑出血，故过去称其为卒中型；细长型则易患肺结核，故称其为结核型。尽管这种名称不尽科学，但不无道理。经研究证明，许多专项运动成绩与体型相关，如体操运动员的体型与马拉松运动员的体型相反，足球运动员体型又明显不同于篮球运动员。体型，它在提高或限制人的运动能力中是起作用的。坦尼尔（Tann）发现奥林匹克运动员的体型分布与一般人不同，如短跑运动员多为内—中胚层型或外—中胚层型，跑800 m以上的竞赛运动员多为外—中胚层型，举重和投掷运动员多为中胚层型或趋向于内—中胚层型，横渡海峡的人多为内—中胚层型，所以体型的测定可为运动员的选材提供一定的参考依据。

（二）体型的概念及分类

从体质人类学角度而言，将人体在某个阶段由于受遗传性体质、营养、环境或疾病等因素的影响而形成的身体外形特征称为体型。

目前较为流行的体型分类法是，根据来自胚胎的内胚叶、外胚叶和中胚叶的组织成分所占的比例，将体型分为内胚叶型（肥胖型）、外胚叶型（细长型）和中胚叶型（匀称型）三种（图3-24）。

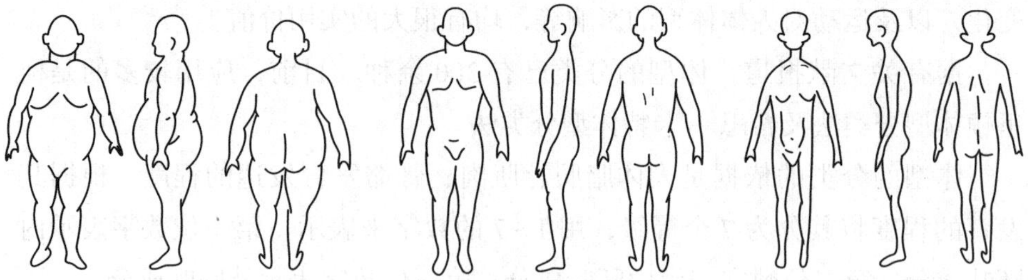

图 3-24 体型分类

1. 内胚叶型——肥胖型

中等身高，身体呈圆柱形，营养良好。头大面红、颈短肩宽、胸宽腹大、四肢短粗、臀厚腿短、肌肉无力，基本以脂肪成分占优势。

2. 外胚叶型——细长型

身材细长、头小面白、胸部扁平、四肢细长、肌肉纤细、皮下脂肪沉积不多，皮肤和神经组织占相对优势。

3. 中胚叶型——匀称型（运动员型）

身高超过平均身高以上，全身发育匀称、颈长而粗，肩部丰满，胸廓发育良好，四肢粗壮，骨骼粗大，肌肉发达，运动成绩良好，骨骼与肌肉占相对优势。

二、体型测量与评价的方法

（一）柯里顿体型分类法

柯里顿体型分类法是用观察法将人的身体从头部至脚部分为五大部分，然后分别对五个部分评分，最后以每个成分五个部分得分均值来进行评价。其方法如下：

（1）以表 3-8 胚叶因子评定标准为依据，依次观察并对每个成分身体五个部分进行评分。然后在表 3-9 体型评价表中作出评定标记。例如，身体第一部位（头、面、颈）内胚叶分值为 2，中胚叶分值为 3，外胚叶分值为 5。

▶ 表 3-8 胚叶因子评定标准

<table>
<tr><td colspan="7">内胚叶（皮下脂肪发育程度）</td></tr>
<tr><td>1</td><td>2</td><td>3</td><td>4</td><td>5</td><td>6</td><td>7</td></tr>
<tr><td colspan="2">皮下脂肪发育极端不良，躯干下部前后径小</td><td colspan="3">皮下脂肪发育中等，躯干下部发育中等</td><td colspan="2">皮下脂肪发育极显著，腹部极大</td></tr>
<tr><td colspan="7">中胚叶（肌肉发育程度）</td></tr>
<tr><td>1</td><td>2</td><td>3</td><td>4</td><td>5</td><td>6</td><td>7</td></tr>
<tr><td colspan="2">纤弱，全身肌肉发育极端不良</td><td colspan="3">肌肉发育程度中等</td><td colspan="2">肌肉极发达</td></tr>
<tr><td colspan="7">外胚叶（骨骼发育程度）</td></tr>
<tr><td>1</td><td>2</td><td>3</td><td>4</td><td>5</td><td>6</td><td>7</td></tr>
<tr><td colspan="2">骨骼大而粗短，膝肘关节横断面大</td><td colspan="3">骨骼及关节的横径及长度一般</td><td colspan="2">骨骼细长，膝肘关节横径小</td></tr>
</table>

（2）分别计算各胚叶估价值的平均值（取整数，小数点后四舍五入）。如此例各胚叶平均值依次为 3、4、5。

（3）在体型评价三联数后填写分值。如表中示例，三联数为 3—4—5。

（4）体型分类命名，选两种占优势的成分，其中以数字小者为修饰词，以数字大者为主要成分。如本例三联数为 3—4—5，则体型命名为中胚性外胚叶型。

▶ 表 3-9 体型评价表

<table>
<tr><td>姓名
身高</td><td colspan="2">性别
体重</td><td>出生日期
运动项目</td></tr>
<tr><td>身体部位</td><td>内胚叶型</td><td>中胚叶型</td><td>外胚叶型</td></tr>
<tr><td>一、头、面、颈</td><td>1②34567</td><td>12③4567</td><td>1234⑤67</td></tr>
<tr><td>二、胸部</td><td>123④567</td><td>1234⑤67</td><td>1234⑤67</td></tr>
<tr><td>三、肩、臂、手</td><td>12③4567</td><td>1234⑤67</td><td>12345⑥7</td></tr>
</table>

续表

身体部位	内胚叶型	中胚叶型	外胚叶型
四、腹部	1 ② 34567	12 ③ 4567	12345 ⑥ 7
五、腿、脚	12 ③ 4567	1 ② 34567	12 ③ 4567
各成分平均值	3	4	5
体形评价三联数：3—4—5 体型命名：中胚性外胚叶型			

（二）希思－卡特体型分类法

希思－卡特体型分类法，是美国学者希思（Heath）和卡特（Carter）于 1967 首创使用迄今的一种体型分类法。此方法是经过人体测量之后，查找对应分值，进行定量评价的方法。其分类步骤如下：

1. 体格测量

（1）身高。

（2）体重。

（3）皮褶厚度：上臂部、肩胛部、髂部。

（4）肌肉围度：上臂围—上臂皮褶厚度；小腿围—小腿腓肠肌部皮褶厚度。

（5）骨径。

① 肱骨：肱骨远端内外上髁之间水平距离。

测量仪器：直脚规。

测量方法：令受试者右臂前平举后屈至 90°。测试者立于其右前方，将直脚规置于肘关节内外上髁最向外突出点，测量其间水平距离。

② 股骨：股骨远端内外上髁之间水平距离。

测量仪器：直脚规。

测量方法：令受试者右脚置于凳面且大、小腿成 90°。测试者立于其右前方，在膝部两侧寻找股骨内外上髁最向外突出点，用直脚规测量其间水平距离。

2. 依表根据测量结果查找各胚叶对应分值

希思－卡特体型分类法的查分表，是以英制单位制定的，使用时需要和公制单位换算后，才可查表计算，其过程较复杂。为了简化查表方法，华南师范大学体育研究所凌赞孺先生根据评分表取值规律对其做了修改。修改后的取值方法较原方法简单且易掌握，取值结果完全相同，即第一个大于测量值对应的分值就是该测量值得分（表 3-10）。现将查表方法介绍如下：

▶ 表 3-10 简化“希思 - 卡特”评分表

分值	第一成分	第二成分					第三成分
	皮褶厚度总和 /mm	身高 /cm	骨径 /cm		肌围 /cm		$\frac{身高}{\sqrt[3]{体重}}$ /（cm · $kg^{-\frac{1}{3}}$）
			肱骨	股骨	三头肌	腓肠肌	
−1	141.61	5.265	7.515	24.05	28.10		
−0.5	145.42	5.415	7.725	24.70	28.90		
0	149.23	5.565	7.925	25.35	29.70		
0.5	10.95	153.06	5.710	8.140	26.00	30.45	39.671
1	14.95	156.85	5.855	8.345	26.65	31.20	40.762
1.5	18.95	160.66	6.000	8.535	27.35	32.00	41.456
2	22.95	164.47	6.145	8.745	28.00	32.08	42.151
2.5	26.95	168.08	6.295	8.975	28.65	33.55	42.845
3	31.25	172.09	6.400	9.180	29.35	34.30	43.507
3.5	35.84	175.90	6.580	9.385	30.00	35.10	44.201
4	42.75	179.91	6.725	9.595	30.65	35.90	44.863
4.5	46.25	183.52	6.875	9.805	31.30	36.70	45.557
5	52.25	187.33	7.020	10.015	31.90	37.40	46.252
5.5	58.75	191.14	7.165	10.225	32.60	38.20	46.946
6	65.75	194.95	7.285	10.430	33.30	39.00	47.608
6.5	73.25	198.76	7.430	10.635	33.95	39.80	48.269
7	81.25	202.57	7.600	10.845	34.65	40.60	48.904
7.5	89.75	206.38	7.745	11.055	35.30	41.40	49.658

续表

分值	第一成分	第二成分					第三成分
	皮褶厚度总和 /mm	身高 /cm	骨径 /cm		肌围 /cm		$\frac{身高}{\sqrt[3]{体重}}$ /（$cm \cdot kg^{-\frac{1}{3}}$）
			肱骨	股骨	三头肌	腓肠肌	
8	89.95	210.19	7.895	11.265	35.95	42.20	50.353
8.5	108.95	213.99	8.040	11.475	36.70	43.00	51.014
9	110.75	217.81	8.180	11.685	37.45	43.80	∞
9.5	131.25	220.98	8.325	11.895	38.15	44.60	
10	143.75	225.43	8.475	12.105	38.90	45.40	
10.5	157.25	∞	∞	∞	∞	∞	
11	171.95						

如某受试者测量结果为身高：170.4 cm；体重：66.6 kg；皮褶厚度：上臂部 13.0 mm、肩胛部 15.3 mm、髂部 9.9 mm；围度：上臂围 31.7 cm、小腿围 34.1 cm；骨径：肱骨 6.84 cm、股骨 9.27 cm。

① 第一成分（内胚叶）分值。

将三个部位皮褶厚度相加：13.0 + 15.3 + 9.9 mm = 38.2 mm。查表知第一个大于 38.2 mm 的是 42.75 mm，42.75 mm 对应的分值为 4 分，即第一成分得分为 4 分。

② 第二成分（中胚叶）分值。

身高：本例身高为 170.4 cm，第一个大于 170.4 cm 的是 172.09 cm，其对应分值为 3 分。

骨径：肱骨径 6.84 cm，依上法类推其分值应为 4.5 分。股骨径 9.27 cm 其分值应为 3.5 分。

肌围：上臂围 31.7 cm 应得 5 分。小腿围 34.1 cm 应得 3 分。

最后将骨径、肌围四个分值相加除以 2，然后减去身高的分值，即（4.5 + 3.5 + 5 + 3）÷ 2 − 3 分 = 5 分。第二成分分值为 5 分。

③ 第三成分（外胚叶）分值。

根据公式：$H/\sqrt[3]{W}=170.4/\sqrt[3]{66.6}\ \mathrm{cm/kg^{\frac{1}{3}}}=42.04\ \mathrm{cm/kg^{\frac{1}{3}}}$，应得 2 分。

通过查表计算该受试者体型为 4—5—2。对体型进行评价时还可参考安东尼・哈瑞制定的标准（表 3-11）。

▶ 表 3-11　体型评价表

体型	内胚叶得分 / 分	中胚叶得分 / 分	外胚叶得分 / 分
均衡型	3～5	3～5	3～5
外中型	1～2	4～5	3～5
内中型	3～5	4～6	1～2
内外型	3～5	1～2	4～5
中胚叶型	1～3	5～7	1～3
外胚叶型	1～3	1～3	5～7
内胚叶型	5～7	1～3	1～3

3. 绘制体型分布图

根据体型得分可绘制出体型分布图，以便于直接观察不同运动项目，不同群体受试者体型分布特征。首先绘制一个直角坐标系，并使 x 轴与 y 轴比例为 $x:y=1:3^{-1/2}$。然后依下列公式求出 x 与 y 的坐标值：

$$x=\text{Ⅲ}-\text{Ⅰ},\ y=2\text{Ⅱ}-(\text{Ⅲ}+\text{Ⅰ})$$

其中Ⅰ为第一成分（内胚叶）分值；Ⅱ为第二成分（中胚叶）分值；Ⅲ为第三成分（外胚叶）分值。

例如，4—5—2 体型的坐标值为

$$x=\text{Ⅲ}-\text{Ⅰ}=2-4=-2$$

$$y=2\text{Ⅱ}-(\text{Ⅲ}+\text{Ⅰ})=2\times5-(2+4)=4$$

又如，典型的内胚叶型 7—1—1 的坐标值为

$$x=-6,\ y=-6$$

典型的中胚叶型 1—7—1 的坐标值为

$$x=0,\ y=12$$

典型的外胚叶型 1—1—7 的坐标值为

$$x=6，y=-6$$

计算出体型测量结果坐标值后，在绘制出的坐标系上找出对应点并作出标记。从大量体型测量结果来看，绝大多数体型分布在以典型的内胚叶型（7—1—1）、中胚叶型（1—7—1）、外胚叶（1—1—7）为顶点的曲边三角形内。三种成分分值较为接近，匀称的体型均分布在这个曲边三角形三条对角线交点的附近（图 3-25）。因不同运动项目对运动员体型有着特殊要求，所以不同运动项目运动员的体型，较为集中地落在体型分布图的某个范围。

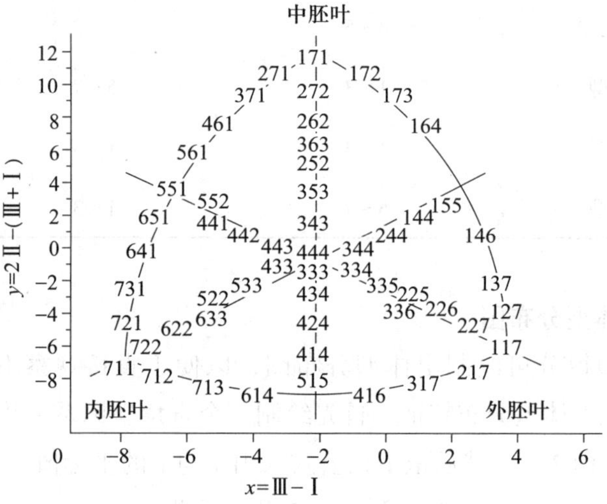

图 3-25　体型分布图

第五节　身体姿势测量与评价

身体姿势（posture）是指身体各部分在空间的相对位置，也有学者定义为，姿势是指人的四肢、头、躯干的相互关系，它反映了人体骨骼、肌肉、内脏器官、神经系统等各组织器官的力学关系。

通俗地说，姿势就是人体的姿态，是骨骼、肌肉、内脏各器官等身体结构的机械关系。身体作为一个整体，想要保持稳定的姿态，必须使身体各部分协调，只有人体的各部分保持协调，才能减少机体在静止或活动时的能量消耗。姿势也并不单指形态，而且也指一定的气质，所以姿势是精神和躯体外表的统一，也是机体效率的外在表现。如果说体型主要受遗传因素的影响，那么姿势则主要受后天因素的影响。

正确的身体姿势不妨碍内脏器官的机能，可减少肌肉的疲劳，表现出人体的美感和良好的精神面貌，是人体健康状况的重要外部标志。生长发育期身体姿势变化较大，性成熟期以后基本定型。因此对处于生长发育期的儿童少年来说，姿势测量就显得更为重要，它可为纠正错误姿势、培养良好身体姿势提供客观依据。

姿势包括静止状态下的姿势和运动中的姿势，故又有静态姿势与动态姿势之分。静态姿势，是指坐、立、卧等相对静止的姿态；动态姿势，是指活动之中的人体所持的姿态或运动的样式。通过对姿势的检查，可以了解青少儿生长发育的一般情况，发现和纠正形态缺陷，促进体型和体态向完美的方向发展。

一、局部姿势测量与评价

（一）脊柱测量与评价

1. 脊柱前后弯曲测量与评价

测量仪器：脊弯测量计。

测量方法：令受试者身着短裤（或背心短裤）立于测量计底板。足跟、骶骨及背部紧靠立柱。测试者立于侧面，首先观察受试者耳屏、肩峰、大转子三点是否在同一垂线上。然后将测量计上的小棍前推，使其密切接触受试者的脊柱部位，根据棍棒在腰曲的最大距离，以及上述三点的相互位置进行躯干背部姿势的判断（图 3-26、图 3-27）。

正常：腰曲 2~3 cm，耳屏、肩峰、大转子三点在同一垂线。

驼背：腰曲小于 2 cm，头向前探，耳屏点落于肩峰点及大转子点前方。

鞍背：腰曲过大，超过 5 cm 以上，背及臀部后突，耳屏点与肩峰点落

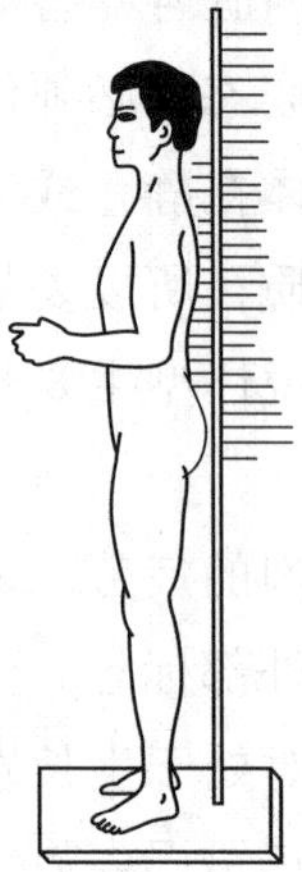

图 3-26 脊弯测量

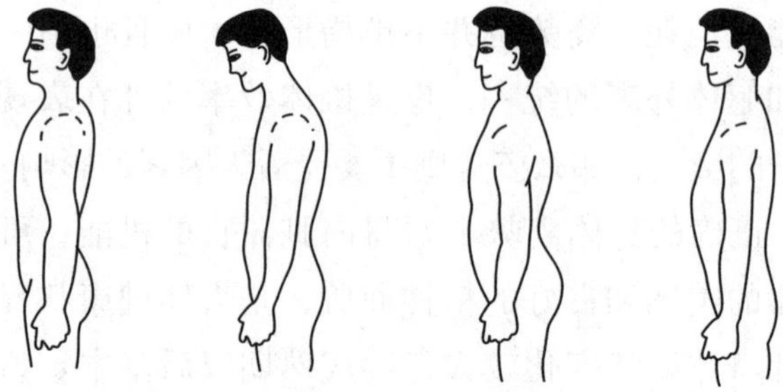

图 3-27 脊弯测量

于大转子点前方。

直背：缺乏生理性胸曲及腰曲，整个背部过平。

2. 脊柱侧弯测量与评价

（1）观察法：令受试者身着短裤（或游泳衣），取自然立正姿势站立。测试者立于其正后方，观察受试者两肩是否等高；两肩胛骨下角是否在同一水平面，与脊柱的间距是否相等；脊柱各棘突是否在同一直线并垂直于地面，根据以上几点判定脊柱是否正常或是侧弯。

（2）重锤法：

测量仪器：重垂线、测量尺。

测量方法：受试者自然站立，足跟靠拢。使悬垂的重垂线通过其第七颈椎棘突。测试者立于其后，观察各棘突是否偏离垂线，然后测量偏离距离（方向分左偏离、右偏离，部位分颈、胸、腰部）来判定侧弯程度。偏离距离若小于 1.0 cm 者为正常；1.0~2.0 cm 者为轻度侧弯；2.0 cm 以上为重度侧弯。

对判断为脊柱侧弯的受试者，令其活动身体，以确定侧弯性质。如在活动时侧弯消失，则判定为习惯性侧弯；如在活动时侧弯仍不消失，则判定为固定性侧弯。然后按照侧弯方向、部位、性质予以记录。

（二）胸廓形状测量与评价

正常的胸廓横径（左右径）应大于矢径（前后径），其比例为4∶3，依此标准可将胸廓的形状（图3-28）分为：

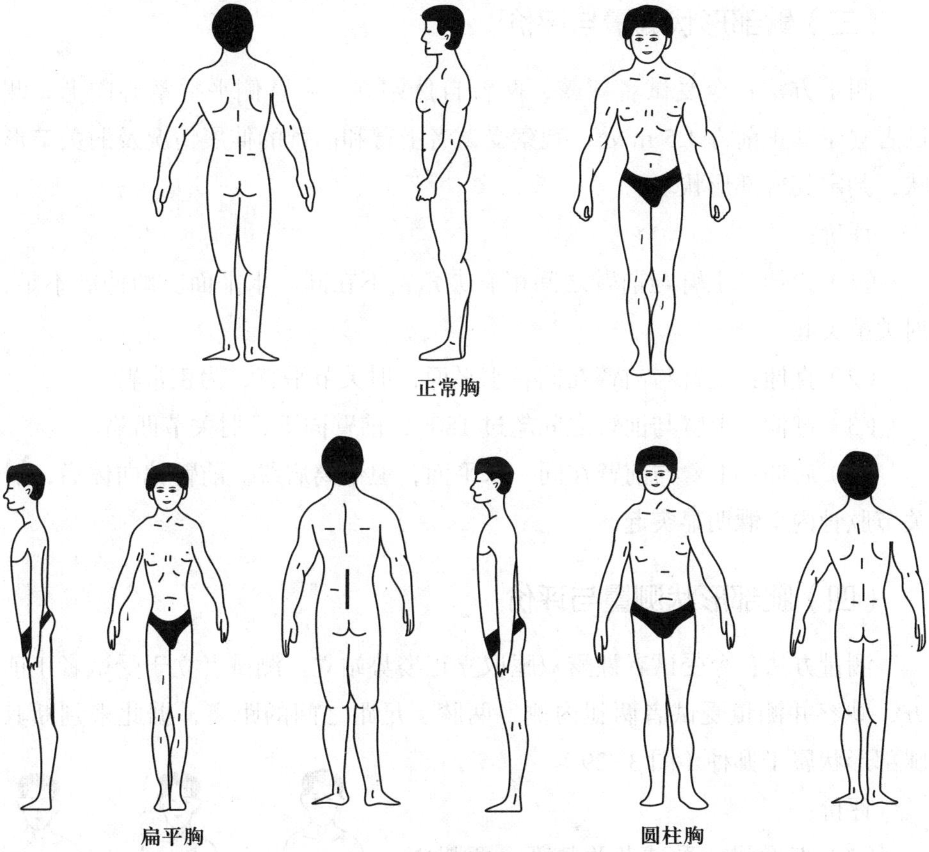

图3-28 几种胸廓形状示例

（1）正常胸：即胸廓呈圆锥形，下方稍宽、左右对称，肋弓角近于直角，矢径比横径略小。

（2）扁平胸：胸廓呈扁平状，横径明显大于矢径。

（3）圆柱胸：胸廓的横径与矢径差不多，胸廓上下部宽度相近。

（4）鸡胸：胸廓矢径大于横径，胸骨向前方明显突出。

（5）漏斗胸；胸部的中央，尤其是胸骨下段剑突部位呈显著凹陷状。

此外还有不对称胸、凹陷胸等。

不正常的胸廓妨碍呼吸和心血管机能，这样的人不适合参加对心肺机能要求较高的运动项目，如长跑等。但另一方面也应借助有利于增强呼吸机能的运动来发展呼吸肌的肌力，提高呼吸机能。

（三）臂部形状测量与评价

测量方法：令受试者裸露，两臂自然站立，两臂侧平举掌心向上。测试者立于其正前方 1.5 m 处，观察受试者上臂和前臂的伸展情况及肘关节形状，判定其臂部形状。

评价：

（1）欠伸：上臂与前臂之间稍有夹角，不在同一水平面。即伸展不足，肘关节突起。

（2）直伸：上臂与前臂在同一水平面，肘关节平直，为正常臂。

（3）过伸：上臂与前臂之间超过 180°，前臂向下，肘关节凹陷。

（4）后伸：上臂与前臂在同一水平面，但偏离肩线。前臂偏向体后，肘关节肱骨内上髁明显突起。

（四）腿部形状测量与评价

测量方法：令受试者裸露双腿取立正姿势站立。测试者立于受试者正前方，观察并测量受试者两腿内侧、两膝、足跟之间的距离，据此来判断其腿部形状属于哪种（图 3–29）。

评价：

（1）直形腿：受试者两膝部、两腿内侧、足跟均可靠拢互相接触，或间距小于 1.5 cm，此种腿形为正常。

（2）X 形腿：两膝部可靠拢，但两小腿内侧及足跟不能互相接触，且间距大于 1.5 cm。

（3）O 形腿：大、小腿之间不能合拢，只有足跟可靠拢，两膝间距大于 1.5 cm。

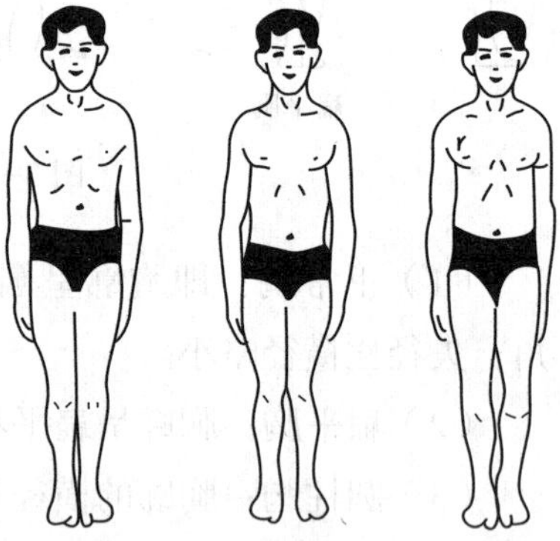

图 3–29 腿部形状

（五）足形测量与评价

足形可分为正常足及扁平足。扁平足又分为轻、中、重度扁平足。常用的测量方法有足印法、纸印法。测量后再用比例法或画线法判定。

1. 比例法

如图3–30，受试者赤足踩滑石粉或清水后立于黑板或水泥地面上，测试者将其留下的足迹沿第一跖骨内侧与足跟内侧画一切线，根据切线内的空白区与足印区最窄处宽度比例来判定。正常足的足印空白区与足印最窄区宽度之比为2∶1；轻度扁平足为1∶1；中度扁平足为1∶2；重度扁平足则足印无空白区。

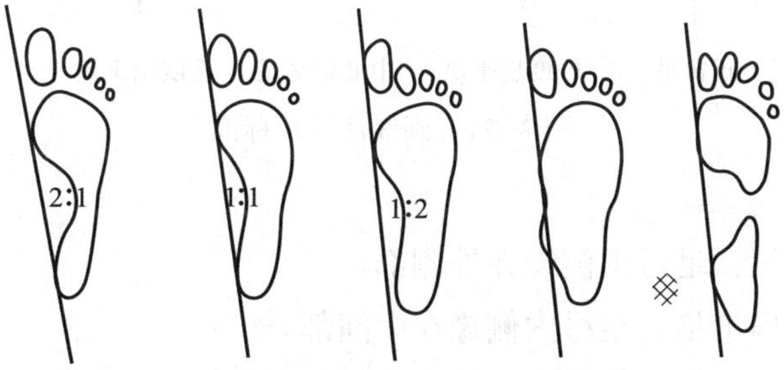

图3–30　比例法评价标准

2. 画线法

预先用10%亚铁氰化钾溶液（或10%鞣酸酒精）浸湿8开纸晾干备用。用棉花或海绵做成与纸差不多大小的棉垫放在搪瓷盘内（或木盆内），以10%三氯化铁溶液（氯化高铁溶液）浸泡备用。

令受试者赤足踩进瓷盘，使足底沾上三氯化铁溶液，然后踩在纸上，要一次印成，不得移动，离去后即可得蓝黑色足印。测试者在每个足印上先画一条足弓内缘切线——第1线。再自中趾（第3趾）中心至足跟中点画一条线——第2线，第1、第2线交叉形成夹角，再画一条该角的角平分线——第3线。至此三线将足印分成三部分，即内侧部、中间部、外侧部（图3–31）。根据足弓内缘落在的部位来判定足弓是否正常。

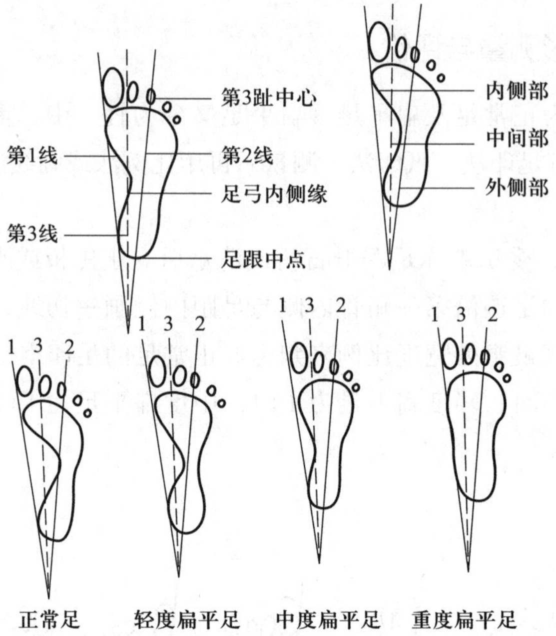

图 3-31　画线法评价标准

（1）正常足：足弓内侧缘在外侧部。

（2）轻度扁平足：足弓内侧缘在中间部。

（3）中度扁平足：足弓内侧缘在内侧部。

（4）重度扁平足：足弓内侧缘超出内侧部。

二、整体姿势测量与评价

（一）班科罗伏特三段检查法

班科罗伏特（Bancroft）三段检查法包括直立、行进和运动时的三个阶段检查。

1. 直立时的检查

令受试者取直立姿势，测试者从受试者的侧面观察，看耳屏、肩峰、股骨大转子、膝（后方）、外踝（前方）是否位于一条垂线上。如果符合这一要求，则为合格列入第一组，不符合的列入第二组。

2. 行进时的检查

当上述合格者用普通步伐行走时观察其姿势，但事先不得通知受试者，使其没有任何思想准备。在行进中注意观察有何缺陷，重点注意躯干是否保持正直（不含胸驼背），四肢动作是否正常，有无腿与足的形状异常。有异常者从第一组编入第二组。

3. 运动时的检查

对上述两次检查均合格者再作运动时的检查。令其做经体前或侧上方的摆臂等动作，此时若出现肩胛部的异常活动或身体左右摇晃等不良姿态，则再把他编入第二组。

通过以上三个阶段的检查，三项均合格者为姿势完美者。对被编入第二组的人要进行针对性的指导与训练，以矫正姿势。

（二）托马斯影像对照法

托马斯（Thomas）影像对照法是一种把受试者姿势的影像同各类姿势的标准影像加以对比而评定姿势的方法。标准影像把瘦长型、肥胖型、匀称型的体型，依性别各分为完美姿势、良好姿势、不良姿势和较差姿势 4 种类型，男女共计 24 个影像，标准影像如图 3–32 所示。

（1）完美姿势：身体各部分匀称，外耳屏、肩峰、股骨大转子、膝后缘及踝部在一条直线上，胸部稍向前倾，腹部平坦后收，脊柱弯曲度正常（图 3–32A）。

（2）良好姿势：头部略向前倾，胸部略下沉，腹部略呈圆形，脊柱的弯曲度较完美（图 3–32B）。

（3）不良姿势：头部明显前倾，胸部扁平，腹部突出，脊柱的弯曲度显著增加（图 3–32C）。

（4）较差姿势：头部显著前倾，胸部下沉，腹部隆起并下沉，脊柱弯曲度较上述姿势都大（图 3–32D）。

除上述 4 种姿势外，在儿童少年中还有斜肩及翼状肩胛和圆胸。体育锻炼和医疗体育可使躯干的肌肉、韧带得以发展，对矫正异常姿势和保证姿势完美有积极作用。

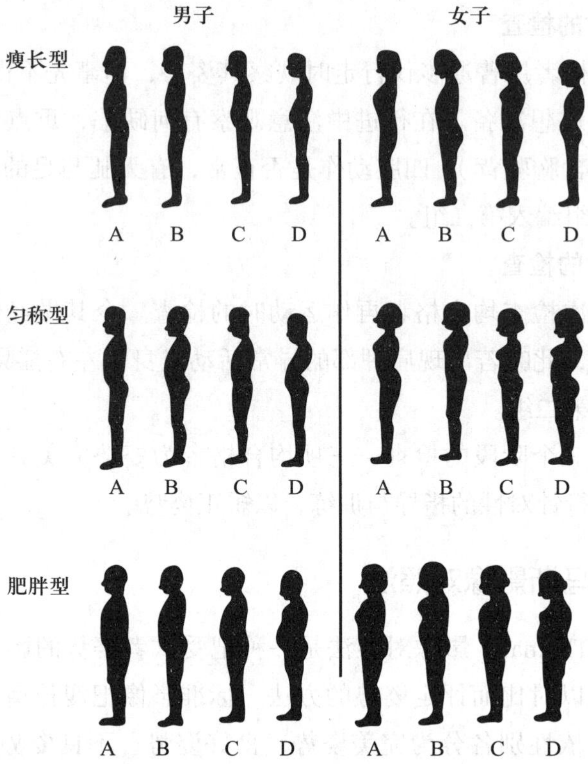

图 3-32　男女各类姿势标准影像

（三）整体姿势综合测评

1966 年，美国纽约州教育部制定的体质测定方案中，对于整体姿势的测量采用了对构成人体总体的头（正）、肩（正）、脊柱（正）、髋（正）、足（正）、足弓（正）、颈（侧）、胸（侧）、肩（侧）、背（侧）、躯干（侧）、腹（侧）、腰（侧）13 个部位进行结合性观察和评价的方法。这种方法适用于 9~17 岁的青少年学生。

场地设备：将一系锥形重物的重垂线悬挂于离屏幕 3 英尺①处，通过锥尖投影与地面交点引一与屏幕垂直的线及与屏幕平行的短线，再由此点开始沿垂直线向后于 10 英尺处引一平行短线。

① 1 英尺 = 0.304 8 m

测量方法如下：

（1）令受试者身着游泳衣（裤）面对屏幕于3英尺交点处站立，并使重垂线沿头后部与脊柱重叠，测试者立于10英尺交叉点处观察受试者身体各部左右偏差（图3–33（a））。

（2）令受试者再向左转体90°，使重垂线经耳屏点、肩峰点、大转子点至外踝点，测试者从侧面观察身体各部位前后偏差程度（图3–33（b））。

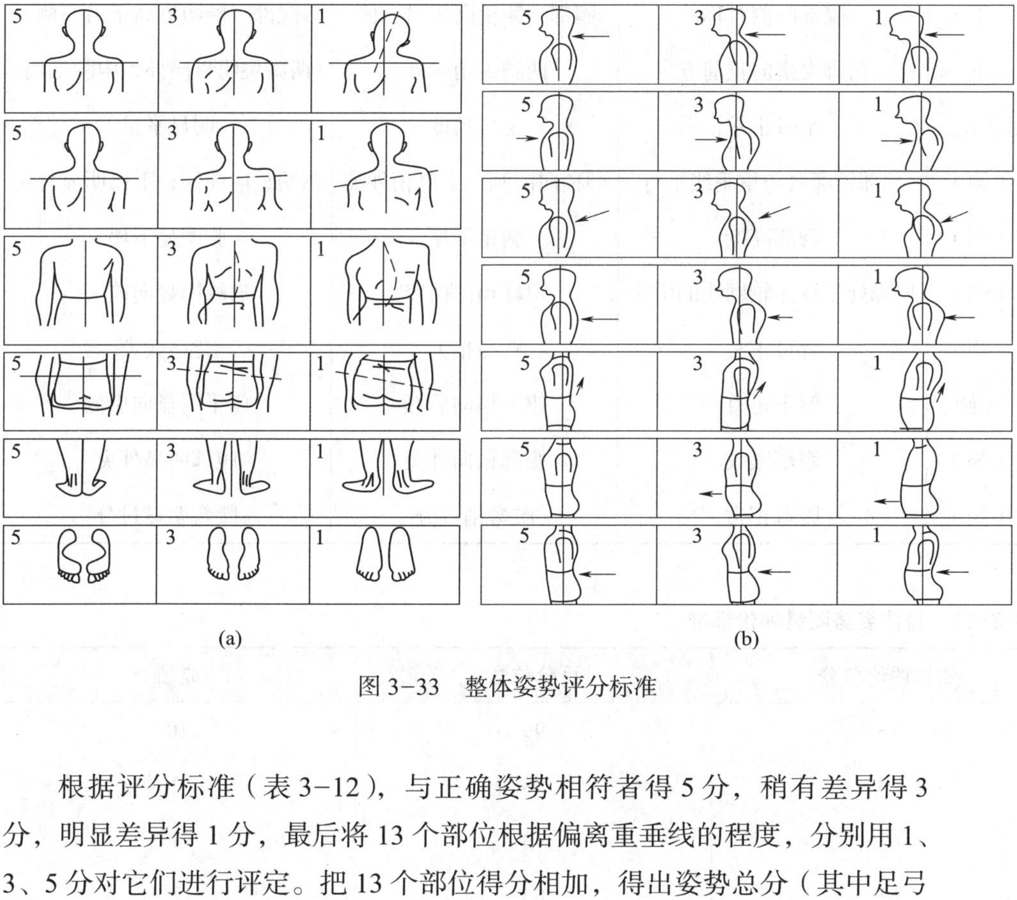

图3–33　整体姿势评分标准

根据评分标准（表3–12），与正确姿势相符者得5分，稍有差异得3分，明显差异得1分，最后将13个部位根据偏离重垂线的程度，分别用1、3、5分对它们进行评定。把13个部位得分相加，得出姿势总分（其中足弓为单独测量）。整体身体姿势测量评价标准如表3–13所示。

▶ 表 3-12 姿势评分标准

部位	比较结果		
	5 分	3 分	1 分
头（正）	头正、重心线与重垂线重合	头稍向侧偏	头明显向一侧偏
肩（正）	两肩峰连线与重垂线垂直	一侧肩峰稍高于另一侧	一侧肩峰明显高于另一侧
脊柱（正）	脊柱轮廓线与重垂线平行	脊柱轮廓线稍有弯曲	脊柱轮廓线明显弯曲
髋（正）	髋部两侧对称	髋部一侧稍高于另一侧	髋部一侧明显高于另一侧
足（正）	两脚尖指向正前方	两脚尖稍向外	两脚尖明显向外，内踝下塌
足弓（正）	足弓正常	足弓稍低	明显平足
颈（侧）	颈部轮廓线与重垂线平行	颈稍向前倾，下巴稍外突	颈明显向前倾，下巴明显外突
胸（侧）	胸部高挺	胸稍下塌	胸明显下塌
肩（侧）	肩峰处于身体轮廓线的中央	肩峰稍向前突	肩峰明显向前突
背（侧）	背弓正常	背弓稍大	背弓太大
躯干（侧）	躯干正直	躯干稍向后倾	躯干明显向后倾
腹（侧）	腹部紧收	腹部稍向外突	腹部明显外突
腰（侧）	腰弯正常	腰弯稍过分	腰弯明显过分

▶ 表 3-13 身体姿势测量评价标准

姿势评价总分	百分位数	成绩
—	99	10
65	98	9
63	93	8
61	84	7
59	69	6
57	50	5
53～55	31	4

续表

姿势评价总分	百分位数	成绩
49～51	16	3
43～47	7	2
39～41	2	1
13～37	1	0

思考题

1. 简述人体主要测量点。
2. 体格测量内容有哪些？如何进行体格评价？
3. 简述身体成分的测量方法及体脂百分比的计算步骤。
4. 以 3—4—5、5—4—3、5—3—4 体型为例，绘制体型分布图。
5. 简述身体姿势的测量与评价。
6. 依据希思－卡特体型分类法，你的体型属于哪一类？
7. 试对一学生进行身体姿势的测量与评价。

第 4 章 心肺功能测量与评价

本章提要

身体机能是指人体各组织、器官、系统及整体所表现的生命活动。身体机能测量与评价是了解机能特征、评价运动训练效果、实施运动监控、判定运动性疲劳及预防运动损伤的重要方法和手段。其中心肺功能是生命活动的重要功能，直接与健康、运动能力相关，从而影响人们的生活质量。心肺功能测量与评价是体质测量的重要内容。本章重点学习心肺功能测量与评价基本原理和常用的测量与评价方法，为体育工作实践打下坚实基础。

关键词

心肺功能　心率　血压　台阶试验　呼吸机能　肺活量　最大摄氧量

心肺功能反映由心脏、血管、血液及肺部组成的心血管系统和呼吸系统向肌肉等组织器官运送氧气和营养物质，维持机体健康和运动的能力。心肺功能有很大的潜能，这种潜能随着运动负荷的变化而逐渐释放出来。心肺功能的测量与评价主要以安静状态、定量负荷状态、最大负荷状态及运动后恢复过程中身体机能变化为依据，并结合运动成绩等指标进行全面分析。所有的机能试验都是依据以上原则设计的。应选用简便易行，客观反映人体正常机能水平及运动前后机能水平的指标，对所获取的各种生理机能信息进行客观评价。

第一节　心血管机能测量与评价

心血管系统是由心脏和血管组成的闭合式管道系统，在维持人体血液循环，确保各组织、器官的血液与营养物质供应、代谢产物的排出，实现体液调节及维持内环境相对稳定等方面具有重要生理作用。它的功能反映一个人生长发育水平、体质健康状况和运动训练水平。安静状态下心血管机能水平，可以反映长期运动训练的人体心血管机能产生的适应性变化与特征；定量负荷下心血管机能变化，反映机体对运动负荷的适应能力，常表现为机能节省化；最大负荷运动过程中，心血管表现出最大机能能力及最大机能潜力。测试与评价心血管机能，一般采用定量负荷的方法。最大负荷运动虽然能简单区分不同个体的差异，但实验过程中，存在较大的危险因素，不建议推广应用。

一、心率的测量与评价

心率（heart-rate，HR）是指心脏每分钟搏动的次数，以次 /min 表示。心率是了解心血管系统机能的简单易行指标，亦是反映人体整体代谢水平的重要指标。在每个心动周期中，动脉内的压力发生周期性的波动，引起动脉血管发生搏动形成脉搏。正常情况下，脉搏的次数与心率是一致的，运动实践中，常用测定脉搏代替心率，进而了解运动强度、运动员身体机能水平和运动后恢复情况。常用的心率指标有基础心率、安静心率、运动中心率、运动后心率和最高心率。心率测量的主要方法有扪诊法、听诊法、心率表法、心率遥测法、心电图记录法。

（一）基础心率的测量与评价

基础心率（又称晨脉）是指基础状态下的心率。基础状态是指人体处于清醒、静卧，不受肌肉活动、精神紧张、食物、环境温度因素影响时候的状态。简单说就是清晨醒来后不做任何活动，立刻测心率，此时测出的心率值就是基础心率。一般情况下，基础心率保持相对稳定。

1. 基础心率的测量

测量部位：桡动脉。

测量仪器：秒表或其他计时器。

测量方法：见安静心率部分。

测量三性：可靠性为 0.75，客观性为 0.76，内容有效性可接受。

测量操作：受试者每天清晨起床前，空腹、静卧，自测基础心率，并做好记录，连续记录 7 天（或 7 天以上）。

测量意义：由于不同个体的“安静”程度不一致，测量安静心率的个体差异很大，用一次安静心率的数值评价心脏功能是无意义的。由于基础心率相对稳定，通过测量一周（或一周以上）基础心率，计算其均值和波动差值来评价心脏功能。

2. 基础心率的评价

将连续记录 7 天（或 7 天以上）的基础心率，经统计学处理，求得平均基础心率，对照基础心率均值评价表（表 4–1）予以评价。将连续记录中基础心率的最大值减去最小值，求得基础心率波动差值，查基础心率波动差值评价表（表 4–2）予以评价。

注意事项：基础心率测试期间，受试者保持正常作息，注意饮食。当基础心率均数低于 55 次 /min 时，建议到医院做心电图和内分泌机能检查，排除病理原因引起的基础心率过低。对于专业运动员，基础心率随训练年限的延长和训练水平的提高而减慢，基础心率突然增大提示有过度疲劳或疾病存在。

▶ 表 4-1　基础心率均值评价表

心率	均值评价
87~95	基础心率太快，心脏功能很差，建议到医院做进一步检查。 评价等级：差
78~86	基础心率很快，心脏功能较差，平时太缺乏锻炼。 评价等级：下
70~77	基础心率较快，心脏功能一般，可以承受一定运动强度的负荷锻炼。 评价等级：中
63~69	基础心率正常，心脏功能较好，保持锻炼。 评价等级：良
55~62	基础心率较慢，心脏功能好。 评价等级：优秀
55 以下	基础心率过低，建议进一步检查

▶ 表 4-2　基础心率波动差值评价表　（单位：次 /min）

等级	周基础心率均值	周基础心率波动值
优	55~64	1~3
良	65~74	4~6
中	75~84	7~9
下	85~90	10~12
差	90 以上	12 以上

（二）安静心率的测量与评价

安静心率是指安静状态下测得的心率。安静心率的变化有明显的个体差异，不同年龄、性别和不同的代谢状况，心率都不相同。一般新生儿的心率较快，可达 130 次 /min。正常健康成年人的心率为 60~100 次 /min。

1. 安静心率的测量

测量部位：桡动脉、颈动脉、颞浅动脉。

测量仪器：秒表或其他计时器。

测量方法：桡动脉触摸法，可自己测试或他人测试。测试时，屈肘，将示指、中指、环指并拢，指腹轻按于被测手桡动脉处，按压的力量大小以能清楚触到搏动为宜。感觉脉搏搏动后，用秒表开始计时计数，测 30 s 脉搏，将所得数值乘以 2 换算成 1 min 脉搏数并记录。正式测试前，先连续测量 3 个 10 s 的脉搏数，以判断是否处于相对安静状态。当三次测量值相同或其中两次数值相同，与另外一次相差不超过 1 次时，可正式测量 30 s 的脉搏数。

2. 安静心率的评价

安静时心率较低是心功能能量节省化现象。进行运动训练，特别是耐力训练后出现安静心率明显低于正常值的现象，称为运动性心动徐缓。运动性心动徐缓是有机体长期受系统运动刺激后所发生的良好适应反应。优秀耐力运动员安静心率常降低到 40～50 次 /min，最低者达到 21 次 /min。评定运动员安静心率时，应采用自身前后比较，多用于运动时的对照。

注意事项：安静心率测量前 30 min 无过度身体活动，无紧张、恐惧，情绪稳定。安静心率随年龄增加而下降，评价时考虑年龄因素。

3. 立、卧位姿势心率的测量与评价

适用对象：7～18 岁健康青少年。

测量操作：桡动脉触摸法。受试者仰卧姿势，至脉搏稳定后，测量 1 min 脉搏数为卧位心率；受试者站立姿势至脉搏稳定后，测量 1 min 脉搏数为立位心率。将立位心率减去卧位心率，所得差值即为立 – 卧位心率差，差值越小表明心脏机能越好（表 4–3）。

▶ **表 4–3　立 – 卧位心率差的评价**　（单位：次 /min）

等级	立 – 卧心率差
优秀	0～5
良好	6～11
一般	12～19
差	19 以上

（三）运动中心率的测量与评价

运动可导致心率明显增高。运动中心率呈动态变化的特点，且随运动强度的增大而增加，因此运动中心率或脉搏的变化情况，可以作为评定运动强度的生理负荷指标。运动中心率分为极限负荷心率（180 次 /min 以上）、次极限负荷心率（170 次 /min 左右）和一般负荷心率（140 次 /min 左右）。心率遥测系统可准确地记录安静时和运动状态下的心率，并可实时监测运动瞬间心率变化。

1. 运动中心率的测量

测量部位：左心前区心尖部。

测量仪器：心率遥测系统，包括 POLAR 表、心率分析系统、电脑。

测量方法：将心率带（内含发射器）调整至合适长度，用清水蘸湿传送器的电极区域；将心率带佩带于胸部以下，传送器位于胸前左侧第 4 肋间心尖部，扣好按扣，确认电极区域和皮肤完全接触。戴好腕表，打开接收器，秒表开始计时，同时开始自动记录心率信息。通过实时监测运动中心率变化，评价运动训练效果，调整训练计划，科学控制运动训练。

2. 运动中心率的评价

一般情况下，运动中心率的变化随运动强度的增加而增加（表 4–4）。在定量负荷试验中，运动中心率较安静心率增加幅度小，心血管机能较好。在递增负荷试验中，同一心率水平负荷强度越高、负荷量越大，则心血管机能越好。在实践中，要根据测试对象的特征和实际测量数据制定的评价表进行评价。

▶ 表 4–4　运动强度与心率的关系

运动强度	心率 /（次 · min^{-1}）	
	男	女
低强度	130 以下	135 以下
中强度	130～155	135～160
大强度	156～175	161～180

续表

运动强度	心率 /（次 · min^{-1}）	
	男	女
亚极限强度	176～185	180～190
极限强度	186～220	191～220

（四）运动后心率的测量与评价

运动后心率的测量分为运动后即刻心率的测量和恢复期心率的测量。一般用运动后即刻心率代表运动中心率。恢复期心率的测量由几次测量组成，反映心率恢复到运动前状态所需时间，一般情况下，恢复期心率下降的速率越快，恢复时间越短，心血管机能越好。

1. 运动后即刻心率的测量与评价

测量运动后即刻心率时，一般测量 10 s 心率，之后换算成 1 min 的心率。但因为剧烈运动后，心率极快，测量 10 s 心率误差较大，目前常用的方法是测量运动后即刻 30 次心搏所用时间，并通过下列公式计算心率。

$$HR = \frac{1\ 800}{t_{30}}$$

式中：HR 为运动后即刻心率；t_{30} 为运动后即刻 30 次心脏搏动所用时间。

例如，某人运动后 t_{30} 为 11.3 s，通过公式计算心率为 159 次 /min。将运动后测得的 t_{30} 时间带入公式计算出全部结果，编制 30 次心搏时间与心率转换表，可以通过查表方法获得运动后即刻心率。

30 次心搏时间与心率转换表

每个人心率增加都有一定限度，这个限度称最大心率（又称极限心率，HRmax）。最大心率与年龄密切相关，随着年龄增加而下降，平均每年减少 0.7～0.8 次 /min，一般用下列公式粗略估算最大心率：

$$最大心率 = 220 - 年龄$$

最大心率与运动后即刻心率之差称为运动后心率潜力，表示人体运动时心率可能增加的潜在能力。

$$运动后心率潜力 =（220 - 年龄）- 运动后即刻心率$$

运动后心率潜力可查表 4–5 作出评价。

▶ 表 4–5　运动后心率潜力的评价表

评价等级	心率潜力 / (次 · min^{-1})
优	50 及以上
良	30～49
中	20～29
下	10～19
差	0～9

2. 运动后恢复期心率的测量与评价

运动后恢复期心率的测量一般由多次测量组成，反映心率恢复到运动前水平的能力。测量运动后恢复期心率一般从第 2 min 开始，第 3、4、5 min 各测量一次，每次测量前 30 s 心率并换算成 1 min 的心率。一般来说，恢复期心率下降的速率越快，恢复时间越短，心血管机能越好。各种心血管机能试验和台阶指数试验都是基于以上原理。

（五）健身运动心率的测量与评价

对健康而言，身体活动起到非常重要的作用。在研究健康促进及身体活动改善健康潜力方面，心率是反映身体活动强度的有效指标。在一定范围内心率与能量消耗、心血管系统负荷强度相关，因此在健身运动中，心率可以比较和评价运动强度、衡量心血管系统最大负荷及心血管系统的风险。

运动强度（又称负荷强度）是指单位时间移动的距离或速度，或肌肉单位时间所做的功。运动强度是健身运动中决定运动量的最主要因素。健身运动中负荷强度的设定，按照运动中能量供应特点分类，以控制在有氧代谢工作范围内。如以心率为评价指标，达到有氧工作心率范围，一般人相当于本人 HRmax 的 60%～85%，中老年人控制在本人 HRmax 的 60%～75% 适宜，即 120～160 次 /min。

二、血压的测量与评价

（一）安静状态下血压的测量与评价

血压（blood pressure，BP）是指血液在血管内流动对单位面积血管壁的侧压力。血压的国际标准单位是 kpa（千帕），但人们常用传统的 mmHg（毫米汞柱）来表示（1 kpa = 7.5 mmHg），当前两种表示方法并用。血管各段血压不同，从动脉、毛细血管到静脉依次下降，平时一般测量动脉血压。血压形成的基本条件包括心血管系统内有血液充盈、心室收缩射血、外周阻力，以及大动脉的弹性贮器作用。血压不仅是反映正常人体心血管系统功能和疾病的重要指标，也是体育运动实践中运动强度和身体机能恢复情况等的重要监测指标，同时血压因为易测、无损和可重复测量的特点，而被广泛应用于全民健身和运动训练的常规检测之中。

1. 安静状态下血压的测量

测量部位：肱动脉。

测量仪器：电子血压计、弹簧式血压计或最常用的水银血压计，听诊器。

测量方法：将血压计平放在桌面上，检查水银柱是否在零位，如水银柱面高于或低于零位时，予以校正。令受试者坐于测试人员对面，被测臂自然前伸，平放在桌面上，要求血压计零位与受试者被测臂肱动脉和心脏处于同一水平面。根据受试者上臂长度选择不同宽度的压脉带。压脉带以覆盖受试者上臂长的 1/2～1/3 为宜。平整地捆扎压脉带，松紧适度，肘窝裸露，以便放置听诊器的听头，不要将听头塞入压脉带下。用手指触及肱动脉搏动后，将听头放在该处，拧紧放气阀。测量开始后，向压脉带内打气，使水银柱上升，直到听不到肱动脉搏动声，再打气升高水银柱 20～30 mmHg。然后打开放气阀，缓慢放气，以每次搏动下降 2～4 mmHg 为宜。放气至第一次听到清晰的搏动声，此时水银柱的高度为收缩压。继续放气，脉搏声突然由洪亮变为低沉模糊时，水银柱的高度为舒张压变音点。继续放气至脉搏声消失瞬间的水银柱高度为舒张压的消音点。世界卫生组织规定，14 岁以下儿童舒张压以变音点为准，15 岁以上青少年和成年人舒张压以消音点为准。以收缩压 / 舒张压记录测量结果。

注意事项：测试前 1~2 h，受试者应避免剧烈运动，并静息 10~15 min。

2. 安静状态下血压的评价

血压受多种因素影响，其中心脏每搏输出量增多和心率加快，会导致收缩压和舒张压增高；外周阻力的变化主要影响舒张压大小；大动脉血管的弹性能够缓冲收缩压和维持舒张压的作用；循环血量与血管容量相适应才能使血管足够充盈，产生一定的体循环平均充盈压。在安静状态下，我国健康成年人血压变动范围是收缩压 90~140 mmHg，舒张压为 60~90 mmHg，脉压为 30~40 mmHg。我国健康青年人安静状态收缩压一般为 100~120 mmHg，舒张压为 60~80 mmHg。临床医学确定，安静时收缩压超过 140 mmHg 或者舒张压持续超过 90 mmHg，即可认为是高血压；如舒张压低于 60 mmHg 或收缩压低于 90 mmHg，则认为是低血压。中国青少年血压的正常值范围见表 4-6。

▶ **表 4-6 中国青少年血压的正常值范围** （单位：mmHg）

指标	性别	界限	百分位数	年龄/岁												
				7	8	9	10	11	12	13	14	15	16	17	18	19~22
收缩压	男	上	97	113	115	118	120	121	122	120	131	134	138	140	140	139
		下	3	86	87	88	89	90	90	91	91	95	99	100	100	100
	女	上	97	113	116	120	121	121	126	127	130	131	131	131	131	126
		下	3	86	87	88	89	90	91	91	92	94	94	95	94	90
舒张压	男	上	97	80	81	81	82	82	83	84	86	88	90	91	91	90
		下	3	51	51	51	52	53	54	55	57	60	60	60	61	61
	女	上	97	81	81	82	83	83	85	85	86	87	88	88	88	85
		下	3	51	51	51	52	54	57	57	59	60	60	60	60	59

（二）运动后血压的测量与评价

1. 运动后血压的测量

测量方法：运动前，先将压脉带和血压计的连接断开，压脉带仍捆扎在受试者上臂，受试者手托打气球。运动后，即刻连接压脉带与血压计（控制在 10 s 内完成），用安静状态下测量血压的方法测量血压，并在运动后第 1、2、3、4、5 min 内测出血压并记录，同步测量 10 s 心率，换算为 1 min 心率记录，记录表如表 4–7 所示。

2. 运动后血压的评价

在正常情况下，血压与心率成正比，在运动中保持稳定。运动中如果心率升高，血压升高不明显或下降，则表明心脏机能很差，不能承受较大运动负荷。一般来说，运动后心率和血压都上升，运动后即刻血压以收缩压升高较明显。血压与心率指标常同时使用，由此构成的各种心脏功能指数才能更加准确。心功能指数（k）反映收缩压（p）与心率（b）的关系。

心功能指数：

$$k=\frac{p}{b}$$

心功能指数计算公式表明，收缩压高，心脏收缩有力；心率越快，心脏功能越差。所有采用血压变化来评价心脏机能的运动试验都是基于以上原理。注意：这个公式不适合对高血压病人的心脏机能评价。

▶ **表 4–7　运动前后血压与心率的测量记录表**

		收缩压 /mmHg	舒张压 /mmHg	心率 /（次 · min^{-1}）
运动前				
运动后	第 1 min			
	第 2 min			
	第 3 min			
	第 4 min			
	第 5 min			

三、心血管机能指数的测量与评价

（一）安静状态下心血管机能指数的测量与评价

1. 贝拉克能量指数的测量与评价

贝拉克能量指数反映心脏输出血液所消耗的能量，收缩压代表心脏本身所做的功。这种测量方法的特点是在测量心率的同时，考虑了血压的因素，因而能较全面地反映心血管机能。

测量仪器：血压计、听诊器、秒表。

测量方法：测量时，令受试者采取坐位，完全安静以后测 1 min 的心率，然后测量血压，将数据带入公式计算心功能指数 E。

$$E=\frac{X_3(X_1+X_2)}{100}$$

式中：X_1 为坐位收缩压，X_2 为坐位舒张压，X_3 为 1 min 心率。

评价：贝拉克能量指数为 110～160，表明心血管机能正常；如果超过 200，应检查心血管机能。

2. 体位平均血压指数的测量与评价

测量仪器：血压计、听诊器。

测量方法：测量时，令受试者仰卧休息 3～5 min 后测量血压。再让受试者采取立位，待完全安静后测量血压。将卧位、立位的收缩压及舒张压数据分别带入下列公式计算卧位血压差和立位血压差，之后计算体位平均血压指数。

（1）卧位血压差：

$$\text{卧位血压差}=\frac{\text{收缩压}-\text{舒张压}}{3}+\text{舒张压}$$

（2）立位血压差：

$$\text{立位血压差}=\frac{\text{收缩压}-\text{舒张压}}{3}+\text{舒张压}$$

（3）体位平均血压指数：

$$体位平均血压指数 = \frac{立位血压差 - 卧位血压差}{立位血压差} \times 100$$

评价：体位平均血压指数在 0.0 以上为上等；−18～0.0 为中等；−18 以下为下等。

3. 克兰普顿的测量与评价

克兰普顿的测量与评价方法是根据身体姿势的变化而引起心率和血压的变化来评价心血管机能的试验方法。测试方法如下：

克兰普顿的测量与评价方法美国人评分参考标准

（1）受试者仰卧休息 3～5 min，测量仰卧安静状态 1 min 心率（P_1），同时测量收缩压（B_1）。

（2）令受试者起立，测量立位安静状态 1 min 心率（P_2），同时测量收缩压（B_2）。

（3）计算立位与卧位的心率与收缩压的差值，公式如下：

$$心率差（P）= P_2 - P_1$$

$$血压差（B）= B_2 - B_1$$

评价：心率差越小，血压差越大，心血管机能越好。正常人的得分范围为 60～100。

注意：克兰普顿的测量与评价方法，一般能判断出心血管机能异常者，但不容易判断健康人的心血管机能水平，所以不适于运动员的身体机能检查，但对于康复医疗有一定价值。

（二）定量负荷状态下心血管机能指数的测量与评价

正常情况下，心血管系统的机能随机体代谢水平的变化而变化。由于安静状态下有机体的代谢水平较低，所以无法反映心血管系统的机能潜力。通常采用定量负荷试验，观察受试者对运动的各种反应。受试者承受一定的定量负荷后，根据恢复期的心率、血压等生理指标的变化，评定受试者心血管系统机能状况的机能试验，统称为定量负荷试验。本部分内容介绍几种常用的各不相同的定量负荷试验。定量负荷试验的测试步骤如下：

（1）测量相对安静状态下的心率、血压等生理指标。

（2）按照规定要求做定量负荷运动。

（3）定量负荷运动结束后，立即测受试者心率、血压，以及不同恢复期的心率和血压。

（4）按照不同试验方案，计算评定指数或描记生理指标曲线图，并根据评定标准予以评价。

1. 30 s 20 次蹲起试验

测量仪器：秒表、节拍器。

测量方法：受试者静坐 3~5 min 后，测量 10 s 安静心率并换算成 1 min 心率记录。然后按照节拍器的节奏做 30 s 20 次蹲起动作。蹲起运动中，身体由直立姿势开始，两足自然开立与肩同宽，两臂自然下垂。下蹲时要求全蹲，而且足跟不许离地，同时两臂前摆成平举，站起时还原。最后一个蹲起动作结束，立即取坐位测运动后 1 min、2 min、3 min 的前 10 s 心率，共测 3 次，换算成 1 min 心率记录。

评价：30 s 20 次蹲起定量负荷后，如心率变化不显著，恢复期较短，则心血管机能较好。如果定量负荷后即刻心率比安静心率增加 70% 以上，3 min 内不能恢复到安静水平，则心血管机能适应能力较差。

2. 30 s 30 次蹲起试验

30 s 30 次蹲起试验是瑞典学者设计的一种测量运动员心脏机能的简易测试方法，特点是简便实用。

测量仪器：秒表、节拍器。

测量方法：

（1）受试者静坐 5 min，然后测量 15 s 安静心率，再换算成 1 min 心率，记为 P_1。

（2）令受试者按节拍器节奏，以 1 s 1 次做 30 次蹲起（动作要求同“30 s 20 次蹲起试验”），最后一次站起后，立即测 15 s 心率，再换算成 1 min 心率，记为 P_2。

（3）休息 1 min 后，测量 15 s 心率，再换算成 1 min 心率，记为 P_3。

（4）代入下列公式计算心功能评定指数（x）：

$$x=\frac{(P_1+P_2+P_3)-200}{10}$$

评价：心功能指数评价标准：$x \leqslant 0$ 时，心脏机能优秀；x 为 1~5 时，心脏机能良好；x 为 6~10 时，心脏机能一般；x 为 11~15 时，心脏机能较差；$x \geqslant 16$ 为差。注意：此标准较适用于运动员，在评价一般人的心脏机能时，应制定新的评价标准。

3. 哈佛台阶试验

台阶试验是一种简易评价心血管系统机能的定量负荷实验。测试原理是通过监测定量负荷运动持续时间、运动中心血管系统的机能反应以及负荷后心率恢复速度的关系，计算台阶指数进而评定心血管系统机能水平。最早的台阶试验是 1942 年美国哈佛疲劳实验室设计的定量负荷试验，称为哈佛台阶试验，在国际上具有一定的影响力。下面介绍哈佛台阶试验的测量与评价方法。

测量仪器：成年男子用 50 cm 高的台阶、成年女子用 42 cm 高的台阶、节拍器、秒表。

测量方法：受试者站立在台阶正前方，按照节拍器的节奏，以 2 s 上上、下下的频率持续 5 min，共计 150 次。如果中途不能按照规定节奏完成动作，令受试者停止运动，并记录已完成登台阶运动的实际时间。上下一次台阶的运动由 4 个连续动作构成，从身体直立姿势开始：① 当听到第一声响起，一只脚踏到台阶上面。② 第二声响起，踏上台阶的腿伸直，另一只脚跟着上台阶，成直立姿势。③ 第三声响起，先踏上台阶的脚下来，立于地面。④ 第四声响起，另一只脚落地还原成开始姿势。

注意事项：每次上下台阶后，要求伸直双腿，挺直躯干。

定量负荷运动后，令受试者取坐位休息，并测量恢复期第 2 min、3 min、4 min 前 30 s 心率，带入下列公式计算哈佛台阶评定指数：

$$\text{哈佛台阶指数} = \frac{\text{登台上、下运动持续时间}}{2\times(\text{第 2、3、4 min 前 30 s 心率之和})}\times 100$$

评价：台阶指数越大，心血管系统机能越好。哈佛台阶指数评价标准见表 4–8。例如：某同学哈佛台阶试验运动时间为 5 min，恢复期第 2、3、4 min 前 30 s 心率分别为 65、56、48 次，代入公式计算台阶指数为 89，其心血管系统机能评定为良好。

另外，利用哈佛台阶试验评定心血管系统机能时，可以简易评定，只测量恢复期第 2 min 前 30 s 的心率，代入下式计算台阶指数。

$$哈佛台阶指数 = \frac{登台上、下运动持续时间}{5.5 \times (第 2 \text{ min} 前 30 \text{ s} 心率)} \times 100$$

卡特（Carter）等学者认为，上式计算哈佛台阶指数公式，只适用于完成 5 min 定量负荷运动测试者，未完成 5 min 定量负荷运动测试者应按照以下公式计算台阶指数：

$$台阶指数 = \frac{100D}{5.5P} + 0.22 \times (300 - D)$$

式中 P 为第 2 min 前 30 s 心率，D 为受试者实际登台阶时间。

▶ 表 4-8 哈佛台阶指数评价标准

评价等级	哈佛台阶指数
优	89 以上
良	80～89
中	65～79
下	55～64
差	55 以下

4. 改良型哈佛台阶试验

美国哈佛台阶试验最初只应用于男性大学生的心血管系统机能评定，台阶指数评定标准也是根据大约 8 000 名男性大学生的测量结果制定的。因此无论是台阶高度、运动时间或评定标准，均有较大局限性。为了扩大应用范围，美国学者们相继对哈佛台阶试验进行改良，主要包括：

（1）儿童台阶试验：

为了将哈佛台阶试验应用于儿童，调整了台阶高度和运动时间，其他要求与哈佛台阶试验相同，台阶指数的计算公式与评定标准也不变。应用于儿童台阶高度为 35.5 cm，运动时间：7 岁 2 min；8～12 岁 3 min；以每分钟 30 次节奏连续登台阶 150 次。

（2）女子台阶试验：

Skubic 与 Hodgkins 两位学者为了将哈佛台阶试验应用于美国大学及中

学女生，对哈佛台阶试验中的运动持续时间、台阶高度、登台阶频率进行调整，用于多数女子的台阶高度为 45.7 cm，登台阶的频率是每分钟 24 次，持续运动时间是 3 min。完成定量负荷运动后，只测恢复期第 2 min 前 30 s 心率，代入下列公式计算台阶指数：

$$台阶指数=\frac{运动持续时间}{5.5\times 第\ 2\ \text{min}\ 前\ 30\ \text{s}\ 心率}\times 100$$

根据以上台阶指数公式制定的美国大学与中学女生台阶试验评价标准见表 4-9，如果完成规定的 3 min 定量负荷台阶运动，就可以根据恢复期第 2 min 前 30 s 的心率，直接从评定表中查找相应的台阶指数。如果没有完成 3 min 运动负荷，只能按照实际运动时间代入上面公式计算台阶指数。

▶ 表 4-9　女子台阶试验评价表

评价	初中女生		高中女生		大学女生	
	台阶指数	30 s 心率 /（次 · min^{-1}）	台阶指数	30 s 心率 /（次 · min^{-1}）	台阶指数	30 s 心率 /（次 · min^{-1}）
超群	72～100	45 以下	70～100	46 以下	71～100	46 以下
优	62～71	45～52	60～69	46～54	60～70	46～54
良	51～61	53～63	49～59	55～66	49～59	55～66
中	41～50	64～79	40～48	67～80	39～48	67～83
下	31～40	80～92	31～39	81～90	28～38	84～116
差	0～30	92 以上	0～30	90 以上	0～27	116 以上

（3）中学男子台阶试验：

学者 Gallaher 与 Broha 认为，12～18 岁中学生的身体发育状况个体差异较大，因此应根据个体体表面积，确定两种不同规格的台阶高度。体表面积在 1.85 m^2 以下者用 46 cm 高的台阶；体表面积在 1.85 m^2 以上者用 50 cm 高的台阶。上下台阶频率为每分钟 30 次，持续运动 4 min。台阶指数计算与哈佛台阶试验公式完全相同，评价标准见表 4-10。

▶ 表 4-10 中学男生台阶指数评价表

评价等级	中学男生台阶指数	人数百分比 /%
超群	90 以上	2
优	81～90	18
良	71～80	50
中	61～70	25
下	51～60	4
差	51 以下	1

（4）日本台阶试验：

日本文部省制定的台阶试验标准，男子台阶高度为 40 cm，女子与小学男子台阶高度为 35 cm，定量负荷运动时间为 3 min，上下台阶频率为每分钟 30 次。运动后测量恢复期心率的方法与评定指数的计算方法，与哈佛台阶试验完全相同。

日本台阶试验男子台阶指数评价表

（5）PCPFS 台阶试验：

PCPFS 台阶试验是美国体力与运动总统审议会台阶试验的简称。PCPFS 台阶试验根据受试者的不同身高，分别使用 36 cm、40 cm、50 cm 高的台阶，运动时间为 4 min，其他要求与哈佛台阶试验相同。根据定量负荷运动后恢复期第 2、3、4 min 前 30 s 心率计算台阶指数，按表 4-11 标准给予评定。PCPFS 台阶试验规定，凡是没有坚持运动 4 min 或者评定指数小于 60 者，建议到医院接受医生诊断。

日本台阶试验女子台阶指数评价表

▶ 表 4-11 PCPFS 台阶试验评价表

评定	3 次心率之和	台阶指数
超群	133 以下	90 以上
优	133～149	81～90
良	150～170	71～80
中	171～198	61～70
下	198 以上	61 以下

5. 施奈德机能试验

施奈德（Schneider）机能试验是第一次世界大战期间，为综合评定飞行员心血管系统机能而设计的，虽然古老，但曾经被广泛应用。研究表明，施奈德机能试验分数同中长跑（综合性的）成绩之间的相关系数达 0.81。施奈德机能试验测试方法如下：

（1）卧位安静心率：令受试者卧位，安静休息 5 min 后，测 20 s 安静心率并换算成 1 min 心率（P_1）。

（2）卧位收缩压：令受试者卧位，测量收缩压，测量 2~3 次取稳定值（B_1）。

（3）立位安静心率（P_2）：测量方法同（1）。

（4）立位收缩压（B_2）：测量方法同（2）。

（5）在 15 s 时间内，上下 47 cm 高的台阶 5 次，并以 15 s 为单位，测量运动结束后即刻心率，换算成 1 min 心率（P_3）记录。

（6）测量 P_3 恢复到 P_2 所用时间（t）：运动结束后，连续以 15 s 为时间单位，测量心率恢复到立位安静心率水平时间。

施奈德机能试验评分表

评价：计算 P_2-P_1、P_3-P_2、B_2-B_1 的值：根据评分标准，计算得分。评分表由 A、B、C、D、E、F 六项组成，每项的分值范围为 −3~+3 分，满分为 18 分。总分不足 9 分可视为心血管机能有缺陷。研究表明，施奈德机能试验的可靠性系数达 0.86~0.89。

6. PWC_{170} 机能试验

PWC_{170}（physical work capacity at a pulse of 170 beats/min）是身体机能评定中常用的次极限负荷试验。它测定有机体在定量负荷运动时，当身体机能动员起来并处于相对稳定状态、心率为 170 次 /min 时，单位时间内所做的功率（W）。它反映了机体工作能力，尤其心肺耐力。根据功率大小，评价心血管系统机能水平。

PWC_{170} 的直接测试方法比较复杂，学者卡尔普曼提出间接测定 PWC_{170} 方法，测定原理是运动时心率与功率在一定范围内（相当于心率在 120~180 次 /min）成线性相关。

测量仪器：功率自行车、心率遥测仪或听诊器、秒表、节拍器。

测量方法：受试者进行两次各为 5 min 的蹬踏功率自行车运动，两次运动负荷之间休息 3 min。每次负荷即刻测试并记录最后 1 min 或 30 s 的心率。要求第 1 次负荷的功率应使心率超过 110 次 /min，第 2 次负荷功率应使心率接近 170 次 /min。为了达到 PWC_{170} 机能试验的要求，可根据不同性别、不同运动能力安排测试负荷功率，卡尔普曼提出的两次负荷功率的数值可作为参考（表 4–12）。

计算公式：

$$PWC_{170}=N_1+(N_2-N_1)\times\frac{170-f_1}{f_2-f_1}$$

式中：PWC_{170} 为功率（W）；N_1 为第 1 次负荷功率（W）；N_2 为第 2 次负荷功率（W）；f_1 为第 1 次负荷后心率（次 /min）；f_2 为第 2 次负荷后心率（次 /min）。

在进行机能试验后，把所得的 N_1、N_2、f_1、f_2 的数据代入上式，可以计算出受试者 PWC_{170} 的精确值。

▶ 表 4–12 PWC_{170} 机能试验负荷功率参考值 （单位：W）

人群	男		女	
	第 1 次负荷	第 2 次负荷	第 1 次负荷	第 2 次负荷
一般人	300	600	150	300
运动员	600	1 500	300	600

评价：将 PWC_{170} 计算功率除以自身体重，得到相对值，再给予评价。19 以上为优秀，16~19 为良好，12~15 为中等，8~11 为下等，7 以下为差。

第二节 呼吸机能测量与评价

呼吸是指人体与外界环境之间进行气体交换的过程。它是有机体维持正常新陈代谢和其他功能活动所必需的生理过程之一。呼吸全过程包括外呼吸、气体运输和内呼吸三个相互联系的环节。胸廓的节律性扩大和缩小称为呼吸运动，它是通过呼吸肌的舒缩活动来实现的，构成肺的通气动力。大量研究表明，长期系统的运动训练可使呼吸机能产生良好适应性变化，具体表现为呼吸深度增加、通气效率提高、单位时间摄氧能力增强等。

呼吸机能测量与评价主要从肺通气功能和呼吸运动控制能力两个方面进行。肺通气是指肺与外界环境之间进行气体交换的过程，评价肺通气功能的主要指标有肺活量、时间肺活量、连续肺活量及最大通气量等。

一、肺活量的测量与评价

最大深吸气后再做最大呼气时所呼出的气量称为肺活量。肺活量的大小与性别、年龄、体表面积、胸廓大小、呼吸肌发达程度以及肺和胸壁弹性等因素有关，且个体差异较大。运动锻炼既能使人的肺活量水平提高，也能延缓肺活量的衰减。

测量仪器：肺活量计。

测量方法：将肺活量计放在平稳桌面上，用标准气体容量测试器进行肺活量计的检验。测试人员打开肺活量计电源开关，待显示屏上的闪烁信号定格在“0”时，表明肺活量计进入工作状态。测试时，受试者成自然站立位，可预先做 1~2 次扩胸或深呼吸的准备动作，然后手握文氏管手柄，保持导压软管在文氏管上方位置，头部略向后仰，尽力深吸气直到不能吸气为止，然后将嘴对准吹嘴缓慢地呼气，呼气时不宜过猛，也不能过慢，直到不能呼气为止。此时液晶显示屏上显示的数值即为肺活量值。测试 2 次，取最大值，记录以毫升为单位，不保留小数。两次测试间隔时间不超过 15 s。使用智能电子肺活量计时，按照语音提示进行测量，测试数据自动写入 IC 卡，并语音提示测量结果。

注意事项：肺活量计计量部位保证通畅和干燥，导压软管须在文氏管上方，测试在通风良好的房间内进行。测试前应向受试者讲解、示范肺活量的测试方法，受试者可稍做练习。

评价标准：由于肺活量与身高、体重等指标相关，因此应结合体重或身高，使用肺活量体重指数或肺活量身高指数进行评价。肺活量除以体重即为肺活量体重指数，评价标准如表 4–13、表 4–14 所示。

▶ 表 4-13 我国男、女学生肺活量体重指数评价表 （单位：mL/kg）

性别	年龄 / 岁	优上	优下	良上	良下	中上	中下	较差
女	11～12	58 以上	54～58	47～53	38～46	34～37	18～33	18 以下
	13	60 以上	56～60	48～55	40～47	35～39	21～34	21 以下
	14	59 以上	55～59	48～54	41～47	37～40	24～36	24 以下
	15	58 以上	55～58	49～54	41～48	36～40	22～35	22 以下
	16	59 以上	56～59	49～55	42～48	39～41	27～38	27 以下
	17	59 以上	55～59	48～54	41～47	38～40	26～37	26 以下
	18	58 以上	54～58	48～53	41～47	37～40	26～36	26 以下
	19～22	60 以上	57～60	51～56	46～50	42～45	32～41	32 以下
男	11～12	67 以上	63～67	54～62	46～53	42～45	29～41	29 以下
	13	68 以上	64～68	55～63	47～54	42～46	30～41	30 以下
	14	69 以上	65～69	57～64	49～56	45～48	34～44	34 以下
	15	70 以上	67～70	58～66	50～57	46～49	33～45	33 以下
	16	72 以上	68～72	61～67	53～60	48～52	38～47	38 以下
	17	72 以上	68～72	61～67	53～60	48～52	36～47	36 以下
	18	70 以上	66～70	58～65	50～57	46～49	36～45	36 以下
	19～22	74 以上	70～74	64～69	57～63	54～56	44～53	44 以下

▶ 表 4-14 我国成年男、女肺活量体重指数评价表 （单位：mL/kg）

年龄 / 岁	性别	上等	中上	中等	中下	下等
18～25	男	74 以上	68～74	55～67	48～54	48 以下
	女	61 以上	56～61	43～55	36～42	36 以下
26～30	男	71 以上	66～71	52～65	45～51	45 以下
	女	59 以上	54～59	41～53	34～40	34 以下

续表

年龄 / 岁	性别	上等	中上	中等	中下	下等
31~40	男	69 以上	62~69	48~61	40~47	40 以下
	女	56 以上	51~56	39~50	31~38	31 以下
41~50	男	64 以上	57~64	42~56	35~41	35 以下
	女	54 以上	49~54	36~48	29~35	29 以下
51~60	男	59 以上	53~59	39~52	32~38	32 以下
	女	50 以上	45~50	33~44	27~32	27 以下

二、时间肺活量的测量与评价

在最大吸气之后，以最快速度进行最大呼气，记录在一定时间内所能呼出的气量称为时间肺活量。一般在前 3 s 尽力呼出的气体量，已占肺活量的 97%~99%，因此常用前 3 s（第 1 s、第 2 s、第 3 s）所呼出的气体量占肺活量的百分比来计算和分析。

测量仪器：改良式肺活量计或肺功量计、消毒棉球、75% 酒精。

测量方法：受试者取站立位，口含肺功量计橡皮吹嘴并与外界相通，夹上鼻夹，做平静呼吸数次；然后令受试者做最大吸气后屏住呼吸 1~2 s，关闭三通开关，开动快鼓（1 500 mm/min），令受试者以最快速度将一口气呼出，直到不能再呼出为止。根据记录纸上的时间肺活量曲线，即可计算出第 1 s、第 2 s、第 3 s 内呼出的气体量。

评价：时间肺活量是评价肺通气功能较好的动态指标，不仅反映肺活量的大小，而且还能反映肺的弹性是否降低、气道是否狭窄、呼吸阻力是否增加。健康成年人第 1 s 平均值约为 83%，第 2 s 约为 96%，第 3 s 约为 99%，其中第 1 s 的时间肺活量意义最大。

三、连续肺活量的测量与评价

连续测量 5 次肺活量，每次间隔 30 s，根据 5 次所测数值的变化趋势，判断呼吸肌的机能能力。

测量仪器：同“时间肺活量”部分。

测量方法：同“肺活量”部分。

评价：用 5 次肺活量所测结果，可以简单、快速地判断呼吸肌的疲劳及身体的机能状况。5 次测量结果基本接近或逐次增加为呼吸肌机能良好；如果逐次下降，尤其最后 2 次显著下降，则认为呼吸肌处于疲劳状态，表示身体机能状况不佳，或表示身体的疲劳现象未能及时消除，可视为肺通气机能较差。

四、最大通气量的测量与评价

以适宜的呼吸频率和呼吸深度进行呼吸时所测得的每分钟通气量，称为最大通气量或最大随意通气量。一般测试 15 s 通气量，再换算为 1 min 的通气量，即为每分钟最大通气量。最大通气量是衡量通气功能的重要指标，可以用来评价受试者的通气储备能力。

测量仪器：肺功量计、鼻夹。

测量方法：基本同“时间肺活量”的测定。令受试者以较快且较深的呼吸，稍做练习，当受试者已经适应了呼吸频率和呼吸深度后，再正式测定。正式测试时，受试者在 15 s 内尽力做最深、最快的呼吸。根据呼吸频率和呼吸深度，计算 15 s 内吸入或呼出的气体量，之后乘以 4 即为最大通气量。

评价：最大通气量与呼吸肌的力量、速度，肺的机械特性以及呼吸道的阻力等因素有关。最大通气量越大，说明一个人的呼吸系统潜在的功能越强。此外，也可根据通气机能储备能力评价肺通气机能，通常用通气储备百分数表示：

$$\text{通气储备百分数} = \frac{\text{最大通气量} - \text{每分钟平静通气量}}{\text{最大通气量}} \times 100\%$$

通气储备百分数正常值应等于或大于 93%，若小于 86% 表示通气机能储备不佳，若小于 70% 表示通气功能严重受损。

第三节 最大摄氧量测量与评价

安静状态下，难于区分不同个体的呼吸机能水平。只有在一定运动强度和运动量的负荷下，最大程度发挥出呼吸系统潜力，才能客观地鉴别出一个人的呼吸系统机能水平。最大摄氧量是指人体在进行有大量肌肉群参加的长时间剧烈运动中，当心肺功能和骨骼肌利用氧的能力达到人体极限水平时，单位时间内所能摄取的氧量。它反映心肺功能氧的转运能力和肌肉对氧的摄取、利用能力，是评定人体有氧工作能力的重要指标之一。最大摄氧量分为绝对最大摄氧量（单位：L/min）和相对最大摄氧量（单位是：mL/kg/min），最大摄氧量的测定方法分为直接测定法和间接测定法。

一、最大摄氧量的直接测定法

最大摄氧量的直接测定法是指受试者在运动场或实验室利用自行车测功计、运动跑台等进行极限负荷运动，使用气体分析仪直接测定摄氧量。直接测定最大摄氧量数据可靠、重复性好，并能准确客观评定有氧工作能力。

最大摄氧量的直接测定法的关键是运动程序设置，由于不同受试者具有不同的身体机能特征，因此测试的起始负荷、递增时间、递增负荷要根据受试者的性别、年龄、运动项目、运动能力来确定。一般可通过预实验来判断受试者的运动能力，再设置起始负荷、每级负荷的持续时间及递增负荷的大小。通常最大摄氧量测试时间为 10～12 min 达到力竭，起始功率为最大功率的 30%，每级负荷递增 10%～15%。常用的运动负荷程序有以下两种：

（1）功率车递增运动负荷程序：

① 100 W 起始，每 3 min 递增 50 W 为下一级负荷，直至力竭（转数为 70 转 /min）。

② 100 W 起始，每 1 min 递增 25 W 为下一级负荷，直至力竭（转数为 70 转 /min）。

③ 100 W 起始，每 10 s 递增 5 W 为下一级负荷，直至力竭（转数为 70 转 /min）。

（2）Bruce 方法：Bruce 方法在跑台上进行，运动负荷程序见表 4–15 所示。

▶ 表 4–15 Bruce 递增运动负荷程序设置

阶段	速度 /(英里 · h^{-1})	坡度 /%	时间 /min	强度 /Met
1	1.7	10	3	4.0
2	2.5	12	3	6.8
3	3.4	14	3	10.0
4	4.2	15	3	14.2
5	5.0	18	3	16.0
6	5.5	20	3	18.0
7	6.0	22	3	20.6

注：1 英里≈ 1.609 千米。

测量仪器：跑台或功率自行车、自动气体代谢分析仪、心率表。

测量方法：将实验室的温度、湿度、气压调整换算为标准状态，之后进行仪器的气体成分及气量校准。测试前先向受试者讲解测试方法和要求，令受试者做适应性练习，以消除紧张恐惧心理并适应跑台运动的规律。戴好呼吸面罩，胸前安装好遥测电极，检查是否漏气，准备好后，按照 Bruce 运动方案开始运动，直到受试者力竭而终止测试。每级负荷最后 30 s 自动记录心率及气体分析数据并打印。当最大摄氧量出现平台，即摄氧量不再随运动负荷的增加而增加时，可视为达到最大摄氧量；如果摄氧量未出现平台，而受试者已达到精疲力竭程度，则取摄氧量的最大值作为最大摄氧量。如何判断实验是否达到最大摄氧量水平，直接关系到所得实验结果的准确性，一般用以下标准判断：

① 当继续增加运动负荷后，摄氧量的递增值小于 150 mL/min，此时运动强度与摄氧量不再保持线性关系。

② 运动时受试者心率大于 180 次 /min。

③ 运动时呼吸商大于 1.10。

④ 主观感觉已精疲力竭，经一再鼓励仍不能保持原运动负荷强度，继续运动时摄氧量出现下降。

注意事项：

① 在最大摄氧量直接测试前，应对受试者进行身体健康检查，包括血压、心电图和肺功能等，保证受试者在测试时身体状态正常。

② 在进行最大摄氧量测试前几小时，受试者不应参加重体力活动。此外在进餐后必须经过一定时间才能进行所有测试。

③ 运动负荷应有大肌肉群参加，完成的是动力性的工作。

④ 测试过程中，应注意观察受试者体力变化，如受试者运动节奏明显失调时应立即终止测试。

⑤ 摄氧量测定应当在运动开始几分钟后，生理机能达到稳定状态时。

评价标准：我国正常成年男子最大摄氧量为 3.0～3.5 L/min，相对值为 50～55 mL/kg/min；女子最大摄氧量为 2.0～2.5 L/min，相对值为 40～45 mL/kg/min。最大摄氧量受遗传因素影响较大，并依年龄、性别和训练等因素的不同而有所差异。评价标准见表 4-16。

► 表 4-16 中国人最大摄氧量（相对值）评价标准 （单位：mL/kg/min）

评价等级	性别	年龄/岁					
		13～19	20～29	30～39	40～49	50～59	60～69
超优	男	≥ 56	≥ 52.5	≥ 49.5	≥ 48.1	≥ 45.4	≥ 44.3
	女	≥ 42	≥ 41	≥ 40.1	≥ 37.0	≥ 35.8	≥ 31.5
优	男	51.0～55.9	46.5～52.4	45.0～49.4	43.8～48.0	41.0～45.3	36.5～44.2
	女	39.0～41.9	37.0～40.9	35.7～40.0	32.9～36.9	31.5～35.7	30.3～31.4
良	男	45.2～50.9	42.5～46.4	41.0～44.9	39.0～43.7	35.8～40.9	32.2～36.4
	女	35.0～38.9	33.0～36.9	31.5～35.6	29.0～32.8	27.0～31.4	24.5～30.2
中	男	38.4～45.1	36.5～42.4	35.5～40.9	33.6～38.9	31.0～35.7	26.1～32.1
	女	31.0～34.9	29.0～32.9	27.0～31.4	24.5～28.9	22.8～26.9	20.2～24.4
下	男	35.0～38.3	33.0～36.4	31.5～35.4	30.2～33.5	26.1～30.9	20.5～26.0
	女	25.0～30.9	23.6～28.9	22.8～26.9	21.0～24.4	20.2～22.7	17.5～20.1
差	男	< 35.0	< 33.0	< 31.5	< 30.2	< 26.1	< 20.5
	女	< 25.0	< 23.6	< 22.8	< 21.0	< 20.2	< 17.5

二、最大摄氧量的间接测定法

最大摄氧量的直接测定法虽然具有准确、可靠等优点，但需要精密的实验室设备，测试程序复杂，费时费力，特别是运动负荷大，受试者难以接受，有时还可能出现危险，因此直接测定法不宜普及。最大摄氧量的间接测定法是受试者进行亚极限运动，根据摄氧量、心率等数值推算最大摄氧量的方法。间接法具有简易、经济、快速等特点，但仍应考虑到误差等因素的影响。

（一）12 min 跑推测最大摄氧量

12 min 跑试验是美国学者库珀（Cooper）提出的评价心血管机能的耐力测验。Cooper 研究表明，12 min 跑成绩与相对最大摄氧量之间高度相关，相关系数达到 0.897。日本学者以日本人为对象的研究结果也证明二者之间的相关系数达到 0.897，与 Cooper 的研究结果十分接近，在这方面未见明显的差异。以上研究提示可以用 12 min 跑的成绩间接推算最大摄氧量。

场地器材：标准田径场、计时秒表、口哨、距离标识。

测量方法：将 400 m 标准田径场一圈跑程八等分（如果是 300 m 或 200 m 田径场，可把一圈跑程六等分或四等分），每段距离 50 m，放好标识物。受试者站在起跑线后，每一名受试者需一名计时员（兼计圈员）。发令起跑后，受试者要尽自己最大努力跑完 12 min，12 min 内跑的距离即为测验成绩（D）。通过计算 12 min 跑的运动距离推算最大摄氧量，计算公式如下：

$$最大摄氧量 = \frac{D - 505}{45}$$

式中：D 为 12 min 跑的运动距离（单位：m）；最大摄氧量单位：mL/kg/min。

日本体育科学中心以 18～25 岁男女成年人为对象的研究结果表明，由 12 min 跑成绩间接推算最大摄氧量的结果没有年龄及性别的显著差异，所以日本体育科学中心制定的推算表（表 4–17）适用于 18 岁以上的男女成年人。

▶ 表 4-17　12 min 跑成绩推算最大摄氧量的推算表

成绩 /m	最大摄氧量 /($mL \cdot kg^{-1} \cdot min^{-1}$)	成绩 /m	最大摄氧量 /($mL \cdot kg^{-1} \cdot min^{-1}$)	成绩 /m	最大摄氧量 /($mL \cdot kg^{-1} \cdot min^{-1}$)
1 000	14.0	2 000	35.3	3 000	56.5
1 100	16.1	2 100	37.4	3 100	58.6
1 200	18.3	2 200	39.5	3 200	60.8
1 300	20.4	2 300	41.6	3 300	62.9
1 400	22.5	2 400	43.8	3 400	65.0
1 500	24.6	2 500	45.9	3 500	67.1
1 600	26.8	2 600	48.0	3 600	69.3
1 700	28.9	2 700	50.1	3 700	71.4
1 800	31.0	2 800	52.3	3 800	73.5
1 900	33.1	2 900	54.4	3 900	75.6

（二）台阶指数推测最大摄氧量

测量仪器：男子台阶高度为 40 cm，女子台阶高度为 30 cm，秒表、节拍器。

测试方法：受试者在固定高度的台阶上，上下台阶运动的频率为 22.5 次 /min，连续运动负荷 5 min。运动结束后坐在椅子上休息，同时测量受试者运动结束后恢复期第 1、2、3 min 后 30 s 心率，分别计为 P_1、P_2、P_3，代入下式计算台阶指数（X）。

$$X = \frac{T \times 100}{2\left(P_1 + P_2 + P_3\right)}$$

式中：X 为台阶指数，T 为运动时间（单位为 s），P_1、P_2、P_3 为恢复期第 1、2、3 min 的后 30 s 心率

计算出台阶指数后，再将台阶指数代入推测最大摄氧量（Y）的回归方程：

男：$Y = 13.25X + 170.86$

女：$Y = 13.94X + 514.37$

式中：最大摄氧量的单位为 mL/kg/min。

（三）PWC_{170} 推算最大摄氧量

我国科研工作者提出根据本人的 PWC_{170} 值推算青少年运动员的最大摄氧量。PWC_{170} 是指心率达到 170 次 /min 时所做的功率（W），公式如下：

$$男：最大摄氧量 = 0.001\ 29 \times PWC_{170} + 2.040\ 2$$

$$女：最大摄氧量 = 0.001\ 12 \times PWC_{170} + 2.094\ 3$$

式中：最大摄氧量的单位为 L/min。

（四）陈文堉法

受试者在自行车测功计上进行 3 min 的负荷功率为 50 W 的准备活动，再以 100 W 和 150 W 的负荷蹬车各 3 min，测定 150 W 负荷时第 3 min 的心率（次 /min），代入下面的公式即可得最大摄氧量（L/min）的推算值，公式如下：

$$最大摄氧量 = 7.929\ 7 - 0.003\ 04 \times 心率$$

（五）Fox 法

1973 年 Fox 提出在自行车测功计上以 150 W（900 kg · m/min）功率蹬车 5 min 获得亚极量心率（次 /min）来推算最大摄氧量（L/min），公式如下：

$$最大摄氧量 = 6\ 300 - 19.26 \times 亚极量心率$$

思考题

1. 简述基础心率、安静心率、运动中心率及运动后心率的测量及在运动实践中的应用。
2. 什么是定量负荷试验？简述测量步骤。
3. 简述 PWC_{170} 机能试验的测量原理与方法。
4. 简述呼吸机能指标测定意义和评定方法。
5. 常用的最大摄氧量的间接测定法有哪些？
6. 比较分析最大摄氧量的直接测定法与间接测定法。

第5章 身体素质测量与评价

本章提要

本章主要介绍身体素质的概念和力量、速度、耐力、柔韧、灵敏、协调及平衡等各种素质的测量与评价等，以及目前在国际体质研究、国内体质监测和《学生体质健康标准》中最具代表性的一些身体素质和运动能力的测量指标。通过本章的学习，学生不仅可以了解和掌握身体素质的测量指标、测量意义、测量与评价方法，而且还可以根据研究或测量的目的，参考受试者的年龄、性别、运动能力等因素，选择各项身体素质和运动能力的测量指标，编制身体素质和运动能力的成套测验。

关键词

身体素质　运动能力　速度　力量　耐力　柔韧性　灵敏性　协调性　平衡性

身体素质（physical fitness）也称身体适应性，是指人体在运动过程中所表现出的力量、速度、耐力、柔韧、灵敏、协调及平衡等素质的总称，是人体各器官系统的机能在肌肉工作中的综合反映。

运动能力（motor ability）是指人体运动中掌握并有效地完成专门动作的能力，这种能力主要体现在大脑皮质主导下的不同肌肉的协调性。

身体素质与运动能力是体质的重要组成部分，是评价一个人体质好坏的主要依据之一，两者与人的体型、体格、机能、神经反应和心理等均有密切关系。另外，身体素质与运动能力具有非常密切的关系。一般运动能力强的人身体素质也好，而且身体素质好的人，运动能力也比较容易提高，两者相辅相成、相互影响。

身体素质的测量与评价，在体育教学、训练以及科研和国民体质监测中，具有重要意义：诊断和评价青少年儿童的身体素质水平，了解未成年人身体素质的发展情况；预测少年儿童的运动能力，为运动员选材提供较准确的依据；评价体育教学和训练的效果，为改进和提高教学与训练水平提供科学依据；测量与评价国民体质状况，为政府职能部门提供决策依据。

目前，在国际上对身体素质与运动能力的概念有很多解释，但至今还没有一个明确统一的概念。学者们一般不严格区分身体素质与运动能力这两个概念，而是在不断研究开发能够代表身体素质与运动能力的测量指标，并加以应用。因此，本章将综合介绍身体素质与运动能力的测量及评价方法。

第一节　速度素质测量与评价

速度素质是指人体快速运动的能力。其表现形式有反应速度、动作速度和位移速度等。速度素质是人们生活和体育运动中的一项很重要的身体素质，是体质评价中的一个重要内容，是衡量身体训练水平和竞技能力高低的客观依据。速度素质不仅是某些运动项目运动员选材的客观依据之一，而且对其他身体素质的发展有着重要影响。速度素质有明显的性别差异，一般男性高于女性。速度随年龄的增长而变快，但女性到 16 岁，男性到 17

岁以后提高的速度减慢。影响速度素质的因素较多，如运动员的肌肉类型、肌肉的收缩速度、力量、年龄、性别、体型、柔韧以及协调等。

一、速度素质的分类及测量形式

（一）速度素质的分类

速度素质可分为位移速度、动作速度和反应速度。

（1）位移速度是指人体在单位时间内移动的距离或移动单位距离的最短时间。如 10 s 快速跑或 50 m 跑。

（2）动作速度是指人体完成某一单一动作或成套动作的快慢。如跳远运动员的踏跳速度或花样滑冰运动员的旋转速度。

（3）反应速度是指人体对各种刺激做出应答的快慢。如足球守门员的扑球（视动反应）或短跑运动员的起跑（听动反应）。

（二）速度素质的测量形式

速度素质的测量，通常采用固定距离计时（通常为 100 m 以内的短距离跑）、固定时间计距离或速率等方法来测定。

二、速度素质的测量内容、方法与评价

（一）位移速度的测量与评价

1. 50 m 跑（30 m 跑、60 m 跑）

测量意义：主要反映受试者的快速跑动能力。

适用对象：适用于 6 岁至大学男、女生。

测量三性：50 m 跑的测量三性未见报道；30 m 跑的可靠性为 0.90，客观性为 0.97，内容有效性可接受。

场地器材：在平坦的地面上，划出若干条长 50 m 的跑道（跑道宽 1.22 m，终点要有 10 m 的缓冲距离）。秒表（一道一表）、发令旗、哨子等。

测量方法：受试者至少 2 人 1 组，采用站立式起跑。受试者听到“跑”的口令或哨声后快速起跑，跑向终点。发令员在发出口令或哨声的同时，

要摆动发令旗。计时员看旗动开表计时，当受试者的胸部到达终点线垂直平面时停表（人到停表）。以“s（秒）”为单位记录成绩，精确至 0.1 s，小数点后第 2 位数按“非 0 进 1”的原则进位（如 10.11 s 应计为 10.2 s）。测 2 次，取最佳成绩。

2019 年中国 6~22 岁学生 50 m 跑统计表

测量要求：受试者在运动时须穿运动鞋或平底鞋，不得穿钉鞋、皮鞋、凉鞋；发现受试者抢跑或串道时，要当即召回重跑；如遇风时一律顺风跑。

评价：50 m 跑所需时间越短，则受试者的快速跑动能力就越强。

2. 4 s 快跑（6 s 快跑）

测量意义：主要反映受试者的快速跑动能力。

适用对象：适用于中学至大学男、女生。

美国大学生 4 s 快跑成绩评定表

测量三性：可靠性为 0.62，客观性未见报道，有效性为 0.71。

场地器材：在 50 m 的跑道，距起跑线 15 m 开始，每隔 1 m 作一标志；秒表、口哨。

测量方法：受试者可采用任何起跑方式，当听到“跑”的信号后，迅速沿跑道快跑。当听到停跑哨声时，立即停止跑动。两名测试人员中，一人发令兼计时，到 4 s 时发出停跑信号。另一人在跑道的前方听到停跑信号后，记下受试者所跑的位置。测 2 次，以“m（米）”为单位记录所跑的距离，不计小数，取最佳成绩。

测量要求：测量要求同 50 m 跑。

评价：4 s 跑的距离越长，则受试者的快速跑动能力就越强。

除上述测量指标之外，位移速度还可用 100 m 跑、30 m 途中跑、60 m 途中跑等指标来测量。

（二）动作速度的测量与评价

1. 两手快速敲击

测量意义：主要反映受试者的两手快速交替重复特定动作的能力。

适用对象：适用于 10 岁至大学男、女生。

测量三性：可靠性为 0.935，客观性未见报道，内容有效性可接受。

测量仪器：时间计数自动控制器，金属敲击棒两支。

测量方法：受试者站在测试台前，调节金属触板与其髂嵴同高。令受试者两手各执一支金属棒，听令后，两手快速交替敲击金属触板（图 5-1）。记录计数器的数值（10 s 内重复动作的次数），测 2 次，取最佳成绩。

评价：敲击的次数越多，则受试者动作速度就越快。

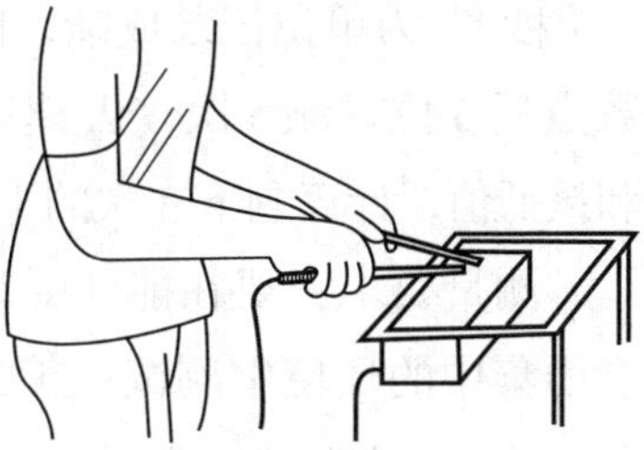

图 5-1 两手快速敲击测验

中国男子青少年田径运动员动作速度指标统计表

2. 坐姿快速踏足

测量意义：主要反映受试者两脚快速交替重复特定动作的能力。

适用对象：适用于 10 岁至大学男、女生。

测量三性：可靠性为 0.79，客观性未见报道，内容有效性可接受。

测量仪器：时间计数自动控制器。

测量方法：受试者坐在车鞍上两手扶车把，大腿成水平状，膝关节成 90°。两脚快速上下交替做踏足动作（图 5-2）。记录计数器的数值（10 s 内重复动作的次数），测 2 次，取最佳成绩。

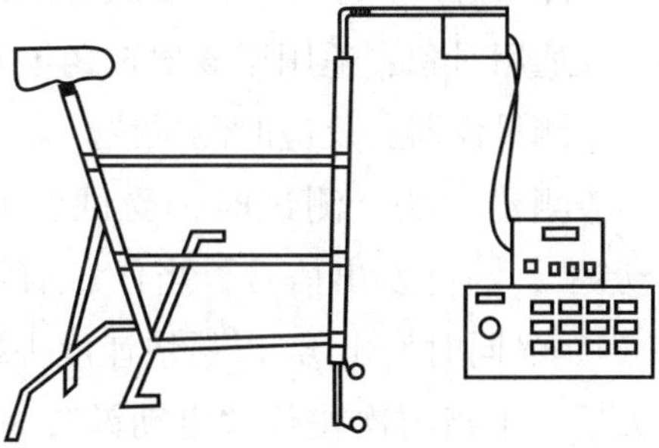

图 5-2 坐姿快速踏足测验

评价：踏足的次数越多，则受试者动作速度就越快。

除以上介绍的测量指标外，动作速度测量还有原地高抬腿、轻拍手掌、移动木块等测量指标。

（三）反应速度的测量与评价

1. 简单反应时

测量意义：主要反映受试者对特定光信号反应的速度。

适用对象：适用于 6 岁至老年人。

测量仪器：光反应时测量仪。

测量方法：受试者坐在桌边，集中精力，手放在测试仪器按钮上方，做好准备，受试者两眼凝视光反应时测量仪，听到测试人员“预备”口令后即进入测试状态，当红灯亮时，用中指以最快速度按下按钮（图 5-3）。以

"s（秒）"为单位记录成绩，保留小数点后3位。测5次，去掉最高值和最低值，计算剩下3次的平均值。

图 5-3　简单反应时测验

中国成年人和老年人简单反应时评价标准

测量要求：要在能使受试者注意力集中的环境中测试；正式测试前，要练习3次；测试时，自喊"预备"到灯亮的间隔时间要不同，应保持在1.5~2 s。

评价：反应时的测量值越小，受试者的反应速度就越快。

2. 选择反应时

测量意义：主要反映受试者神经与肌肉系统的协调性和快速反应能力。

适用对象：适用于6岁至老年人。

测量仪器：反应时测试仪。

测量方法：测试时，受试者的中指按住"启动键"，等待发出信号，当任意信号键发出信号时（声、光同时发出），以最快速度去按该键；信号消失后，中指再次按住"启动键"，等待下一个信号发出，共有5次信号。受试者完成5次信号应答后，所有信号键都会同时发出光和声，表示测试结束（图5-4）。以"s（秒）"为单位记录成绩，保留小数点后2位。测2次，取最佳成绩。

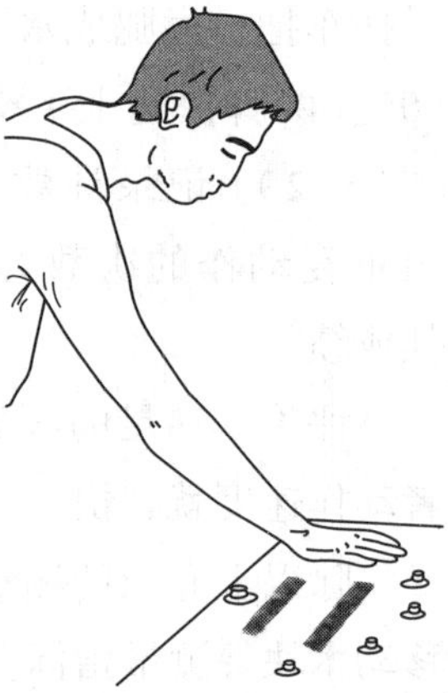

图 5-4　选择反应时测验

中国成年人和老年人选择反应时评价标准

测量要求：受试者不得用掌心或掌根部按"启动键"；受试者不得用力拍击信号键。

评价：选择反应时的测量值小，则说明受试者神经与肌肉系统协调性和快速反应能力强。

除以上介绍的测量指标外，反应速度测量还有采用直尺测试的手反应时和足反应时等测量指标。

三、速度素质测量的注意事项

（1）位移速度、动作速度及反应速度的测量不能互相取代。

（2）在测验位移速度时，要求受试者穿运动鞋，不得穿钉子鞋。

（3）在测验位移速度前，应让受试者做好准备活动，以免受伤。

（4）每次测验后，测试者切记回表。

第二节 力量素质测量与评价

力量素质是指人体或人体的某一部分肌肉在工作时克服阻力的能力。力量素质是保证人体完成各种简单或复杂运动的首要素质，与其他素质有着密切的关系。力量素质对发展速度素质、提高耐力素质和灵敏素质起着重要的作用。因而人们把力量素质视为人体运动及各类素质的基础。

一、力量素质的分类及测量形式

（一）力量素质的分类

（1）根据肌肉收缩的性质，力量素质可分为两类，即静力性力量和动力性力量。

静力性力量是肌肉做等长收缩时所产生的力量，也称等长收缩。如体操运动中的静力支撑、悬垂和倒立等。动力性力量是肌肉做等张收缩时所产生的力量，也称等张收缩。

（2）在运动训练实践中，从力量的训练特征来划分，一般将力量素质分为最大力量（绝对力量）、相对力量、速度力量和力量耐力。

① 最大力量是指人体或人体的某一部分肌肉在工作时克服最大阻力的能力。

② 相对力量是指人体单位体重所具有的最大力量。

相对力量 = 最大力量 / 体重

③ 速度力量是指快速克服阻力的能力。常用于相对较短或最短的时间内发挥最大作用力能力的测定。“爆发力”是力量与速度的有机结合，计算公式如下：

$$P(\text{爆发力})=F(\text{力量})\times v(\text{速度})=F\times s(\text{距离})/t(\text{时间})$$

④ 力量耐力是指肌肉长时间克服阻力的能力（力量耐力的测量方法在“耐力素质的测量与评价”中进行介绍）。

（二）力量素质的测量形式

力量素质的测量一般分为绝对力量和相对力量两种测量形式。绝对力量是以受试者在测量中所承受的最大负荷量作为成绩的一种测量形式。相对力量是以受试者在测量中所承受的负荷量与其自身体重之比作为成绩的一种测量形式。

二、力量素质的测量内容、方法与评价

（一）肌肉力量的测量与评价

1. 握力

2019 年中国 6~22 岁学生握力统计表

测量意义：握力是测量上肢静力性力量的常用指标，主要反映受试者前臂及手部肌肉的抓握能力。

适用对象：适用于 6 岁至成年人。

测量三性：可靠性为 0.90，客观性 0.99，内容有效性可接受。

测量仪器：指针式握力计或电子握力计。

测量方法：测试前，受试者用有力的手握住握力计内外握柄，另一只手转动握距调整轮，调到适宜的用力握距，准备测试。测试时，受试者身体直立，两脚自然分开，与肩同宽，两臂斜下垂，掌心向内，用最大力握紧内外握柄（图 5–5）。以“kg（千克）”或“N（牛）”为单位记录成绩，精确至 0.1 kg。测 2 次，取最佳成绩。

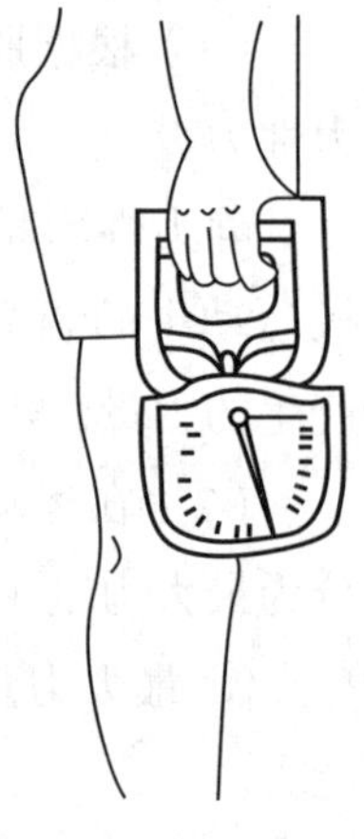

图 5–5 握力测量

测量要求：测试时，禁止摆臂、下蹲或将握力计接触身体；受试者不能确定有力手时，左右手各测试 2 次，记录最大值；每次测试前，握力计须回“0”。

评价：《2019 年中国学生体质与健康调研报告》的统计资料显示，6~22

岁男子的握力相当于自身体重的42%～70%，女子的握力相当于自身体重的40%～51%。另外，在测试中发现：如测量的方法正确，受试者2次测试都尽全力，那么第1次的测量值均大于第2次。

2. 背力

测量意义：主要反映受试者背部肌肉的力量。

适用对象：适用于6岁至成年人。

测量三性：可靠性为0.95，客观性为0.99，内容有效性可接受。

测量仪器：电子背力计或背肌拉力计。

测量方法：受试者两脚分开约15 cm，直立在背力计的底盘上，两臂和两手伸直下垂于同侧大腿的前面。测试人员调背力计拉链的长度，使背力计握柄与受试者两手指尖接触。或将背力计握柄的高度调至恰使受试者上体前倾30°的位置。测试时，受试者两臂伸直，掌心向内紧握握柄，两腿伸直，上体绷直抬头，尽全力上拉背力计（图5–6）。以“kg（千克）”为单位记录成绩，精确至0.1 kg。测2次，取最佳成绩。

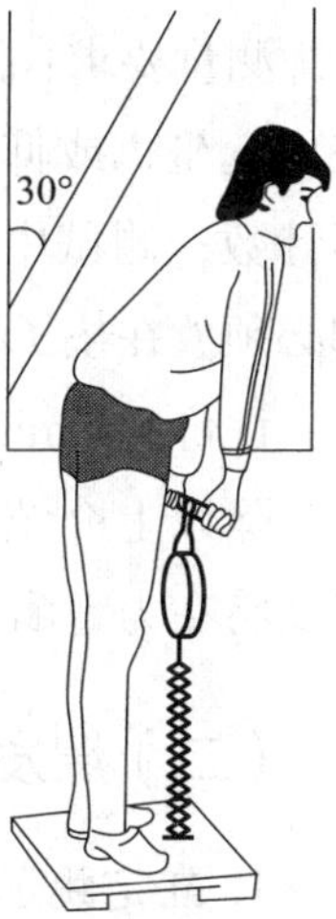

图5–6　背力测验

2019年中国6~22岁学生背力统计表

测量要求：测试前，受试者应做好准备活动；测试时，受试者不能屈肘、屈膝或上体后倒；应以中等速度牵拉，不能过慢或用力过猛；每次测试前，背力计须回“0”。

评价：背力测量值越大，则受试者的背部肌肉力量就越大。

3. 1 min仰卧起坐

测量意义：主要反映受试者的腹肌力和腹肌耐力。

适用对象：适用于12岁至大学男、女生。

测量三性：可靠性为0.91，客观性0.98，内容有效性可接受。

场地器材：软垫、秒表。

测量方法：测试前，受试者在软垫上屈膝仰卧，大小腿成90°，两手手指交叉置于头后。另一同伴双手握住受试者两侧踝关节处，将双足固定于地面。当受试者听到“开始”口令后，双手抱头，收腹使躯干完成坐起动作，双肘关节触及或超过双膝后，还原至开始姿势为成功1次（图5–7）。

2019 年中国 6~22 岁学生 1 min 仰卧起坐统计表

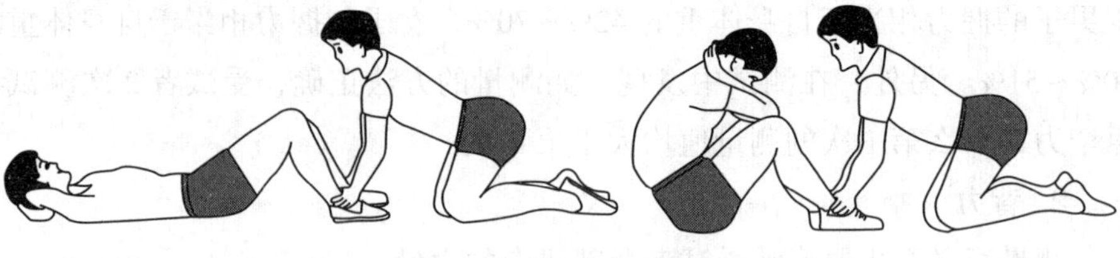

图 5-7 仰卧起坐测验

测试人员在发出“开始”口令的同时，开表计时，并记录受试者在 1 min 内完成仰卧起坐的次数（允许中间停顿休息）。以“次”为单位记录成绩。

测量要求：测试时，受试者如果借用肘部撑起或臀部上挺后下压的力量完成起坐，或仰卧时两肩胛部未触地，或双肘未触及双膝，该次仰卧起坐不计数；测试中，测试人员要随时向受试者报告已完成次数；受试者的双脚必须放在垫子上，并由同伴固定。

评价：1 min 仰卧起坐的次数越多，则受试者腹肌力量和耐力就越强。

除以上介绍的测量指标以外，肌肉力量的测量还有向上推举、坐蹲起以及将在力量耐力测量中介绍的引体向上和斜身引体等测量指标。

（二）爆发力的测量与评价

1. 立定跳远

测量意义：主要反映受试者向前跳跃时下肢肌肉的力量和爆发力。

适用对象：适用于 6 岁至大学男、女生。

测量三性：可靠性为 0.94，客观性为 0.98，有效性为 0.76。

场地器材：量尺、标志带、平地。

测量方法：受试者两脚自然分开站立，站在起跳线后，两脚尖不得踩线或过线。两脚原地同时起跳，并尽可能往远处跳，不得有垫步或连跳动作。丈量起跳线后缘至最近着地点后缘的垂直距离。以“cm（厘米）”为单位记录成绩，不计小数。测 3 次，取最佳成绩。

2019 年中国 6~22 岁学生立定跳远统计表

测量要求：发现受试者犯规时，此次成绩无效；受试者一律穿运动鞋测试，也可以赤脚，但不得穿钉鞋、皮鞋、凉鞋测试；受试者起跳时不能有助跑或助跳动作。

评价：立定跳远的测量值越大，受试者的下肢爆发力就越好。

2. 纵跳

测量意义：主要反映受试者垂直向上跳跃时下肢肌肉快速收缩的能力。

适用对象：适用于 6 岁至 40 岁男、女。

测量三性：可靠性为 0.97，客观性为 0.99，有效性为 0.78。

测量仪器：电子纵跳计或纵跳计。

测量方法：受试者踏上纵跳板，双脚自然分开，成直立姿势，准备测试。测试时受试者屈膝半蹲，双臂尽力后摆，然后向前上方迅速摆臂，双腿同时发力，尽力垂直向上跳起。当受试者下落至纵跳板后，显示屏显示测试值。以“cm（厘米）”为单位纪录成绩，精确至 0.1 cm。测 3 次，取最佳成绩。

测量要求：起跳时，受试者双脚不能移动或有垫步动作；在起跳后至落地前，受试者不能屈膝、屈髋；如果受试者没有下落到纵跳板，测试失败，须重新测试。

中国成年人纵跳评分表

评价：纵跳测量值越大，则受试者下肢爆发力就越好。

3. 原地纵跳摸高

测量意义：主要反映受试者垂直向上跳跃时下肢肌肉快速收缩的能力。

适用对象：适用于 6 岁至 40 岁男、女。

测量器材：纵跳测量板（标有刻度，固定于墙上）、皮尺、白色粉末。也可用电子摸高计。

测量方法：受试者用右手中指沾些白色粉末，身体直立，右侧足靠墙根，右臂上举，身体轻贴墙壁，手伸直，用中指尖在板上点一个指印。测试者先丈量其原地摸高的高度，然后令受试者在离墙 20 cm 处，用力向上起跳摸高（图 5-8）。以“cm（厘米）”为单位丈量高度，精确到 0.1 cm。测 3 次，取最佳成绩。

测量要求：在测验时，起跳和落地均用双足，不得跨步、垫步，可做预摆动作；在原地伸臂点指印时，臂要充分伸直，体侧要轻贴墙壁。

评价：原地纵跳摸高数值越大，受试者的下肢爆发力就越好。

除以上介绍的测量指标以外，对爆发力的测量还有测量上肢爆发力的推实心球指标。

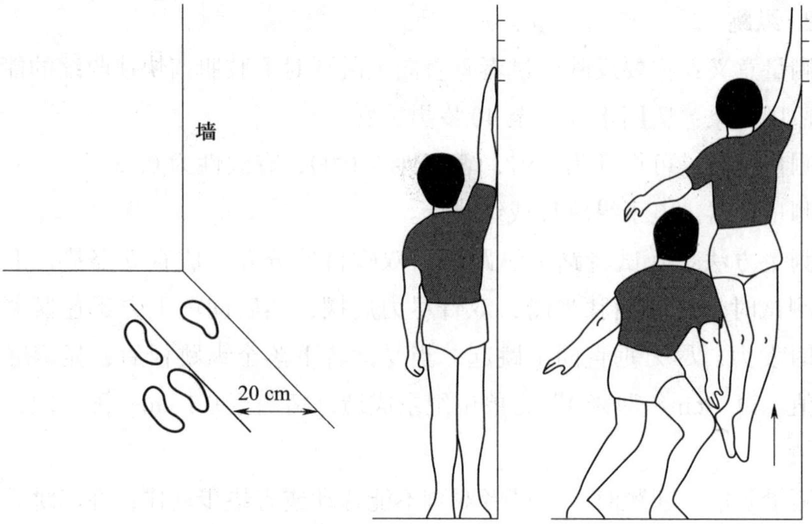

图 5-8 原地纵跳摸高测验

三、力量素质测量的注意事项

（1）在做负重测量时，要根据受试者的身体情况，选择适当的重量，避免负荷过重或负荷过轻而导致测量无效。

（2）测量前，受试者应做好充分的准备活动，加强安全保护措施，要经常检查器械，以免受伤。

（3）在使用留针式仪器时，每次测试后切记指针回“0”。每测 100 次应校对一次仪器，误差不得超过 ±0.5 kg。

第三节 耐力素质测量与评价

耐力素质是指人体在较长时间内保持特定强度负荷或动作质量的能力。

一、耐力素质的分类及测量形式

（一）耐力素质的分类

按人体的生理系统分类，耐力素质可分为肌肉耐力和心血管耐力。肌肉耐力又称力量耐力，力量耐力又可分为动力性力量耐力和静力性力量耐力；心血管耐力又可分为有氧耐力和无氧耐力。

动力性力量耐力是指机体在动力性工作中多次完成相应强度的肌收缩的能力。静力性力量耐力是指机体在静力性工作中长时间保持相应强度的肌紧张的能力。

有氧耐力是指机体在氧气供应比较充足的情况下，能坚持长时间工作的能力。有氧耐力通常叫一般耐力。一般耐力与心肺功能的关系极为密切，可代表心肺功能的水平。无氧耐力也叫速度耐力，是指机体以无氧代谢为主要供能形式，坚持长时间工作的能力。

（二）耐力素质的测量形式

根据耐力素质的特点，通常采用以下几种测量形式。

（1）定量计时：测量受试者完成特定动作或距离所需时间的方法。

（2）定时计量：测量受试者在单位时间内完成规定动作的次数或距离的方法。

（3）极限式测量：测量受试者竭力完成规定动作或距离的方法。

二、耐力素质的测量内容、方法与评价

（一）一般耐力的测量与评价

1. 800 m 跑（女）或 1 000 m 跑（男）

测量意义：800 m 跑（女）或 1 000 m 跑（男）为定距离的耐力跑，主要反映受试者心肺长时间工作的能力。

适用对象：适用于中学至大学男、女生。

场地器材：400 m、300 m、200 m 的田径场地（地面平坦，质地不限），秒表若干块，口哨、发令旗。

测量方法：受试者至少 2 人一组测试。受试者采用站立姿势站在起跑线后，当听到哨声后立即起跑。发令员在发出哨声的同时，要摆动发令旗。计时员看到旗动开表计时，当受试者跑完全程，胸部到达终点线垂直面时停表。测 1 次，以“s（秒）”为单位记录成绩，精确至 0.1 s。

2019 年中国 6~22 岁学生 800 m 跑（女）、1 000 m 跑（男）统计表

测量要求：测试人员在测试过程中应向受试者报告所剩的圈数，以免跑错距离；受试者应穿运动鞋、胶鞋测试，不得穿皮鞋、塑料凉鞋、钉鞋测试；记录成绩换算分秒时，要细心，防止差错。

评价：800 m 跑、1 000 m 跑的时间越短，则受试者的耐力水平就越高。

2. 12 min 跑

测量意义：12 min 跑为定时间的耐力跑，主要反映受试者心肺长时间工作的能力，是衡量一般耐力水平较为理想的指标。

适用对象：适用于初中至大学男、女生。

测量三性：可靠性为 0.94，客观性为 0.99，有效性为 0.64~0.94。

场地器材：田径场地（400 m、300 m、200 m 的场地均可）、秒表、口哨、发令旗、皮尺、距离标志牌。

测量方法：受试者采用站立姿势站在起跑线后，听到哨声立即起跑，绕跑道跑 12 min。要求受试者在规定的 12 min 内，尽力跑最长的距离。每一名测试人员负责给每一名受试者报圈数，当听到“停止”信号后，记下受试者所处的地点，丈量所跑的距离。测 1 次，以“m（米）”为单位记录成绩（不足 1 m 的舍去不计）。

中国、日本和美国男子 12 min 跑评价标准

测量要求：参加测试之前，受试者应做健康检查，并做好准备活动；受试者应穿运动鞋、胶鞋测试，不得穿皮鞋、塑料凉鞋、钉鞋测试；第 5 min 开始每隔 1 min，测试人员应向受试者报时 1 次。

评价：测验成绩 =（所跑圈数 × 每圈的距离）+ 不足一圈距离。12 min 内跑的距离越远，则受试者心肺功能就越好。

3. 50 m × 8 往返跑

测量意义：50 m × 8 往返跑也称为往返耐力跑，它主要反映受试者的耐力素质。

适用对象：适应于7~12岁的少年儿童。

场地器材：50 m跑道若干条，道宽2~2.5 m。在离起点与终点线0.5 m处（在场地内）各立一根标杆（杆高1.2 m以上）于跑道正中。秒表若干块。

测量方法：受试者至少2人一组测试。站立姿势站在起跑线后，听到哨声立即起跑，往返4次。受试者应按逆时针方向绕杆跑，绕杆时不得碰杆或用手扶杆，不得串道。测试人员发出“跑”的口令同时开表计时，当受试者胸部到达终点线的垂直面时停表（图5-9）。测1次，以“s（秒）”为单位记录成绩，精确至0.1 s。

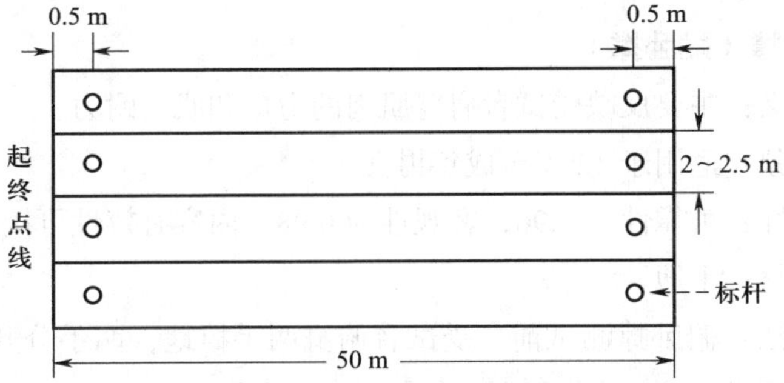

图5-9　50 m×8往返跑测验

测量要求：测量要求与800 m跑（女）或1 000 m跑（男）相同。

评价：50 m×8往返跑所需时间越短，则受试者的耐力水平就越高。

除上述介绍的测量指标以外，一般耐力测量还有1 500 m跑、3 000 m跑、5 min跑、6 min跑、9 min跑等测量指标。另外，目前在我国的体质测试中，还采用台阶试验法（测量方法详见第四章心肺功能的测量与评价）测量受试者的耐力水平。

2019年中国6~12岁学生50 m×8往返跑统计表

（二）速度耐力的测量与评价

测量项目：400 m跑

测量意义：主要反映受试者的速度耐力水平。

适用对象：适用于大学生及体育专业的学生。

场地器材：200 m或400 m田径场、秒表、口哨、发令旗。

测量方法：受试者采用站立姿势站在起跑线后，听到哨声立即起跑，要求尽快跑完全程。测试人员发出哨声同时开表计时，当受试者胸部到达终点线的垂直面时停表。测 1 次，以“s（秒）”为单位记录成绩，精确至 0.1 s。

中国短跑运动员选材 400 m 跑评分表

测量要求：测量要求与 800 m 跑（女）或 1 000 m 跑（男）相同。

评价：400 m 跑所需时间越短，则受试者的速度耐力水平就越高。

除以上介绍的测量指标以外，速度耐力测量还有 300 m 跑、800 m 跑等测量指标，测试人员可根据受试者的年龄及运动水平等条件选择测量指标。

（三）动力性力量耐力的测量与评价

1. 俯卧撑（跪卧撑）

测量意义：主要反映受试者肩臂肌肉的力量和肌肉耐力。

适用对象：适用于 12 岁至成年男女。

测量三性：可靠性为 0.96，客观性为 0.98，内容有效性可接受。

场地器材：平地。

测量方法：俯卧撑测试前，受试者俯身两手撑地，两手分开与肩同宽，双臂伸直，手指向前。同时两足并拢，前脚掌着地，两腿向后伸直，身体保持平直。当测试人员发出“开始”口令后，受试者屈臂使身体平直下降至肩与肘处在同一水平面上，然后将身体平直撑起至开始姿势，此时为完成一次俯卧撑动作（图 5-10）。按上述方法反复做至力竭为止。测 1 次，以“次”为单位记录其完成次数。女子可选用跪卧撑（图 5-11）测试。

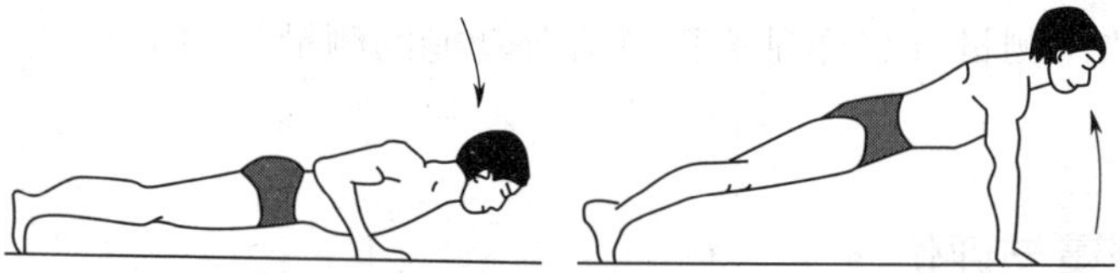

图 5-10 俯卧撑测试

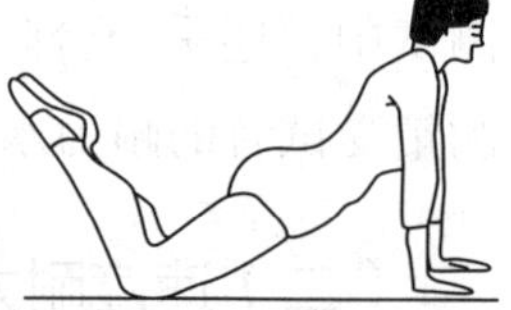

图 5-11 跪卧撑测试

中国成年男子俯卧撑评分表

测量要求：受试者如果出现提臀、塌腰、屈膝、臂未伸直，未保持身体平直或身体未下降至肩与肘处在同一水平面的情况时，该俯卧撑动作不计数；1 名测试人员负责 1 名受试者，报数兼指出错处；跪卧撑测验仅适用于 10 岁至大学女生，除屈膝跪地支撑外，其他姿势与俯卧撑相同。

评价：俯卧撑（跪卧撑）的次数越多，则受试者肩臂肌肉的力量耐力就越好。

2. 引体向上

测量意义：主要反映相对于自身体重的上肢肌群和肩带肌群的力量及动力性力量耐力。

适用对象：适用于12岁至大学男生。

测量三性：可靠性为0.98，客观性为0.99，内容有效性可接受。

测量器材：高单杠。

测量方法：受试者跳起，双手采用正握方式握杠，握杠间距与肩同宽，呈直臂悬垂姿势。身体静止后，两臂同时用力向上引体（身体不得有任何附加动作），当引体上拉躯干到下颌超过横杠上缘，然后还原至直臂悬垂姿势为完成1次（图5-12）。按上述方法反复做至力竭为止。测1次，以“次”为单位记录其完成次数。

图5-12 引体向上测验

测量要求：横杠较高时，应有相应的保护措施，测试人员要防止伤害事故的发生；当受试者由于身材较矮，不能自己跳起握杠时，可以借助他人的帮助，但测试时必须自行完成整个引体过程；在测试过程中，如受试者身体摆动，助手可帮助其稳定。但如受试者借助身体摆动或其他附加动作引体时，该次不计数。

评价：引体向上的次数越多，则受试者的上肢肌群和肩带肌群的力量及动力性力量耐力就越好。

3. 斜身引体

测量意义：主要反映受试者上肢肌群和肩带肌群的力量及动力性力量耐力。

适用对象：适用于女生及12岁以下的男生。

测量器材：可以调节高度的低单杠一副。

测量方法：通过调节或选用适宜高度的低单杠，使杠面的高度与受试者的胸部（乳头）齐平。受试者双手采用正握方式握杠，握杠间距与肩同宽，两腿前伸，两臂与躯干成90°。两脚着地，并由同伴压住两脚，使身体斜下垂。做屈臂引体，使下颌能触到或超过横杠，然后伸臂复原为完成1次（图5-13）。屈臂引体时，身体要保持挺直，不得塌腰或挺腹。按上述方法反复做至力竭为止。测1次，以“次”为单位记录其完成次数。

图5-13 斜身引体测验

测量要求：若受试者两脚移动或借用塌腰、挺腹力量引体或下颌未到达横杠时，该次不计入成绩；为避免出现伤害事故，单杠下应铺垫子，测试人员站在其后侧方注意保护；每次屈臂引体前，必须恢复到预备姿势；两次间隔时间超过10 s即停止测试。

评价：斜身引体测验的评价与引体向上相同。

4. 双杠双臂屈伸

测量意义：主要反映受试者上肢肌群和肩带肌群的力量及动力性力量耐力。

适用对象：适用于小学至大学男、女生。

测量三性：可靠性为0.91，客观性为0.99，内容有效性可接受。

测量器材：高双杠。

测量方法：调整两杠间距与受试者的肩同宽，受试者在杠端双手握杠，跳起成直臂支撑姿势开始重复做臂屈伸动作。屈臂时肘关节的角度应小于或等于90°，肘高于肩，伸臂时双臂完全伸直（图5-14）。按上述方法重复做至力竭为止。测1次，以“次”为单位记录其完成次数。

测量要求：受试者在做动作时，身体只能上下运动，不许前后摆动；若受试者肘关节角度大于 90°、支撑时臂未伸直、撑起时收腹、蹬腿等均不计数。

评价：双杠双臂屈伸的次数越多，则受试者上肢肌群和肩带肌群的力量及动力性力量耐力就越好。

除上述介绍的测量指标以外，还有坐蹲跳、仰卧举腿、直腿仰卧起坐、屈膝仰卧起坐、立卧撑等指标，也能够测量肌肉的动力性力量耐力。

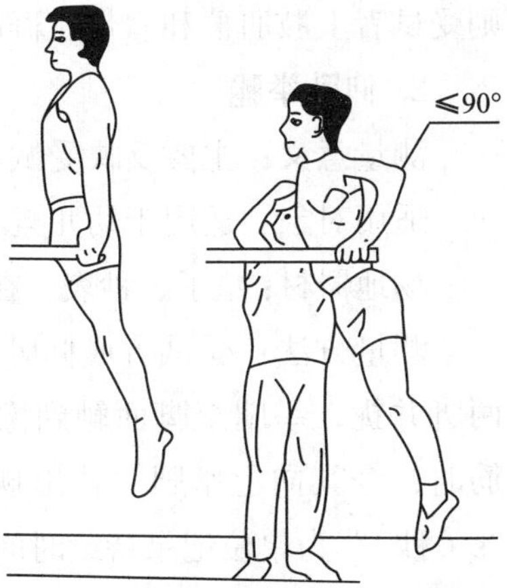

图 5-14　双杠双臂屈伸测验

中国男生双臂屈伸评价标准

（四）静力性力量耐力的测量与评价

1. 屈臂悬垂

测量意义：主要反映受试者上肢肌群和肩带肌群的静力性力量耐力。

适用对象：适用于 10 岁以上女子及不能做引体向上的男子。

测量三性：可靠性为 0.90，客观性为 0.99，内容有效性可接受。

测量器材：高单杠、秒表、凳子。

测量方法：受试者站在凳子上，用双手正握单杠，屈臂，使下颌位于横杠之上，受试者双足离开凳面时开表计时。受试者尽量保持该姿势至力竭为止，当下颌低于横杠上缘时停表（图 5-15）。以“s（秒）”为单位记录持续时间，精确至 0.1 s。

测量要求：不同的握杠法（正握、反握）对测试成绩有明显影响，所以，握法要统一采用正握；若受试者的身体前后摆动时，助手可帮助稳定其身体，但不得助力。若第 1 次失败，可重做 1 次。

评价：屈臂悬垂的时间越长，

图 5-15　屈臂悬垂测验

中国学生屈臂悬垂评价标准

则受试者上肢肌群和肩带肌群的静力性力量耐力就越好。

2. 仰卧举腿

测量意义：主要反映受试者腹部和大腿肌群的静力性力量耐力。

适用对象：适用于幼儿至小学生。

场地器材：垫子、秒表、在两个支架上系一根离地面 30 cm 高的橡皮筋。

测量方法：受试者成仰卧姿势，头触地，两臂向两侧外展。两腿伸直，两脚并拢，举腿至脚面触到橡皮筋时开始计时。当两脚下降脚面离开橡皮筋时，令其向上举腿，若出现两脚第 2 次下降时停止计时（图 5-16）。以“s（秒）”为单位记录持续时间，精确至 0.1 s。

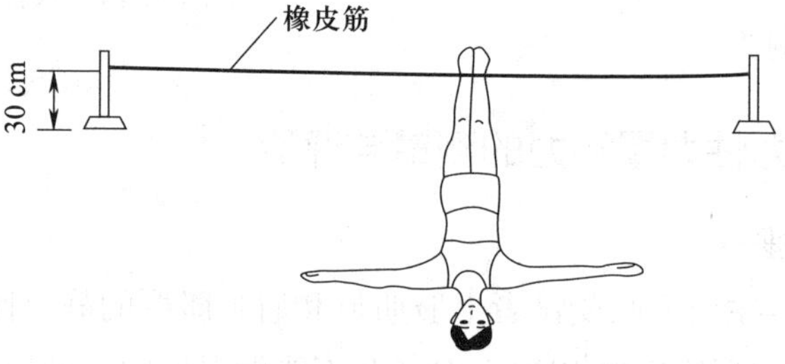

图 5-16　仰卧举腿测验

测量要求：测验时头和躯干不能离地，不得屈腿。

评价：仰卧举腿的时间越长，则受试者腹部和大腿肌群的静力性力量耐力就越好。

除上述介绍的测量指标以外，还有马步测验（大腿部肌肉）、手倒立测验（上肢和肩部肌肉）、背肌耐力测验（背部肌肉）等静力性力量耐力的测量指标。

三、耐力素质测量的注意事项

（1）在测量时，应向受试者做必要的宣传工作，以鼓励受试者尽力完成测验。

（2）在进行肌肉耐力测量时，每个测试者应负责一名受试者的测量，并及时、明确地指出错误动作。错误动作不计入成绩。

（3）耐力测量均测 1 次，测量后应让受试者自行放松。

（4）可用定时计数的形式测验肌肉耐力，时间可选择 30 s 或 1 min。

第四节 柔韧素质测量与评价

柔韧素质是指人体关节在不同方向上的运动能力，以及肌肉、韧带的伸展能力。柔韧素质对保证速度素质、力量素质的充分发挥，保证动作的协调性，增加动作的幅度以及防止伤害事故均有重要意义。柔韧素质的好坏对运动员竞技能力的高低，具有重要的影响，而且在保证中老年人的周围神经及血管的正常生理机能方面，起着不容忽视的作用。因此，柔韧素质的测定越来越受到重视。柔韧素质的好坏取决于关节结构、关节的灵活性、韧带及肌肉的弹性和神经系统对肌肉的调节能力等。

一、柔韧素质的分类及测量形式

（一）柔韧素质的分类

柔韧素质可分为绝对柔韧素质和相对柔韧素质两类。绝对柔韧素质是指反映受试者本身或某部位所具有的柔韧素质。相对柔韧素质是指受试者某一部位的柔韧素质与另一部位（肢体）之比的一个相对值。相对柔韧素质排除了受试者的身体差异。

（二）柔韧素质的测量形式

柔韧素质的测量形式有绝对柔韧素质测量和相对柔韧素质测量之分。

二、柔韧素质的测量内容、方法与评价

（一）绝对柔韧素质的测量与评价

1. 坐位体前屈

测量意义：主要反映受试者躯干和下肢各关节可能达到的活动幅度，以

及下肢肌群、韧带的伸展性和弹性。

适用对象：适用于儿童至老年人。

测量三性：可靠性为0.94，客观性为0.99，内容有效性可接受。

测量器材：坐位体前屈测量计、薄垫子。

测量方法：受试者坐在垫子上，两腿伸直，足跟并拢，足尖自然分开蹬在测量计平板上。两臂及手指伸直，两手并拢，掌心向下，上体尽量前屈，用两手中指尖轻轻推动标尺上的游标向前滑动，直到不能继续前伸为止，双臂不得做突然前振动作（图5–17）。以“cm（厘米）”为单位记录成绩，精确至0.1 cm。测2次，取最佳成绩。测量计“0”点以上为负值，“0”点以下为正值。

中国学生坐位体前屈测验评分表

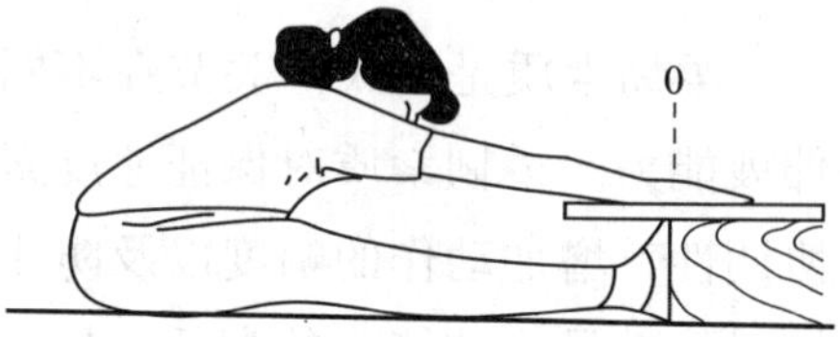

图5–17　坐位体前屈测验

测量要求：测试前，受试者应做好准备活动，以防测试时造成软组织拉伤；发现受试者膝关节弯曲、两臂突然前振或用单手下推游标时应重做。

评价：坐位体前屈测量值越大，则受试者躯干和下肢各关节以及下肢肌群和韧带的伸展性和弹性就越好。

2. 立位体前屈

测量意义：与坐位体前屈相同。

适用对象：适用于儿童至大学生。

测量器材：一个平面凳子或平台、立位体前屈测量计。

测量方法：受试者足跟并拢，足尖分开30°～40°，并与平台前沿横线平齐，两腿伸直。上体尽量前屈，两臂及手指伸直，两手并拢，用两手中指尖轻轻推动标尺上的游标下滑，直到不能继续下伸时为止，不得做突然下振动作（图5–18）。以“cm（厘米）”为单位记录成绩，精确至0.1 cm。测2次，取最佳成绩。测量计“0”点以上为负值，“0”点以下为正值。

图5–18　立位体前屈测验

测量要求：与坐位体前屈相同。

评价：评价方法与坐位体前屈相同。

3. 俯卧背伸

测量意义：主要反映受试者躯干和颈部的伸展能力。

适用对象：适用于6岁至大学男、女生。

测量三性：可靠性为0.90，客观性为0.99，内容有效性可接受。

测量器材：测量直尺。

测量方法：受试者俯卧于地，两腿伸直，两脚分开45 cm左右，双手互握置于脑后，另一同伴帮助固定受试者的两腿。然后令受试者仰头、尽力伸背。测试者在其前方，当受试者后仰至最高点时，迅速测量下颌点至地面的距离（图5−19）。测2次，以“cm（厘米）”为单位记录最佳成绩。

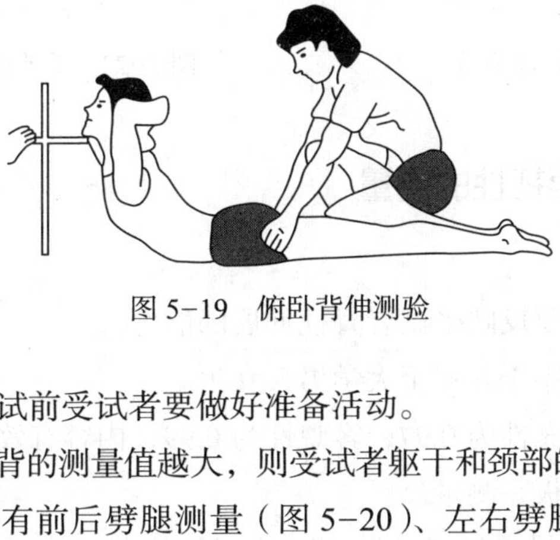

图5−19　俯卧背伸测验

测量要求：测试前受试者要做好准备活动。

评价：俯卧伸背的测量值越大，则受试者躯干和颈部的伸展能力就越好。

除此之外，还有前后劈腿测量（图5−20）、左右劈腿测量（图5−21）、

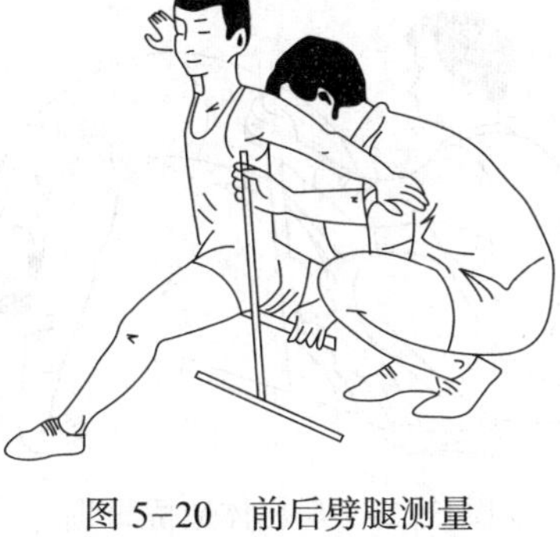

图5−20　前后劈腿测量

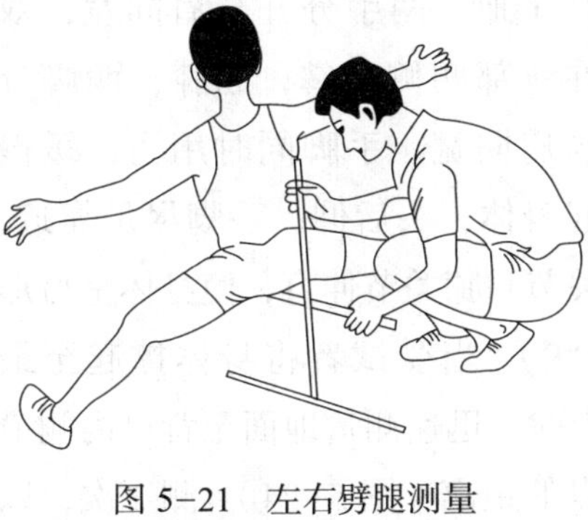

图5−21　左右劈腿测量

转体测量（图 5–22）及关节运动幅度测量（图 5–23）等测量绝对柔韧素质的方法。

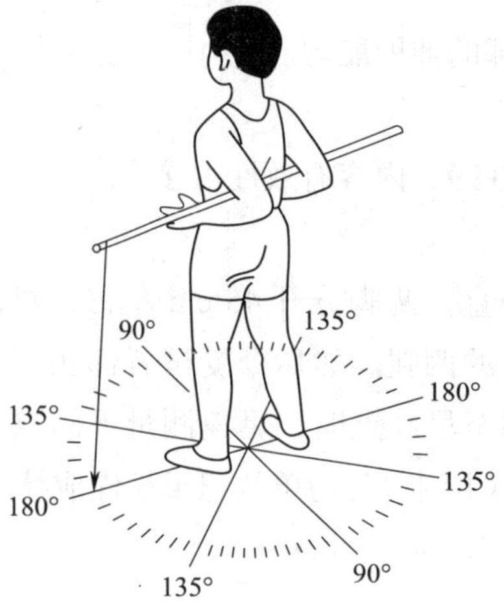

图 5–22 转体测量

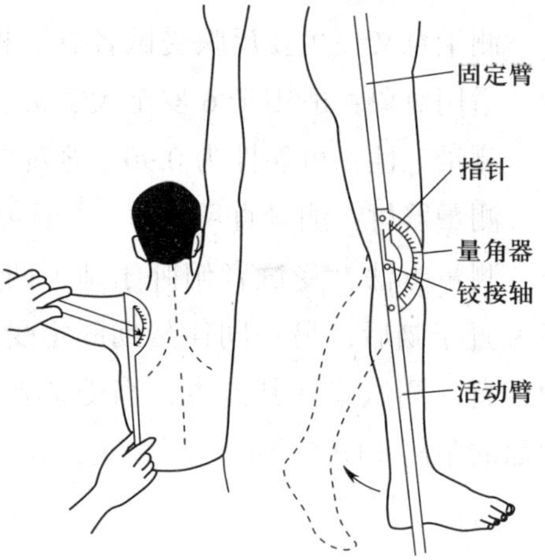

图 5–23 关节运动幅度测量

（二）相对柔韧性的测量

1. 后屈体造桥

测量意义：主要反映受试者脊柱伸展的能力。

适用对象：适用于 6 岁至大学男、女生。

测量三性：可靠性为 0.97，客观性为 0.99，内容有效性可接受。

场地器材：地板、测量尺。

测量方法：测量受试者的脐高（地面至脐点间的距离）后，令受试者仰卧于地，两手分开与肩同宽，双手在颈部两侧反掌，屈膝，两脚分开与肩同宽。手脚同时用力，缓慢撑起身体，头后仰，手脚尽量靠近，肘关节和膝关节伸直，使身体呈弓形（桥状）。当受试者将身体撑起至最高点时，迅速测量地面至背弓内侧最高点的距离（图 5–24）。测 2 次，以

图 5–24 后屈体造桥测验

“cm（厘米）”为单位记录最佳成绩。

测量要求：测试前受试者要做好准备活动。

评价：后屈体造桥的成绩 = 脐高 − 桥高。后屈体造桥的成绩越好（桥高越接近脐高成绩越好），则受试者脊柱伸展的能力越好。

2. 俯卧抬臂

测量意义：主要反映受试者肩关节和腕关节的伸展能力。

适用对象：适用于 6 岁至大学男、女生。

测量三性：可靠性为 0.95，客观性为 0.99，内容有效性可接受。

场地器材：地板、测量尺圆木棍或竹竿（直径为 2 cm 左右，长为 1 m）。

测量方法：测量受试者的臂长后，令受试者俯卧，下颌着地，两腿伸直，双臂前伸，两手正握木棍与肩同宽，然后两臂尽量上抬，也可伸腕。当受试者两臂抬至最高点时，迅速测量地面至木棍中央下缘的距离（图 5–25）。测 2 次，以“cm（厘米）”为单位记录最佳成绩。

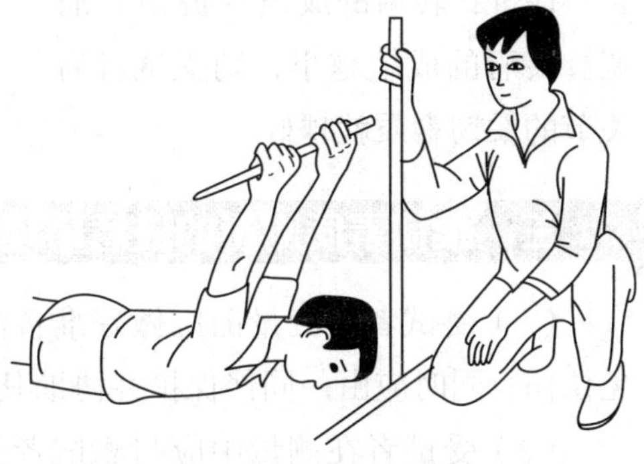

图 5–25 俯卧抬臂测验

测量要求：测试前受试者要做好准备活动；肘关节伸直，双臂应保持在同一水平面上；测量结束前，受试者的下颌要始终着地。

评价：俯卧抬臂的成绩 = 臂长 − 抬臂高。俯卧抬臂的成绩越小，则受试者肩关节和腕关节的伸展能力就越好。

3. 转肩

测量意义：主要反映受试者肩关节的柔韧性。

适用对象：适用于 6 岁至大学男、女生。

测量三性：可靠性为 0.95，客观性为 0.99，内容有效性可接受。

测量器材：皮尺或木棍（2 m 长）。

测量方法：受试者直立，测量肩宽后，令受试者两手正握皮尺或木棍（左手的虎口与皮尺或木棍的“0”位对齐），两臂同时上抬，经头上绕至体后。两臂保持同一平面，两手间距应刚好能使两臂绕到体后，然后两手握着皮尺或木棍再由体后绕至体前（图 5-26）。以“cm（厘米）”为单位记录两虎口之间的距离，测3次，取最佳成绩。

测量要求：测试前要做好肩关节的准备活动；测量时两臂伸直，身体不得扭动，不得提足跟；两臂由体后绕至体前时，两手紧握皮尺或木棍，不能滑动。

评价：转肩的成绩 = 握距 − 肩宽。转肩的成绩越小，则受试者肩关节的柔韧素质就越好。

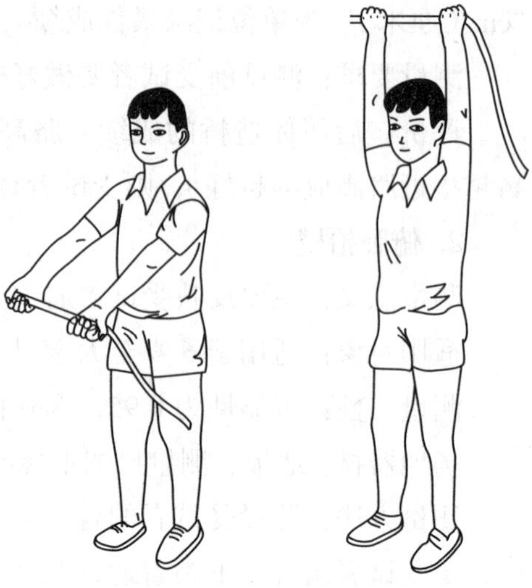

图 5-26 转肩测验

三、柔韧素质测量的注意事项

（1）受试者在测量前应做好准备活动。测量时动作勿过大或过猛，以免拉伤；同时应由一同伴保护并协助其完成测量。

（2）受试者在测量中应与测试者配合，当受试者身体处于最大伸展部位时，要尽量稳定一定时间，以便测量。测试者动作要迅速、准确。

（3）评价时要注意，有些实测值是越大越好，而有些值是越小越好。

第五节 灵敏素质测量与评价

灵敏素质是指人体在各种复杂的条件下，快速、准确、协调地完成改变身体姿势、运动方向和随机应变的能力。它不仅与年龄、性别、疲劳、体型和神经类型有关，而且与力量、速度和协调等素质有密切关系，因而灵敏素质是内容复杂的一项综合身体素质。在许多技巧性强、技术复杂、动作多变和无固定动作组合的对抗运动项目中，灵敏性显得尤为重要。

一、灵敏素质的测量形式

灵敏素质的测量形式分为疾跑方向的转换、身体位置的变化和身体局部的方向转换三种。本节侧重于介绍反复做动作和方向转换敏捷性的测量方法。

二、灵敏素质的测量内容、方法与评价

1. 往返跑（10 m×4）

测量意义：主要反映受试者的速度及在快跑中急停、急起和快速变换动作方向的能力。

适用对象：适用于7岁至大学男、女生。

测量三性：可靠性为0.97，客观性为0.95，内容有效性可接受。

场地器材：10 m×4的直线跑道若干条，在跑道的两端线（S_1和S_2）外30 cm处各画一条横线（图5-27）。木块（5 cm×5 cm×10 cm）4块，其中1块放在S_1线外的横线上，2块放在S_2线外的横线上。秒表若干块。

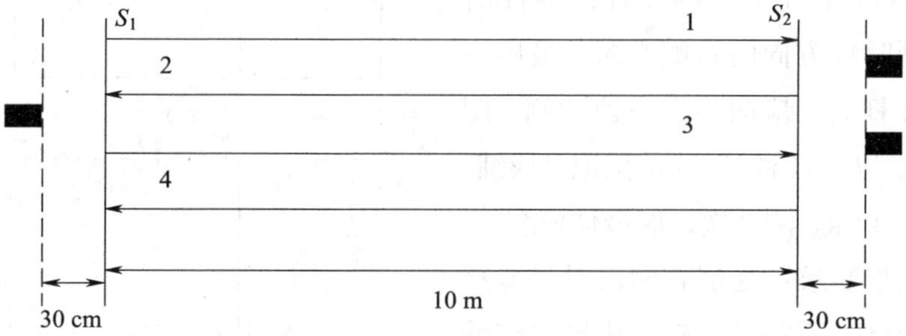

图5-27　10 m×4往返跑测试

测量方法：受试者手持一木块站在起跑线后，当听到“跑”的信号后，迅速从S_1线跑向对侧的S_2线外的横线上，用一只手交换木块随即往回跑，跑到S_1线外的横线上再交换木块，然后再跑向S_2线外的横线上交换另一木块，最后持木块冲出S_1线，记录跑完全程的时间。以“s（秒）”为单位记录4次往返所用时间，精确至0.1 s。

测量要求：受试者不准抛木块，不能用双手交换木块；受试者取放木块时，脚不能越过S_1线和S_2线；违例者重测。

国际体力研究委员会所采用的10 m×4往返跑的方法是，在起跑线的

对侧端线外只放 2 个木块（5 cm × 5 cm × 5 cm），测量搬运 2 个木块 4 次往返所用时间；也有不设木块而采取用手触摸接触线的方法。另外，对幼儿测试也可采用 10 m 折返跑的测试方法。具体采用哪种方法可根据测试对象和条件去选择。

评价：10 m × 4 往返跑所需时间越短，则受试者的速度及在快跑中急停、急起和快速变换动作方向的能力就越强。

2.“十字”变向跑

测量意义：主要反映受试者在快跑中快速变换身体方向的能力。

适用对象：适用于 10 岁至大学男、女生。

测量三性：可靠性为 0.95，客观性为 0.98，有效性为 0.82。

场地器材：平坦场地、秒表、5 个标杆、口哨。

测量方法：受试者站在起跑线后，听到起跑信号后快速跑向 *E* 杆，经 *E* 杆后依次绕过 *B*、*C*、*D* 杆。每绕一杆都必须经过中央的 *E* 杆，绕杆时均按顺时针方向向右侧变向。最后一次经 *E* 杆后，应向终点快速冲刺（图 5–28）。以“s（秒）”为单位记录成绩，精确至 0.1 s。测 2 次，取最佳成绩。

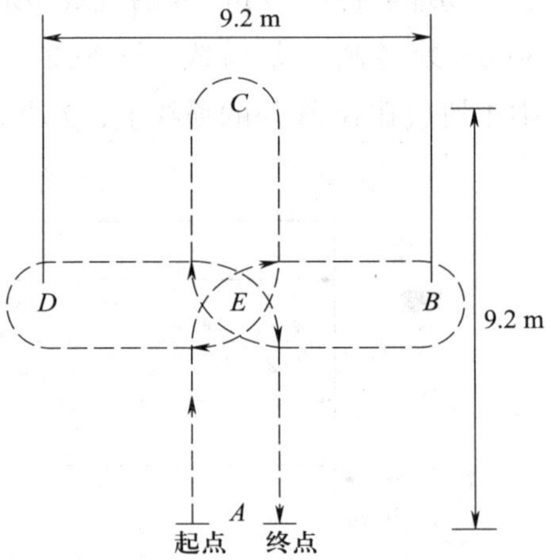

图 5–28 “十字”变向跑测验

测量要求：受试者测试时只能穿运动胶鞋，不得穿钉鞋、皮鞋、凉鞋测试；一律采用站立式起跑；跑动时不能碰杆或用手扶杆。

评价：“十字”变向跑所需时间越短，受试者在快跑中快速变换身体方向的能力就越强。

3. 反复侧跨步

测量意义：主要反映受试者快速向两侧变换运动方向的能力与动作的协调性。

适用对象：适用于儿童至成年人。

测量三性：可靠性为 0.89，客观性为 0.91，内容有效性可接受。

场地器材：在平坦场地上画 3 条平行线（12～29 岁：间距 1.2 m；不足 12 岁和 30 岁以上：间距 1.0 m）、秒表、5 个标杆、口哨。

测量方法：受试者双脚骑跨在中线上，取半蹲姿势。听到开始信号后，迅速向右侧跨步移动，按“中线→右线→中线→左线→中线……”的顺序反复移动，每通过（触及或跨过）一线，计 1 次，记录 20 s 内所通过的次数（图 5-29）。测 2 次，以“次”为单位记录最佳成绩。

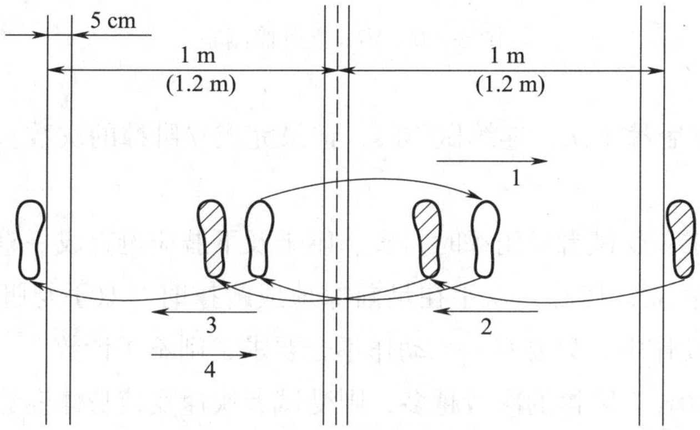

图 5-29 反复侧跨步测验

测量要求：要选择不滑的场地或在土场地上测试，线不清楚时要及时划线。

评价：反复侧跨步的次数越多，则受试者快速向两侧变换运动方向的能力与动作的协调性就越好。

4. 10 s 立卧撑

测量意义：主要反映受试者快速变换身体姿势和准确协调地完成动作的能力。也可以用 1 min 立卧撑测量力量耐力素质。

适用对象：适用于 10 岁至大学男、女生。

测量三性：可靠性为 0.95，客观性为 0.96，有效性为 0.85。

场地器材：平坦场地、秒表。

测量方法：受试者身体直立，听到开始信号后，按顺序快速完成下列动作：① 屈膝，双手在足前撑地成蹲撑；② 双腿向后伸直成俯撑；③ 双腿收回，还原成蹲撑；④ 起立，还原成开始姿势（图 5-30）。按上述要求完成

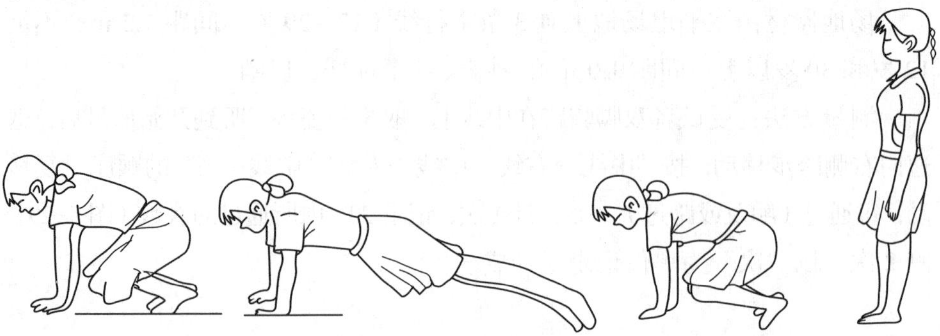

图 5-30 10 s 立卧撑测验

4 个动作为立卧撑 1 次，连续做 10 s，记录完成立卧撑的次数。测 2 次，取最佳成绩。

测量要求：受试者成俯撑时，头、躯干及下肢应挺直成一直线，起立还原时身体要直立；屈膝，双手在足前撑地成蹲撑时，双手与脚距离不能太远；在 4 个动作中，只要有一个动作不合要求，则不予计数。

评价：10 s 立卧撑的次数越多，则受试者快速变换身体姿势和准确协调地完成动作的能力就越强。

5. 象限跳

测量意义：主要反映受试者在快速跳跃中，支配肌肉运动和克服身体惯性的能力。

适用对象：适用于 10 岁至大学男、女生。

测量三性：可靠性为 0.89，客观性为 0.96，内容有效性可接受。

场地器材：平坦场地、秒表。

测量方法：受试者站在起点线后，听到信号后双脚并拢，并按以下顺序跳跃：起点→1→2→3→4→1……（图 5-31）按此法反复跳 10 s，每跳入 1 个象限计 1 次，以“次”为单位计数。测 2 次，取最佳成绩。

测量要求：要求受试者跳跃时必须双脚同时起跳，同时着地；踏线或跳错象限 1 次，则扣除 0.5 次。

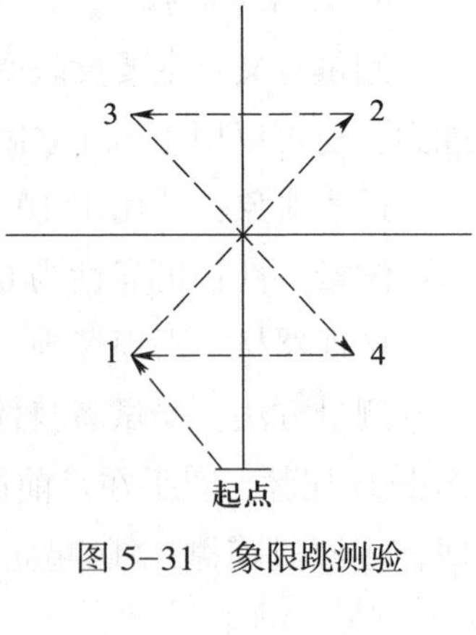

图 5-31 象限跳测验

评价：象限跳的次数越多，则说明受试者在快速跳跃中，支配肌肉运动和克服身体惯性的能力就越强。

除以上介绍的测量指标以外，还有“十字”跳（图 5-32）、蛇形跑（图 5-33）、飞镖式跑（图 5-34）、Z 字形跑（图 5-35）等灵敏素质测量指标。

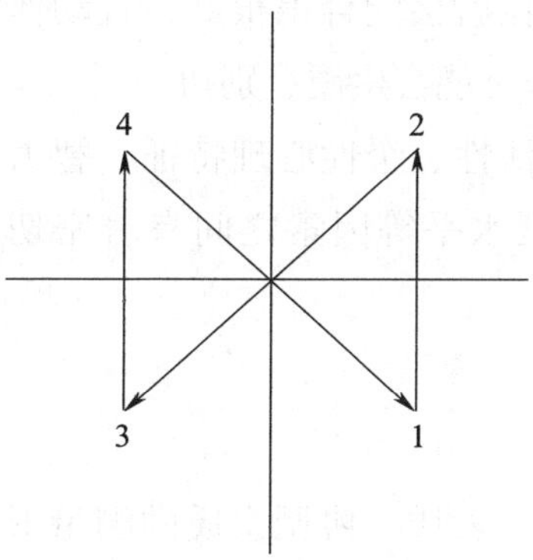

图 5-32 “十字”跳

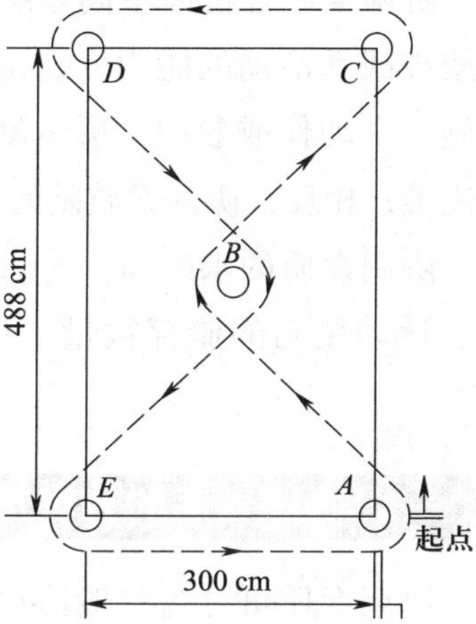

图 5-33 蛇形跑

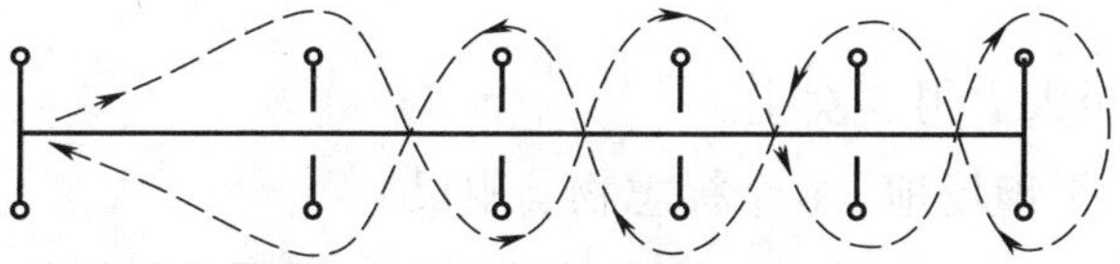

图 5-34 飞镖式跑

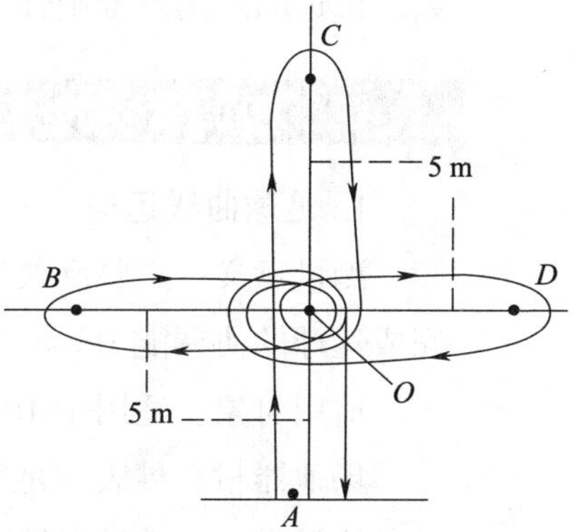

图 5-35 Z 字形跑

三、灵敏素质测量的注意事项

（1）应根据受试者的性别、年龄、群体特征选择适宜的灵敏素质测量方法。

（2）严格控制测量条件，如动作规格、完成次数、测试时间等。

（3）测试前应做好准备活动，并指导受试者进行必要的练习。

第六节 协调素质测量与评价

协调素质是机体不同系统、不同部位和不同器官协同配合完成某一动作或技战术活动的能力。它是形成运动技能和技术的基础。协调能力好的人做一个动作或参加一项运动时，身体各部位就会配合得很好，且动作协调优美；相反，协调素质差的人，做出的动作可能会生硬、别扭。

协调素质的水平与一个人神经系统的灵活性、个性心理特征、智力水平、运动技巧的储存数量、运动能力的发展水平等因素之间有着密切的关系。

一、协调素质的分类及测量形式

协调素质可分为一般协调素质和专项协调素质。协调素质的测量形式一般有按固定的路线移动所需要的时间，在规定的时间内所完成动作的次数，掷远的距离及准确性等。

二、协调素质的测量内容、方法与评价

1. 足球曲线运球

测量意义：主要反映受试者在运动中既要观察目标，又要在快速移动中完成运球的协调能力。

适用对象：适用于 10 岁至大学男、女生。

场地器材：秒表、足球、平坦场地、6 个标志物、皮尺。

测量方法：受试者站在起点线后，听到开始信号后出发，利用两脚按箭头方向绕标志物运球，快速回到起点（图 5–36）。测 2 次，以“s（秒）”为单位记录成绩，取最佳成绩。

测量要求：受试者没有按规定的路线绕标志物运球时，视为失败；从起点出发时，测试者看到受试者脚触球，即开表计时。

评价：足球曲线运球所需的时间越短，则受试者的协调性越好。

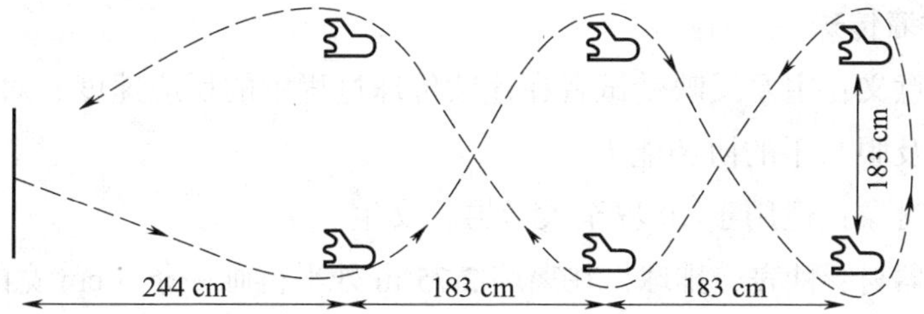

图 5–36　足球曲线运球测验

2. 双脚连续跳

测量意义：主要反映受试者在连续跳跃过程中的速度感、节奏感，以及眼与脚的协调能力。

适用对象：适用于 3 岁至 6 岁的幼儿。

场地器材：秒表、皮尺，软方包（长 10 cm，宽 5 cm，高 5 cm）10 个。在平地上按直线每间隔 50 cm 放置一个软方包，第一块软方包前 20 cm 处划一条“起跳线”（图 5–37）。

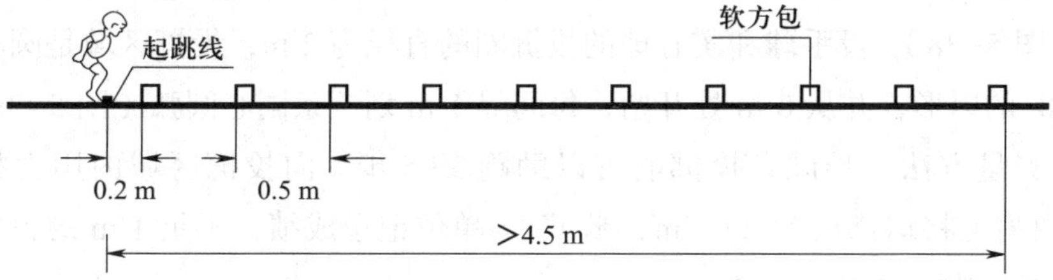

图 5–37　双脚连续跳

测量方法：受试者两脚并拢站在“起跳线”后，当听到“开始”信号后，双脚开始向前起跳，连续跳过 10 个软方包停止（图 5–37）。从受试者在“起跳线”起跳时开始计时，当跳过最后一个软方包双脚落地时停表。以“s（秒）”为单位记录成绩，精确至 0.1 s。测 2 次，取最佳成绩。

测量要求：如果受试者出现跨过软方包、脚踩在软方包上、将软方包踢乱或两次单脚起跳等情况，要立即停止测试，重新开始；如果一次跳不过 1 个软方包，可以 2 次跳过。

中国幼儿双脚连续跳评价标准

评价：双脚连续跳测验的时间越短，则受试者的节奏感、眼与脚的协调能力就越强。

3. 对墙传球

测量意义：主要反映受试者在连续传球过程中的反应速度、对球反弹的节奏感以及眼与手的协调能力。

适用对象：适用于 10 岁至大学男、女生。

场地器材：秒表、排球，在离墙 2.75 m 处平行画一条 5 cm 宽的限制线。

测量方法：受试者持球站在限制线后，当听到开始信号后，对墙反复传球（传球方式不限），记录在 15 s 内传球的次数。测 3 次，取最佳成绩。

测量要求：若受试者失控球时令其拾球返回限制线后继续传球；受试者不能超越限制线传球。

评价：对墙传球的次数越多，则受试者的反应速度、对球反弹的节奏感以及眼与手的协调能力就越好。

4. 投远（垒球、网球、手球、实心球等）

测量意义：主要反映受试者全身做动作的协调能力。

适用对象：12 岁以下投垒球、网球、沙包；12 岁及以上投手球或实心球。

场地器材：皮尺、投掷球。投垒球、网球的场地是方形，间隔 0.5 m 划线（图 5–38）。投手球和实心球的投掷圈的直径为 2 m，投掷区域是圆心角为 30° 的扇形，并从 8 m 处开始，每间隔 1 m 划一条同心圆弧（图 5–39）。

测量方法：受试者投掷前可以助跑 3~5 步，向投掷区域内用力投掷（须由肩上将球掷出）。以“m（米）”为单位记录成绩，不足 1 m 的舍去不记。投 3 次，取最佳成绩。

评价：投掷距离越远，则受试者全身做动作的协调能力越强。

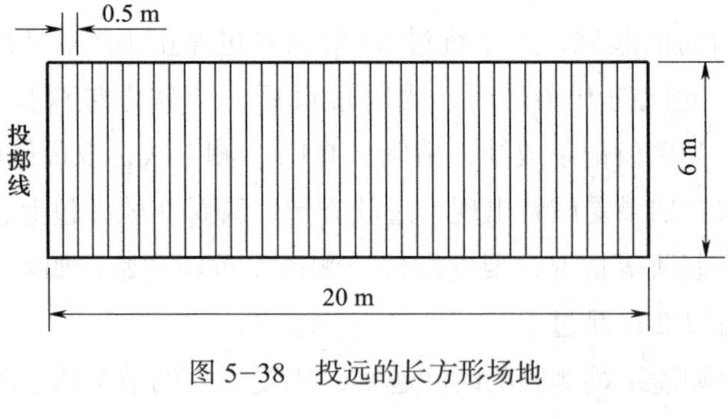

图 5–38　投远的长方形场地

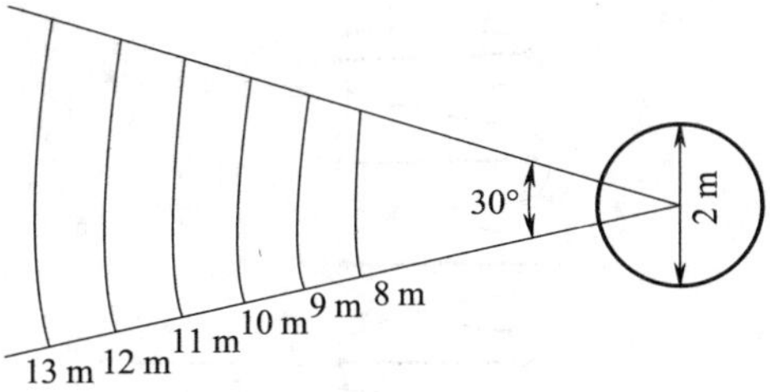

图 5-39 投远的扇形场地

5. 投准

测量意义：主要反映受试者的视觉与上肢做动作的协调能力。

适用对象：7 岁至老年人。

场地器材：投掷靶的规格为高 60 cm、宽 40 cm，其下缘离地面的高度为 60 cm（图 5-40）。标准垒球若干个。

测量方法：靶与投掷线的距离根据投掷者的年龄而定，即 9 岁为 9 m，10 岁为 10 m，11 岁为 11 m，12 岁为 12 m，13 岁以上一律 13 m。令受试者手持垒球站在投掷线后，原地将球经肩上投向靶心。共投 10 次，计算命中率。

评价：命中率 = 中靶次数 /10 × 100%。投掷的命中率越高，则受试者的视觉与上肢做动作的协调能力越好。

除以上介绍的测量指标以外，协调性还有“8 字”跑（图 5-41）和曲线运球（篮球）（图 5-42）等测量指标。

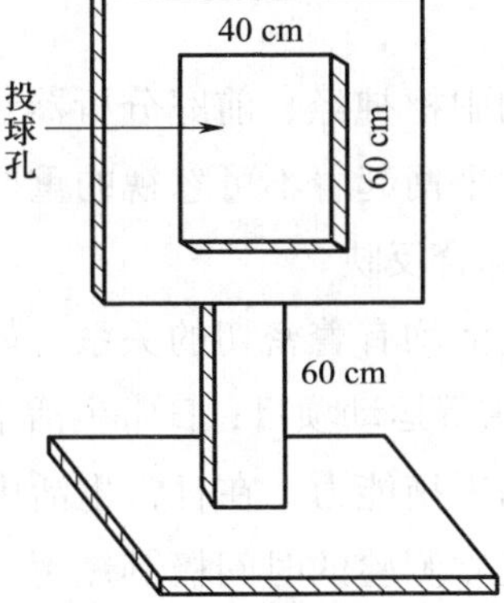

图 5-40 投准测试

图 5-41 “8 字”跑

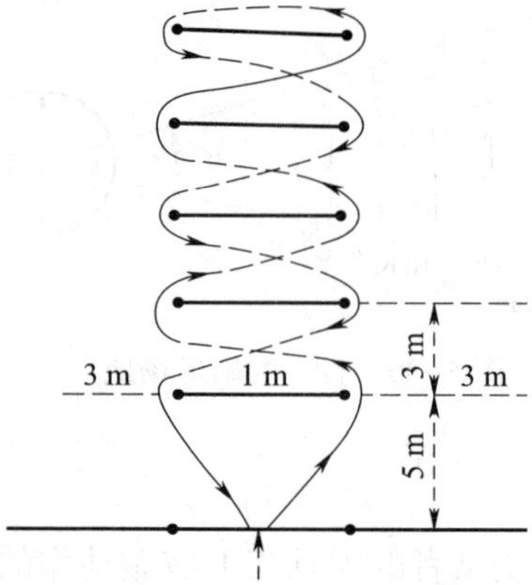

图 5-42　曲线运球（篮球）

注：为方便给读者展示曲线运球路线，本图作了相应处理，仅为示意图，实际应用时以图中标示数据为准。

三、协调素质测量的注意事项

（1）受试者测试前做好准备活动，以免受伤。

（2）测试前指导测试者进行必要的练习。

（3）严格控制测量条件，如动作规格、完成次数、测试时间等。

第七节　平衡素质测量与评价

平衡素质是维持身体姿势的能力。人体的中枢神经、前庭分析器、本体感受器及视觉感受器等机能，对维持身体的平衡起着不可忽视的重要作用。因此，人体的平衡能力是上述各种机能的综合反映。

平衡素质与很多运动项目及人们的日常生活均有着密切的关系。如体操的平衡木、自由体操、跳马、花样滑冰、滑雪等运动项目；日常生活中的走独木桥、走窄路、骑自行车等均需要较好的平衡能力。在日常生活中闭目做动作的情况很少，而且老年人做闭目单足立测验的时间极其短暂，很难反映老年人的平衡能力。因此，应多进行不闭目状态下的平衡素质测量。

一、平衡素质的分类及测量形式

（一）平衡素质的分类

平衡素质分为静态平衡素质和动态平衡素质两种。静态平衡素质是指人体在相对静止的状态下，保持姿势稳定的能力。动态平衡素质是指人体在运动过程中维持平衡的能力。

（二）平衡素质的测量形式

静态平衡素质多以时间作为测量形式，而动态平衡素质有时间、距离或分值等多种测量形式。

二、平衡素质的测量内容、方法与评价

（一）静态平衡素质的测量与评价

1. 闭目单足立

测量意义：主要反映人体的静态平衡能力，也可评价受试者在不依赖视觉的情况下位置感觉和本体感觉间的协调能力。

适用对象：适用于中学生至老年男、女。

测量仪器：秒表。

测量方法：受试者赤足，两手叉腰，两腿并拢直立，脚尖向前。当听到开始口令时，受试者闭眼的同时用习惯支撑脚站立，另一腿屈膝提足，使足离开地面。计时从离地脚离地开始到身体失去平衡为止（图 5-44）。以“s（秒）”为单位记录站立时间，不计小数。测 2 次，取最佳成绩。

中国成年人和老年人闭目单足立评分表和统计表

测量要求：当离地脚触地、支撑脚移动或手离开腰时停表；测试时要有人保护，尤其对患有高血压及平时有眩晕现象的病人要慎重对待；在测试过程中，受试者不能睁眼；测试人员站在受试者的正面进行测试。

评价：闭目单足立测试的是在不依赖视觉的情况下，位置感觉和本体感觉间的协调能力。闭目单足立的时间越长，则受试者静态平衡能力就越好。

还有一种闭目单足立的测试方法是两手叉腰改为两臂侧平举，其他与

上述方法相同。但由于以上两种测试方法的姿势不同，其测试结果存在差异。为了闭目单足立指标具有可比性，建议采用两手叉腰的姿势。

2. 单足前脚掌站立

测量意义：主要反映单足前脚掌支撑维持身体静态平衡的能力。

适用对象：适用于中学至大学男、女生。

场地器材：平坦场地、秒表。

测量方法：受试者两手叉腰站立，两眼平视前方。用习惯支撑脚站立，非支撑脚向前抬起，10 s 后，支撑脚立即提踵成单足前脚掌支撑。计时从支撑脚提踵开始到身体失去平衡为止（图 5–43）。以“s（秒）”为单位记录站立时间，不计小数。测 2 次，取最佳成绩。

测量要求：当支撑脚移动或足跟着地时停止计时；当非支撑脚触及任何物体时停止计时；当手离开腰时停止计时。

评价：单足前脚掌站立的时间越长，说明受试者维持身体静态平衡的能力越强。

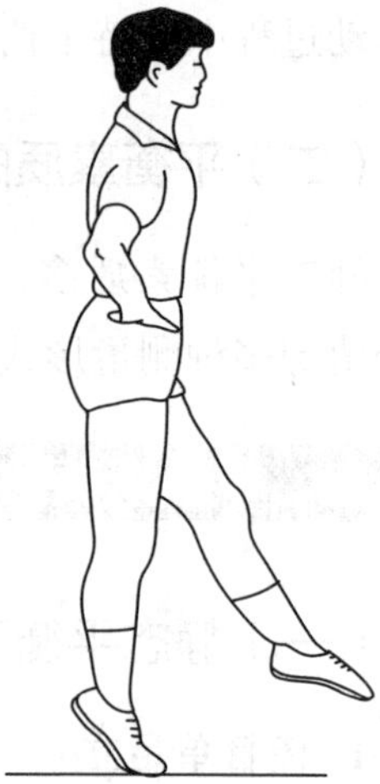

图 5–43　单足前脚掌站立测验

3. 鹤立测验

测量意义：主要反映单足前脚掌支撑维持身体静态平衡的能力。

适用对象：适用于中学至大学男、女生。

测量三性：可靠性为 0.87，客观性为 0.99，内容有效性可接受。

场地器材：平坦场地、秒表。

测量方法：受试者两手叉腰，用习惯支撑脚站立，另一脚的足底贴置于支撑脚膝关节的内侧，支撑脚提踵成单足前脚掌支撑站立。计时从支撑脚提踵开始到身体失去平衡为止（图 5–44）。以“s（秒）”为单位记录站立时间，不计小数。测 2 次，取最佳成绩。

测量要求：当支撑脚移动或足跟着地时停止计时；当非支撑脚离开膝关节时停止计时；当手离开腰时停止

图 5–44　鹤立测验

计时。

评价：鹤立测验的时间越长，说明受试者维持身体静态平衡的能力越强。

4. 横向踩木（纵向踩木）

测量意义：主要反映单足前脚掌支撑维持身体静态平衡的能力。

适用对象：适用于中学至大学男、女生。

测量三性：可靠性为 0.90，客观性为 0.99，内容有效性可接受。

场地器材：2.5 cm × 2.5 cm × 30 cm 的方木条、秒表、固定木条、平坦场地。

大学生鹤立测验评价标准

测量方法：横向踩木测验时，受试者以习惯支撑脚的前脚掌踩木，与木条成十字形，另一脚离地，计时从另一脚离地开始到身体失去平衡为止（图 5-45）。以“s（秒）”为单位记录站立时间，不计小数。测 2 次，取最佳成绩。纵向踩木（图 5-46）测验类似。

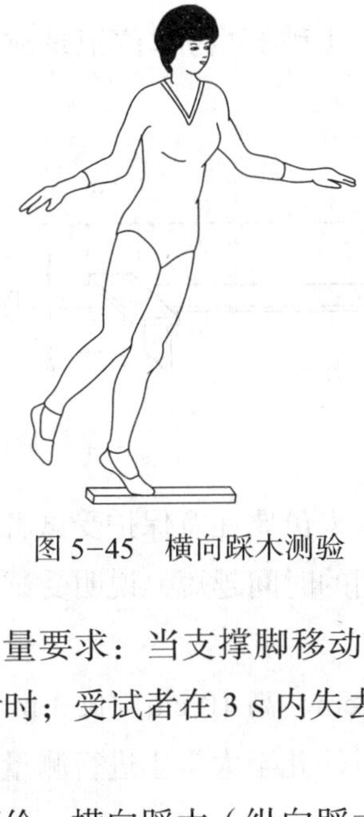

图 5-45　横向踩木测验

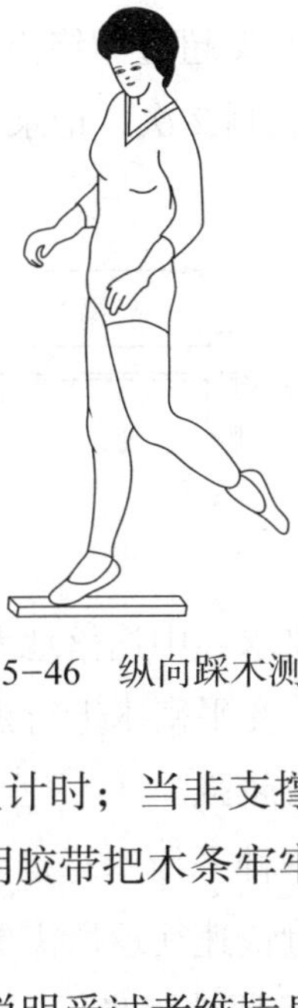

图 5-46　纵向踩木测验

测量要求：当支撑脚移动或足跟着地时停止计时；当非支撑脚触地时停止计时；受试者在 3 s 内失去平衡可重测；要用胶带把木条牢牢粘贴在地板上。

评价：横向踩木（纵向踩木）的时间越长，说明受试者维持身体静态平衡的能力越强。

（二）动态平衡素质的测量与评价

动态平衡素质更接近于体育运动，而且在运动过程中调整身体平衡的情况更常见，但动态平衡素质的测试指标较少，同时，动态平衡素质测量的可靠性、客观性和有效性也相对于其他指标较低。

1. 平衡木行走

测量意义：在平衡木上行走的测验主要反映人体动态平衡的能力。

适用对象：适用于 3~6 岁的幼儿。

场地器材：高 30 cm、宽 10 cm、长 10 m 的平衡木，两端的起点线和终点线外各加一块与平衡木等高的 20 cm × 20 cm 的平台（图 5−47），秒表。

中国幼儿平衡木行走评价标准

测量方法：受试者站在“起点线”后的平台上，面向平衡木，双臂侧平举，当听到“开始”口令后，两脚交替向“终点线”移动。测试人员站在受试者的侧前方发令，当受试者起动时开表计时，并跟随受试者移动，当受试者的脚尖超过“终点线”时停表。以“s（秒）”为单位记录成绩，精确至 0.1 s。测 2 次，记录最佳成绩。

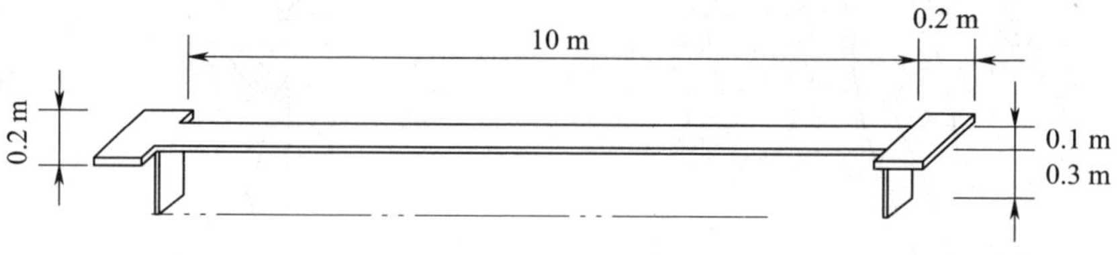

图 5−47　平衡木

测量要求：中途落地者须重新测试；测试人员要注意保护受试者。

评价：在平衡木上行走并通过平衡木所用的时间越短，说明受试者动态平衡的能力越强。

还有一种平衡木行走测验方法是在宽 10 cm、高 10 cm、长 3 m 的平衡木上，测量快速往返所需要的时间。适用于对幼儿至大学生进行测量。

2. 闭目原地踏步

测量意义：主要反映人体动态平衡的能力。

适用对象：适用于中学至大学男、女生。

场地器材：平地、秒表、标志带、节拍器。

测量方法：在地板或平地上画一个直径为 40 cm 的圆圈，受试者两脚并拢，闭目站立在圆圈的中央。当听到开始的信号后，以 120 步 /min 的频率原地踏步。计时从踏步开始到脚触线或跨出线外为止。以“s（秒）”为单位记录时间，不计小数。测 2 次，取最佳成绩。

评价：闭目原地踏步的时间越长，说明受试者的动态平衡能力越好。

3. 直线行走

测量意义：主要反映人体动态平衡的能力。

适用对象：适用于中学至大学男、女生。

场地器材：在平坦的地面上画一条 10 m 长的直线，直线两端画两条若干米长垂直于该线的平行线，皮尺。

测量方法：受试者站在交叉点后面，确定方向后闭目向前直线行走，到达 10 m 线令其停止行走，测量交叉点至偏离点的距离（S_1）。然后令受试者回到交叉点，按照同样的方法闭目倒退走，测量交叉点至偏离点的距离（S_2）（图 5-48）。两个偏差值 S_1 和 S_2 的平均值（S_1+S_2）/2 为该指标的测量值。以“cm（厘米）”为单位测量，不计小数。

评价：偏差值 =（S_1+S_2）/2。偏差值越小，说明受试者的动态平衡能力越好。

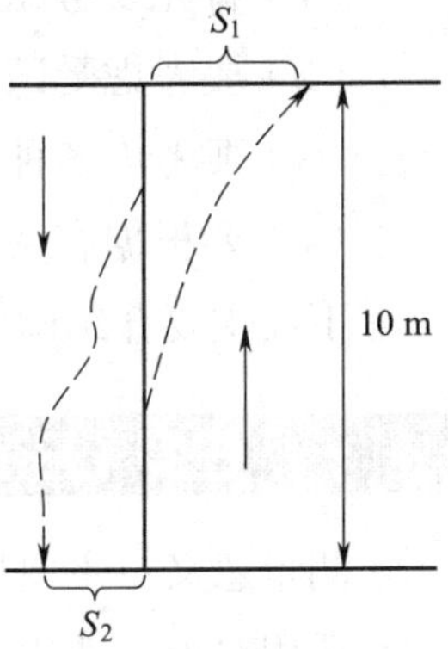

图 5-48　直线行走测验

除以上介绍的测量指标以外，动态平衡能力还有平衡板站立测验，固定路线侧跨跳平衡测验和跳桩动态平衡测验等测量指标。

三、平衡素质测量的注意事项

（1）在闭目单足立测量时，受试者周围 2 m 之内不能有其他物体，以免受试者身体失去平衡摔倒碰伤。

（2）在进行静态平衡素质的测量时，受试者所穿鞋子对平衡能力的测量结果有影响，所以，要统一赤足（可穿袜子）测量。

（3）进行动态平衡能力的测量时，受试者可按测量方法练习几次，体会正确动作的要领。

第八节　身体素质与运动能力的成套测验

单项身体素质的测验只能测量某一素质的属性，对客观地了解学生的身体素质及运动能力并予以诊断、评价或研究有一定的局限性。因此，有必要进行身体素质及运动能力的成套测验。

根据测试者的需要如何设计、编制身体素质及运动能力的成套测验，如何选择和使用身体素质及运动能力的成套测验，要考虑以下几个方面的问题：

（1）首先要考虑或明确测试者的研究或测量的目的。

（2）要考虑受试者的年龄、性别、发育水平以及运动能力。

（3）要考虑各种测量的条件，包括场地器材、测试人员等。

（4）要根据有关测验编制与实施的要求来选择或使用成套测验。

下面主要介绍国内外常用的、比较规范的成套测验。

一、巴罗（Barrow）运动能力测验

测量意义：主要反映学生的身体素质及运动能力，用于诊断和定级。

适用对象：适用于中学至大学男、女生。

测验指标：

第一套：立定跳远、垒球掷远、Z 字形跑、对墙传球（15 s）、推实心球（6 磅，约 2.722 kg）、60 码（55 m）冲刺。

第二套：立定跳远、推实心球（6 磅，约 2.722 kg）、Z 字形跑。

评价：一般运动能力 = 2.2 × 立定跳远 + 1.6 × 垒球掷远 + 1.6 × Z 字形跑 + 1.3 × 对墙传球 + 1.2 × 推实心球 + 60 码冲刺。该测验的分析见表 5-1。

▶ 表 5-1　巴罗运动能力测验的分析

指标	属性	有效性	可靠性	客观性
立定跳远	爆发力	0.759	0.895	0.996
垒球掷远	肩臂协调性	0.761	0.928	0.997

续表

指标	属性	有效性	可靠性	客观性
Z 字形跑	灵敏性	0.736	0.795	0.996
对墙传球	手眼协调性	0.761	0.791	0.950
推实心球	力量	0.736	0.893	0.997
60 码冲刺	速度	0.723	0.828	0.997

二、斯科特（Scott）运动能力测验

测量意义：主要反映学生的身体素质及运动能力，用于诊断学生运动能力的缺陷及分组教学。

适用对象：适用于中学至大学男女生。

测验指标：篮球投远、4 s 跑、对墙传球（15 s）、立定跳远、障碍跑。

评价：

（1）第一套测验（4 项）：

成绩 = 0.7 × 篮球投远 + 2 × 4 s 跑 + 对墙传球 + 0.5 × 立定跳远

（2）第二套测验（3 项）：

成绩 = 2 × 篮球投远 + 1.4 × 立定跳远 − 障碍跑

三、埃默里（Emory）大学运动能力测验

测验对象：大学男生。

测验指标：垒球掷远、纵跳、60 码（55 m）快跑、篮球运球跑。

四、勒森（Lerson）运动能力测验

测验对象：大学男生。

测验指标：

室内：躲闪跑、低单杠弧形前摆下、引体向上、双杠屈臂伸、纵跳。

室外：棒球掷远、引体向上、低单杠弧形前摆下、纵跳。

五、卡膨特（Garpenter）运动能力测验

小学生一般运动能力分数的计算公式如下：

（1）男生：一般运动能力 = 立定跳远 + 2.5× 铅球 + 0.5× 体重

（2）女生：一般运动能力 = 立定跳远 + 1.5× 铅球 + 0.05× 体重

注：铅球的重量为 4 磅（约 1.814 kg）。

六、其他中小学运动能力测验

其他中小学运动能力测验指标见表 5-2。

▶ 表 5-2　其他中小学运动能力测验指标

国别或测验	测验指标
国际体力测验（ICSPFT Test）	1. 50 m 跑；2. 立定跳远；3. 握力；4. 引体向上（男）、屈臂悬垂（女）；5. 10 m×4 往返跑；6. 30 s 仰卧起坐；7. 1 000 m 跑（男）、800 m 跑（女）；8. 立位体前屈
美国（AAHPERD）	1. 引体向上（男）、屈臂悬垂（女）；2. 屈膝仰卧起坐；3. 50 码（45.7 m）跑；4. 30 英尺（9.14 m）×4 往返跑；5. 立定跳远；6. 600 码（548.6 m）跑或走
加拿大	1. 仰卧起坐；2. 立定跳远；3. 屈臂悬垂；4. 50 码（45.7 m）跑；5. 300 码（274.2 m）跑
德国	1. 50 m 跑；2. 立定跳远；3. 1 000 m 跑；4. 俯卧撑；5. 往返跑；6. 体前屈；7. 握力；8. 仰卧起坐
法国	1. 纵跳；2. 30 m 跑；3. 引体向上；4. 五级跨跳；5. 掷垒球；6. 12 min 跑
芬兰	1. 50 m 跑；2. 立定跳远；3. 握力；4. 30 s 屈膝仰卧起坐；5. 立位体前屈；6. 30 s 引体向上（男）、30 s 俯卧撑（女）；7. 10 m×4 往返跑；8. 2 000 m 跑（男）、1 500 m 跑（女）
日本体力测定（中学）	（一）身体素质：1. 反复跨跳；2. 纵跳；3. 背肌力；4. 握力；5. 台阶测验；6. 俯卧背伸；7. 立位体前屈 （二）运动能力：1. 50 m 跑；2. 跳远；3. 掷手球；4. 引体向上（男）、屈臂悬垂（女）；5. 1 500 m（1 000 m）跑；6. 游泳（滑雪滑冰）

续表

国别或测验	测验指标
新加坡	1. 1 min 仰卧起坐；2. 立定跳远；3. 坐位体前屈；4. 引体向上（男）、斜身引体（女）；5. 10 m×4 往返跑；6. 2.4 km 跑或走
中国体育锻炼标准	1. 50 m 跑；2. 800 m 或 1 000 m 跑；3. 引体向上（男）、屈臂悬垂（女）；4. 立定跳远；5. 推实心球；6. 反应速度；7. 举重物

七、我国学生体质健康标准的评价指标和得分

我国学生体质健康标准的评价指标和得分见表 5-3。

▶ 表 5-3 我国学生体质健康标准的评价指标和得分

年级	评价指标	得分
小学一、二年级	1. 身高标准体重	60
	2. 坐位体前屈	40
小学三、四年级	1. 身高标准体重	40
	2. 50 m 跑	30
	3. 立定跳远	30
小学五、六年级	1. 身高标准体重	15
	2. 台阶试验、50 m×8 往返跑（选测一项）	20
	3. 肺活量体重指数	15
	4. 50 m 跑、立定跳远（选测一项）	30
	5. 坐位体前屈、仰卧起坐（女）、握力体重指数（选测一项）	20
初中、高中、大学	1. 身高标准体重	15
	2. 台阶试验、1 000 m 跑（男）、800 m 跑（女）（选测一项）	20
	3. 肺活量体重指数	15
	4. 50 m 跑、立定跳远（选测一项）	30
	5. 坐位体前屈、仰卧起坐（女）、握力体重指数（选测一项）	20

注：在选测指标栏中没有标注性别的，男女均可选测

有关我国国民（学龄前儿童、儿童青少年、成年、老年）的体质监测指标，详见第七章体质综合测量与评价。

思考题

1. 何谓身体素质？身体素质应包括哪些方面？

2. 何谓运动能力？试分析比较身体素质与运动能力概念的差异。

3. 身体素质测量与评价有何意义？

4. 解释组成身体素质的各类素质的概念。

5. 对组成身体素质的各类素质进行测量时应注意哪些事项？

6. 根据现有的测试条件（可任意假设），选择下列一个群体：幼儿、小学生、中学生、大学生、成年人、老年人，试编制一套适用于所选群体的身体素质和运动能力的成套测验。

第6章

心理健康与社会适应能力测量与评价

本章提要

本章主要介绍心理健康的基本含义、心理健康的标准、心理健康测量工具的编制与使用、不同人生阶段心理健康测量常用量表类型、社会适应能力及常用测量量表类型等。

关键词

心理健康　社会适应能力　工具编制　测量　评价

第一节　心理健康测量概述

一、心理健康的基本含义与标准

1. 心理健康的基本含义

1946年，第三届国际心理卫生大会曾给心理健康作了这样定义："心理健康是指在身体、智能以及情感上能保持同他人的心理不相矛盾，并将个人心境发展成为最佳的状态。"

我国学者认为，从广义上讲，心理健康是指一种高效而满意的、持续的心理状态；从狭义上讲，心理健康是指人的基本心理活动的过程内容完整、协调一致，即认识、情感、意志、行为、人格完整和协调，能适应社会，与社会保持同步。

2. 心理健康的标准

目前，国内外学者普遍认同心理健康的标准有以下11项。

① 具有适度的安全感，有自尊心，对自我和个人成就有"有价值"的感觉。

② 充分了解自己，不过分夸耀自己，也不过分苛责自己。

③ 在日常生活中，具有适度的自发性和感应性。

④ 适当接受个人的需要，并且有满足此种需要的能力。

⑤ 有自知之明，了解自己的动机和目的，并能对自己的能力做适当的估计。

⑥ 与现实环境保持良好的接触，能容忍生活中的挫折和打击，无过度幻想。

⑦ 能保持人格的完整与和谐，对自己的工作能集中注意力。

⑧ 有切合实际的生活目的，个人所从事的事业多为实际的、可完成的工作。

⑨ 具有从经验中学习的能力，能适应环境的需要而改变自己。

⑩ 在集体中能与他人建立和谐的关系，重视集体的需要。

⑪ 在不违背集体的原则下，能保持自己的个性，有个人独立的观点，

有判断是非善恶的能力，对人不过分谄媚，也不过分寻求社会的赞许。

二、心理健康测量的种类与方法

心理健康测量，是从20世纪初期开始发展起来的。心理健康测量学作为心理测量学的一门分支科学，它的产生得益于心理卫生学、心理测量学、心理咨询学的发展。

1. 心理健康测量的种类

就心理健康测量而言，虽然可以从不同的角度加以分类，但由于测量的目的和对象对测量的性质具有规定作用，因此，以测量的目的和对象作标准对心理健康测量进行分类，是一种比较有价值的分类。根据测量目的和对象，可以把心理健康测量划分为发展性心理健康测量、教育性心理健康测量和治疗性心理健康测量3种。

（1）发展性心理健康测量：发展性心理健康测量是为使被试者更好地发展、完善自己而设计的心理健康测量，其对象一般是尚未发现有什么心理异常的人。这类测量对量表、实施程序以及测量结果的解释的技术要求不太高，可以设计或借用一些简易的测量工具，让被试者自测自评，达到了解自我、发展自我、监测自我的目的。

（2）教育性心理健康测量：教育性心理健康测量是为帮助教师、家长等深入了解学生或孩子的心理健康状况，以便有效地实施心理健康教育，其施测对象可以是学生或孩子本人，也可以是其他一些了解特定学生或孩子状况的成年人。这类测量通常要借用专门的量表，对实施程序和测量结果的解释都有较高的技术要求，因此施测者应由受过心理测量专业训练的人来承担。

（3）治疗性心理健康测量：治疗性心理健康测量是为了对被怀疑有心理异常行为者作出心理障碍或心理疾病的诊断而实施的心理健康测量。这类测量通常应由心理测量或心理咨询专业工作者进行，对测量工具的技术指标，如信度、效度等的要求非常高；在施测过程中应严格遵守操作程序，对测量的结果必须依据常模谨慎地加以解释，且不宜公开。

2. 心理健康测量的方法

心理健康测量中常用的方法有：

（1）自然观察评估法：是观察者通过感官或一定的仪器如望远镜、单向玻璃等，在一定的时间内有目的、有计划地考察被试在完全自然条件下发生的语言、动作行为、表情和基本外貌、形态等，并对考察结果进行分类描述和对照，以作出类别判断。这种方法在操作程序上往往比较简便易行，虽然其量化水平比较低，但使用性强，应用广。

（2）作业量表法：是心理健康测量中较为严格的测验方法之一，它是按照标准的操作规程，以作业的形式来行使刺激并引导被试者作出回答，从而测定个体智能发展状况的一种测量方法。这种方法对诊断儿童早期的心理健康状况有较高的应用价值。自比纳－西蒙量表问世以来，作业量表法测验日趋完善，现已成为心理健康测量中较为成熟的一种。

（3）心理投射法：是心理健康测量中一个较为严格的测验，其基本形式有两种，即墨渍测验和主题统觉测验。

墨渍测验：瑞士精神科医生 H. 罗夏于 1921 年首创的一种心理测验。这种测验的材料是，将墨水涂在纸上，折叠而成对称的墨水污渍图，墨渍测验的实施包括自由联想和询问两个阶段。在自由联想阶段，让被试者看图后回答所看出的东西，对每一图可作多个回答。在询问阶段，要问被试者为什么看到这种东西。墨渍测验适应于成人和儿童，主要用作性格测验。临床上可用于诊断病人的内心冲突。

主题统觉测验（thematic apperception）：由美国哈佛大学摩根（C. D. Morgan）和默里（H. A. Murry）于 1935 年编制。它没有统一的记分方法，对回答的分析重质不重量，主要看其心理倾向。测验材料为 30 张含义不清的人物图片（其中有 1 片为白卡），有些是共用的，有些分别适用于不同的性别和年龄。每个测验用 20 张图片，分两次测量，每次做 10 张。测验时一次取一张呈现给被试，要求他根据图片的内容讲一个故事。第二次测验时要求被试将故事讲得更生动形象并带有戏剧性。然后出示一张空白卡片，让被试想象上面有图画并根据“图画”的内容来讲故事。很多测验者认为，病人讲述的故事反映他隐秘的需要、情绪、矛盾冲突及感受到的外界压力，并从这一张图画到下一张中表现出一致的主题。

这两种测验是通过呈现一定的刺激材料（一般是没有明确意义的刺激材料）让被试者加以解释或者要求他们把这些刺激材料组织起来。这种方法的基本假设是：当一个人处在意义不明确的刺激情境之中时，他往往会把那种反映自己特有的人格结构强加于刺激情境。而如果知道了一个人如何对那些意义不明确的刺激情境进行解释和组构，就有可能推论出有关个体人格结构的一些问题。心理投射法在心理疾病或精神病的检查中应用较为广泛。

（4）自陈量表法：多以自我报告的形式出现，即对拟测量的个性特征编制若干测题（陈述句），被试者逐项给出书面答案，依据其答案来衡量评价某项个性特征，是心理测试中最常用的是一种自我评定问卷方法。自陈量表法不仅可以测量外显行为（如态度倾向、职业兴趣、同情心等），同时也可以测量自我对环境的感受（如欲望的压抑、内心冲突、工作动机等）。

（5）心理实验法：心理实验法是指有目的地、严格地控制或创设一定条件，人为的引起或改变某种心理现象并加以记录的研究方法，主要有仪器测量法和情境控制法之分。仪器测量法广泛采用现代科学技术的最新成果，如机器人技术、计算机技术、核磁共振技术、脑化学分析技术等，因而它是最先进的和最高层次的测量，但目前大多数只用于对心身疾病诊断方面的测量。情境控制法是根据一定的理论假设，把被试者安置在事先设计好的某种（些）要求做出特定行为或反应的情境中，并对他们的行为进行观察记录，进而加以评定的测量方法。这种方法常用于学校教育和人事招聘中。

（6）自省法：是在一定的理论指导下，通过刺激材料的引导，由当事人对自己的心理、语言、行为进行系统的内省，并同外部标准相比较，以判断自己的心理健康类别的方法。

以上这些测量方法各有所长。自然观察评估法能考察到人在自然状态下的语言行为、情绪情感特征，并且对测量某些特殊人群的心理健康状况有独特的价值；作业量表法主要用于各种能力的测量；自陈量表法、心理投射法主要用于人格的各种测量；心理实验法可以测量人的心身疾病、认识水平、情绪特征以及性格、气质等。但无论是哪一种方法，如果单独从方法本身来考虑，都很难说孰优孰劣。只有同测量的目的、对象等联系起来，测量方法的作用才能得到有效的发挥。例如，自陈量表法对于帮助大学生了解自己的心理健康状况、进行自我防御，通常是比较有效的，但对于幼儿心理健康咨询来说，恐怕就难以派上用场了。

第二节　心理健康测量工具的编制

心理健康测量中典型的测量工具是测验或量表。使用测验或量表的测量是一种比较严格的测量，因此，对测验或量表的制作也是非常严格的，这一工作通常应由心理学或精神病学专家来完成。作为普通的心理健康测量工作者和非专业人士，学习测验或量表的制作知识，主要是为了增强自己对心理健康测验或量表的了解和鉴别优劣的能力。

在编制心理健康测验工具的过程中，可能会遇到许许多多的问题，但需要重点考虑的是测验工具的编制流程和技术指标。只有把这两方面的问题都解决好了，才有可能编制出合格的测验工具来。

一、编制心理健康测验的操作流程

一般地，编制心理健康测验的操作流程主要包括以下 8 个环节：

1. 确定测验的目的

测验的目的是编制测验的出发点和基本依据。这包括两个方面的工作：一是要解决“测谁”，即确定测验对象的问题；二是弄清“做什么用”，即确定测验用途的问题。编制测验时，首先要明确测验的适用对象。例如，《韦氏儿童智力量表》中文城市版的适用对象是中国城市 6~16 岁的儿童。在明确了测验对象之后，还要确定测验的用途。例如，所编制的测验是用于人才招聘，还是用于心理咨询。

2. 确定测验的性质

确定测验的目的之后，接下来就要确定测验的性质，即确定测验是属于常模参照性测验，还是标准参照性测验。

常模是指一群类型相同的人在接受测量后所得到的结果的平均值和分布情况。常模参照性测验就是参照某一个常模来反映被试的测量结果，即结合其他被试的测量结果来确定一个被试测量结果的位置。例如，智力测验就是一种典型的常模参照性测验。因为人的智力的高低并不存在一个绝对的标准，而是相对于某一群体（被试者是其中的一员）而言的。

标准参照性测验又称尺度参考性测验、内容参照性测验或目标参照性测验。如果说常模参照性测验在评定结果时必须参照一个常模（全体被试者的平均值），那么，标准参照性测验则相反，它在评定测量结果时是根据一个事先规定好的标准（或尺度、目标、内容）来进行的。标准参照性测验所给的分数不是相对的，即不是以与他人的比较来对被试者进行评价，它所关心的是被试者达到目标的情况。汽车驾驶执照考试就是一种典型的标准参照性测验。只要达到某一绝对标准（例如顺利通过规定的路障），即可认为驾驶技能过关。标准参照性测验是一种绝对测量，编制标准参照性测验的难点是及格线的合理确定。

心理健康测量中的常模参照性测验与标准参照性测验之间的区别并不是绝对的，多数测验只是侧重点不同。有些测验可能侧重于常模参照，有些也许侧重于标准参照。即使是标准参照性测验，其“及格线”的确定也往往要考虑人们的一般水平。

3. 确定测验的内容

确定了测验的目的和性质之后，下一步就要确定测验的内容。不同的测验目的，需要编制不同内容的测验来实现。若测验的目的是了解被试者是否具有正常的智能发展水平，就需要对“智能”的结构进行分析，弄清人的智能行为包含哪些方面，在此基础上编制测验。例如，美国心理学家塞斯顿通过对人的智能进行分析得出的结论认为，人的智能包含语言理解、言语流畅、数字能力、空间能力、联想记忆、知觉速度和推理能力 7 个方面，并据此编制了《芝加哥心理智能测验》。

4. 建立测验的指标体系

测验内容确定下来之后，还要进一步将内容分解成具体的指标，以便于操作。在建立测验指标体系的过程中，首先要落实测验指标的内容范围，其次要确定各项测验指标在整个测验中所占的比重。

5. 编写和筛选题目

在建立了详细的指标体系之后，就可开始编写和筛选题目。这一阶段需要做好以下工作：

（1）编写题目：编写题目的方式可以是自编，也可以请有关专家来编写。通常初选题目的数量应是测验计划数量的 2~3 倍。

（2）预测：预测是使测验达到标准化的重要一环。要编制出好的测验，必须对所编写的题目进行预测。预测工作的基本内容是，先按照统计学的要求从相应群体中选择一个测量对象样本，将初步编写好的题目施测于他们，然后根据预测结果，计算题目的难度、区分度、备选答案情况等。

（3）定稿：根据对预测情况的分析结果，选出难度、区分度较合适的题目，删除那些质量不高的题目，并根据预测结果修改保留下来的题目。

6. 对测验的标准化处理

确定了测验的所有项目（题目）之后，紧接着要对测验进行标准化处理。所谓标准化处理，就是通过对初步编写好的测验进行一系列技术加工，以控制和减少那些与测验目的无关的因素对测验结果的影响，从而获取所有的被试者在完全相同的条件下的测验分数。标准化的处理过程包括统一内容、统一施测、统一指导语、统一时限、统一评分标准、统一分数解释等环节，其工作结果应以规则的形式明确下来。

7. 对测验的技术分析和鉴定

一项测验在被正式投入使用之前，还应进行技术分析和鉴定，其内容主要是检查测验的可靠性和有效性，对测验作出心理健康测量学的分析。不仅如此，即使测验已经投入使用，也需要随时收集有关测验可靠性和有效性的资料，以使测验不断得到修订和完善。

8. 编写测验指导书

为保证测验能够被合理地使用，必须编写测验使用说明书或者测验指导书。一份正规的测验指导书应列出以下内容：

（1）测验的目的与用途。

（2）编制测验的理论框架和选择项目的依据。

（3）测验的实施方法、时限和注意事项。

（4）测验的标准答案、评分方法以及解释原则等。

（5）常模资料。

（6）可靠性、有效性的资料。

二、心理健康测验的主要技术指标

在心理健康测量学中，衡量测验好坏的技术指标主要有可靠性、有效性、项目区分度等（参见第 2 章）。

第三节 心理健康测量的内容与评价

心理健康状态是随着个体年龄的增长而不断发生变化的。因此，对个体心理健康状态进行测量必须注意以下两点：第一，不同年龄阶段的心理健康标准不尽相同；第二，对不同阶段个体心理健康测量的方法和测量工具也不尽相同。以下简要介绍几个时期心理健康测量的内容与评价。

一、婴幼儿心理健康测量的内容与评价

婴幼儿是人生发展的初期，在这一时期，人的心理发展的基本特点是各个方面都处于初步形成阶段，其主要任务为动作、语言、认知和情绪的发展，这一阶段的心理健康测量应反映这一特点。由于婴儿的语言和自我感知能力还处在形成阶段，他们不能有效地描述自己的内心体验，因此，对婴幼儿的心理健康测量最好通过照看者或抚养人来实施；其心理测量标准，通常也应从统计的角度来确立。也就是说，判断一个婴儿或幼儿的心理是否健康，是看他能否达到大多数婴儿相应年龄所具有的那种心理发展水平，其内容包括动作发展、语言发展、认知能力发展以及社会性和情绪的发展等几个方面。

常用的婴幼儿心理测量的类别与量表有：

（1）新生儿生活适应能力测量：阿普加新生儿健康检测表。

（2）婴幼儿气质测量：托马斯婴儿气质问卷。

（3）1~3 岁婴幼儿动作能力测量：美国儿童心理学家贝利婴儿发展量表、中国科学院心理研究所编制的 0~3 岁小儿精神发育检查表等。

（4）4~5 岁幼儿心理健康问卷。

二、小学生心理健康测量的内容与评价

年龄在 6~12 岁之间的小学生，其健康发展表现有以下几个特点。第

一，学习适应能力对小学生的心理健康具有举足轻重的作用；第二，智力的发展是构成小学生心理健康的主要因素；第三，小学生自我认知能力的发展，是影响他们获得良好社会性发展的核心因素；第四，小学生具有情绪不稳定的特点；第五，小学生的自我控制能力还处于比较微弱的状态。根据世界心理卫生协会提出的心理健康标准，并结合小学生心理健康发展的特点，把小学生的心理健康标准确定为6个方面，包括智力发展水平、情绪稳定性、学习适应性、自我认识的客观化程度、社会适应性以及行为习惯。

常用的小学生心理测量的类别与量表有：

（1）小学生智力发展测量：CW-70儿童智力测验、瑞文推理测验。

（2）小学生学习适应性测量：（日本）儿童学习适应性调查表（I）（Ⅱ）、儿童学习行为调查表（北京大学精神卫生研究所编）。

（3）小学生情绪稳定性测量：艾森克个性问卷（儿童卷）。

（4）小学生自我认识能力测量：小学生自我认识问卷（美国小学教育协会编）。

（5）小学生行为习惯测量：阿肯巴克儿童行为量表（Achenbach's child behavior check list，简称CBCL）、拉特儿童行为问卷。

（6）小学生心理健康综合测量：小学生心理健康评定量表。

三、中学生心理健康测量的内容与评价

中学生年龄范围在13~18岁之间，在这一时期，青少年的生活和社会体验开始占主导地位，身体和激素的急剧变化对他们的心理产生重要影响，自我形象在波动摇晃，心理社会思潮常常像“巨浪”般涌现；身体发展的不一致性，会因为希望自己被同龄伙伴、异性对象和家庭成员认为正常、有吸引力而变得更加突出。因此，中学生的自我同一性的稳定程度、自我价值体系的建立水平、人际关系是决定其心理健康的主要因素。另外，对学习的适应性也是左右中学生心理健康的一个重要因素。鉴于此，把中学生心理健康标准确定为人际关系的和谐程度、学习适应性、自我认知与现实感、个性发展的良好性4个方面。

常用的中学生心理测量的类别与量表有：

（1）中学生学习适应性测量：中学生学习方法问卷（福建师范大学吕贵编）、中学生学习动机测验问卷、意志力测验问卷、中学生考试心理健康状况检测等。

（2）中学生价值观自测问卷：中学生价值观自测问卷（中国科学院心理研究所编）、中学生社会成熟程度测量。

（3）中学生人际关系测量：一般人际关系测验（邬庆祥编）、同学关系测验问卷、师生关系测验问卷。

（4）中学生人格特质测量：卡特尔16种人格特质测量。

（5）中学生心理健康综合测量：中学生心理健康诊断测验。

四、大学生心理健康测量的内容与评价

正在接受高等教育的学生年龄一般处于18~23岁，这时的大学生属于青年中期。大学生的心理具有许多特点，如辩证思维的形成、自我同一性的完善、同伴群体的形成、价值体系的稳定等。但也可能存在一些独特性，如智力发展良好、自我评价存在光环效应、价值准则倾向理想化、考试焦虑是影响大学生心理健康的普遍问题等。根据大学生的心理特点和世界心理卫生协会所提出的心理健康标准，确定大学生的心理健康包括情绪稳定性标准、人际关系和谐标准、对现实感知的充分性标准、焦虑标准、心理适应性标准等5个方面。

常用的大学生心理测量的类别与量表有：

（1）大学生焦虑测量：显性焦虑量表（MAS）、考试焦虑综合诊断量表、社交焦虑量表、焦虑症自测问卷等。

（2）大学生情绪稳定性测量：艾森克情绪稳定性诊断量表。

（3）大学生人际关系和谐性测量：大学生人际关系综合诊断量表、大学生自卑心理诊断量表等。

（4）大学生适应能力测量：心理适应能力自测问卷、大学生心理适应性测量问卷、嫉妒心理诊断问卷等。

（5）大学生现实感测量：艾森克现实性—幻想性测验。

（6）大学生心理健康综合测量：身心症状自评量表（SCL—90）。

五、成年人心理健康测量的内容与评价

成年期是人生中最长的一个时期，成年人的心理健康主要受其事业、恋爱、婚姻、家庭、人际关系等的影响。在此，将成年人的心理健康标准确定为情绪的稳定性，恋爱、婚姻、家庭角色的合适性，职业期望与事业成就感的合理性，人际关系的和谐性等几个方面。

常用的成年人心理测量的类别与量表有：

（1）成年人恋爱婚姻心理健康测量：艾森克性心理健康测量、恋爱方式测验、夫妻生活健康测验、婚姻安全界限检测问卷等。

（2）成年人亲子关系与父母角色测量：与子女关系的融洽性测验、父母角色问卷等。

（3）成年人心理压力测量：工作压力自测问卷、精神压力自测问卷、人生变化的危机感测验等。

（4）成年人人际关系测量："你能接纳别人吗"问卷、人际问题处理能力自测问卷等。

（5）成年人心理健康综合测量：精神症状自我诊断量表（日本）、精神症状简便自诊量表、抑郁情绪调查问卷等。

[**例 6.1**] 大学生心理健康综合测量（SCL—90）

对大学生心理健康状况进行综合诊断所使用的量表而言，目前国内使用得比较多的主要是身心症状自评量表（SCL—90）。身心症状自评量表是由我国心理学工作者在国外有关量表的基础上改编而成的，它适合于具有中等以上文化程度的心理健康受测者，尤其是大学生群体的心理健康普查工作。由于简便、实用，该量表被广泛地应用于心理健康测量和心理咨询中。

SCL—90共有90个询问题目，其内容涉及感觉、思维、情绪、意识、行为、生活习惯、人际关系、饮食睡眠等。这90个询问题目中隐含着10个因子，它们是：

（1）躯体化（somatization）：包括（1）、（4）、（12）、（27）、（40）、（42）、（48）、（49）、（52）、（53）、（56）、（58），共12题。该因子主要反映主观的身体不适感，包括心血管、胃肠道、呼吸等系统的主诉不适和头痛、背痛、肌肉酸痛以及焦虑的其他躯体表现。

（2）强迫症状（obsessive-compulsive）：包括（3）、（9）、（10）、（28）、（38）、（45）、（46）、（51）、（55）、（65），共10题。它与临床上所谓强迫表现的症状定义基本相同，主要指那种明知没有必要，但又无法摆脱的无意义的思想、冲动、行为等表现。还有一些比较一般的感知障碍（如“脑子都变空了”“记忆力不行”等）也在这一因子中反映。

（3）人际关系敏感（interpersonal sensitivity）：包括（6）、（21）、（34）、（36）、（37）、（41）、（61）、（69）、（73），共9题。它主要指某些人的不自在感与自卑感，尤其是在与其他人相比较时更突出。自卑感、懊丧以及在人际关系方面明显不适应的人，往往是这一因子的高分对象，与人际交流有关的自我敏感及反向期望也是产生这方面症状的原因。

（4）抑郁（depression）：包括（5）、（14）、（15）、（20）、（22）、（26）、（29）、（30）、（31）、（32）、（54）、（71）、（79），共13题。它反映的是与临床上抑郁症状相联系的广泛的概念，忧郁苦闷的感情和心境是代表性症状。它还以对生活的兴趣减退、缺乏活动愿望、丧失活动力等为特征，并包括失望、悲观和与忧郁相联系的其他感知及躯体方面的问题。该因子中有几个项目包括了死亡、自杀等概念。

（5）焦虑（anxiety）：包括（2）、（17）、（23）、（33）、（39）、（57）、（72）、（78）、（80）、（86），共10题。它包括一些通常和临床上明显与焦虑症状相联系的症状及体验，一般指那些无法静息、神经过敏、紧张以及由此产生的躯体征象（如震颤）。那种游离不定的焦虑及惊恐发作是本因子的主要内容，它还包括一个反映“解体”的项目。

（6）敌对（hostility）：包括（11）、（24）、（63）、（67）、（74）、（81），共6题。这里主要从3个方面反映病人的敌对表现、思想、感情及行为。其项目包括从厌烦、争论、摔物直至争斗和不可抑制的冲动暴发等各个方面。

（7）恐怖（photic anxiety）：包括（13）、（25）、（47）、（50）、（70）、（75）、（82），共7题。它与传统的恐惧状态或广场恐惧症所反映的内容基本一致，恐惧的内容包括出门旅行、空旷场地、人群或公共场合及交通工具。此外，还有反映社交恐怖的项目。

（8）偏执（paranoid ideation）：包括（8）、（18）、（43）、（68）、（76）、（83），共6题。主要指投射性思维，敌对，猜疑，关系观念，妄想，被动

体验和夸大等。

（9）精神病性（psychoticism）：包括（7）、（16）、（35）、（62）、（77）、（84）、（85）、（87）、（88）、（90），共 10 题。用于在门诊中迅速、扼要地了解病人的病情程度，以便作出进一步的治疗或住院等决定，故把一些明显的、纯属精神病性质的项目汇集到了本因子中。有 4 个项目代表了一级症状：幻听、思维扩散、被控制感、思维被插入。此外，还有反映非一级症状的精神病表现，如精神分裂症状等项目。

（10）其他：包括反映睡眠的（44）、（64）、（66）共 3 题；反映饮食的（19）、（60）共 2 题；反映死亡观念的（59）共 1 题和反映自罪观念的（89）共 1 题，总共 7 题。此因子的（59）、（89）2 题和第四因子的（15）题这 3 项综合起来反映自杀倾向。

在评分规则方面，SCL—90 采用 5 级评分制：1 分表示没有该情况，2 分表示在频度和强度上较轻，3 分表示中等，4 分表示较重，5 分表示严重。表里的“轻中重”主要靠自评者自己去体会，没有绝对的界限。

SCL—90 评定的时间范围是“现在”或“最近一星期”。SCL—90 评定常采用纸笔方式。以下是 SCL—90 量表的具体内容：

[指导语]

以下（表 6–1）列出了一些人可能会有的问题，请仔细阅读每一条，然后根据最近一星期来自己的实际感觉，选择最符合自己的一种情况，并在每个项目后面所附的备选答案的相应编号上画“○”。其中选“没有”时在 A 上画“○”，选“较轻”时在 B 上画“○”，选“中等”时在 C 上画“○”，选“较重”时在 D 上画“○”，选“严重”时在 E 上画“○”。

▶ 表 6–1 问卷项目

	没有	较轻	中等	较重	严重
（1）头痛	A	B	C	D	E
（2）神经过敏，心中不踏实	A	B	C	D	E
（3）头脑中有不必要的想法或字名盘旋	A	B	C	D	E
（4）头昏或晕倒	A	B	C	D	E

续表

	没有	较轻	中等	较重	严重
(5)对异性的兴趣减退	A	B	C	D	E
(6)对旁人责备求全	A	B	C	D	E
(7)感到别人能控制你的思想	A	B	C	D	E
(8)责怪别人制造麻烦	A	B	C	D	E
(9)健忘	A	B	C	D	E
(10)担心自己衣饰的整齐及仪态的端正	A	B	C	D	E
(11)容易烦恼和激动	A	B	C	D	E
(12)胸痛	A	B	C	D	E
(13)害怕空旷的场所或街道	A	B	C	D	E
(14)感到自己的精力下降，活动减慢	A	B	C	D	E
(15)想结束自己的生命	A	B	C	D	E
(16)听到旁人听不到的声音	A	B	C	D	E
(17)发抖	A	B	C	D	E
(18)感到大多数人都不可信任	A	B	C	D	E
(19)胃口不好	A	B	C	D	E
(20)容易哭泣	A	B	C	D	E
(21)同异性相处时感到害羞不自在	A	B	C	D	E
(22)感到受骗、中了圈套或有人想抓住自己	A	B	C	D	E
(23)无缘无故地突然感到害怕	A	B	C	D	E
(24)自己不能控制地大发脾气	A	B	C	D	E
(25)怕单独出门	A	B	C	D	E
(26)经常责怪自己	A	B	C	D	E
(27)腰痛	A	B	C	D	E
(28)感到难以完成任务	A	B	C	D	E

续表

	没有	较轻	中等	较重	严重
（29）感到孤独	A	B	C	D	E
（30）感到苦闷	A	B	C	D	E
（31）过分担忧	A	B	C	D	E
（32）对事物不感兴趣	A	B	C	D	E
（33）感到害怕	A	B	C	D	E
（34）感情容易受到伤害	A	B	C	D	E
（35）旁人能知道你的私下想法	A	B	C	D	E
（36）感到别人不理解你、不同情你	A	B	C	D	E
（37）感到人们对你不友好、不喜欢你	A	B	C	D	E
（38）做事必须做得很慢以保证做得正确	A	B	C	D	E
（39）心跳得很厉害	A	B	C	D	E
（40）恶心或胃部不舒服	A	B	C	D	E
（41）感到比不上他人	A	B	C	D	E
（42）肌肉酸痛	A	B	C	D	E
（43）感到有人在监视你、谈论你	A	B	C	D	E
（44）难以入睡	A	B	C	D	E
（45）做事须反复检查	A	B	C	D	E
（46）难以做出决定	A	B	C	D	E
（47）怕乘公共电车、公共汽车、地铁或火车	A	B	C	D	E
（48）呼吸有困难	A	B	C	D	E
（49）一阵阵发冷或发热	A	B	C	D	E
（50）因为感到害怕而避开某些东西、场合	A	B	C	D	E
（51）脑子变空了	A	B	C	D	E
（52）身体发麻或刺痛	A	B	C	D	E

续表

	没有	较轻	中等	较重	严重
(53)喉咙有梗塞感	A	B	C	D	E
(54)感到没有前途、没有希望	A	B	C	D	E
(55)不能集中精神	A	B	C	D	E
(56)感到身体的某一部分软弱无力	A	B	C	D	E
(57)感到紧张或容易紧张	A	B	C	D	E
(58)感到手或脚发硬	A	B	C	D	E
(59)想到死亡的事	A	B	C	D	E
(60)吃得太多	A	B	C	D	E
(61)当别人看着你或谈论你时感到不自在	A	B	C	D	E
(62)有一些不属于你自己的想法	A	B	C	D	E
(63)有想打人或伤害他人的冲动	A	B	C	D	E
(64)醒得太早	A	B	C	D	E
(65)必须反复洗手、点数目或触摸某些东西	A	B	C	D	E
(66)睡得不稳不深	A	B	C	D	E
(67)有想摔坏或破坏东西的冲动	A	B	C	D	E
(68)有一些别人没有的想法或念头	A	B	C	D	E
(69)感到对别人神经过敏	A	B	C	D	E
(70)在商店或电影院等人多的地方感到不自在	A	B	C	D	E
(71)感到做任何事情都很困难	A	B	C	D	E
(72)一阵阵恐惧或惊恐	A	B	C	D	E
(73)感到在公共场合吃东西很不舒服	A	B	C	D	E
(74)经常与人争论	A	B	C	D	E
(75)单独一人神经很紧张	A	B	C	D	E
(76)感到别人对你的成绩没有做出恰当的评价	A	B	C	D	E

续表

	没有	较轻	中等	较重	严重
（77）即使和别人在一起也感到孤单	A	B	C	D	E
（78）感到坐立不安、心神不定	A	B	C	D	E
（79）感到自己没有什么价值	A	B	C	D	E
（80）感到熟悉的东西变得陌生或不像是真的	A	B	C	D	E
（81）大叫或摔东西	A	B	C	D	E
（82）害怕会在公共场合昏倒	A	B	C	D	E
（83）感到别人想占你的便宜	A	B	C	D	E
（84）为一些有关“性”的想法很苦恼	A	B	C	D	E
（85）认为应该因为自己的过错而受到惩罚	A	B	C	D	E
（86）感到要赶快把事情做完	A	B	C	D	E
（87）感到自己的身体有严重问题	A	B	C	D	E
（88）从未感到和其他人很亲近	A	B	C	D	E
（89）感到自己有罪	A	B	C	D	E
（90）感到自己的脑子有毛病	A	B	C	D	E

[评分规则]

若选 A 计 1 分，选 B 计 2 分，选 C 计 3 分，选 D 计 4 分，选 E 计 5 分。将因子 F1（躯体化）、F2（强迫症状）、F3（人际关系敏感）、F4（抑郁）、F5（焦虑）、F6（敌对）、F7（恐怖）、F8（偏执）、F9（精神病性）、F10（其他）各自所包含的项目得分分别累计相加，即可得到各个因子的累计得分（表 6–2）；将各个因子的累计得分除以其相应的项目数，即得到各个因子的因子分数——T 分数。例如，若躯体化一项累计得分为 18，项目数为 12，则因子分数为 1.5。如果将各个因子分数相加，即可得到总因子分数。此外，若将整个问卷的总项目数减去选 A（代表“没有”）的答案项目数，还可得到反映症状广度的阳性项目数。

［结果解释］

SCL—90 测查结果可从许多角度作出解释。既可从整个量表（90 个题目）中的阳性项目数和总因子分数出发来宏观评定被试心理障碍的大体情况，又可从统计原理出发，对被试者的某一因子得分偏离常模团体均数的程度加以评价。

▶ 表 6-2　SCL—90 测验答卷得分换算表

因子	所属因子的项目编号	累计得分（S）	T 分数（S/ 项目数）
F_1	1，4，12，27，40，42，48，49，52，53，56，58		
F_2	3，9，10，28，38，45，46，51，55，65		
F_3	6，21，34，36，37，41，61，69，73		
F_4	5，14，15，20，22，26，29，30，31，32，54，71，79		
F_5	2，17，23，33，39，57，72，78，80，86		
F_6	11，24，63，67，74，81		
F_7	13，25，47，50，70，75，82		
F_8	8，18，43，68，76，83		
F_9	7，16，35，62，77，84，85，87，88，90		
F_{10}	19，44，59，60，64，66，89		
阳性项目数：（=90 - 选 A 的项目数）	总累计得分：	总因子分数：	

SCL—90 在国内已有 18~29 岁的全国性常模，见表 6-3。该常模给出了各种因子的平均数 X 和标准差 SD。一般而言，如果某因子分数偏离常模团体平均数达到两个标准差（SD）时，即可认为是异常。在对大学生进行心理健康测评和心理咨询过程中，比较粗略、简便、直观的判断方法是看因子分数是否超过 3 分（1~5 评分制），若超过 3 分，即表明该因子的症状已达中等以上的严重程度。在 0~4 评分制中，若超过 2 分，即表明该因子

的症状达中等以上的严重程度。此时，应对受测大学生采取必要的心理治疗措施。

▶ 表 6-3　SCL—90 全国性常模

项目	$X+SD$	项目	$X+SD$
躯体化	1.34 + 0.45	敌对	1.50 + 0.57
强迫症状	1.69 + 0.61	恐怖	1.33 + 0.47
人际关系敏感	1.76 + 0.69	偏执	1.52 + 0.60
抑郁	1.57 + 0.61	精神病性	1.36 + 0.47
焦虑	1.42 + 0.43	阳性项目数	27.45 + 19.32

第四节　社会适应能力测量与评价

一、社会适应能力概述

社会适应能力是指个人处理日常生活的能力与承担社会职责达到他的年龄和所处社会文化条件所期望的程度，也就是指个体适应自然和社会环境的有效性。它表现为两个方面：一是具备顺利完成各种社会角色任务所需要的素质；二是对社会的发展作出贡献。社会适应能力是一种社会实践能力，其特征不仅包括个体改变自己以适应环境，也包括个体改变环境使之适合自身的需要。社会适应能力的指标可以从以下几个方面来认识：① 生活方面。包括几乎全部使自己能为社会所接受的日常生活技能和习惯，如自理能力、饮食、穿戴等。② 人际沟通方面。即表达和理解他人的能力，如人际交往能力、语言等。③ 社会技能方面。包括和他人共同生活及合作必需的技能，对于青少年来说，则是与人合作的能力和顺应社会行为规范的能力以及实践能力等。

二、社会适应能力的测量

目前大多数社会适应能力评定量表属于智力功能评定性质，专门用于测量社会适应能力的不多。常用的量表有：美国精神缺陷学会（AAMR）所设计的适应行为量表（ABS）、中国人社交关系量表、个体社会化程度量表（SLSV3.0）、卡特尔十六种人格因素量表（16PF）、中学生社会适应性量表（陈建文）、适应能力测验、幼儿社会适应状况量表、内外向性格类型量表。现简单介绍几种：

1. 适应行为量表

适应行为量表是一种信息量大、能全面地反映多种不同适应功能的量表，1981年引进国内。适应行为量表共有两大部分，分为21个主题，每一个主题又包括了若干项目，共有95条项目。第一部分（1~9主题）是评估适应行为能力的；第二部分（10~21主题）是评估不良行为的。不同的主题和项目又组合成五个因子，一、二、三因子由第1~9主题组成，是测验正常适应行为的，四、五因子由第10~21主题组成，是测验适应不良行为的。五个因子的题目是：一因子，个人的自我满足；二因子，社区的自我满足；三因子，个人和社会责任性；四因子，社会调节；五因子，个人调节。这21个主题是：

（1）独立能力：指饮食自理能力，大小便自控能力，个人清洁卫生与外出独立生活能力。

（2）躯体发育：指感觉发育和运动发育方面的情况。

（3）花钱：指钱财管理和用钱预算及购物的能力。

（4）语言发育：指语言表达和理解及社交语言发育的能力。

（5）计数和计时：指计数、计时加时间概念的能力。

（6）就业前的活动：指职业复杂度，在学校的劳动表现，工作学习和工作习惯的表现。

（7）自我导向：指对学习和工作的自动性或被动性及注意力和坚持性，空余时间自我安排的能力。

（8）责任心：指对个人物品的关心程度和一般的责任感。

（9）社会化：指与别人的合作和相互作用的能力以及社交成熟度等方

面的能力。

（10）攻击性：指威胁、损坏公物行为及发脾气或暴怒等不良攻击性行为。

（11）社会行为与反社会行为：指嘲笑或议论别人，妨碍别人活动，不尊重别人财产，言语粗鲁等不良言行。

（12）对抗行为：指无视纪律，不听从教导或对抗的态度，逃避活动及在集体活动中表现不好的行为。

（13）可信任度方面：指擅自动用别人的物品及说谎和欺骗行为。

（14）参与或退缩：指不活跃，害羞，退缩行为。

（15）装相方面：指刻板行为，或奇特姿势。

（16）社交表现：指与人交往时不合适的行为。

（17）发音习惯：指不良的发音习惯。

（18）习惯表现：指不良口腔习惯，弄坏自己的衣服，其他怪癖等不良习惯。

（19）活动度：指多动倾向。

（20）症状性行为：指自我估计过高，不能正确对待批评或挫折，过分追求注意或表扬，有疑病倾向或情绪不稳的其他表现。

（21）药物使用：指使用抗精神病药物、镇静剂、兴奋剂、抗癫痫药。

上海、北京、南京、济南、沈阳、青岛、龙岩、杭州、南通、合肥、深圳、郑州、甘肃等全国14个省市19个单位各协作组于1995年1月—1996年2月在本地区开始正式抽样调查，通过全国协作研究取得适应行为量表在我国应用的数据，实施量表的信度和效度的测试，以取得我国儿童的适应能力数据，制定出我国儿童的适应能力常模，供临床使用。

重测信度测试。各协作组取30名受试者，男女各半，在间隔10天后再作测试，第二次填表者与第一次填表者是同一个人，计算两次测试的各主题相关系数，两次测试分数的各主题分符合率以相关系数表示为0.05~0.95，量表总分的相关系数为0.71，说明量表具有中等或较好重测信度。

量表效度测试。各协作组取已在临床被诊断为轻度和中度智力低下的6~12岁儿童20~30例，共334例作为低智组，通过与对照组（年龄、性别与低智组相同，智商在正常范围）在各主题分的均数作统计学比较（t检验）。结果两个样本除第13，15，16，17，21主题无明显差异外，其他各主题均有明显或非常显著的差异，说明此量表有良好的效标效度。

适应行为量表在中国 14 个省市应用结果表明，量表的信度、效度均较好，可作为中国 1~6 年级小学生适应能力测量的工具；第二部分可作为儿童适应不良行为的指标。研究得出的常模可用于研究低智儿童的诊断、分类训练、特殊教育和研究儿童行为的发展。

2. 卡特尔十六种人格因素量表（16PF）

卡特尔十六种人格因素测验是美国伊利诺伊州立大学人格及能力测验研究所卡特尔教授经过几十年的系统观察和科学实验，应用因素分析统计法慎重确定和编制而成的一种精确的测验。本测试使用国际通用的 16PF 人格心理测验，同时结合中国常模标准和临床实践作出判断，主要功能是测试人的 16 项基本正性人格特征，并通过科学方法进一步了解各项心理学指标。这一测验共 187 道题目，这些题目采用按序列轮流排的方法，共能测出乐群性（A）、聪慧性（B）、稳定性（C）、恃强性（E）、兴奋性（F）、有恒性（G）、敢为性（H）、敏感性（I）、怀疑性（L）、幻想性（M）、世故性（N）、忧虑性（O）、实验性（Q_1）、独立性（Q_2）、自律性（Q_3）、紧张性（Q_4）等 16 种因素的特征；还能依据测验统计结果所得的公式推算一个人个性特征中的双重因素，如适应性与焦虑性、内向性与外向性、感情用事与安详机警性、怯懦与果断性等。此外，该量表还可计算出某些类型人格因素的特征，如心理健康者的人格因素、从事专业而有成就者的人格因素、创造力强者的人格因素和在新环境中有成长能力的人格因素。本测验在国际上颇有影响，并于 1979 年引入我国，由专业机构修订为中文版。本测验具有较高的效度和信度，广泛应用于人格测评、人才选拔、心理咨询和职业咨询等工作领域。

测试中的十六种人格因素各自独立，相互之间的相关度极小，每一种因素的测量都能对被试者某一方面的人格特征有清晰而独特的认识，更能对被试者人格的十六种不同因素的组合做出综合性的了解，从而全面评价其整个人格。

量表测试的各因子如下：

（1）乐群性（A）：测试被测者与外界环境间的适应情况和交流情况。

（2）聪慧性（B）：测试被测者的智力及其可发展情况（理性思维）。

（3）稳定性（C）：测试被测者的情绪特征、情绪控制能力。

（4）恃强性（E）：测试被测者的恃强、倔强性情况。

（5）兴奋性（F）：测试被测者的兴奋特质。

（6）有恒性（G）：测试被测者一般做事时是权宜、敷衍的，还是有恒、负责的。

（7）敢为性（H）：测试被测者是否有冒险敢为的人格特征。

（8）敏感性（I）：测试被测者对待外界的敏感程度。

（9）怀疑性（L）：测试被测者的处世怀疑态度。

（10）幻想性（M）：测试被测者的幻想力、想象力。

（11）世故性（N）：测试被测者在为人处世时的世故、老练性情况。

（12）忧虑性（O）：测试被测者是否有忧郁状况。

（13）实验性（Q_1）：测试被测者对环境的批评性特征。

（14）独立性（Q_2）：测试被测者的独立分析能力。

（15）自律性（Q_3）：测试被测者处世时的自律、自觉情况特征。

（16）紧张性（Q_4）：测试被测者的焦虑、紧张状况。

3. 中学生社会适应性量表（陈建文）

陈建文以中学生为被试者，通过理论分析和实证调查相结合的办法，系统地揭示社会适应性的结构成分，编制了社会适应性的量表。通过实证调查、因素分析和信度、效度检验，获得了社会适应性的多维度、多成分初评结构模型和社会适应性正式量表。中学生社会适应性由心理优势感、心理能量、人际适应性和心理弹性四个维度构成。心理优势感包括自信心、控制感和自主性三个成分；心理能量包括动力、能力和活力三个成分；人际适应性由乐群性、信任感、社会接纳性和利他倾向四个成分构成；而心理弹性则由自控性、灵活性、挑战性和乐观倾向四个成分构成。中学生社会适应性量表共研究 70 个题项，分别由心理优势感（15 个）、心理能量（17 个）、人际适应性（18 个）、心理弹性（20 个）四个维度的分量表组成。

4. 内外向性格类型量表

内外向的概念首先是荣格于 1913 年在他的《心理类型学》一书中提出的。他认为在与周围世界发生联系时，人的心理一般有两种指向，他称为定势。一种定势指向个体内部世界，叫内向；另一种定势指向外部环境，叫外向。内向性格是安静的、富于想象的、爱思考的、退缩的、害羞的和防御性的，对人的兴趣漠然；外向性格是爱交际、好外出、坦率、随和、乐于助人、轻信、易于适应环境。荣格认为，纯粹内向或外向性格的人是很少的，只是在特定场合下，由于某种情境的影响而倾向于一种占优势的态度，大多数人是介于内向和外向之间的中间型。为了测验性格的内外向，人们编制了多种量表。如淡路向性检查卡。

淡路向性检查卡

5. 中国人社交关系量表（CSRSV 1.0）

2004年4月最新修订，共120题，约需20 min，结果报告13页。本测验由北京师范大学心理学院心理测评研究所著名心理测量学家张厚粲教授的中国个性测评课题组领衔编制，从信任感、真诚性、利他性、顺从性、谦虚性和同情心六个方面进行细致的测评，最终了解人的社交关系状况。这个测验也可帮助人们了解自己的合作性等方面的状况。

三、社会适应能力的评价

社会适应能力的评价模式主要有以下五种：

（一）心理健康的模式

持此观点的心理学家们从人格特质的角度去描述社会适应性表现，认为心理健康就是适应。奥尔彼特总结出“成熟人的模式”；罗杰斯从人本主义的全新视角描述了“机能完善的人”模式；马斯洛则提出了“自我实现者”模式并把它概括为十五个方面；此外弗兰克提出了“超越自我的人”模式。

（二）社会智力的模式

社会智力其实是一种社会学习认知能力，它和学业智力是两种独立存在的智力形态。社会认知不仅是对自我、对他人的认知，还包括对社会环境、社会生活事件的认知。许多研究智力的学者专家都基本一致地认为，社会智力是一种适应社会生活及与人相处的能力，它包括：① 洞察别人心思，察言观色的能力；② 与人相处，建立友善关系的能力；③ 了解社会规范，言行举止表现合乎时宜的能力；④ 适应新环境的能力；⑤ 对社会活动的参与能力；⑥ 适应社会的参与能力；⑦ 自我认识及自我反省的能力。

（三）社会胜任力的模式

这一模式从社会心理学的视角来看待社会适应性，认为人的社会适应性的标志就是能够胜任社会工作。英国教育心理学家约翰·瑞文运用问卷调查的方法，对社会各种职业的相关能力进行分析和总结，概括出评价个体胜任社会工作的主要能力成分，并列举了37条较为具体的胜任能力成分，如对于目标的价值感、自我监控、自主学习、寻找和利用反馈、自信心、自我控制、批判性思维、利用资源的意志、与人合作等。

（四）自我监控的模式

社会交往要求人们有意识地去了解他人行为的含义，必须具有维护“面子”的需求和拥有自我表现的能力。换言之，社会交往要求个体进行自我监控。而从微观角度讲，为了参与并适应社会生活，满足合理的需求，人就要了解社会生活的要求，与他人协同活动。生活中的每一个体自我监控水平是不一样的，他们都处于自我监控由低到高这一维度的某一点上。自我监控性的高低，影响人的社会适应性和情境适合性。

（五）压力应对的模式

心理学家把压力应对视为个体面临应激情境时为减少压力和伤害而作出的认知或行为努力。这种模式在个体和环境的相互作用中，强调个体的主观能动性，并且看到了信息反馈和行为调整在其中的作用。

四、社会适应不良及自我调节

1. 心理适应不良的自我调节

心理适应不良，是指由于心理发展不协调而加剧了个性障碍并影响身体健康的状况。有关资料表明，大学生心理适应不良现象的发生以男性、内向型性格者较为多见。这些人多孤僻不合群，沉默寡言，缺乏朋友，兴趣范围狭小，固执己见，敏感多疑，易与家庭及周围人发生矛盾。由于社会经验的不足，难以找出恰当有效的方法来解决问题，这些心理压力如长期不能消除，很容易造成心理障碍，致使社会适应不良，严重者则对生活失去信心，悲观失望，个别可能出现自杀等行为。对自我调节的建议：① 弄清原因；② 心境训练；③ 用欢笑驱除忧愁；④ 用松弛疗法来降低紧张焦虑；⑤ 对有精神病症状者，应看医生，在医生指导下治疗。

2. 承受挫折能力差的自我调节

承受挫折的能力差，是指由于过去失败的经验，整个身心被失败的阴影所笼罩的心理现象，总是给自己消极的心理暗示，对失败的恐惧成了前进的最大障碍。对自我调节的建议：① 挫折是砥砺我们成长的磨刀石，它历练我们的意志；② 思考自己长于别人之处，增强自信心；③ 与人竞争不能盲目，应有选择和侧重，以己之长，对他人之短；④ 积极参与社会活动，扩大人际交往，增进理解，开阔心胸，增强学习和生活的信心和力量，减少心理的危机感。

思考题

1. 如何理解心理健康的标准？

2. 心理健康测量有几种类型？

3. 心理健康测量一般有哪些方法？

4. 编制心理健康测验的操作流程是什么？

5. 试介绍几种社会适应能力测量量表。

6. 结合自己的实际，谈谈如何提高自身的社会适应能力，增进心理健康。

第 7 章

体质综合测量与评价

本章提要

体质的测量与评价是研究国民体质状况的重要手段，良好的体质是人们生活、工作和学习的基础，对人口素质也有直接的影响。本章主要介绍体质和体适能的概念、测量内容、测量方法和国内外体质监测系统。

关键词

体质　亚健康　慢性疲劳综合征　心理亚健康　健康评估

体质是国民素质的重要组成部分，健康体质是人们正常生活、学习、工作的基础，因此，对国民体质的测量与评价有着十分重要的意义。现代社会快速发展导致人与人的竞争更加激烈，人们普遍感受到巨大的生活压力和社会压力。人们的体质水平急剧下降，亚健康状态的人群不断增多，慢性疾病发病呈现年轻化趋势，青少年体质健康状况仍不容乐观等问题，已引起全社会的关注。

第一节 体质测量与评价概述

一、体质相关概念及其范畴

（一）体质的概念与范畴

1. 体质的概念

体质是指人体生命的质量。各国经济背景、历史文化不同，对体质的认识存在一定差异。美国学者对体质最普遍定义为：人们先天具有或后天获得的和从事身体活动的能力有关的一系列特性。我国学者认为，体质是在遗传性和获得性基础上表现出来的人体形态结构、生理机能、身体素质、心理品质和适应能力等方面综合的、相对稳定的特征。健康体质是人们正常生活、学习、工作的基础。健康体质在人体形态结构上表现为发育正常、身体对称、大小适度、比例协调；在生理机能方面表现为人体各器官系统生理功能正常、心肺功能能够满足日常生活、劳动和运动的需要；在身体素质方面表现为力量、速度、耐力、灵敏、柔韧等素质较好，能够满足一般劳动和运动的体能需求；心理品质方面表现为具有与其年龄、性别等相适应的心理特征、能够承受相应的心理压力；在适应能力方面表现为自然适应力和社会适应力，能够抵抗一般性病原体的侵袭和能够融入社会与其他人进行正常的交往。

2. 体质的范畴

体质是一个复杂的构成系统，内涵丰富，外延广泛，体质的范畴主要涉及以下5个方面的内容：

（1）身体形态发育水平：体格、体形、姿势、营养、身体成分等。

（2）生理机能水平：机体新陈代谢水平及各器官系统的工作效能。

（3）身体素质和运动能力发展水平：速度、力量、耐力、灵敏、协调、柔韧等素质和走、跑、跳、投、攀、爬等能力。

（4）心理发育水平：本体感知能力及个性、意志、情感等。

（5）适应能力：对内外环境的适应能力和对疾病的抵抗能力稳定的特征。

（二）体适能的概念与范畴

1. 体适能的概念

体适能（physical fitness）这一概念，源自美国健康体育休闲舞蹈学会（AAHPERD）。1957年，AAHPERD组织和制定了“国家青年适应能力测试”（national youth fitness test），对全美各州青少年进行仰卧起坐、引体向上、立定跳远、垒球掷远、折返跑等测试。1987年，AAHPERD提出一项旨在建立一个能协助体育教师帮助青少年儿童理解终身体育活动的价值、意义，并养成健康行为习惯的教育计划，即体适能健康教育计划。体适能的概念由此逐渐被各国及运动生理学界接受和重视。世界卫生组织（WHO）对体适能的定义为：人体拥有充沛的精力完成日常的工作和学习而不感到疲劳，同时仍有余力用来享受闲暇和适应突发状况的能力。我国也有学者认为，体适能是一个人的身体适应生活、运动和环境（如温度、气候变化或病毒等因素）的综合能力。体适能的概念在我国传统上与体质相近，但又不完全等同于体质。由于“体质”的范畴十分宽泛，因此近年来“体适能”逐步成为我国从体育学角度评价人体健康的综合指标。

2. 体适能的范畴

美国运动医学学会（ACSM）认为：体适能由健康体适能（health-related physical fitness）和竞技体适能（skill-related physical fitness）构成。

健康体适能与健康关联密切，是指心血管、肺和肌肉发挥最理想效率的能力。其不仅是机体维护自身健康的基础，还是保障机体以充沛的精力完成日常生活工作，预防运动损伤和降低各类慢性疾病风险的必要前提。

健康体适能的测量和评价内容包括：心肺适能、肌肉适能、身体成分和柔韧素质。

竞技体适能是指与动作、舞蹈和体操等技能表现有关的运动技术能力，主要包括平衡、协调、灵敏、速度、爆发力和反应速度。技能体适能是从事各种运动项目的基础，但尚无充分证据表明它们与健康和疾病存在直接关联。

（三）健康的概念与范畴

1. 健康的概念

健康（health）一词起源于英国，最初的含义是：结实、完美和安全。由于“健康”一词的概念受到不同历史阶段的生产力、科技水平和当时哲学思想的影响，因而具有一定的动态特征，加之人类从一出生就会受到疾病的威胁，因此，在科技不发达的远古时代，人们本能地意识到当身体没有疾病或创伤时，就是安全并且没有痛苦的，这种本能的意识就是那时候人们对于健康最初的认知。

随着现代医学模式由最初单一的“生物医学模式”转变为“生物－心理－社会医学模式”，健康被赋予了更多的内涵。1948 年，世界卫生组织（WHO）在其宪章中首次提出了“健康不仅是免于疾病或虚弱，而是保持身体上、精神上和社会适应方面的完好状态”的概念。这一概念在 WHO 于 1978 年通过的《阿拉木图宣言》与 1986 年制订的《渥太华宪章》中得到重申。1989 年 WHO 对健康又作出了最新定义，明确地将道德健康纳入健康的基本构成要素，即“健康不仅是没有疾病，而且还包括躯体健康、心理健康、社会适应良好和道德健康。”

2. 健康的范畴

（1）躯体健康：全身器官发育良好，组织结构完整，生理指标没有异常，身体处在充满活力、健康的状态。

（2）心理健康：人格完整，自我感觉良好，情绪稳定且积极的情绪起主导作用，有较好的自控能力，能保持心理上的平衡，有自尊、自爱、自信和自知之明。

（3）社会适应良好：一个人的心理活动和行为，能适应当时复杂的环境变化，为他人所理解，为大家所接受。

（4）道德健康：不损坏他人的利益来满足自己的需要，能按照社会认可的行为道德来约束自己及支配自己的思维和行动，具有辨别真伪、善恶、荣辱的是非观念和能力。

（四）体质、体适能和健康的关系

体质、体适能和健康的意义相近易产生混淆，三者既有相同之处，又有不同之处。从定义来看，体质是指人体的质量，它是在遗传性和获得性基础上表现出来的人体形态结构、生理机能、身体素质、心理品质和适应能力等方面综合的、相对稳定的特征。体适能是指机体处于不过度疲劳状态，能以旺盛的精力愉快地从事日常工作和休闲活动，能从容地应对不可预测地紧急情况的能力，是一种对生活、运动和环境等因素的应变能力。健康是指在身体、心理及社会各方面都完美的状态，而不仅仅是没有疾病和虚弱，强调了对社会的适应能力。

体质是身体的质量，是静态的，相当于制造物品的“材料”或“材质”；体适能是身体的适应力，是一种能力，就如物品的“用途”或“功能”，是动态的；健康是一种“状态”。体质与健康的关系是“质量”与“状态”的关系，“质量”在一定程度上决定“状态”；体质与体适能的关系是“材料”与“功能”的关系，在一定程度上，“材料”决定“功能”；健康和体适能的关系就是“状态”与“能力”的关系，“状态”决定“能力”。

综上，体质、体适能和健康是一组均与个体身体素质相关，却又有所不同的三种因素，三者互相影响，紧密结合。体质是基础，是先决条件，决定着健康的状态，健康的好坏决定着体适能的水平，同时体适能水平提升会反过来改善健康状态，提高体质质量。

二、理想体质的稳定特征

体质是人的生命活动和工作能力的物质基础。它在形成、发展和消亡过程中，具有明显的个体差异和阶段性，表现出从最佳功能状态到严重疾病和功能障碍等各种不同的体质水平。因此，体质本身是一个连续发展变化的过程。人具有自然和社会两种属性，体质很大程度上来说是由两种属性结合的产物，如躯体与精神、生理与心理的对立统一。父母的遗传在出生前就决定了子代的体质发展的方向。在个体体质的发展过程中，生活条件、营养饮食、季节气候、地理环境等都会对体质的发展产生一定的制约作用。理想体质是指人体良好的质量。理想体质具有明显的人群特征，如年龄、性别、种族和职业等。它是在遗传基础上，经过后天努力塑造所达到的人体形态结构、生理机能、身体素质、心理品质和对内外环境适应能力的较全面的良好状态。理想体质的主要标志是：

（1）身体健康，主要脏器无疾病。

（2）身体形态发育良好，体格健壮，体形匀称。

（3）呼吸系统、心血管系统和运动系统具有良好的生理机能。

（4）有较强的运动能力和劳动工作能力。

（5）心理发育健全，情绪乐观，意志坚强，有较强的抗干扰、抗刺激的能力。

（6）对自然和社会环境有较强的适应能力。

因此，评价理想体质，必须进行多指标的全面综合评价。评价时，应以同体质良好的人群（该人群处于第 75~80 位数以上）的数据资料建立理想体质的评价标准。

三、影响体质的主要因素

（一）遗传与体质

遗传是人的体质发展变化的先天条件，对人的体质强弱有重要影响。人体存在着种族和血缘的特点，人体的形态、结构、相貌、肤色等，均受遗传的影响。如体形、性格、机能、疾病等，都与遗传有关，身体素质和运动能力与遗传也有密切的关联。运动与遗传学研究成果也证实了人类体质和运动能力受基因和环境相互作用的影响。

（二）环境与体质

自然环境和社会环境都是人类赖以生存的基本条件，例如，地理环境、社会制度、经济及卫生保健制度等对人体的生长发育、健康水平都有直接的影响。

1. 自然环境

自然环境的不断变化过程，就是机体的各种生理机能、形态特点不断改善适应的过程。不同的地理环境对人类体质有不同的影响。国际生物学发展规划理事会（IBP）对高原人群适应性的研究结果表明：地区的环境因素和人群的遗传性有明显差异。例如，对秘鲁的 4 000~4 800 m 高地生活的人群（处在每年平均气温约 8 ℃，从最热的一月到最冷的六月平均温度仅差 2 ℃，一般日内温差较大，平均为 17 ℃）进行研究发现，该人群有生长发育期缓慢且延长的现象。又如，研究发现在较低海拔高度上生长的婴儿，身高、体重和脂肪厚度均比海拔高度高处的大。这是一种对高原地理环境、气候条件适应的结果。

2. 社会环境

社会经济的发展水平和物质文明、社会制度是决定人生长发育水平高低与体质强弱的主要因素。社会环境包括物质生活水平和营养状况、文化教育和医疗卫生条件等。长期的营养低下或营养不良都会导致体质水平的下降。合理的营养是有效地增强体质的关键。儿童营养不良对体质有很大的影响，特别是在敏感的青春期。另外，营养对身体的免疫功能也有重要的作用，特别是在出生前营养不良所造成的免疫缺陷更为明显。

（三）运动与体质

早在公元前 400 年，古希腊医学家希波克拉底便认为，“单纯依靠饮食是不能让身体健康的，必须还要进行运动锻炼，合理地摄取食物和进行运动相结合才能带来健康”。我国古代众多的养生手段也证明，我们的祖先已经清楚地认识到了体育运动对体质健康的益处。1952 年，毛泽东为中华全国体育总会成立大会题词“发展体育运动，增强人民体质”。2016 年，《“健康中国 2030”规划纲要》中明确提出，“广泛开展全民健身运动，提高全民身体素质”。

运动对体质的影响主要表现在：

（1）形态结构：促进儿童、青少年身体形态的良好发育。

（2）生理机能：① 心血管系统，促进血液循环、防治心血管疾病，改善心肺功能，提高免疫功能；② 呼吸系统，提高呼吸系统的机能水平，促进呼吸器官结构的改变；③ 运动系统，促进结构机能的有利变化，提高关节的柔韧性和灵活性，强化骨结构、提高骨性能；④ 神经系统，提高神行系统的反应能力和灵活性，提高人体对环境的适应能力，提高大脑皮质神经细胞的耐受性，延缓大脑组织的衰老。

（3）身体素质：发展人的速度、力量、耐力、灵敏、协调、柔韧等素质。

（4）心理品质：改善情绪状态的控制，加强意志品质的培养，确立良好的自我概念。

（5）适应能力：协调人际关系，提高对外界自然环境的适应力、对疾病的抵抗力以及疾病损伤后的修复力，陶冶良好的道德情操，提高社会生活质量。

四、国内外体质相关研究的发展

（一）我国体质研究

党和国家一贯重视增强我国人民的体质，特别是对增强青少年儿童的体质尤为重视。近几年来，我国的体质研究工作有了迅速的发展，取得了可喜的成绩，对青少年学生的体质测量也正在广泛开展。加强青少年体质的研究工作，对增强整个中华民族的体质，对提高人口素质和实现优生优育具有重要的现实意义和深远意义。

1979 年，我国在国家体育运动委员会（以下简称国家体委）、教育部、卫生部的共同领导下，进行了全国 16 个省市汉族 7~22 岁青少年儿童体质状况的调研，并出版了《科学技术成果报告》，公布了第一批有关我国学生近 20 万人体质状况的测量数据，开启了对我国人群体质状况调查和监测的先河。在此基础上，为了全面掌握我国学生的体质和健康状况，1985 年国家教育委员会（以下简称国家教委）、国家体委、卫生部、国家民族事务委员会（以下简称国家民委）又在全国 29 省（区、市）28 个民族的大中小学生中进行了体质与健康调查研究，获得了近 50 万人的测量数据，使我国体质测量逐步走向规范化、制度化，并建立了体质评价标准。1987 年，国家教委、国家体委、卫生部、国家民委、国家科学技术委员会（以下简称国家科委)、财政部联合发出了《关于中国学生体质与健康状况调查结果和加强学校体育卫生工作的意见》。1988 年《全国学生体质与健康状况监测实施方案》指出，全国将从 1991 年开始统一按实施方案进行学生体质、健康状况的监测工作，今后每三年进行一次，并与每十年一次的全国学生体质、健康调查研究相衔接。2002 年，教育部、国家体育总局印发《学生体质健康标准（试行方案）》及《〈学生体质健康标准（试行方案）〉实施办法》，进一步贯彻“健康第一”指导思想，逐步与国际上体质思想认识发展同步。2007 年，教育部、国家体育总局在认真总结《学生体质健康标准》试行工作的基础上，根据新的形势对《学生体质健康标准》进行了修改和完善，并印发《国家学生体质健康标准》及《〈国家学生体质健康标准〉实施办法》。2014 年，教育部结合新时期青少年体质健康状况和学校体育工作实际，再次对《国家学生体质健康标准》进行了修订，印发《国家学生体质健康标准（2014 年修订）》，并沿用至今。

我国成年人的体质调研起始于 1994 年的全国职工体质调研，依据此次测试制定了《中国成年人体质测定标准》。1997 年，我国首次在全国系统开展成年人体质监测；1998 年，又首次进行了中国 3~6 岁幼儿的体质调研，由此国民体质监测覆盖的人群逐步完善。1995 年，中国正式实施国民体质监测制度，国家体育总局会同 10 个有关部门对 3~69 岁的国民进行了首次全国性体质监测，获取了我国国民体质状况资料，国家体育总局组织专家运用这些数据制定了《国民体质测定标准》。迄今，我国于 1995 年、2000 年、2005 年、2010 年、2014 年、2019 年共进行了 6 次覆盖全国 31 省（区、市）的国民体质监测工作，逐步建立和形成了一个周期性、制度性和系统性的国民体质监测体系。

（二）其他国家对体质的认识

1. 美国对体质的认识

美国的体质测试称为 fitness test，1958 年美国健康体育休闲舞蹈学会（AAHPERD）将其解释为一个人能有效活动的程度。第二次世界大战以后，随着经济的发展和工业化、城市化进程加快，西方社会先后进入老龄化社会，各种文明病逐渐增多，体质的定义就逐步演变为：能安全地从事体力活动，并能预防运动不足而引起的疾病的能力。到了20世纪70年代，美国学者认为fitness包括运动素质和健康素质。其中，提高运动成绩不可缺少的各种身体素质称为运动素质或运动员素质；增进健康和预防某些疾病有特殊作用的素质叫作健康素质。运动素质对运动员来说是十分重要的，健康素质是每个人都需要的，因此，要求体质测试以健康素质为主，包含心肺耐力、肌肉力量/耐力、人体成分、柔韧性4部分。

2. 日本对体质的认识

日语中“体力”一词与“体质”的含义相近。日本学者对体力的解释为：包含精神能力在内的人类所固有的生命力，由身体要素和精神要素构成，包括形态结构、生理功能、心理因素、身体素质、运动能力等几方面。身体要素指身体的体格、体形、体能和对外界环境刺激的反应能力和适应能力；而精神要素指某些心理因素，如意志、气质、智力、判断等。

第二节　体质综合评价

随着体质研究的迅速发展，体质综合评价的意义和重要性愈来愈引起人们的重视。为了能够比较合理地评价体质，必须进行综合评价。体质综合评价，是指对构成体质成分的各类指标进行定量描述，并对其价值作出全面的综合判断。主要是从人体的生长发育，各系统的机能、身体的运动能力、对环境的适应能力、健康情况、对疾病的抵抗能力、心理特征等方面评定体质的状况。

一、体质综合评价的基本原则

（1）体质综合评价所选用的指标必须符合可靠性、有效性和客观性。

（2）体质综合评价的指标应充分考虑到评价对象的性别、年龄特征及其指标的连续性，以便于进行横向、纵向分析研究。

（3）体质综合评价的指标应能准确地测量，并可用一定计量单位进行描述，便于记录和评价。

（4）身体素质和运动能力项目的测验，应尽量避免选用受主观因素和技术因素影响较大的项目。

（5）体质综合评价的指标应考虑我国的实际情况，评价指标要少而精，简便易行。

（6）体质综合评价的指标尽可能做到与现行的有关测验制度的一致性。如《国际体力标准化委员测验》《国家体育锻炼标准》《学生体质健康监测》等。

二、各类指标在体质综合评价中的权重

所谓指标的权重，是表示指标的相对重要程度。它是各类、各项指标在体质总体中所起作用的大小，来确定它们在体质综合评价中所占有的比例。在体质综合评价中，各类项目指标的权重，可以根据人体生长发育规律的专业知识、经验及统计学方法确定。研究结果表明，素质类指标与体质总分的相关程度比较高，依次是机能类指标，形态类指标。

对于用于体质评价的测试项目及其各个项目的派生指标，都会反映出其具体的评价概念。

三、体质综合评价标准的制定

根据评价的基本思想，评价指标以及各类指标的权重确定以后，在较大数量的横剖面调查测试的基础之上，便可以制定评价标准和确定综合评价的方法。

（1）分别计算不同性别、年龄，各项身体形态、生理机能、身体素质指标的平均数和标准差，或第5~95百分位数对应值。

（2）用离差法或百分位数法分别制定不同性别、年龄各个单项指标（0~20分或0~100分）评分表。同时按照身体形态、生理机能、身体素质各类指标各自的权重系数，将各个分数值加权。最后将加权后的分值，与原分值并列在评分表中。

（3）将不同性别的各年龄组中每个个体各项指标的实测值，换算成相应单项评分表的加权分值，分别计算身体形态、生理机能、身体素质各类指标的加权平均分值。再将三类指标的加权平均分值相加，即为每个个体的体质总分。然后，分别列出各样本体质总分的频数分布表，计算总分的

平均值、标准差或第 10、25、50、75、90 百分位数对应值。

（4）用离差法或者百分位法，制定不同性别、不同年龄的等级体质综合评价标准。

百分位法，是以大样本调查资料的中位数（即第 50 百分位数）为基准值，以其他百分位数为离散距，对能力和水平进行分等评价的方法。它既适用于非正态分布的资料，也适用于正态分布的资料，

离差法是以大样本调查资料的平均数为基数值，以标准差为离散距，对能力和水平进行分等评价的方法。对于正态分布或者是近似于正态分布的资料，可以用离差法划分评价等级。因为是正态分布，其主要特征是属于中等水平的人数很多，而处于好和差的人数很少。所以，划分评价等级的时候应考虑此特点。

四、体质综合评价方法的应用

（一）个体的评价

个体的评价是将每个个体指标的实测值，按照相应的性别、年龄的各单项评分表，查出加权分数。然后分别计算身体形态、生理机能、身体素质三类指标的加权平均数，将三类指标的加权平均数相加成总分。评价的时候，可将个体的总分直接进行比较，也可将个体的总分差相应的体质综合评价表，对所属的评价等级进行比较。

（二）集体的评价

先按前述方法计算，集中每个个体的总分。评价时，可对两个或两个以上集体中个体总分的平均总分直接进行比较。也可将集体中个体总分按体质综合评价标准进行等级评价，计算集体中属各评价等级的人数，并按 5（良好）、4（较好）、3（一般）、2（较差）、1（差）计分，分别乘以各评价等级的人数。然后计算集体总分，最后将集体总分进行比较。

单项评分表若采用百分位数法制定，必须对其分数进行正态化转换处理后，才能累加成总分进行评价。

第三节 体质测量与评价的内容

一、体质测量内容

体质测量内容及指标选择是否得当，很大程度上决定体质研究的价值和效果。因此，在选择测量指标时，必须遵循测量的有效性、可靠性和客观性、经济性和可行性的原则。同时还应注意实施的规范化、标准化的体育测量。

1982 年，中国体育科学学会体质研究会召开研讨会，就有关体质综合测量与评价指标的规范等问题进行研讨，提出体质测量和评价指标的优选和规范，应在全面考虑指标的有效性、可靠性、客观性和研究工作连续性的前提下，结合当前我国的实际情况和现行的各项测验制度，分别制定当前体质测量基本可行的方案和长远、深入研究的方案。这样既可使体质研究工作在面上开展起来，又可使之进一步深入发展。

体质测量与评价的内容主要包括身体形态、生理机能以及身体素质。身体形态是指人类体质特征和体质类型在个体年龄上的变化和性别上的差异以及在地域间的差别和变异规律，身体形态的测量和评价也多考虑人体高度、围度、宽度、重量以及身体成分等方面。生理机能是指人体各器官系统发育是否良好、功能是否健全、运转是否自如等，它是衡量人体是否健康的重要标志，一个疾病缠身的人就不能称为是一个健康的人。其常见的衡量指标有脉搏、血压、肺活量等。身体素质是指人体肌肉活动的基本能力，是人体各器官系统机能在肌肉工作过程中的综合反映，力量、速度、耐力、灵敏、柔韧等都是身体素质的一部分。

二、我国体质的测量与评价方案

（一）国民体质监测制度及实施

国民体质监测是国家为系统掌握国民体质状况，以抽样调查的方式，按照国家颁布的国民体质测量指标，在全国范围内定期对监测对象进行统一测试和对所测数据进行分析研究的工作。我国国民体质监测于 1995 年启动，每 5 年开展一次。迄今已进行了 6 次覆盖 31 个省（区、市）的国民体质监测，建立了中国国民体质测量数据库，掌握了我国国民体质基本变化规律，为国家科学制定发展群众体育事业、增强国民体质的相关政策提供了重要依据。

体质测量活动主要包括四个阶段：准备阶段、数据采集阶段、检查和筛选数据以及建立数据库阶段、分析总结阶段。其中，数据采集阶段，即体质测量过程尤为重要。通过合理安排体测内容，科学开展体测活动，获得具体的数据并进行分析研究，国家和相关政府部门能够全面了解掌握我国国民体质现状和变化规律，开发应用国民体测大数据，配合完成《全民健身计划》实施效果评估和研制，为“健康中国”的推进奠定基础。国民体质测量结果已成为制定和评估全民健身计划实施效果、评价“健康中国”建设成效的重要指标和数据来源。

1.《国民体质测定标准》（成年人部分）

《国民体质测定标准》（成年人部分）由三部分组成，第一部分是适用对象的分组与测试指标；第二部分是测试方法；第三部分是评定标准。《国民体质测定标准》（成年人部分）的适用对象为 20～59 岁的中国成年人，按年龄（按实足年龄计算）、性别分组，每 5 岁为一组，男女共分为 16 个组别。测量指标包括身体形态、生理机能和身体素质三类。40 岁以前和 40 岁及以后在测量内容上约有不同（表 7-1）。

▶ 表 7-1　国民体质测定成年人测试指标

类别	测试指标	
	20～39 岁	40～59 岁
身体形态	身高、体重	身高、体重
生理机能	肺活量、台阶试验	肺活量、台阶试验

续表

类别	测试指标	
	20~39 岁	40~59 岁
身体素质	握力 俯卧撑（男） 1 min 仰卧起坐（女） 纵跳 坐位体前屈 选择反应时 闭眼单腿站立	握力 坐位体前屈 选择反应时 闭眼单腿站立

体质评定方法与标准采用单项评分和综合评级进行评定。单项评分采用5分制，包括身高标准体重评分和其他单项指标评分。身高体重的评价采用相关评价法，以每厘米身高对体重进行双向评价，以均数 ± 标准差内为最高分值5分，远离均数一个标准差以上分别得3分和1分，体重过重或过轻都不好，得分较低，每10岁为一个评价表。其他指标的评价采用绝对值单向评价法进行，按年龄的尾数0、4、5、9划分，每5岁设定一个评分表。将某人的测量结果查相应的评价表，就可以迅速得到此人的各项分值。

以20~24岁男性成年人单项指标评分表为例（表7-2）。

▶ 表7-2　20~24岁男性成年人单项指标评分表

分数	测试指标							
	肺活量/ml	台阶指数	握力/kg	俯卧撑/次	纵跳/cm	坐体前屈/cm	选择反应时/s	闭眼单脚站/s
1分	2 369~2 847	42.1~46.1	29.6~36.9	7~12	19.9~24.8	−3.5~1.7	0.61~0.69	3~5
2分	2 848~3 464	46.2~52.0	37.0~43.5	13~19	24.9~32.3	1.8~8.9	0.50~0.60	6~17
3分	3 465~3 984	52.1~58.0	43.6~49.2	20~27	32.4~38.4	9.0~14.1	0.44~0.49	18~41
4分	3 985~4 634	58.1~67.6	49.3~56.3	28~40	38.5~45.8	14.2~20.1	0.39~0.43	42~98
5分	>4 634	>67.6	>56.3	>40	>45.8	>20.1	<0.39	>98

综合评级根据受试者各单项得分之和确定，共分四个等级：一级（优秀）、二级（良好）、三级（合格）、四级（不合格）（表 7–3）。

▶ 表 7–3　国民体质测定成年人综合评价表

等级	得分	
	20～39 岁	40～59 岁
一级（优秀）	＞33 分	＞26 分
二级（良好）	30～33 分	24～26 分
三级（合格）	23～29 分	18～23 分
四级（不合格）	＜23 分	＜18 分

2.《国民体质测定标准》（幼儿部分）

《国民体质测定标准》（幼儿部分）的适用对象为 3～6 周岁的中国幼儿。按年龄、性别分组，每 0.5 岁为一组，男女共计 14 个组别。测试指标包括身体形态和身体素质两类（表 7–4）。

▶ 表 7–4　国民体质测定幼儿测试指标

类别	测试指标
身体形态	身高 体重
身体素质	10 m 折返跑 立定跳远 网球掷远 双脚连续跳 坐位体前屈 走平衡木

体质评定方法与标准采用单项评分和综合评级进行评定，单项评分包括身高标准评分和其他单项指标评分，采用 5 分制。以 3 岁男生单项指标评分表为例（表 7–5）。

▶ 表 7–5 3 岁男生单项指标评分表

分数	测试指标					
	身高 /cm	10 m 折返跑 /s	立定跳远 /cm	双脚连续跳 /s	坐位体前屈 /cm	走平衡木 /s
1 分	< 91.2	12.9 ~ 15.8	21 ~ 29	19.7 ~ 25.0	2.9 ~ 4.8	30.1 ~ 48.5
2 分	91.2 ~ 95.4	10.3 ~ 12.8	30 ~ 42	13.1 ~ 19.6	4.9 ~ 8.5	16.9 ~ 30.0
3 分	95.5 ~ 99.3	9.1 ~ 10.2	43 ~ 58	9.2 ~ 13.0	8.6 ~ 11.6	10.6 ~ 16.8
4 分	99.4 ~ 104.1	8.0 ~ 9.0	59 ~ 76	6.6 ~ 9.1	11.7 ~ 14.9	6.6 ~ 10.5
5 分	> 104.1	< 8.0	> 76	< 6.6	> 14.9	< 6.6

综合评级根据受试者各单项得分之和确定，共分四个等级：一级（优秀）、二级（良好）、三级（合格）、四级（不合格）。任意一项指标无分者，不进行综合评级（表 7–6）。

▶ 表 7–6 国民体质测定幼儿综合评价表

等级	得分
一级（优秀）	> 31 分
二级（良好）	28 ~ 31 分
三级（合格）	20 ~ 27 分
四级（不合格）	< 20 分

3.《国民体质测定标准》（老年人部分）

《国民体质测定标准》（老年人部分）适用对象为 60 ~ 69 周岁的中国老年人，按年龄、性别分组，每 5 岁为一组，男女共计 4 个组别。测试指标包括身体形态、生理机能和身体素质三类（表 7–7）

▶ 表 7-7 国民体质测定老年人测试指标

类别	测试指标
身体形态	身高 体重
生理机能	肺活量
身体素质	握力 坐位体前屈 选择反应时 闭眼单脚站立

体质评定方法与标准采用单项评分和综合评级进行评定，单项评分包括身高标准评分和其他单项指标评分，采用 5 分制。以 60~64 岁男性老年人单项指标评分表为例（表 7-8）。

▶ 表 7-8 60~64 岁男性老年人单项指标评分表

分数	测试指标				
	肺活量 /ml	握力 /kg	坐位体前屈 /cm	选择反应时 /s	闭眼单脚站立 /s
1 分	1 400~1 827	21.5~26.9	−12.4~−7.8	1.01~1.40	1~3
2 分	1 828~2 425	27.0~34.4	−7.7~0.9	0.77~1.00	4~6
3 分	2 426~2 939	34.5~40.4	1.0~6.7	0.63~0.76	7~14
4 分	2 940~3 499	40.5~47.5	6.8~13.1	0.51~0.62	15~48
5 分	> 3 499	> 47.5	> 13.1	< 0.51	> 48

综合评级根据受试者各单项得分之和确定，共分四个等级：一级（优秀）、二级（良好）、三级（合格）、四级（不合格）。任意一项指标无分者，不进行综合评级（表 7-9）。

▶ 表 7-9 国民体质测定老年人综合评价表

等级	得分
一级（优秀）	> 23 分
二级（良好）	21~23 分
三级（合格）	15~20 分
四级（不合格）	< 15 分

（二）《国家学生体质健康标准》

1.《国家学生体质健康标准》概述

《国家学生体质健康标准》（简称《标准》）是国家学校教育工作的基础性指导文件和教育质量基本标准，是评价学生综合素质、评估学校工作和衡量各地教育发展的重要依据。其始终坚持“健康第一”的指导思想，不断加强学校体育工作，培养学生健康体魄、良好锻炼习惯和终身体育意识。

《国家学生体质健康标准》是《国家体育锻炼标准》的有机组成部分，是《国家体育锻炼标准》在学校的具体实施，是国家对学生体质健康方面的基本要求，适用于全日制小学、初中、普通高中、中等职业学校和普通高等学校的在校学生。

标准将适用对象划分为以下组别：小学、初中、高中按每个年级为一组，其中小学为 6 组、初中为 3 组、高中为 3 组。大学一、二年级为一组，三、四年级为一组。小学、初中、高中、大学各组别的测试指标均为必测指标。其中，身体形态类中的身高、体重，身体机能类中的肺活量，以及身体素质类中的 50 m 跑、坐位体前屈为各年级学生共性指标。

《国家学生体质健康标准》是促进学生体质健康发展、激励学生积极进行身体锻炼的教育手段，是学生体质健康的个体评价标准，也是学生毕业的基本条件之一。

2.《国家学生体质健康标准》的修订

2007 年，教育部、国家体育总局在全面总结经验的基础上，印发《国家学生体质健康标准》，《国家学生体质健康标准》以“贯彻落实健康第一的指导思想，切实加强学校体育工作，促进学生积极参加体育锻炼，养成良好的锻炼习惯，提高体质健康水平”为宗旨，在全面提高我国青少年体质健康水平方面发挥了积极的促进作用。

通过不断总结学生体质健康测试经验，2014 年，教育部对《国家学生体质健康标准》进行了修订，并印发现行的《国家学生体质健康标准（2014 年修订）》。《国家学生体质健康标准（2014 年修订）》取消了选测项目，并对各年段学生的必测项目及其权重进行了明确规定。它不但成为“阳光体育运动”与高校之间的联系纽带，同时也是将“阳光体育运动”落实到具体实践中的有力保证。

3. 测试指标及分值

《国家学生体质健康标准》设置的测试指标体系有 3 个维度，即身体形态、身体机能、身体素质。测试项目是指《国家学生体质健康标准》中规定的直接用于身体形态、身体机能、身体素质等的具体测试项目，如身高、肺活量、立定跳远、篮球运球等。这些都是可以直接测试的独立指标，无论是身高、体重等身体形态指标，肺活量等身体机能指标，还是坐位体前屈等身体素质指标都可以直接测试出成绩。

各组别测试指标及分值见表 7-10。

▶ 表 7-10 各组别测试指标及分值

组别	测试指标	分值 / 分
所有年级	BMI	15
	肺活量	15
小学一、二年级	50 m 跑	20
	坐位体前屈	30
	1 min 跳绳	20
小学三、四年级	50 m 跑	20
	坐位体前屈	20
	1 min 跳绳	20
	1 min 仰卧起坐	10

续表

组别	测试指标	分值 / 分
小学五、六年级	50 m 跑	20
	坐位体前屈	10
	1 min 跳绳	10
	1 min 仰卧起坐	20
	50 m × 8 往返跑	10
初中、高中、大学各年级	50 m 跑	20
	坐位体前屈	10
	立定跳远	10
	男生引体向上、女生 1 min 仰卧起坐	10
	男生 1 000 m 跑、女生 800 m 跑	20

注：BMI = 体重 / 身高 ^{2}（体重的单位为 kg，身高的单位为 m）。

4. 其他

（1）《国家学生体质健康标准》的学年总分由标准分与附加分之和构成，满分为 120 分。标准分由各单项指标得分与权重乘积之和组成，满分为 100 分。附加分根据实测成绩确定，即对成绩超过 100 分的加分指标进行加分，满分为 20 分；小学的加分指标为 1 min 跳绳，加分幅度为 20 分；初中、高中和大学的加分指标为男生引体向上和 1 000 m 跑，女生 1 min 仰卧起坐和 800 m 跑，各指标加分幅度均为 10 分。

（2）根据学生学年总分评定等级：90.0 分及以上为优秀，80.0~89.9 分为良好，60.0~79.9 分为及格，59.9 分及以下为不及格。

（3）每个学生每学年评定一次，记入《〈国家学生体质健康标准〉登记卡》。特殊学制的学校，在填写登记卡时可以按规定和需求相应地增减栏目。学生毕业时的成绩和等级，按毕业当年学年总分的 50% 与其他学年总分平均得分的 50% 之和进行评定。

（4）学生测试成绩评定达到良好及以上者，方可参加评优与评奖；成绩达到优秀者，方可获体育奖学分。测试成绩评定不及格者，在本学年度准予补测一次，补测仍不及格，则学年成绩评定为不及格。普通高中、中等职业学校和普通高等学校学生毕业时，《国家学生体质健康标准》测试的成绩达不到 50 分者按结业或肄业处理。

（5）学生因病或残疾可向学校提交暂缓或免予执行《国家学生体质健康标准》的申请，经医疗单位证明，体育教学部门核准，可暂缓或免予执行《国家学生体质健康标准》，并填写《免予执行〈国家学生体质健康标准〉申请表》，存入学生档案。确实丧失运动能力、被免予执行《国家学生体质健康标准》的残疾学生，仍可参加评优与评奖，毕业时《国家学生体质健康标准》成绩需注明免测。

（6）各学校每学年开展覆盖本校各年级学生的《国家学生体质健康标准》测试工作，《国家学生体质健康标准》测试数据经当地教育行政部门按要求审核后，通过“中国学生体质健康网”上传至“国家学生体质健康标准数据管理系统”。测试和数据上传时间由教育行政部门确定。

第四节 体适能测量与评价

一、体适能测量内容概述

健康体适能测量内容主要由与人体健康水平密切相关的体适能要素组成，通常主要测量心肺适能（cardiorespiratory fitness）、肌肉适能（muscular fitness）、身体成分（muscular composition）和柔韧素质（flexibility）。

竞技体适能测量内容主要包含平衡（balance）、协调（coordination）、灵敏（agility）、速度（speed）、爆发力（explosive power）。

另外，针对老年人和伤后康复人群，有学者提出功能性体适能的概念，功能性体适能测量内容主要包含心肺系统（cardiopulmonary system）、肌肉系统（muscular system）、柔韧素质（flexibility）、平衡素质（balance quality）的综合生理功能。

二、体适能测量内容

（一）健康体适能测量内容

1. 心肺适能

心肺适能是健康体适能中最基础的要素，也是评估体适能优劣最重要的指标。它能反映由心脏、血液、血管和肺组成的血液运输系统向肌肉运送氧气、能源物质并且维持机体从事体力活动的能力。拥有良好心血管适能的人通常也具有较好的运动耐力和有氧运动能力，因此心肺适能有时又被称为心肺耐力（cardiorespiratory endurance）或者有氧适能（aerobic fitness）。

2. 肌肉适能

肌肉适能包括肌肉力量和肌肉耐力两部分。肌肉力量（muscle strength）是指肌肉一次收缩产生的最大力量，通常以对抗和克服最大阻力的重量、力矩或做功功率表示。肌肉耐力（muscle endurance）是指骨骼肌受到阻力时持续收缩和反复收缩或维持固定用力状态的能力，一般以定量运动负荷的次数、负荷持续时间或者输出功率变化来表示。肌肉力量和肌肉耐力是机体正常工作的基础。

3. 身体成分

身体成分中最主要的是身体适当的体脂百分比（脂肪占体重的百分比）。人体是由脂肪组织与非脂肪组织（如肌肉、水分、骨骼及脏器等）组成，保持合理的体重和维持适当的身体组织对人体健康具有重要作用。身体成分中，脂肪的比例变化对健康的影响较大。当人体的体脂百分比过高时，健康和体适能会受到相当大的威胁，同时患心脏病、高血压、糖尿病、中风、脂肪肝、高脂血症等疾病的概率显著升高。而过低的体脂率也会导致女性不孕，因此，适宜的体脂百分比可作为身体成分的一个重要部分。

4. 柔韧素质

柔韧素质是身体各关节能有效活动到最大范围的能力，即在无疼痛的情况下，关节所能活动的最大范围。良好的柔韧素质在运动中表现出高自由度和轻松感，它对于保持人体运动能力，防止运动损伤有重要意义。影响柔韧素质的因素除关节本身的结构外，还有肌肉、肌腱、韧带、软骨组织和皮肤。柔韧素质好的人，其肢体的活动范围较大，且在不借助外力的情况之下，身体扭转、回旋、屈曲、伸展都比较轻松，而且能更多地避免因用力而造成的肌肉拉伤或关节扭伤等运动损伤。

（二）竞技体适能测量内容

平衡：指人体在静态或者动态中维持身体平衡的能力。滑冰或者平衡木以及高空作业就需要超强的平衡能力。

协调：是指在神经系统和运动系统的调节整合下，人体在运动中准确、协调地完成动作的能力。杂技、高尔夫就需要很强的协调性。

灵敏：是指在空间迅速、准确地改变整个身体运动方向的能力，例如滑雪和摔跤就需要超强的反应能力。

速度：是指短时间快速移动的能力，田径和橄榄球就需要此类身体素质。

爆发力：是指以最快的速度将能量转化成力量的能力。铁饼与铅球就需要很强的爆发力。

（三）功能性体适能测量内容

功能性体适能通常是决定老年人是否能够独立自理日常生活而不会感到疲劳的能力，主要测量内容有心肺系统、肌肉系统、柔韧素质、平衡素质的综合生理功能，是针对老年人和伤后康复人群，衡量老年患者健康状况的重要指标。

三、体适能的测量与评价方案

国际上关于体适能的测量与评价内容基本上达成共识，但针对受试者不同年龄特点，在体适能的测量与评价指标选择方面有着显著的差异，国内外关于青少年的体适能的测量与评价以及老年人的功能性体适能测量与评价发展相对比较成熟，不同国家基本形成了针对青少年和老年人的体适能测量与评价体系，而关于幼儿（3~6岁）的体适能测量与评价仍然没有形成相对成熟的测量与评价方案。以下根据已有的研究成果分别阐述幼儿、青少年和老年人的体适能测量与评价方案。

（一）幼儿体适能的测量与评价方案

我国关于幼儿体适能测试方案通常采用国民体质监测指标（幼儿部分），国外对于幼儿体适能测量与评价也做了相当多的研究，Francisco B.（2014）对幼儿体适能测量与评价方案研究进行综述，从测量的可行性、可靠性和有效性角度进行了分析，研究结果建议采用 PREFIT battery 方案。下面主要对该方案的测试内容和百分位评价标准的研究结果进行阐述。

1. 测试内容和指标（表 7-11）

▶ 表 7-11 测试内容和指标

测试内容	测试指标
心肺适能（cardiorespiratory fitness）	20 m 往返跑（20 m shuttle-run）
骨骼肌肉适能（musculoskeletal fitness）	握力（handgrip-strength）；立定跳远（long-jump）
运动适能（motor fitness，速度灵敏和平衡）	4×10 m 往返跑（4×10 m shuttle-run）； 单脚站立（one-leg-stance）
身体形态	身体、体重，BMI

2. 指标百分位参照标准

（1）男 4×10 m 往返跑指标百分位参照标准（表 7-12）。

▶ 表 7-12 男 4×10 m 往返跑指标百分位参照标准 （单位：s）

年龄 / 岁	P_{10}	P_{20}	P_{30}	P_{40}	P_{50}	P_{60}	P_{70}	P_{80}	P_{90}	P_{99}
3.00～3.24	17.2	18.0	18.6	19.1	19.7	20.2	20.9	21.7	23.0	27.2
3.25～3.49	16.6	17.4	18.0	18.5	19.0	19.5	20.1	20.8	22.0	25.9
3.50～3.74	16.1	16.8	17.3	17.8	18.3	18.8	19.3	20.0	21.1	24.6
3.75～3.99	15.6	16.3	16.8	17.2	17.6	18.1	18.6	19.2	20.2	23.4
4.00～4.24	15.1	15.7	16.2	16.6	17.0	17.4	17.9	18.5	19.4	22.3
4.25～4.49	14.7	15.3	15.7	16.1	16.5	16.9	17.3	17.8	18.7	21.4

续表

年龄 / 岁	P_{10}	P_{20}	P_{30}	P_{40}	P_{50}	P_{60}	P_{70}	P_{80}	P_{90}	P_{99}
4.50～4.74	14.3	14.9	15.3	15.7	16	16.4	16.8	17.3	18.1	20.6
4.75～4.99	14.0	14.5	14.9	15.3	15.6	15.9	16.3	16.8	17.5	19.9
5.00～5.24	13.7	14.2	14.6	14.9	15.2	15.5	15.9	16.4	17.1	19.4
5.25～5.49	13.4	13.9	14.3	14.6	14.9	15.2	15.6	16.0	16.7	18.9
5.50～5.74	13.1	13.6	14.0	14.3	14.6	14.9	15.3	15.7	16.4	18.5
5.75～5.99	12.9	13.4	13.7	14.0	14.3	14.6	15.0	15.4	16.1	18.1
6.00～6.25	12.7	13.2	13.5	13.8	14.1	14.4	14.7	15.1	15.8	17.8

（2）女 4×10 m 往返跑指标百分位参照标准（表 7-13）。

▶ 表 7-13　女 4 × 10 m 往返跑指标百分位参照标准　（单位：s）

年龄 / 岁	P_{10}	P_{20}	P_{30}	P_{40}	P_{50}	P_{60}	P_{70}	P_{80}	P_{90}	P_{99}
3.00～3.24	17.8	18.8	19.4	20.0	20.5	21.0	21.7	22.5	24.0	29.0
3.25～3.49	17.3	18.2	18.8	19.3	19.7	20.2	20.8	21.6	22.8	27.2
3.50～3.74	16.8	17.6	18.1	18.6	19.0	19.4	19.9	20.6	21.8	25.6
3.75～3.99	16.3	17.0	17.5	17.9	18.3	18.6	19.1	19.7	20.8	24.1
4.00～4.24	15.7	16.4	16.8	17.2	17.6	17.9	18.4	19.0	19.9	22.8
4.25～4.49	15.2	15.8	16.3	16.6	17.0	17.4	17.8	18.3	19.2	21.7
4.50～4.74	14.8	15.3	15.8	16.1	16.5	16.9	17.3	17.8	18.6	20.9
4.75～4.99	14.4	15.0	15.4	15.7	16.1	16.5	16.9	17.4	18.2	20.3
5.00～5.24	14.1	14.7	15.1	15.4	15.8	16.1	16.6	17.1	17.8	19.9
5.25～5.49	13.9	14.4	14.8	15.1	15.5	15.8	16.2	16.7	17.5	19.5
5.50～5.74	13.6	14.1	14.5	14.9	15.2	15.5	15.9	16.4	17.1	19.1
5.75～5.99	13.3	13.8	14.2	14.6	14.9	15.2	15.6	16.1	16.8	18.7
6.00～6.25	13.1	13.5	13.9	14.2	14.6	14.9	15.3	15.8	16.4	18.2

（3）男单脚站立指标百分位参照标准（表 7-14）。

▶ 表 7-14　男单脚站立指标百分位参照标准　　（单位：s）

年龄 / 岁	P_{10}	P_{20}	P_{30}	P_{40}	P_{50}	P_{60}	P_{70}	P_{80}	P_{90}	P_{99}
3.00～3.24	1.1	1.5	1.8	2.2	2.7	3.2	3.9	4.9	6.8	16.2
3.25～3.49	1.4	1.9	2.3	2.8	3.3	4.0	4.9	6.1	8.6	20.3
3.50～3.74	1.7	2.3	2.8	3.4	4.1	4.9	6.0	7.5	10.5	25.0
3.75～3.99	2.1	2.8	3.5	4.2	5.0	6.0	7.3	9.2	12.9	30.6
4.00～4.24	2.5	3.4	4.2	5.1	6.1	7.3	8.9	11.2	15.7	37.2
4.25～4.49	3.0	4.1	5.1	6.2	7.4	8.8	10.7	13.5	18.9	44.8
4.50～4.74	3.6	4.9	6.1	7.3	8.7	10.5	12.7	16.0	22.4	53.2
4.75～4.99	4.2	5.7	7.1	8.6	10.2	12.2	14.9	18.8	26.2	62.3
5.00～5.24	4.9	6.6	8.2	9.9	11.8	14.2	17.2	21.7	30.3	72.0
5.25～5.49	5.6	7.5	9.4	11.3	13.5	16.1	19.6	24.7	34.5	82.0
5.50～5.74	6.2	8.4	10.5	12.7	15.1	18.1	22.0	27.8	38.8	92.2
5.75～5.99	6.9	9.4	11.7	14.1	16.8	20.1	24.5	30.9	43.1	102.4
6.00～6.25	7.6	10.3	12.9	15.5	18.5	22.2	26.9	34.0	47.5	112.7

（4）女单脚站立指标百分位参照标准（表 7-15）。

▶ 表 7-15　女单脚站立指标百分位参照标准　　（单位：s）

年龄 / 岁	P_{10}	P_{20}	P_{30}	P_{40}	P_{50}	P_{60}	P_{70}	P_{80}	P_{90}	P_{99}
3.00～3.24	1.0	1.5	1.8	2.3	2.7	3.3	4.0	5.1	7.0	15.1
3.25～3.49	1.4	2.0	2.6	3.1	3.8	4.6	5.6	7.0	9.7	21.0
3.50～3.74	1.9	2.6	3.4	4.1	5.0	6.0	7.3	9.2	12.7	27.5
3.75～3.99	2.4	3.3	4.2	5.2	6.3	7.5	9.2	11.6	16.0	34.7

续表

年龄 / 岁	P_{10}	P_{20}	P_{30}	P_{40}	P_{50}	P_{60}	P_{70}	P_{80}	P_{90}	P_{99}
4.00～4.24	2.9	4.1	5.2	6.4	7.7	9.3	11.3	14.3	19.7	42.6
4.25～4.49	3.5	4.9	6.2	7.6	9.2	11.1	13.5	17.1	23.6	51.0
4.50～4.74	4.1	5.7	7.3	9.0	10.8	13.0	15.9	20.1	27.7	59.9
4.75～4.99	4.7	6.6	8.4	10.3	12.5	15.1	18.4	23.2	32.0	69.2
5.00～5.24	5.4	7.6	9.6	11.8	14.2	17.1	20.9	26.4	36.4	78.8
5.25～5.49	6.0	8.5	10.8	13.2	16.0	19.3	23.5	29.7	40.9	88.5
5.50～5.74	6.7	9.4	12.0	14.7	17.7	21.4	26.1	32.9	45.4	98.3
5.75～5.99	7.4	10.4	13.2	16.1	19.5	23.5	28.7	36.2	50.0	108.1
6.00～6.25	8.0	11.3	14.4	17.6	21.2	25.6	31.3	39.5	54.4	117.8

（5）男 20 m 往返跑指标百分位参照标准（表 7-16）。

▶ 表 7-16　男 20 m 往返跑指标百分位参照标准　（单位：s）

年龄 / 岁	P_{10}	P_{20}	P_{30}	P_{40}	P_{50}	P_{60}	P_{70}	P_{80}	P_{90}	P_{99}
3.00～3.24	4	5	6	7	8	10	12	14	18	32
3.25～3.49	5	6	7	9	10	12	14	17	21	34
3.50～3.74	6	7	9	11	12	14	17	20	24	37
3.75～3.99	7	9	11	12	14	17	19	22	27	40
4.00～4.24	8	10	12	14	16	19	21	25	30	43
4.25～4.49	9	12	14	16	18	21	24	27	32	46
4.50～4.74	10	13	15	18	20	23	26	30	35	49
4.75～4.99	11	14	17	20	22	25	29	32	38	52
5.00～5.24	12	16	19	21	24	27	31	35	41	56
5.25～5.49	13	17	20	23	26	30	33	38	44	59

续表

年龄 / 岁	P_{10}	P_{20}	P_{30}	P_{40}	P_{50}	P_{60}	P_{70}	P_{80}	P_{90}	P_{99}
5.50～5.74	14	18	22	25	28	32	36	40	47	64
5.75～5.99	16	20	23	27	30	34	38	43	50	68
6.00～6.25	17	21	25	29	32	36	41	46	53	72

（6）女 20 m 往返跑指标百分位参照标准（表 7−17）。

▶ 表 7−17　女 20 m 往返跑指标百分位参照标准　（单位：s）

年龄 / 岁	P_{10}	P_{20}	P_{30}	P_{40}	P_{50}	P_{60}	P_{70}	P_{80}	P_{90}	P_{99}
3.00～3.24	1.0	1.5	1.8	2.3	2.7	3.3	4.0	5.1	7.0	15.1
3.25～3.49	1.4	2.0	2.6	3.1	3.8	4.6	5.6	7.0	9.7	21.0
3.50～3.74	1.9	2.6	3.4	4.1	5.0	6.0	7.3	9.2	12.7	27.5
3.75～3.99	2.4	3.3	4.2	5.2	6.3	7.5	9.2	11.6	16.0	34.7
4.00～4.24	2.9	4.1	5.2	6.4	7.7	9.3	11.3	14.3	19.7	42.6
4.25～4.49	3.5	4.9	6.2	7.6	9.2	11.1	13.5	17.1	23.6	51.0
4.50～4.74	4.1	5.7	7.3	9.0	10.8	13.0	15.9	20.1	27.7	59.9
4.75～4.99	4.7	6.6	8.4	10.3	12.5	15.1	18.4	23.2	32.0	69.2
5.00～5.24	5.4	7.6	9.6	11.8	14.2	17.1	20.9	26.4	36.4	78.8
5.25～5.49	6.0	8.5	10.8	13.2	16.0	19.3	23.5	29.7	40.9	88.5
5.50～5.74	6.7	9.4	12.0	14.7	17.7	21.4	26.1	32.9	45.4	98.3
5.75～5.99	7.4	10.4	13.2	16.1	19.5	23.5	28.7	36.2	50.0	108.1
6.00～6.25	8.0	11.3	14.4	17.6	21.2	25.6	31.3	39.5	54.4	117.8

（7）男握力指标百分位参照标准（表 7−18）。

▶ 表 7-18 男握力指标百分位参照标准 （单位：kg）

年龄 / 岁	P_{10}	P_{20}	P_{30}	P_{40}	P_{50}	P_{60}	P_{70}	P_{80}	P_{90}	P_{99}
3.00～3.24	2.6	3.2	3.6	4.0	4.3	4.7	5.0	5.5	6.2	8.0
3.25～3.49	3.0	3.6	4.1	4.5	4.8	5.2	5.6	6.1	6.8	8.8
3.50～3.74	3.4	4.1	4.5	4.9	5.3	5.7	6.2	6.7	7.4	9.5
3.75～3.99	3.8	4.5	5.0	5.4	5.8	6.3	6.7	7.3	8.1	10.2
4.00～4.24	4.2	4.9	5.5	5.9	6.4	6.8	7.3	7.8	8.7	10.9
4.25～4.49	4.6	5.4	5.9	6.4	6.9	7.3	7.8	8.4	9.2	11.5
4.50～4.74	5.1	5.9	6.4	6.9	7.4	7.8	8.3	9.0	9.8	12.2
4.75～4.99	5.5	6.3	6.9	7.4	7.9	8.4	8.9	9.5	10.4	12.8
5.00～5.24	6.0	6.8	7.4	7.9	8.4	8.9	9.4	10.1	11.0	13.4
5.25～5.49	6.4	7.3	7.9	8.4	8.9	9.4	9.9	10.6	11.5	14.0
5.50～5.74	6.9	7.8	8.4	8.9	9.4	9.9	10.5	11.1	12.1	14.5
5.75～5.99	7.4	8.2	8.9	9.4	9.9	10.4	11.0	11.7	12.6	15.1
6.00～6.25	7.8	8.7	9.4	9.9	10.4	11.0	11.5	12.2	13.2	15.6

（8）女握力指标百分位参照标准（表 7-19）。

▶ 表 7-19 女握力指标百分位参照标准 （单位：kg）

年龄 / 岁	P_{10}	P_{20}	P_{30}	P_{40}	P_{50}	P_{60}	P_{70}	P_{80}	P_{90}	P_{99}
3.00～3.24	2.3	2.9	3.3	3.6	3.9	4.2	4.5	5.0	5.6	7.7
3.25～3.49	2.7	3.3	3.7	4.0	4.3	4.7	5.0	5.5	6.2	8.2
3.50～3.74	3.1	3.7	4.1	4.5	4.8	5.2	5.6	6.0	6.7	8.9
3.75～3.99	3.4	4.1	4.5	4.9	5.3	5.6	6.1	6.6	7.3	9.4
4.00～4.24	3.8	4.5	4.9	5.3	5.7	6.1	6.6	7.1	7.8	9.9
4.25～4.49	4.2	4.9	5.4	5.8	6.2	6.6	7.0	7.6	8.3	10.3

续表

年龄/岁	P_{10}	P_{20}	P_{30}	P_{40}	P_{50}	P_{60}	P_{70}	P_{80}	P_{90}	P_{99}
4.50～4.74	4.6	5.3	5.8	6.2	6.7	7.1	7.5	8.1	8.9	10.8
4.75～4.99	5.0	5.7	6.2	6.7	7.1	7.6	8.0	8.6	9.4	11.4
5.00～5.24	5.4	6.1	6.7	7.1	7.6	8.0	8.5	9.1	9.9	11.9
5.25～5.49	5.8	6.6	7.1	7.6	8.0	8.5	9.0	9.6	10.4	12.5
5.50～5.74	6.2	7.0	7.6	8.0	8.5	9.0	9.5	10.1	11.0	13.1
5.75～5.99	6.6	7.4	8.0	8.5	9.0	9.5	10.0	10.6	11.5	13.7
6.00～6.25	7.0	7.8	8.4	8.9	9.4	9.9	10.5	11.1	12.0	14.3

（9）男立定跳远指标百分位参照标准（表 7–20）。

▶ 表 7–20　男立定跳远指标百分位参照标准　　（单位：cm）

年龄/岁	P_{10}	P_{20}	P_{30}	P_{40}	P_{50}	P_{60}	P_{70}	P_{80}	P_{90}	P_{99}
3.00～3.24	36.4	42.0	45.8	49.0	51.9	54.7	57.8	61.4	66.6	79.4
3.25～3.49	39.8	46.0	50.2	53.6	56.7	59.8	63.2	67.2	72.9	86.9
3.50～3.74	43.3	50.0	54.6	58.3	61.7	65.0	68.6	72.9	79.1	94.6
3.75～3.99	46.8	54.1	59.0	63.0	66.5	70.1	74.0	78.7	85.4	102.2
4.00～4.24	50.2	58.0	63.2	67.5	71.3	75.0	79.2	84.2	91.4	109.6
4.25～4.49	53.2	61.5	67.1	71.5	75.5	79.5	83.9	89.2	96.8	116.3
4.50～4.74	56.0	64.7	70.5	75.2	79.3	83.5	88.0	93.6	101.7	122.3
4.75～4.99	58.4	67.5	73.6	78.4	82.7	87.0	91.7	97.5	105.9	127.7
5.00～5.24	60.6	70.0	76.3	81.3	85.7	90.1	95.0	101.0	109.7	132.5
5.25～5.49	62.6	72.4	78.9	84.0	88.5	93.0	98.0	104.2	113.3	137.0
5.50～5.74	64.5	74.6	81.3	86.5	91.1	95.7	100.8	107.2	116.6	141.3
5.75～5.99	66.4	76.8	83.6	89.0	93.6	98.3	103.5	110.0	119.7	145.3
6.00～6.25	68.2	78.9	85.8	91.3	96.1	100.8	106.1	112.8	122.8	149.3

（10）女立定跳远指标百分位参照标准（表 7-21）。

▶ 表 7-21 女立定跳远指标百分位参照标准 （单位：kg）

年龄 / 岁	P_{10}	P_{20}	P_{30}	P_{40}	P_{50}	P_{60}	P_{70}	P_{80}	P_{90}	P_{99}
3.00～3.24	30.4	35.7	39.4	42.5	45.2	48.0	51.0	54.5	59.4	71.5
3.25～3.49	33.7	39.6	43.7	47.0	50.0	53.0	56.3	60.1	65.7	79.3
3.50～3.74	36.9	43.5	47.9	51.5	54.8	58.0	61.5	65.7	71.8	87.1
3.75～3.99	40.1	47.2	52.0	55.9	59.3	62.7	66.4	71.0	77.6	94.5
4.00～4.24	43.1	50.8	55.9	60.0	63.6	67.2	71.1	76.0	83.2	101.8
4.25～4.49	46.1	54.3	59.7	64.0	67.7	71.4	75.6	80.8	88.5	108.8
4.50～4.74	48.9	57.7	63.4	67.9	71.7	75.6	79.9	85.4	93.6	115.6
4.75～4.99	51.7	61.0	66.9	71.6	75.5	79.5	84.0	89.7	98.4	122.1
5.00～5.24	54.2	64.0	70.2	75.0	79.0	83.0	87.7	93.6	102.8	128.1
5.25～5.49	56.6	66.8	73.2	78.0	82.1	86.2	91.0	97.1	106.7	133.7
5.50～5.74	58.7	69.3	75.8	80.8	84.9	89.0	93.8	100.1	110.1	138.6
5.75～5.99	60.6	71.5	78.2	83.2	87.3	91.4	96.3	102.8	113.0	143.1
6.00～6.25	62.4	73.6	80.4	85.5	89.5	93.6	98.6	105.2	115.7	147.3

（二）青少年体适能的测量与评价方案

1. 新西兰

在 20 世纪 50—70 年代，新西兰使用的体质测试指标是 Kraus Weber 的 6 项腰背肌力量和柔韧性最低水平的测试，但由于各种原因均未完全获得成功。然而，这种学生体质健康评价引起了教育部门的足够重视，并由此建立了专门的国家体质测试计划（National Fitness Project），该计划主要目的是建立与健康有关的体质评价指标（health-related fitness parameters）。1989 年，新西兰出台比较完善的体质测定标准，即 *The New Zealand Fitness Test*（6～15 岁）（表 7-22），其评价指标涵盖身体组成、心肺功能、腹部肌肉力量和耐力、柔韧性 4 个方面。

▶ 表 7-22 新西兰体质测定标准（6~15 岁）指标体系

评价内容	测定指标
身体组成	身高、体重、皮褶厚度
心肺功能	9 min 跑（6~8 岁）、12 min 跑（10~15 岁）、台阶试验（12~15 岁）
腹部肌肉力量和耐力	Otago 仰卧起坐
柔韧性	坐位体前屈

2. 非洲

由美国运动技术学院和美国青年与体育理事会针对阿拉伯国家青少年体适能特点设计的国际体适能测试，测试对象包括 9~19 岁青少年。

这项体适能测试始于 1977 年，最初共设置 8 项评价指标：50 m 冲刺跑、立定跳远、握力、1 000 m 跑、30 s 仰卧起坐、引体向上、10 m 往返跑、躯干前屈。力量素质评价指标为 4 项，测试部位涵盖青少年上肢、腰腹部以及下肢肌肉力量。

当前该国际体适能测试的主要内容涉及身体成分、力量、耐力、速度、柔韧。除身高和体重外，还需测试：50 m 跑、屈臂悬垂、10 m 往返跑、后掷实心球、定距跑（13 岁及 13 岁以下男、女生均为 600 m，14~19 岁男生为 1 000 m，女生 800 m）。力量素质评价指标精简为屈臂悬垂与后掷实心球 2 项，更关注青少年上肢力量的测定。

3. 欧洲

最初，欧洲各国对人体体质的认识各有不同，各国都设立了一套适合自己国家政策的人体体质测试和评定方法。欧洲比较具有代表性的国家如英国、法国、德国均是在 20 世纪 60 年代左右由政府建立了负责卫生、健康、青少年体育相关工作的部门。英国通过多个官方机构如文化、媒体、体育部、青少年体育基金会、英格兰体育、英国体育共同推动英国青少年体育发展。注重学校体育，联合社区体育、家庭体育共同促进青少年参与体育活动。同时在国家层面上推出各项健康计划、鼓励参加运动的政策，政府负责主导、监督、协调，青少年体育组织细化并执行相关工作。法国自 20 世纪 50 年代开始推行学生身体测试，如《体育及格测验标准》《青少年身体测验标准》，以提高运动成绩为主要目的，自 20 世纪 70 年代中期，开始提倡由追求成绩转变为提高健康。德国是欧洲开展居民综合健康监测较早的国家之一，其监测系统具有系统性、长期性和科学性的特点。1961 年成立联邦卫生部，负责国家卫生与健康，其下属的 Robert Koch 研究所对大众健康监测与疾病预防有极大的影响；2007 年批准建立了全国性的健康监测系统，包括德国儿童与青少年健康访查调研项目（KIGGS），这是一项针对 0~17 岁人群体质健康状况纵向研究的调查体系；2011 年加入了欧洲健康调查项目，用于国家层面之间的数据挖掘和分析。

欧洲青少年身体素质测试（EUROFIT）作为传统青少年体质测试系统在欧洲广泛运用，它由欧洲委员会下属的运动发展委员会（CDDS）负责实施。1977 年欧洲运动研究所所长大会（欧洲运动研究专家委员会的前身）着手开始讨论建立一个全欧洲学生适用的身体测试体系，1978 年，为了将欧洲各国体育教育的效果进行对比，并把体质状况的社会和环境等因素的原因作出解释，欧洲各个国家同意使用统一的测定标准。于 1983 年出版发行了临时测试手册，并定义了身体健康和各项测试的内容。最终测试文件于 1986 年第 5 届 EUROFIT 研讨会后通过，确定了完整的测试体制，其中包括十项测试，三项代替测试和两项室内心肺耐力测试等（表 7–23）。同年，欧洲成立了“EUROFIT”的委员会，他们的主要工作是，帮助自愿参与测试国家的学生体质测试工作，检查和比较评定结果，并针对测试工作和评定结果给出适当的建议。自此，欧盟国家一般采用统一测试标准来测定学生的体质健康状况，通过各国学生体质健康水平的相互比较，以及对各个国家身体健康教育开展情况进行对比，促进各国国民的体质健康教育更好地开展。

▶ 表 7–23 欧洲青少年身体素质测试

测评维度	测试内容
平衡性	Flamingo 平衡测试（单脚踏板站立）
肢体移动速度和协调性	双手交叉敲击圆盘
柔韧性	坐位体前屈
爆发力	立定跳远
上肢肌力	握力

续表

测评维度	测试内容
腹部肌肉力量	30 s 仰卧起坐
上肢力量耐力	屈臂悬垂
速度和灵敏性	10×5 m 往返跑
心肺耐力	耐力往返跑或踏车试验（PWC170）
身体成分 / 身体形态	身高、体重、BMI、体脂率

2009 年，由欧盟卫生和消费者事务总局资助的儿童和青少年身体活动和健康水平测评被认为是青少年体质测量的理想体系，用来取代 EUROFIT 以评估欧盟儿童和青少年与健康相关的体质状况。

由欧洲委员会（the Council of Europe）研发统一的青少年体适能测定标准适用于 6~18 岁的学生，评价指标为身体形态：身高、体重、BMI、体脂百分比；平衡性：Flamingo 平衡测试（单脚踏板站立）；肢体移动速度：双手敲打圆盘；柔韧性：坐位体前屈；爆发力：立定跳远；上肢静止力量：握力；腹部肌肉力量：30 s 仰卧起坐；肌肉耐力：屈臂悬垂；速度与灵敏：10×5 m 往返跑；20 m 耐力折返跑（心肺耐力）。力量素质评价指标有立定跳远、握力、30 s 仰卧起坐、屈臂悬垂，共计 4 项，其中上肢力量、腰腹部、下肢力量分别为 2 项、1 项、1 项，较为关注青少年全身肌肉力量的均衡发展。

（三）功能性体适能的测量与评价方案

1. 测量内容和指标

目前国际广泛运用的评价老年人体适能状况的测试就是由 Rikli & Jones，1999 发布的功能性体适能测试（senior fitness test，SFT），功能性体适能测试被广泛用于评估老年人群体适能状况，其能够准确合理地测试出老年人不同身体部位的体适能状况，被认为是具有信度和效度。并且很多国家都根据功能性体适能测试制定了适用于自己国家的老年人各年龄层的百分等级标准。受试对象为 60 岁以上老年人，测试内容主要包括肌肉适能、柔韧素质、有氧适能三个方面。主要内容和指标见表 7-24。

▶ 表 7-24　老年人功能性体适能测量评价指标

测量内容	测试指标
下肢肌力适能	30 s 起—坐站立次数
上肢肌力适能	30 s 手臂屈举次数
有氧适能	2 min 原地踏步次数
下肢柔韧素质	座椅体前屈
上肢柔韧素质	抓背伸展
敏捷 / 动态平衡素质	2.4 m 起身绕行时间

2. 评价标准

不同国家针对老年人功能体适能展开研究，确立了不同年龄段老年人功能体适能测试指标的相对标准，由于文化、种族及地域等条件的差异性和研究所取的样本不同，标准建立的结果也存在一定的差异性。

思考题

1. 分析体质、体适能及健康之间的关系。
2. 我国不同人群体质测量的内容有哪些？
3. 不同人群体适能测量内容有哪些？
4. 综合分析我国学生体质健康标准。

第 8 章

身体活动测量与评价

本章提要

人体体质和健康的促进得益于科学合理的身体活动，身体活动是指由于骨骼肌收缩产生的机体能量消耗增加的活动。世界卫生组织报告，身体活动（PA）不足已成为全球范围第四位死亡危险因素。身体活动加快人体的反应，包括心跳和呼吸加快、循环血量增加、代谢和产热加速等。而这些反应是身体活动产生健康效益的生理基础。体育锻炼是身体活动的一种形式，而身体活动内容包括更为广泛，既有日常家务、交通等相关的运动，也有科学安排的身体活动。每天身体活动的量应该是多少？活动强度水平如何安排？如何科学监测身体活动量，这些问题涉及身体活动的测量和评价问题。

关键词

身体活动　身体活动测量　评价体系

第一节 身体活动测量与评价概述

一、身体活动的概念

（一）身体活动的概念的内涵

“身体活动”（physical activity，PA），又称为体力活动，最早在 1985 年由 Caspersen 博士等学者提出，后被世界卫生组织及各国研究者所接受。他们认为身体活动是指骨骼肌收缩产生的任何能量消耗的身体动作。他们规定身体活动的四大要素包括：通过骨骼肌的收缩产生身体动作，引起能量消耗，能量消耗具有从低到高的连续不断的变化，与体质成正相关。身体活动促进人体的反应，包括心跳和呼吸加快、循环血量增加、代谢和产热加速等，而这些反应是身体活动产生健康效益的生理基础。体育锻炼（exercise）是身体活动的一部分，是指有计划的、结构性的和重复性的身体运动，其目的是为了提高和维持体适能，增加身体活动量，进而促进体质健康。

（二）身体活动的构成

身体活动由四个参数构成，包括活动频率、活动强度、持续时间和活动种类（图 8-1）。

（1）活动频率是指一定时间内的活动次数。

（2）活动强度指单位时间内活动能量消耗与静息时能量消耗的比值，通常用代谢当量（单位为 MET，亦称梅脱）表示。

（3）持续时间是指个体参与身体活动所用的时间。对儿童与青少年而

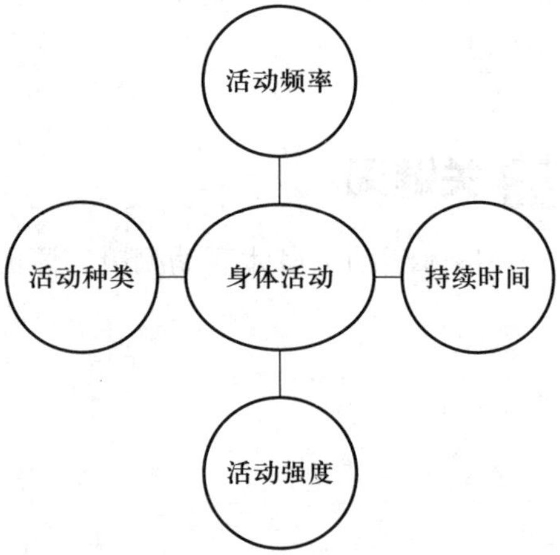

图 8-1 身体活动组成要素

言，其身体活动持续时间建议为每天至少一小时。

（4）活动种类是指身体活动的形式。其获取方式通常采用身体活动量表、身体活动日志、访谈或直接观察等。目前，大部分学者认为可将身体活动分为工作学习中的体力活动、日常生活中的家务劳动、休闲性的身体活动及交通中的身体活动 4 种类型。其中，休闲性的身体活动可进一步细分为比赛性体育项目、体育锻炼及娱乐活动（如徒步旅行、骑脚蹬车）等。

（三）国内外关于身体活动概念内涵研究

1996 年美国卫生部、慢性病预防与健康促进中心和总统体育运动委员会三部门联合出版的《身体活动与健康：卫生局局长报告》把身体活动定义为由骨骼肌收缩产生的身体动作。在这个过程中需要的能量消耗比基础代谢水平高。该报告还指出骨骼肌收缩中具有两种特性，分别为机械特性和代谢特性，通常机械特性强调肌肉收缩是否产生肢体移动，即如果肢体不移动为等长或者静力性运动，如果肢体移动为等张或者动力性运动；代谢特性根据肌肉收缩的代谢特征分为有氧身体活动和无氧身体活动。

2011 年我国国家疾病预防控制局颁布了《中国成人身体活动指南（试行）》，把身体活动定义为由骨骼肌收缩产生的机体能量消耗增加的活动。进行身体活动是人体产生健康效益的生理基础。身体活动概念范围可以说是一个复杂和多维的行为方式，身体活动可以确定为身体动作的一种行为，这种行为具有可以增加一些能量消耗并能改善体质的生理学属性。

由此可知，可以将身体活动理解为是由骨骼肌收缩产生的任何可以使机体能量消耗增加的身体动作，这里的身体动作包括肢体的静力性动作和动力性动作。

二、身体活动的分类

身体活动可以有多种分类方法，通常按表 8-1 中的三种分类形式进行划分：一是根据肌肉收缩形式分为静力性身体活动和动力性身体活动；二是根据运动供能代谢方式分为有氧运动和无氧运动；三是根据日常活动分为职业性身体活动、交通往来身体活动、家务性身体活动和休闲身体活动（包含体育锻炼）；四是根据身体活动强度进行划分，可分为低强度身体活动（<3 MET）、中等强度身体活动（3~5.9 METs）、高强度身体活动（≥6 MET）。MET（metabolic equivalent）译为“梅脱”，通常被用来表示身体活动的强度，是指特定状态下相对于静息代谢状态的能耗水平，1 MET 为 1 kcal/kg/h，即相当于人在静息状态下的摄氧量，约为 3.5 mL/kg/min。其中世界卫生组织（WHO）和《中国成人身体活动指南（试行）》都是按照第三种分类方式对身体活动进行划分，以便人们更好地区分身体活动类型。

▶ 表 8-1　身体活动的分类

分类依据	内容
根据肌肉收缩形式	静力性身体活动、动力性身体活动
根据运动供能代谢方式	有氧运动和无氧运动
根据日常活动	职业性身体活动、交通往来身体活动、家务性身体活动和休闲身体活动（包含体育锻炼）
根据身体活动强度	低强度身体活动、中等强度身体活动、高强度身体活动

三、身体活动与体质健康的关系

1. 体育锻炼、身体活动、体适能与健康的关系

随着经济社会的发展和科学技术的进步，人们在日常工作和生活中完成许多任务时所需要的身体活动已经大大降低，因此身体活动不足是全球较为严重的公共卫生问题。身体活动对体质健康的影响是通过各种形式的骨骼肌运动而产生的能量代谢完成的，相关研究表明，缺乏体育活动会造成巨大的健康和经济负担。图 8-2 呈现出三条促进健康的路径：一是有目的、有计划的体育锻炼可以增加身体活动，从而增强体适能或体质，促进身体健康水平的提高；二是体育锻炼直接会增强体适能或体质，对健康产生影响；三是体育锻炼对健康产生直接影响。众多研究也证明了规律性的身体活动有利于提高健康效益、降低疾病风险，身体活动与健康之间存在着剂量效应。

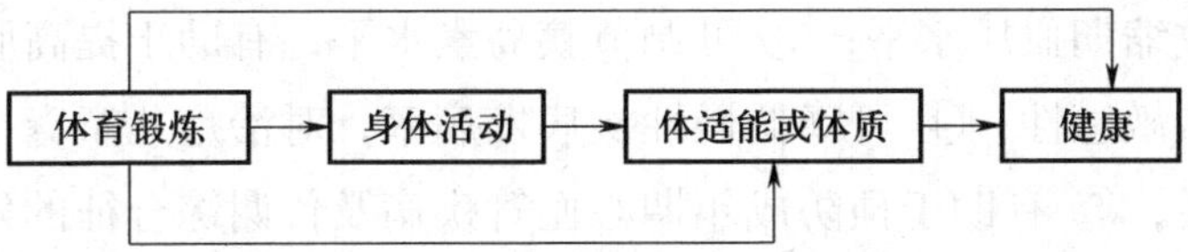

图 8-2　体育锻炼、身体活动、体适能与健康的关系

2. 身体活动不足对体质健康的影响

身体活动不足会对不同人群的体质健康带来不同程度的健康威胁。在17版《中国儿童青少年身体活动指南》（简称《指南》）中，列举了身体活动对儿童青少年身体健康的益处，可以归纳如下 4 个方面：

（1）改善身体成分：身体活动可改善身体成分，降低体脂含量，从而预防超重及肥胖的发生。另外，《指南》对预防超重和肥胖有几点建议：① 每周 3~5 次，每次 30~60 min 的中等强度的身体活动可降低总脂肪量和内脏脂肪；② 对于超重或肥胖儿童进行身体活动干预，可降低体重指数、总脂肪量及腹部脂肪量，有助于身体成分恢复至正常水平。正常水平的身体成分，对预防慢性疾病如心脑血管疾病、代谢综合征等有着重要的意义。

（2）提高心肺耐力：美国心脏协会将有氧能力（即心肺耐力）列为“临床生命指征”。良好的心肺耐力是儿童青少年以充沛精力投入学习、日常活动的基础，身体活动可以通过影响最大摄氧量、静息心率及最大心率等来提高心肺适应性及心肺功能。《指南》表明，身体活动与儿童青少年的心肺健康成正相关，运动训练可以增进青春期前和青春期的心肺健康；耐力运动可使最大摄氧量提高 5%~15%；但由于研究的差异，尚不能获得心肺适能改善所需的最佳身体活动剂量，但通过相关研究结果发现，每周 3~4 次，每次 30~60 min、强度 > 80% 最大心率的运动在 1~3 个月可改善心肺适能。每天≥60 min 的中、高强度身体活动有助于儿童青少年保持心肺健康。

（3）促进心血管和代谢健康，预防心血管疾病风险：身体活动与儿童青少年的心血管和代谢健康成正相关，较大剂量的身体活动与更高水平的心血管和代谢健康有关；然而，准确的剂量关系尚未确定。目前已知获益包括：① 有益于血脂健康，可降低心血管危险因素如甘油三酯及血胆固醇水平，提高保护因素如高密度脂蛋白胆固醇水平；② 有助于控制血压水平，包括改善收缩期血压水平；③ 可调节胰岛素水平，有助于提高肥胖儿童青少年胰岛素敏感性；④ 可降低慢性疾病发病率，对治疗儿童青少年慢性疾病至关重要；⑤ 有助于预防成年期心血管疾病及代谢综合征的发生，如高血压、高血糖等疾病。

（4）促进肌肉骨骼健康：身体活动有助于促进骨骼、肌肉和关节的健康。目前研究已知获益包括：① 可以增加骨骼的骨矿物质含量和骨密度，每周 3 天或更多的抗阻活动能使肌力增加；② 可以增加骨骼肌的质量、力量、耐力和强度，对于儿童青少年的生长发育有健康效益。

近几年关于儿童青少年的体力活动水平下降、久坐和长时间看屏幕对儿童青少年体质健康的影响的研究是热点研究，研究表明适当的身体活动对儿童青少年生长发育、预防肥胖、提高心肺功能、提高骨密度、促进心理健康、预防近视以及提高学业能力等都会产生积极的效应。

多项流行病学研究表明，久坐不动的人的死亡风险几乎是每周锻炼 5 次的人的 50 倍。坚持每周体力活动（消耗 1 000 kcal 以上的能量）可使老年人的死亡率降低 30%。锻炼会通过以下四个方面改善老年人的身体健康状况，在心血管健康方面，Gibala 研究表明规律的锻炼可以增加心率变异性；减少炎症标记物的产生；预防动脉硬化；改善心输出量；提高肌肉功能和对氧化应激的适应能力。在神经系统方面，Erickson、Reid 等研究发现身体活动增强神经传导速度；通过增加海马体和皮质体积来提高记忆、注意力和反应时间、改善睡眠。锻炼也会影响个体的免疫和内分泌系统，Valencia 等学者发现锻炼增加基础代谢率；改善血脂水平；降低下身脂肪百分比；提高胰岛素敏感性，减少肥胖和糖尿病的风险。对于肌肉骨骼肌系统而言，Garber 的研究认为锻炼增加肌肉量、肌肉力量；保持和增加骨量；改善和保持关节活动范围和灵活性，可以降低骨质疏松和肌少症的风险。锻炼不仅可以增强老年人的躯体健康，同时可以改善自我睡眠质量，延长睡眠时间、改善抑郁，减轻抑郁症状的严重程度。此外，锻炼可以扩大社会网络、增强社会支持，Kanamori 等学者对 13 310 人进行了为期 4 年的跟踪调查发现，与那些自己锻炼的人相比，那些参加社团锻炼的老年人在身体机能方面的表现更好。但是在我国超过 50% 的老年人没有锻炼习惯，如何减少老年人久坐，增强锻炼，这个问题值得我们关注。

从人类进化的角度来看，人类的躯体是为身体活动所设计的，其精密的设计促进了生理生化机能正常运行。人类社会从20世纪开始大规模地出现身体活动不足的现象，很少职业可以为我们提供足够的身体活动来维持健康或体质。家庭主妇、办公室职员和学生通常很忙，充满压力，并且每天结束时会感到很累，但是他们通常缺少身体活动来维持强健的肌肉，刺激心肺或者产生锻炼效果，这就容易导致肥胖（图8–3）。

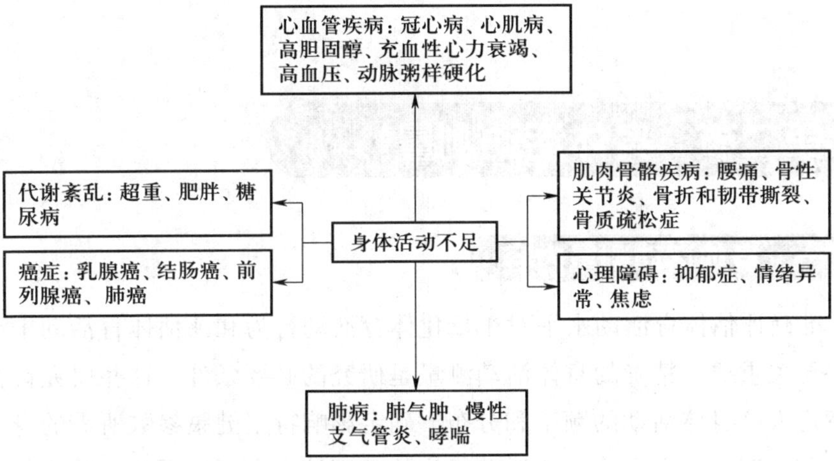

图8–3　身体活动不足对身体的影响

身体活动不足也是心血管疾病（高血压、高血脂、冠心病、心肌病等）、代谢性疾病（如肥胖症、糖尿病、代谢综合征等）、骨骼肌肉异常（如骨质疏松和骨性关节炎）、某些肿瘤（如结肠癌、乳腺癌等）等慢性非传染性疾病发生发展的共同危险因素。身体活动不足已经成为中国人群死亡和多种慢性非传染性疾病发生和发展的重要危险因素之一。

3. 提高身体活动对体质健康的益处

身体活动有益于骨健康和预防骨质疏松性骨折，坚持有规律的身体活动特别是承重性和冲击性的身体活动是促进骨矿物质沉积，延缓骨量丢失，预防骨质疏松症的保护因素。大量研究也已证实，老年人保持一定量的身体活动可以减少跌倒和骨折发生的风险，同时也可以降低老年人群的心血管疾病风险，延缓认知障碍发生发展进程，提高生活质量和心理健康水平。相关研究也已经证实不同人群积极参加身体活动，可以显著地增强体质。

另外，提高身体活动不只是在一级预防中带来健康获益，在疾病的二级预防中也能带来相似的益处；如果在最初诊断慢性疾病后就开始使用身体活动和运动进行干预，许多疾病带来的危害都可以减轻，而且对特定的疾病（如 2 型糖尿病）甚至可以阻止或延缓疾病的进展。当将身体活动作为二级预防的一部分时，慢性疾病患者的生活质量和寿命都会得到提高，慢性疾病高危人群的体质和健康状态也能得到提高，避免发展成为疾病的状态。

第二节 身体活动测量

一、身体活动测量内容

准确评估体育活动水平对于量化体育活动行为和评估体育活动干预的效果至关重要。精确的身体活动测量是研究的必要条件，这些研究旨在记录特定人群身体活动的频率和分布，确定影响特定健康参数所需的身体活动量和强度，确定影响身体活动行为的心理社会和环境因素，监测行为的长期趋势，并评估增加习惯性身体活动的干预措施的有效性。量化自由生活的人群的身体活动水平是一项极其困难的任务。与其他健康行为不同，身体活动缺乏精确的生物标记，心肺健康充其量只是一种中度关联。然而，对于那些希望实施或评估增加体育活动干预措施以解决这一关键公共卫生问题的人来说，获得精确和方便用户的工具来衡量身体活动至关重要。

测量身体活动水平通常采用测量人体能量消耗（EE，energy expenditure）的手段来实现。人体总能量消耗（TEE，total energy expenditure）是由身体活动能量消耗（PAEE，physical activity energy expenditure）、基础能量消耗（BEE，basal energy expenditure）和食物特殊动力作用（SDA，specific dynamic action）三部分组成。准确测量 PAEE 可以了解该人群身体活动水平，为有的放矢地指导科学运动和制定膳食推荐标准提供支持。

身体活动能量消耗通常通过记录人体在一定时期内的身体活动内容、身体活动频率、身体活动持续时间以及身体活动强度进行大致估算。

身体活动频率是指一定时期内（通常以周为单位）进行身体活动的次数。疾病预防控制中心（CDC）和美国运动医学学会（ACSM）的一份报告显示，如果一周的大多数日子，最好是每天都参加身体活动的话，将有利于减少慢性疾病的风险，提高健康相关的生活质量，同时，根据 ACSM 的意见，能够提高心肺耐力的较大强度身体活动的最低频率为每周 3 天。

持续时间是指进行某项活动时所花费的时间。研究表明，中等和长时间身体活动时间的人群死亡率低，每天进行至少 30 分钟的运动有助于减少早发疾病和死亡的风险。

身体活动强度是指一项活动的费力程度，一般被分成低强度、中等强度和较大强度。强度常用代谢当量（MET）表示，就是活动代谢率与基础代谢率的比值。1 MET 消耗的氧气量为 3.5 mL/kg/min，相当于一个体重 60 kg 的人每小时每千克体重消耗 1 kcal 的能量。为了给身体活动强度水平提供一个标准，身体活动纲要提供了 500 多种身体活动的 MET 值。MET 已经成为身体活动研究领域最为重要的基础评价工具之一，是评价某项活动运动强度、制订身体活动指南和运动处方、评价身体活动问卷结果等项目的重要依据。

另外，也可用达到最大摄氧量的比例或者最大心率的百分比和自觉疲劳程度量表（RPE）等来衡量身体活动强度。

二、身体活动测量方法

国外一般将身体活动测量方法大致分为五类：自我报告、仪器运动检测、生物方法、直接观察和组合方法。当前国内学者根据主客体对象将身体活动的测量方法分为两类，一类是借助于一些仪器、试剂进行测量的客观测量方法；一类是以身体活动问卷为主要形式的主观测量方法。客观测量方法多用于实验研究，是从身体活动能量消耗角度对身体活动进行测量；主观测量方法多用于流行病学调查，是从身体活动强度、身体活动频率、身体活动持续时间三个方面来测量身体活动。

（一）客观测量方法

成年人每天的总能量消耗可分为三部分：静息时能量消耗、食物代谢能量消耗和身体活动能量消耗。而前两者基本保持不变，所以身体活动能量消耗就成了影响总能量消耗的主要部分。客观测量方法包括双标水法、间接热量测定法、心率监测法及各种机械或电子的运动传感器。

1. 双标水法

双标水法于 1955 年由 Lifson 和他的同事共同发明并于 1982 年第一次应用于人类研究。此方法是使受试者服用经非放射性同位素 ^2H 和 ^{18}O 双重标记的水，通过测量尿液中同位素的含量，得到 ^2H 和 ^{18}O 的代谢速率，从而计算 CO_2 生成率和 O_2 消耗量（VO_2），得出单位时间的能量消耗，再结合人体基础代谢率，就可以计算出身体活动消耗。双标水法测量准确、无毒副作用，而且不影响受试者的日常活动，所以一直被认为是身体活动测量的“金标准”。但是由于 ^2H 和 ^{18}O 价格昂贵，不适合在较大人群中应用。

2. 间接热量测定法

间接热量测定法也是一种较精确的热量测定方法，它通过测定吸进的 O_2 和呼出的 CO_2 来计算能耗，结果真实可信，目前许多验证运动传感器测量步行或跑步有效性和可靠性的研究就是以此法作为参考。但是该法往往只能在实验室里借助跑步机才能测量步行或跑步的热量消耗，限制了在一般人群日常身体活动调查中的应用。

3. 心率监测法

心率监测法的原理是心率在一定强度范围内，通常是 110~150 次 /min 时，心率与耗氧量呈线性关系。Strath 等在校正了年龄和体适能后，测得心率与耗氧量的相关系数为 0.68，因而心率可以作为测量身体活动的一种客观指标。但是，心率监测法也有明显缺陷：① 容易受到环境温度、湿度、情绪变化和身体姿势的影响，单纯记录心率测量能量消耗的方法不够准确；② 对低水平的身体活动如步行测量结果不准确。

4. 运动传感器

运动传感器可以固定在身体上，通过感应肢体或躯体的运动或加速度来测量身体活动。常见的运动传感器为计步器和加速度传感器。计步器是机械式步伐计数器，可以感应垂直方向的运动，当人们以正常的步速行走时，计步器能够精确记录行走的步数。加速度传感器是更为复杂的运动传感器，通过感应水平、侧面和垂直方向的加速度来测量身体活动的频率和强度。

（二）主观测量方法

主观测量法包括行为观察法、问卷调查和面访调查，其中问卷调查又可细分为回顾性问卷、身体活动日记和日志。

1. 行为观察法

行为观察法是较早使用的身体活动测量方法之一。早期的观察法用于观察工人的工作效率和疲劳，用于研究其他方法不适用的学龄前儿童和学童，用于评价其他的身体活动测量方法。观察者要记录观察对象的行为信息、身体活动类型、身体活动频率、身体活动持续时间。根据这些信息，对照各种活动的能量消耗量表，可以计算出观察对象在一段时间内的能量消耗。行为观察法的最大好处在于可以记录观察对象活动时的背景信息，这对于以改变久坐习惯为目的的认知－行为研究是非常重要的。

2. 回顾性问卷

目前有相当多的回顾性问卷应用于身体活动测量与评价，应用比较广泛的有国际身体活动问卷（IPAQ）、全球身体活动问卷（GPAQ）、明尼苏达休闲时间身体活动问卷（MLTPAQ）等。虽然回顾性问卷与客观测量方法相比，其准确性较低，但由于其成本相对低廉，便于管理，调查对象易于接受，目前仍是国内外大型流行病调查中最常用的方法。当前，已有研究开始使用问卷调查联合计步器来共同测量身体活动。

3. 身体活动日记

身体活动日记通常用来详细记录每 15 min 或 30 min 的活动内容，连续记录 1~3 天。通过日记，研究者可以计算身体活动总能量消耗。与双标水法和间接热量测定法相比，身体活动日记也能较为精确地估计能量消耗，故被认为是最准确的主观测量法，但是，由于受试者不容易坚持，该方法的推广使用也受到影响。

三、身体活动测量技术

（一）计步器

计步器主要部件是一个水平的弹簧悬挂杠杆，当髋关节产生垂直加速度（步行时，髋关节上下活动），杠杆发生偏转。每一次杠杆的偏转都让闭合电路发生接通，并使得记数累加，并通过显示屏显示出步数（图 8-4）。由于计步器在设计上主要是感应垂直加速度，因此，理论上它对步行活动（走或跑）最为敏感。

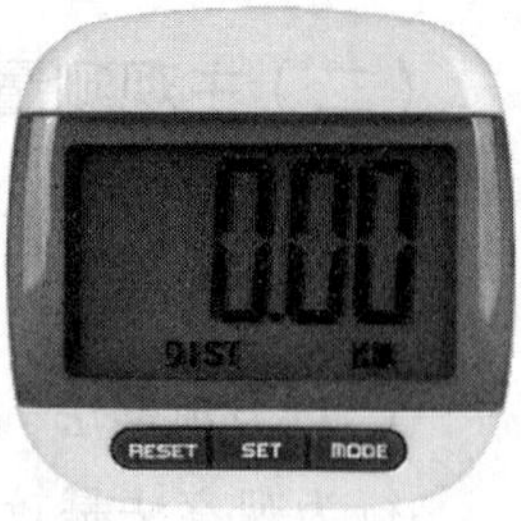

图 8-4　计步器示意图

计步器的输出结果非常简单，即累计的步数。当人们以自己正常的步速行走时，有些计步器能够非常精确地记录下行走的步数。如果身体活动主要方式是步行，部分计步器通过输入体重等个人信息，便能计算得出能量消耗水平。通过计步器得出的能量消耗应该是比较准确的，但是往往日常生活中身体活动的形式与模式多种多样，用计步器估算的能量消耗存在较大的误差。

（二）加速度传感器

加速度传感器是更为复杂的运动传感器，它能够测量身体活动时的身体的加速度。加速度是指单位时间的速度变化量，加速度传感器能感应物体运动过程中产生的加速度，其感应原理为两种，分别是压电原理和压阻原理。大多数加速度传感器采用的是压电原理，压电式加速度传感器核心部件是压电模块和震动模块，当传感器承受加速度时，震动模块使得压电模块产生形变，形变被转化成电信号，该电信号的强弱即代表加速度的大小。压阻式加速度传感器核心部件是硅电阻，硅电阻在加速度作用下产生形变，形变大小即反映加速度的大小。单轴加速度传感器只能感应一个方向上的加速度（通常是垂直方向），双轴加速度传感器则能感应两个方向，三轴加速度传感器则能感应前后、水平和垂直三个方向上的加速度。加速度传感器的输出结果——“counts”实际记录的是以一定采样频率（通常是次 /min）采集的身体活动强度、身体活动频率等信息。显然身体活动强度越大，加速度越大，则 counts 值越大。加速度传感器同计步器一样通常固定在腰间或皮带上。加速度传感器的优点是可以把数据下载到电脑，借助软件分析身体活动强度、身体活动持续时间、身体活动频率方面的信息。越来越多的各种加速度传感器被投放到商业市场，常见的加速度传感器包括 Caltrac，Tritrac-R3D，RT3，ActiGraph，Actical 和 Actiwatch 等。

与计步器相比，加速度传感器的优点主要体现在它可以反映身体活动强度、身体活动频率等与身体活动模式有关的信息，在客观身体活动测量技术中，加速度传感器是其中应用最为广泛、最具代表性的身体活动测量方法之一。然而，其价格比计步器更昂贵，也限制了加速度传感器在大规模流行病学研究中的应用。对于自行车运动、在倾斜面上运动、搬运物体或其他非全身性运动如擦窗户，加速度传感器使用起来还有限制。另外，加速度传感器将计数通过回归公式转化为能量消耗时，会产生不少错误。因此，最好是直接分析加速度传感器原始输出结果。

（三）温度传感器和间接测热技术

1. 直接热量法

直接热量法通过参与者产生的热量来准确评估能量消耗，是利用机体内介质比热与温度变化情况来计算机体能量消耗的一种方式。美国学者Atwator 和 Rosa 在 19 世纪 90 年代首次利用直接测热法对运动员的能量消耗进行测试和计算。然而，直接热量法要求参与者被隔离在特殊的房间里，在实施的过程中需要借助较多的设备和技术（包括温度传感器等），使其使用昂贵，并限制参与者执行特定的任务。这使得使用直接热量法对较大样本的研究或测量自由生活的身体活动不切实际。

2. 间接热量法

间接热量测试法是通过气体代谢分析（在密闭空间内或者带呼吸面罩）测量受试者的摄氧量（VO_2），进而计算能量消耗的方法。间接量热法使用了间接测热技术，被广泛使用，并且被认为是在休息和锻炼期间短期能量消耗之中，准确精度比较高的测量方法。通过间接热量法测量身体活动需要参与者佩戴面罩或带鼻夹的口罩，以及收集呼出空气的容器。传统的气体分析装置都比较大，测试只能在实验室内进行。许多验证运动传感器测量步行或跑步有效性及可靠性的研究就是以这种方法做参照。近年来随着技术的发展，出现了不少携带型的气体代谢测试仪，如 Metamax 和 Cosmed K4b2。

（四）地理信息系统（GIS）与全球定位系统（GPS）

1. 地理信息系统（GIS）

地理信息系统（geographic information system，GIS）是在计算机软硬件支持下，对整个或部分地球表层空间中的有关地理分布数据进行采集、存储、管理、运算、分析、显示和描述的技术系统。而在身体活动与环境关系的研究中，基于 GIS 的身体活动建筑环境测量通常是指从 GIS 的数据库中把与身体活动水平密切联系的具有空间特征的数据进行提取并解析的过程。该方法是对分散在大面积区域中居住的个体进行环境测量的唯一可行的客观方法，并且代替了烦琐而成本昂贵的数据收集（现场评定法），因此倍受研究者们的青睐，是未来此领域的发展方向。

2. 全球定位系统（GPS）

全球定位系统（global positioning system，GPS），由定位卫星、地面监控系统和定位接收器三个部分组成。定位原理即根据高速运动的卫星瞬间位置作为已知的起算数据，采用空间距离后方交汇的方法，确定待测点的位置。它不仅提供三维坐标，还显示精确的时间和速度信息。GPS 在定位时至少需要 4 颗正常运行的卫星。

GPS 在 20 世纪 80 年代由美国国防部建立，主要应用军事领域。随着 GPS 的逐渐民用化，目前 GPS 已广泛应用于交通、城市规划、公共卫生及农业等领域。由于 GPS 可以提供精确的时空和速度数据，因此可用来测量身体活动。

（五）身体活动问卷

目前，有相当多的问卷和活动回忆法应用于身体活动评估，它们是流行病学研究中评价身体活动最普遍、最实用的方法。

1. 日记

日记通常详细记录每 15 min 或每 0.5 h 的身体活动内容，连续记录 1~3 天身体活动情况。通过日记，可以得到的信息包括：① 用某项身体活动持续时间乘以该身体活动单位时间能量消耗得到总能量消耗；② 累计的身体活动时间以及按照身体活动分级计算的各类活动时间。与间接热量测定法相比，日记可以比较精确地计算日常能量消耗。因此，所有身体活动问卷中，日记被认为是最精确的。它的主要缺点是其结果不能代表长期的身体活动模式，而要了解受试者身体活动模式及其变化情况至少需要 7 天（包括休息日）。此外，日记要求受试者花一些精力进行详细记录，受试者负担较重，难以应用于 10 岁以下的儿童。

2. 活动回忆

活动回忆通常让受试者回忆的时间长短从一周到一生不等。通常情况下，受试者花的精力比日记少，但让他们回忆过去的身体活动细节对某些人是有些困难。并且，人们往往能够精确回忆大强度、有组织的活动，但对普遍存在的、中等强度的身体活动，比如步行等却记忆不清。而往往许多问卷都会涉及步行频率（特别是轻快步行或有目的的步行）。在任何情况下，步行对于评估人群的活动状况都是最重要的身体活动，因为步行是最普及的、最基础性的、最重要的身体活动。因而，用更为客观的步行评价方法来评价人群的身体活动状况就显得很有必要。计步器和加速度传感器能够满足这样的要求。

3. 定量化回顾

定量化回顾是回忆调查最复杂的一种形式，它通常要求受试者回忆过去一年的某些细节。不同量表依据不同的研究目的、调查对象、研究条件而设计，所以测量身体活动的维度、结果计算、水平划分标准都不尽相同。如明尼苏达休闲时间身体活动问卷（MLTPAQ）、行为风险因素监测系统（BRFSS）、MONICA 身体活动选择研究问卷、国际身体活动问卷（IPAQ）、全球身体活动问卷（GPAQ）等。

当进行大样本人群或流行病学研究时，身体活动问卷由于成本、时间等因素存在较高的优势。而且不少问卷均可在一定程度上客观反映被调查者的身体活动情况，甚至部分问卷被验证了与双标水法之间的相关程度很高。但问卷从本质上讲是主观测量，回忆时常有错误，且不同人群对于身体活动的认知理解也不甚准确。所以，还需要用客观的方法来定量化身体活动。

第三节 身体活动评价

一、身体活动评价内容与方法

身体活动水平（PAL）是对个体身体活动评价的指标，用公式表示为：PAL = 总能量消耗（TEE）/ 基础代谢能量消耗（BMR）。PAL 为 1.40～1.69 时属于轻身体活动；PAL 为 1.70～1.99 时属于中等身体活动；PAL 为 2.00～2.40 时属于剧烈身体活动。由于 TEE 和 BMR 的测量都可能存在误差，所以 PAL 是一个不够精确的估计值。

身体活动水平的高低取决于单位时间内身体活动总量与能耗，而身体活动总量和能耗的多少又与身体活动强度、持续时间、频率等要素密切相关。因此，身体活动强度、持续时间、频率等变量均可作为确定身体活动水平等级的量纲，而这些变量又各自有着不同的表达方式，因而也就决定了身体活动水平分级方法的多样性。

1. 按身体活动强度划分

身体活动强度（intensity）是身体活动水平量化中应用最为广泛的指标，其定义为单位时间内身体活动的能耗水平或对人体生理刺激的程度。身体活动强度可分为绝对强度和相对强度。绝对强度又称物理强度，指身体活动的绝对物理负荷量，一般不考虑个体的生理机能差异，如每分钟消耗的千卡数或梅脱数、每小时跑步或步行的距离、举起或移动的物体的重量等；相对强度属于生理强度范畴，更多考虑个体生理条件对某种身体活动的反应和耐受能力，如达到个体有氧能力（最大摄氧量）或储备摄氧量的百分值，或个体测量或估计最大心率（储备心率）的百分值。几乎所有的运动健康指南都推荐进行“中等强度”的运动或身体活动。但究竟何为“中等强度”，不同研究者的描述存在着较大的差别。目前，国内外有关身体活动强度的等级划分不统一，给研究工作带来诸多不便。例如，在等级级数上，有些研究者将其划分为高强度、中强度、低强度三个等级；有些研究者将其划分为极量强度、亚极量强度、中等强度、小强度四个等级；还有些研究者将其划分为极量强度、近极量强度、亚极量强度、中等强度、小强度五个等级，甚至划分为极限强度、极大强度、大强度、中等强度、小强度、很小强度六个等级，或极量强度、次极量强度、大强度、中等强度、次中等强度、小强度、最小强度七个等级。这导致同样以“中等强度”表示的身体活动水平，其参数却有着很大的差别。美国疾控心（CDC）和美国运动医学学会（ACSM）目前按照代谢当量将身体活动水平划分为三个等级的标准（表 8-2），目前已作为评估身体活动水平的等级标准在国际上得到广泛接受和应用。2000 年《中国居民膳食营养素参考摄入量》中也将我国人群的身体活动水平由五级调整为轻、中、重三个级别。

▶ 表 8-2 身体活动水平分级方法 1

身体活动水平	MET	相当于		身体活动形式举例
		热量消耗 /（kcal · min^{-1}）	最大摄氧量 /（mL · kg^{-1} · min^{-1}）	
低	<3.0	<3.5	<50%	一般日常生活活动，如购物、做饭、洗衣服等
中	3.0～6.0	3.5～7.0	50%～60%	如跳舞、骑马、割草、瑜伽、高尔夫、走路、太极拳、乒乓球等
高	>6.0	>7.0	>60%	如竞走、跳绳、跑步、快骑自行车、足球、重体力劳动（如伐木、建筑）、打篮球、网球、游泳等

2. 按身体总能量消耗与基础代谢率的比值划分

与身体活动相关的一个重要概念是能量消耗（energy expenditure, EE）。从身体活动的定义可以看出，有身体活动就有能量消耗，两者成正相关关系。正常成人每日消耗的总热（能）量（TEE）= 人体基础代谢消耗的热量（BEE）+ 食物热效应消耗的 热量（DEE）+ 身体活动所需要的热量（AEE）。婴幼儿、儿童、青少年、孕妇、乳母及疾病恢复期的患者每日的能量消耗除这三方面外，还包括生长发育和新组织增加所需要的能量消耗。从能量消耗分布看，在人体 TEE 中，BEE 和 DEE 相对恒定，而 AEE 在 TEE 中所占比例变化最大，且影响因素最多（图 8-5）。因此，身体活动构成了能量代谢途径中可变性最大的部分，也构成了影响能量代谢平衡状态的关键，而 AEE 在 TEE 中所占的比例，既可反映出身体活动水平的高低，也可作为身体活动水平等级划分的依据。故根据个体 24 h 内总能量消耗与该个体 24 h 基础代谢能量消耗的比值即可推算出每日身体活动水平（PAL）。即：

PAL = 24 h 内总能量消耗 /24 h 基础代谢能量消耗

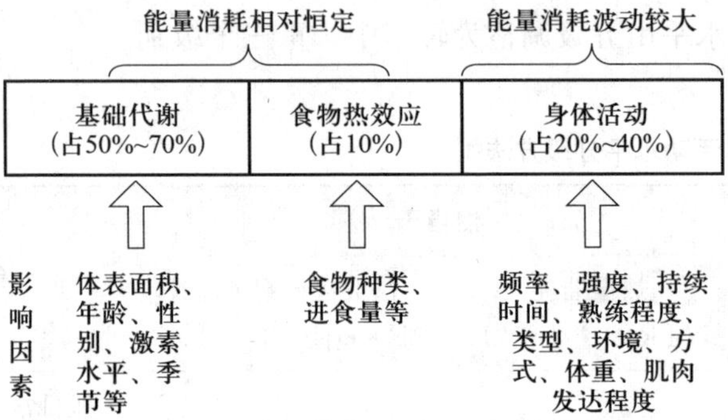

图 8-5　正常成人每日能量消耗及其影响因素

世界卫生组织（WHO）曾按此种方法将职业性身体活动（劳动强度）分为 3 个等级，以估计不同等级劳动强度的水平。我国也采取此种分级方法对身体活动水平进行分级（表 8-3）。

▶ 表 8-3　身体活动水平分级方法 2

身体活动水平	职业工作时间分配	工作内容举例
低	75% 的时间坐或站立，25% 的时间站着活动	办公室工作、修理电器钟表、售货员、酒店服务员、化学实验操作、讲课等
中	40% 的时间坐或站立，60% 的时间进行专门的职业活动	学生日常活动、机动车驾驶、电工安装、车床操作、金属切割等
高	25% 的时间站着活动，75% 的时间进行专门的职业活动	非机械化农业劳动、炼钢、舞蹈、体育运动、装卸、采矿等

3. 按照身体活动时的自我感觉划分

采用主观感觉对身体活动水平进行划分主要是基于身体活动过程中个体心理、生理对运动强度的整体感知与反映，其本质属于相对强度的一种划分方法。美国 CDC 提供了两种通过主观感觉划分活动强度的方法：一种是以交谈实验判别；另一种采用瑞典生理学家 Borg 研制的“自觉疲劳程度量表”（RPE）进行划分（表 8-4）。由于 RPE 与身体活动过程中的心率、能量消耗、血乳酸水平等生理指标值存在较高的相关性，其应用价值已得到美国运动医学学会（ACSM）的认可与推荐。由于该量表更加侧重于考虑个体的差异性，故不仅可以作为身体活动心理负荷强度的划分标准，而且也可以供人们在身体活动中把握活动强度时作为参考。

▶ 表 8-4　身体活动水平分级方法 3

身体活动水平	主观感知				相对强度	绝对强度
	主动用力程度			“讲话测试”		
	RPE 级别	感觉	RPE 范围		最大心率 /%	代谢当量 /MET
低	6	毫不费力	<12	能说话 / 唱歌	<60	1
	7	非常轻松				>1~<3
	8~9	很轻松				
	10~11	轻松				
中	12~14	有些吃力	12~14	能说话但不能唱歌	60~75	3~6
高	15~16	吃力	≥15	说话困难	>75	>6
	17~18	很费力				
	19~20	非常费力				

4. 按照身体活动频率和持续时间划分

身体活动水平的高低与单位时间中身体活动量有关，而身体活动量的大小除与活动强度有关外，还与单位时间内的身体活动频率和持续时间有关。自 1995 年美国 CDC 与 ACSM 联合颁布身体活动指南以来，加拿大

（2005，2011）、澳大利亚（2005）、日本（2006）、世界卫生组织（2010）、中国（2011）等国家和组织也先后公布了自己制定的身体活动指南或建议（表 8–5）。参照这些指南或建议，全球身体活动问卷（GPAQ）专家组又将身体活动水平划分为久坐少动、活动不足、活动充分、活动活跃和高度活跃五个等级（表 8–6）。但这种划分方法较为模糊，尤其是在判断“身体活动不足”时，与其他标准之间存在较大差异，其敏感性远远低于其他标准。

▶ 表 8–5 不同人群身体活动推荐量表（建议）

制定者	目标人群	活动种类与强度	持续时间	频率
WHO[①]	5~17 岁	中等到高强度身体活动	每次至少 60 min	每周至少 3 次
	18~64 岁	① 中等强度有氧身体活动 ② 中、高强度活动组合 ③ 大肌群抗阻练习	有氧活动每次至少持续 10 min	① 至少 150 min/ 周 ② 累计至少 75 min/ 周 ③ 至少 2 次 / 周
	65 岁及以上	① 中等强度有氧活动 ② 中、高强度活动组合 ③ 增强平衡能力的活动 ④ 大肌群抗阻练习	有氧活动应该每次至少持续 10 min	① 至少 150 min/ 周 ② 至少 75 min/ 周 ③ 至少 3 次 / 周 ④ 至少 2 次 / 周
CDC[②]	2 岁以上人群	中等强度耐力运动 大肌群抗阻练习	至少 30 min（可累积）	每天或每周大多数日子 至少 2 次 / 周
中华人民共和国国家体育总局[③]	成年人	中等强度有氧运动	每天 30 min 或以上	至少 5 天 / 周
		大强度有氧运动	每周 75 min 以上	3 次 / 周
		交替性有氧运动	中等强度有氧运动 30 min 或以上	3 次 / 周
			大强度有氧运动 25 min 或以上	2 次 / 周（交替进行）

注：① 关于身体活动有益健康的全球建议，2010；② Surgeon General’s Report，USA，1995；③ 运动健身指南，2011。

▶ 表 8-6 身体活动水平分级方法 4

身体活动水平		划分标准	PAL
总体身体活动	高度活跃	符合下列两项中任何一项：① 重度身体活动，每周至少 3 天，且能量消耗达到 1 500 MET · min；② 每周中、重度身体活动合并累积不少于 7 天，并且合计总能量消耗达到 1 500 MET · min	1.90～2.50
	活跃	高强度身体活动每周至少 3 天，每周累积达到至少 1 500 MET · min；或者每天步行并参加中等强度或高强度的身体活动，每周累积达到 3 000 MET · min	
	充分	每周至少 3 天，每天至少 20 min 的高强度身体活动；或者每周至少 5 天，每天至少 30 min 的中等强度身体活动或步行；或者每周至少 5 天有步行并参加中等或高强度身体活动，每周累积达到 600 MET · min	1.60～1.89
	不足	没有达到身体活动活跃或身体活动充分的水平	1.40～1.59
	久坐少动	一周中没有任何的中等强度或重度身体活动	1.00～1.39
单项活动	完全静坐	单项身体活动没有任何的中等强度或重度身体活动	
	活跃	符合下列两项中任何一项： ① 每周不少于 5 天的中等强度身体活动，每次不少于 30 min ② 每周不少于 3 天的重度身体活动，每天不少于 20 min	

二、我国身体活动评价标准

身体活动“金字塔”标准，代表一种科学的健康行为标准，也是个体应当追求的日常身体活动目标（图 8-6）。日常生活身体活动构成身体活动“金字塔”的基座部分；每周进行 3～5 次中等强度有氧类型的身体活动，为“金字塔”的中间部分；每周至少完成两次提高力量、柔韧及协调素质的身体活动，是接近塔尖的部分；除了正常的休息时间，像静坐、躺卧类型的身体活动应尽量减少，即塔尖部分。就像健康饮食与营养的“金字塔”标准一样，身体活动“金字塔”是人们日常健康行为的规范标准，需要加大推广与宣传的力度，以提升人们增进健康所需的运动素养与能力。

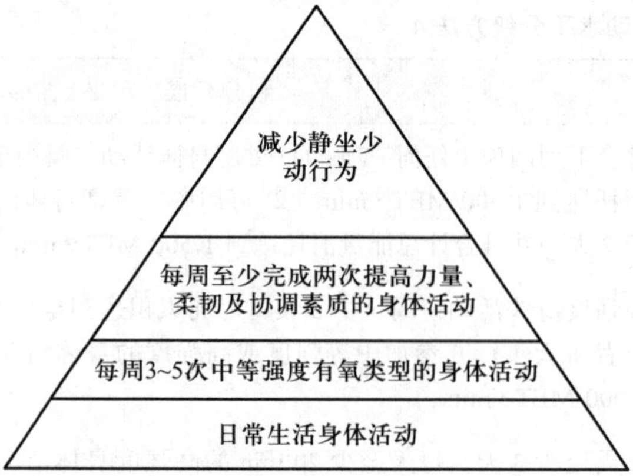

图 8-6 我国身体活动“金字塔”标准

思考题

1. 简述身体活动的概念、内涵及分类；
2. 身体活动测量的内容是什么？
3. 身体活动测量的方法是什么？
4. 身体活动测量的技术有哪些？

第9章 运动技术测量与评价

本章提要

学生通过本章的学习，可以加强对运动技术测量与评价科学性的认知。部分专项运动技术测量与评价的设计方案介绍，使学生在了解体育测量与评价学科性质的基础上，联系运动实践，了解运动技术的实用价值，为改善现状和实现理想目标而制定决策并为此提供判断依据。

关键词

运动技术　测量与评价　科学性　方法

运动技能是指人体运动中掌握和有效地完成专门动作的能力。从宏观理解，运动技能含运动素质能力、技战术能力和心理能力等方面。从微观理解，运动技能含运动技术和运动战术的能力。本章仅从微观角度探讨运动技术的测量与评价。

运动技术是指符合人体运动的科学原理、能充分发挥身体潜在能力、合理而有效地完成动作的方法。“合理”表现在遵循人体运动的规律，符合生物力学的原理与方法，“有效”表现在能充分发挥人体的潜能，并能使之转化到运动成绩上去。运动技术形成可分为三个阶段，即粗略形成技术阶段、改进提高技术阶段和巩固运用技术阶段。

第一节 运动技术测量与评价概述

合理而有效完成动作的方法，是以理想的动作模式为衡量标准。理想的动作模式是人们经过计算、设计出来的，理想的动作模式必须具备合理有效的运动技术特征：动作连贯、流畅；练习者有意识支配肌肉活动的成分逐渐减少，即练习者不需要时刻全神贯注地对动作细节进行控制，能把注意力转移到完成动作的整体效果上去；形成了完成动作的特殊感觉，如各种器械感、水感、球感，以及空间感、时间感等，练习者在练习中凭借这些感觉去调节和控制动作；动作稳定性高，即使在心理状态不佳、体力下降、外界条件干扰的不良情况下，也能保持动作的合理性与有效性；动作外在表现轻松、自然、优美、富有魅力。

对运动技术的测量，目的在于评价练习者合理有效的技术水平，即在运动技术测量与评价科学性的基础上，评价练习者会做多少技术动作，对技术动作掌握的程度怎样，以及掌握的技术动作实效性如何。

一、运动技术测量与评价的科学性

在实践中，只有实施科学的测量，才能获得准确而可靠的数据，通过分析和研究，才能得出科学的结论。运动技术测量与评价的科学性主要表现在测量的可靠性、有效性、客观性三大方面。

二、运动技术测量与评价的内容

运动技术测量与评价的内容分为技术容量、技术质量（包括技术动作的全面性）和技术效果三个方面。由于运动员在训练与比赛中所发挥出的技术效果不同，可将技术容量分为训练技术容量和比赛技术容量，将技术动作的全面性分为训练技术动作的全面性和比赛技术动作的全面性，将技术效果分为技术绝对效果、技术比较效果和技术实现效果。

（一）技术容量的测量

技术容量是指运动员在训练或比赛中所准确完成的各种技术动作的总数量。如在周期性项目中（跑、游泳、划船等）的技术容量，就是指一次比赛中多次重复的动作数量（重复的步次或划次），在摔跤比赛中运动员所采用的技法数量等。

运动员在训练和比赛中所能完成的合理技术动作的数量与比赛成绩有着直接关系。如体操运动员掌握和完成器械动作的总数、周期性项目运动员在规定距离所完成的重复动作数量、摔跤运动所用技法等，都直接影响比赛成绩的好坏。但在一些运动项目中，运动员技术容量并不是影响比赛成绩的主要因素，如足球运动员在一场比赛中所完成的技术动作行为总数与他所掌握的技术动作的程度相比，后者对比赛成绩的影响更大。

由于各种因素的影响，运动员在训练中往往比在比赛中所能完成的技术容量更多。运动员的训练技术容量只能证明他的潜在能力，而比赛的技术容量与训练的技术容量之比，则表示这种潜力所发挥的程度。

（二）技术质量的测量

技术质量包括技术动作的合理性、技术动作的稳定性和技术动作的全面性。

技术动作的合理性是指运动动作符合运动生物力学、解剖学和生理学的要求，技术动作协调、经济、实效。

技术动作的稳定性是指运动员平时训练技术掌握或发挥程度，即动作是否稳定。在训练测验或比赛测验中，用连续重复和有一定时间间隔后再重复的方法对某一技术进行测试。技术动作稳定是运动水平高的表现之一。

技术动作的全面性是运动员所掌握技术动作的多样性程度。在许多运动项目中（如球类、体操、摔跤、拳击等），运动员所掌握的运动技术种类越多，技术越全面，其比赛成绩就越好。而且，许多项目中运动员技术动作的全面性与技术容量相比，其比赛中的技术动作的全面性更为重要。在许多项目的比赛中（尤其是球类运动），运动员的各种技术动作使用频率之比是有信息价值的测量指标，如足球比赛中传球与射门次数之比、篮球比赛中投篮与传球或运球次数之比、排球比赛中扣球与其他击球过网动作的次数之比等。另外，运动员在用身体右侧或左侧完成某种技术动作时，可能会出现某一侧优于另一侧的动作，而运动员右侧优势和左侧优势的动作之比也是技术动作的全面性的一项重要指标。特别是在某些一对一对抗性运动项目中（如柔道、拳击、武术中的散手等），双侧优势的技术动作的全面性无疑优于单侧优势。

（三）技术效果的测量

技术效果是指个人技术动作与该技术规范动作的接近程度。凡能保证达到最高成绩的动作技术，原则上认为具有最大效果，但由于比赛成绩取决于多种因素，包括运动的身体训练，心理训练和战术训练水平等，所以仅把运动成绩作为技术效果的效标是有局限性的，因此，更多的是把被研究的动作技术与该动作的生物力学标准相比较，或是与优秀运动员的技术动作相比较。

技术效果指标包括三类：技术绝对效果、技术比较效果和技术实现效果。

1. 技术绝对效果的测量

技术绝对效果是指某项动作的最佳技术效果。

在测量某项动作的技术绝对效果时，应将被研究的动作技术指标与生物力学、生理学以及美学等研究基础上选定的值进行比较。

例如，研究证明，在赛艇运动中，只有当对踏板用力和对船桨用力之间时间间隔最短时，划桨技术才是合理的，才能发挥出最佳技术效果。即越是优秀的运动员，这一时间的间隔越短；反之，中、初级水平的运动员这一时间间隔却长得多。

2. 技术比较效果的测量

技术比较效果是指运动员技术动作效果与优秀运动员技术动作效果接

近的程度。

在测量运动技术动作比较效果时，一般选择与该运动员在身体训练、心理训练和战术训练水平方面较接近的运动员进行比较，也可以取优秀运动员平均技术动作效果作为比较模型。例如，高水平短跑运动员的跑步特点是支撑反作用力的垂直分量只有一个峰值，而一般运动员则有两个峰值，运动新手有三个甚至四个峰值。即出现峰值的次数越多，其技术动作的效果越差（图 9–1）。

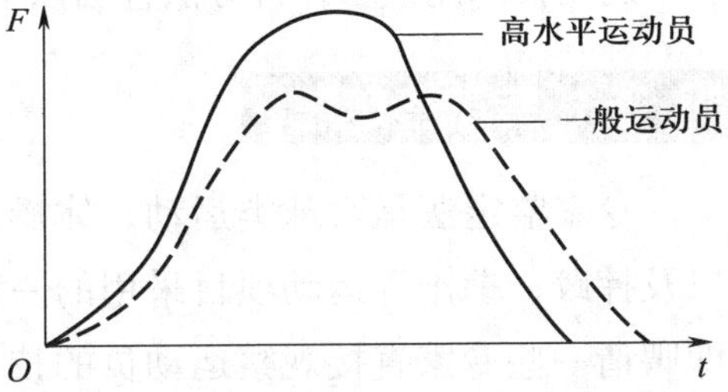

图 9–1 不同运动员运动技术动作效果比较

3. 技术实现效果的测量

技术实现效果是指运动员依本人的实际运动潜力所应发挥的最佳技术效果。

测量运动员技术动作实现效果的最简单方法是让运动员先完成某一简单练习，然后在加大练习技术难度的条件下重复做这一练习，前后练习的差异可用以评价运动员对增加难度的技术动作所掌握的程度。例如，按规定路线在地上放置若干球，先让篮球运动员徒手绕球做蛇形跑，然后要求运动员运球重复前面的练习，前后两种练习的时间差可作为评定运动员掌握运球技术好坏的指标，如果运动员能够良好地掌握运球技术，其运球完成练习的时间应与徒手完成练习的时间较接近。也就是说，可以把运动员徒手完成练习的效果近似地看作该运动员运球完成练习的技术实现效果。

在测量一些项目的技术实现效果时，往往采用多种指标来测定运动员的运动潜力，并采用多元分析的方法来评价技术的实现效果。

第二节 运动技术测量与评价方法

方法是指研究和认识客观事物的途径，也是达到预定目的所采用的办法。运动技术测量与评价的方法是指通过测量取得数据资料，依据一定的标准对这些数据所反映的现实情况作出科学的解释，观察其发展变化的趋势。测量与评价是紧密联系的两个过程。评价以测量为前提，没有测量则没有评价。然而，没有评价的测量则毫无意义。

运动技术测量与评价方法包括以下几种。

一、专家鉴定法

专家鉴定法是对球类运动、体操、跳水、武术、花样滑冰、花样游泳以及摔跤、拳击等运动项目采用的一种基本测量与评价方法。专家鉴定法即聘请一些专家直接观察运动员的技术动作，并按预定的标准给予定性和定量的评定，可分为个人评价和集体评价两类。评价的方法，有的是口述自己意见，有的则填写专门的调查表。无论是采用哪一种方法，都应该广泛地搜集和概括各种意见。竞技体操、花样滑冰、花样游泳、跳水、艺术体操等裁判方法，都是典型的专家鉴定法。

专家鉴定法，主要是靠专家的主观经验进行评价，这在很大程度上会受到专家个人特点的影响，如知识、业务水平、运动经历、专业经验、个人爱好以及健康状况等。因此，每一位专家的意见，都应当看成是随机的变量，需要使用统计方法进行加工和整理。现代的专家鉴定法，是一个经过严密组织、合乎逻辑的数理统计的程序系统，目的在于从专家那里获取信息并进行分析，以求选择一些最适宜的解决办法，或对某一种行为的特征进行尽可能客观的评价和比较。应强调的是，所选择的专家群体的测量必须达到可靠性、有效性和客观性的要求。

二、技术动作设计法

技术动作设计法是将运动技术的构成要素组织成为一个作品的创意过程。设计法一般按以下步骤进行，即确定测量的目标及运动技术的主要特性；设计或编制测量方法，并写成标准化的文字。如果测量的目的是评价学生掌握某项技术的能力，就要对该技术进行全面的分析，找出技术的关键，进而设计、选择或编制测量这一能力的方法。即通过因素分析，找出反映某种技术或能力的最重要的因素，然后选择或设计相应的测验手段，进行测量与评价。

三、仪器测量法

仪器测量法是指采用现代科技手段对进行中的动作直接测试，获取必要的人体运动学、动力学、形态学及功能解剖学等方面的参数，对技术进行精确的定量分析的方法。该方法可分为即时评价和非即时评价两类。即时评价多指由电子计算机控制检测过程与进行数据处理的自动化系统评价，其特点是现场测试，即时打印（或显示）监测评价结果。非即时评价是指在运动现场采集必要的信息（如应变波形曲线图、磁带记录的数据信息等），然后进行加工处理的方法。

仪器测量法检测技术可分为光电法和机电法。

光电法用于对运动员远距离技术测验，不妨碍技术的自然进程，其信息借助于光线或热辐射传输到记录装置中，如摄影法、录像法或录像解析法等，其摄像方向可正面摄影、侧面摄影和俯视摄影，可用单机（单一图片）分析，也可用多机（立体多片）分析。

机电法由遥测装置、记录装置和计算装置组成，其精度首先取决于信息传感器的功能，传感器的类型很多，常用的是记录生物电的传感器和测量某生物力学特征指标（如力、加速度、速度、位移等）的传感器。记录生物电的传感器（如心电图、肌电图），均用来测量有机体活动过程中产生的生物电现象，尤其是肌电图，可用于测定不同的肌肉参与某种运动的程度，研究运动行为的内在结构，揭示最合理和最有效的特征，依此对运动员的技术状况进行分析和评价。测量生物力学特征指标的传感器，最古老的是弹簧测力计、握力计、背力计等，方便但有局限性，因其惯性大，不能反映快速动作中力的变化；新式的应变传感器是把运动器械或专门测力元件中的机械应力变成电流，运动员所发挥的力引起元件机械形变，进一步引起应变放大器中的电阻值和电压值变化，从而可迅速、准确地测量出力等技术指标的变化。

多方法、多手段的联合运用可多角度、多层次、多数量地获取技术评价所需要的参数信息，弄清各环节及因素相互作用的实际情况，以确保分析和评价的准确无误。

四、简单观察法

简单观察方法要求教练员、教师对运动员、学生在实地练习中完成技术动作的情况进行观察，然后与正确技术模式进行比较对照，从中找出错误，并分析产生的原因。这种方法虽然只能进行粗略的估计与分析，但是由于它可随时运用，简单易行，不需过高条件，因而被广泛地使用。这种方法运用的准确性，在很大程度上取决于分析者的经验和知识，有经验的教师和水平高的教练员利用这种方法也可取得令人满意的结果。

第三节 部分专项运动技术测量与评价方法介绍

主要针对大学体育教育专业学生，就篮球、排球、足球、田径、体操、武术、游泳等常见运动项目的专项技术测验和等级量表作一介绍，这些测量和量表根据体育教育专业专项选修的学生而编制，应用时可根据受试对象的不同作相应修改再加以使用。

一、篮球

（一）篮球综合技术动作测验

测验目的：测量受试者的篮球综合技术水平。

测验对象：适用于体育教育专业篮球选修的学生。

测验内容：分技术评定和技术达标测验两部分。

1. 技术评定

（1）跨步急停。

（2）原地双手胸前传球。

（3）原地跳起单手肩上投篮（女原地投）。

（4）原地持球双手胸前传球（原地持球交叉步突破运球上篮）。

2. 技术达标测验

（1）1 min 投篮（男跳投，女原地投）：

场地设备：以篮筐圆心垂直投射点为圆心，以 4.22 m 为半径画一弧线（限制线），秒表。

测验方法：受试者持球于限制线外的任一地点，计时开始后，连续投篮 1 min。测三次。

测验要求：

① 男生跳起单手肩上投篮，女生原地单手肩上投篮。

② 每次投篮，自己抢（拾）球，并运球出限制线外继续投篮。

③ 脚触线，运球违例，均无效，但球离手后脚可触线。

评价：计 1 min 投篮的命中次数，取最佳一次测验成绩为最终成绩。

（2）半场（左、右手）运球上篮：

场地设备：秒表，按图 9-2 画场地。

测验方法：受试者持球于 A 区（一脚触线）。计时开始后，受试者用右手运球，右手上篮，投中后，运球至 B 区（脚触 B 区），急停转身后用左手运球，左手上篮，往返 4 次，投中 4 球为止。最后一球入篮即停止计时。测三次。

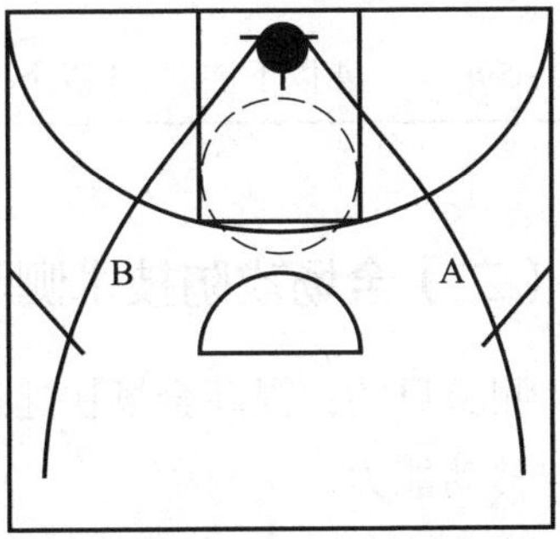

图 9-2　半场运球上篮测验场地示意图

测验要求：

① 投篮不中时，补中为止（可用任何一手）。

② 脚未触 A、B 区（线）为运球违例，每次扣 5 分。

评价：计完成测验的时间，取最佳一次测验成绩。

（3）三点移动：

场地设备：秒表，按图 9-3 画场地（3.6 m 的等边三角形，以 0.2 m 为半径画 A、B、C 三个圆圈）。

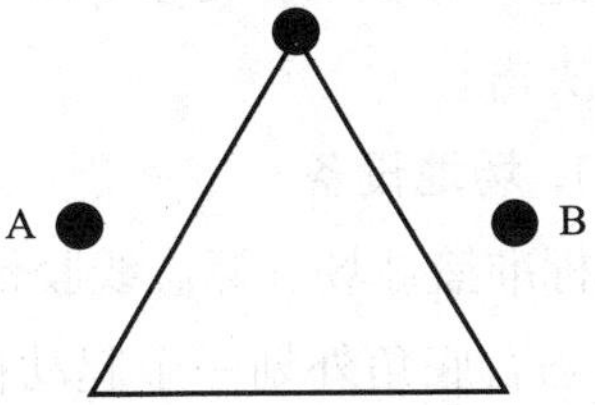

图 9-3　三点移动测试场地示意图

测验方法：受试者左脚触 A 区

（线）站立。计时开始后，向右横滑步，右脚触 B 区（线）。左脚向前做滑步（攻击步），左脚触 C 区（线），然后做后撤步，向 A 区滑步移动。往返 10 次，最后一次触 A 区（线）即停表。测三次。

测验要求：只准滑步，不得跑或做其他移动。未触及 A、B、C 三区（线），每次扣 3 分。

评价：计完成测验时间，取最佳一次测验成绩。

三项篮球技术测验的评价标准见表 9-1。

▶ 表 9-1　三项篮球技术测验的评价标准

等级	百分制 / 分	1 min 投篮 / 次		半场运球上篮 /s		三点移动 /s	
		男	女	男	女	男	女
优	90～100	9 以上	8 以上	26.5 以下	27.5 以下	34.5 以下	36.5 以下
良	80～89	7～8	6～7	26.5～29	27.5～30	34.5～35.5	36.5～37.5
中	70～79	5～6	4～5	29.1～30	30.1～31	35.6～36.5	37.6～38.5
可	60～69	4	3	30.1～31	31.1～32	36.6～37.5	38.6～39.5
差	0～59	4 以下	3 以下	31 以上	32 以上	37.5 以上	39.5 以上

（二）全场攻防技术测验

测验目的：提高全场快速运球变向技术，增强快速攻守转换意识与紧逼防守移动能力。

测验对象：适用于体育教育专业篮球选修的男、女生。

测验内容：在全场做 4 种不同的运球变向后上篮，并以冲跑、转身、后退跑、滑步、交叉步等防守移动步法，快速返回到 3 分线与端线交点处，做出夹击。

1. 场地设备

标准篮球场、标志线胶带、篮球（2 个）、秒表（2 块）。如图 9-4 所示，在球场右底角外划一个起动标志点（端线延长），在对侧 3 分线与端线的交点外划一个夹击踩踏点，两个球先后放在罚球区边线与端线的两个交点上。

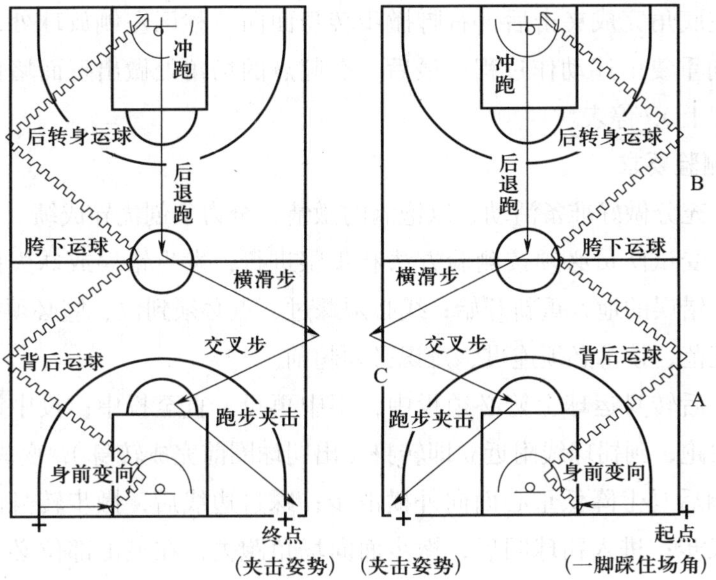

图 9-4 全场攻防技术测验场地示意图

2. 测验方法

受测队员站在场地右底角处，前脚踩在底线与边线的交叉点外（标志点），面向球（放在罚球区边线与端线交点上），听到测试人员“开始”口令后，立即起动冲向球，用右手抄球，左手向合理冲撞区内做顺步突运球，左脚和球进入“合理冲撞区”后，马上做体前变向换右手运球突破；向右前方运球到右侧边线（A 区），一脚踩过边线，做背后运球变向换左手突破；向左前方运球到中圈，任意一脚踩进中圈线内，做胯下变向运球换右手突破；向右前方运球到右侧边线（B 区），一脚踩过边线，做后转身运球换左手突破上篮（左手），将球投进；上篮不进时要补篮，直到补进为止。

投进篮后，快速起动跑向罚球线，并在罚球线附近开始转身（在越过罚球圈顶前完成转身动作），后退跑至中圈内；一脚踩进中圈后，向左下方做横滑步（面向外），左脚踩过边线（C 区），撤右脚并向右下方做前交叉步到罚球圈内，然后撤左脚面向左侧底角快跑补位，左脚踩过 3 分线与端线的交叉点外（标志），右脚保持在 3 分线外，两脚与边线平行（面朝外），做正面堵位夹击姿势（双脚必须同时踩在地面上）。

在左底角完成夹击后，右脚撤步转身面向三秒区左侧放球处，开始在相反方向重复上述动作过程；最后，在起点的场角处做出正面堵位夹击姿势后（同上），停表。

3. 测验要求

（1）充分做好准备活动，以饱满的激情，全力争创优异成绩。

（2）受试队员必须按测验方法和步骤进行，发生错误或球失控后，要回到发生错误的地方重新开始；线必须踩过、点必须到位、篮必须投进、动作必须规范、技术必须连贯、意识必须超前。

（3）后转身运球上篮必须投中，不中再投，直至投中；投中篮后先向前追防快跑，到罚球线附近立即转身（出罚球圈前完成转身），变成后退跑；退进中圈后马上降低重心面向外横滑步；踩过边线后，撤步转身面向内做横向交叉步；进入罚球圈后，撤步面向场角跑去，在夹击部位必须有一脚踩过标志点，做出正确的夹击姿势。

（4）顺步突破未进入“合理冲撞区”、运球和滑步时脚未踩过边（端）线、返回追防转身时越过了罚球圈、后退跑未进入中圈、交叉步未进入罚球圈、夹击时一脚未踩过 3 分线与端线交叉点、滑步出现交叉步、交叉步变成跑步，均属违规。

4. 评价

（1）技术评定：

按规定路线完成各区位动作、在夹击部位必须有一脚踩过标志点，做出正确的夹击姿势。如果在运球和滑跑中没有进入“合理冲撞区”、脚没有踩过边（端）线及其他圆圈内、投进篮后的冲跑没有在出罚球圈前完成转身等，出现一次错误，裁判员警告一次，同时在测试成绩中增加 0.4 s，如果被警告 2 次以上（包括一种错误连续被警告），将被判罚出场。

（2）技术达标测验：

每人测试一次，记录成绩，时间精确到 0.1 s；同时记录被警告的次数，然后按“增加”规定，核计其最后成绩。达标成绩详见表 9–2、表 9–3。

▶ 表 9-2 男子全场攻防技术测验分值对照表

后卫攻防时间 /s	分值 / 分	前锋攻防时间 /s	分值 / 分	中锋攻防时间 /s	分值 / 分
≤ 40.00	100	≤ 41.00	100	≤ 43.00	100
40.10	99	41.10	99	43.10	99
40.20	98	41.20	98	43.20	98
40.30	97	41.30	97	43.30	97
40.40	96	41.40	96	43.40	96
40.50	95	41.50	95	43.50	95
40.60	94	41.60	94	43.60	94
40.70	93	41.70	93	43.70	93
40.80	92	41.80	92	43.80	92
40.90	91	41.90	91	43.90	91
41.00	90	42.00	90	44.00	90
41.10	89	42.10	89	44.10	89
41.20	88	42.20	88	44.20	88
41.30	87	42.30	87	44.30	87
41.40	86	42.40	86	44.40	86
41.50	85	42.50	85	44.50	85
41.60	84	42.60	84	44.60	84
41.70	83	42.70	83	44.70	83
41.80	82	42.80	82	44.80	82
41.90	81	42.90	81	44.90	81
42.00	80	43.00	80	45.00	80
42.10	79	43.10	79	45.10	79
42.20	78	43.20	78	45.20	78
42.30	77	43.30	77	45.30	77
42.40	76	43.40	76	45.40	76
42.50	75	43.50	75	45.50	75

续表

后卫攻防时间 /s	分值 / 分	前锋攻防时间 /s	分值 / 分	中锋攻防时间 /s	分值 / 分
42.60	74	43.60	74	45.60	74
42.70	73	43.70	73	45.70	73
42.80	72	43.80	72	45.80	72
42.90	71	43.90	71	45.90	71
43.00	70	44.00	70	46.00	70
43.10	69	44.10	69	46.10	69
43.20	68	44.20	68	46.20	68
43.30	67	44.30	67	46.30	67
43.40	66	44.40	66	46.40	66
43.50	65	44.50	65	46.50	65
43.60	64	44.60	64	46.60	64
43.70	63	44.70	63	46.70	63
43.80	62	44.80	62	46.80	62
43.90	61	44.90	61	46.90	61
44.00	60	45.00	60	47.00	60
44.10	59	45.10	59	47.10	59
44.20	58	45.20	58	47.20	58
44.30	57	45.30	57	47.30	57
44.40	56	45.40	56	47.40	56
44.50	55	45.50	55	47.50	55
44.60	54	45.60	54	47.60	54
44.70	53	45.70	53	47.70	53
44.80	52	45.80	52	47.80	52
44.90	51	45.90	51	47.90	51
45.00	50	46.00	50	48.00	50
45.10	49	46.10	49	48.10	49

续表

后卫攻防时间 /s	分值 / 分	前锋攻防时间 /s	分值 / 分	中锋攻防时间 /s	分值 / 分
45.20	48	46.20	48	48.20	48
45.30	47	46.30	47	48.30	47
45.40	46	46.40	46	48.40	46
45.50	45	46.50	45	48.50	45
45.60	44	46.60	44	48.60	44
45.70	43	46.70	43	48.70	43
45.80	42	46.80	42	48.80	42
45.90	41	46.90	41	48.90	41
46.00	40	47.00	40	49.00	40
46.10	39	47.10	39	49.10	39
46.20	38	47.20	38	49.20	38
46.30	37	47.30	37	49.30	37
46.40	36	47.40	36	49.40	36
46.50	35	47.50	35	49.50	35
46.60	34	47.60	34	49.60	34
46.70	33	47.70	33	49.70	33
46.80	32	47.80	32	49.80	32
46.90	31	47.90	31	49.90	31
47.00	30	48.00	30	50.00	30
47.10	29	48.10	29	50.10	29
47.20	28	48.20	28	50.20	28
47.30	27	48.30	27	50.30	27
47.40	26	48.40	26	50.40	26
47.50	25	48.50	25	50.50	25
47.60	24	48.60	24	50.60	24
47.70	23	48.70	23	50.70	23

续表

后卫攻防时间 /s	分值 / 分	前锋攻防时间 /s	分值 / 分	中锋攻防时间 /s	分值 / 分
47.80	22	48.80	22	50.80	22
47.90	21	48.90	21	50.90	21
48.00	20	49.00	20	51.00	20
48.10	19	49.10	19	51.10	19
48.20	18	49.20	18	51.20	18
48.30	17	49.30	17	51.30	17
48.40	16	49.40	16	51.40	16
48.50	15	49.50	15	51.50	15
48.60	14	49.60	14	51.60	14
48.70	13	49.70	13	51.70	13
48.80	12	49.80	12	51.80	12
48.90	11	49.90	11	51.90	11
49.00	10	50.00	10	52.00	10
49.10	9	50.10	9	52.10	9
49.20	8	50.20	8	52.20	8
49.30	7	50.30	7	52.30	7
49.40	6	50.40	6	52.40	6
49.50	5	50.50	5	52.50	5
49.60	4	50.60	4	52.60	4
49.70	3	50.70	3	52.70	3
49.80	2	50.80	2	52.80	2
49.90	1	50.90	1	52.90	1
≥ 50.00	0	≥ 51.00	0	≥ 53.00	0

▶ 表 9-3 女子全场攻防技术测验分值对照表

后卫攻防时间 /s	分值 / 分	前锋攻防时间 /s	分值 / 分	中锋攻防时间 /s	分值 / 分
≤ 43.00	100	≤ 44.00	100	≤ 46.00	100
43.10	99	44.10	99	46.10	99
43.20	98	44.20	98	46.20	98
43.30	97	44.30	97	46.30	97
43.40	96	44.40	96	46.40	96
43.50	95	44.50	95	46.50	95
43.60	94	44.60	94	46.60	94
43.70	93	44.70	93	46.70	93
43.80	92	44.80	92	46.80	92
43.90	91	44.90	91	46.90	91
44.00	90	45.00	90	47.00	90
44.10	89	45.10	89	47.10	89
44.20	88	45.20	88	47.20	88
44.30	87	45.30	87	47.30	87
44.40	86	45.40	86	47.40	86
44.50	85	45.50	85	47.50	85
44.60	84	45.60	84	47.60	84
44.70	83	45.70	83	47.70	83
44.80	82	45.80	82	47.80	82
44.90	81	45.90	81	47.90	81
45.00	80	46.00	80	48.00	80
45.10	79	46.10	79	48.10	79
45.20	78	46.20	78	48.20	78
45.30	77	46.30	77	48.30	77
45.40	76	46.40	76	48.40	76
45.50	75	46.50	75	48.50	75

续表

后卫攻防时间 /s	分值 / 分	前锋攻防时间 /s	分值 / 分	中锋攻防时间 /s	分值 / 分
45.60	74	46.60	74	48.60	74
45.70	73	46.70	73	48.70	73
45.80	72	46.80	72	48.80	72
45.90	71	46.90	71	48.90	71
46.00	70	47.00	70	49.00	70
46.10	69	47.10	69	49.10	69
46.20	68	47.20	68	49.20	68
46.30	67	47.30	67	49.30	67
46.40	66	47.40	66	49.40	66
46.50	65	47.50	65	49.50	65
46.60	64	47.60	64	49.60	64
46.70	63	47.70	63	49.70	63
46.80	62	47.80	62	49.80	62
46.90	61	47.90	61	49.90	61
47.00	60	48.00	60	50.00	60
47.10	59	48.10	59	50.10	59
47.20	58	48.20	58	50.20	58
47.30	57	48.30	57	50.30	57
47.40	56	48.40	56	50.40	56
47.50	55	48.50	55	50.50	55
47.60	54	48.60	54	50.60	54
47.70	53	48.70	53	50.70	53
47.80	52	48.80	52	50.80	52
47.90	51	48.90	51	50.90	51
48.00	50	49.00	50	51.00	50
48.10	49	49.10	49	51.10	49

续表

后卫攻防时间 /s	分值 / 分	前锋攻防时间 /s	分值 / 分	中锋攻防时间 /s	分值 / 分
48.20	48	49.20	48	51.20	48
48.30	47	49.30	47	51.30	47
48.40	46	49.40	46	51.40	46
48.50	45	49.50	45	51.50	45
48.60	44	49.60	44	51.60	44
48.70	43	49.70	43	51.70	43
48.80	42	49.80	42	51.80	42
48.90	41	49.90	41	51.90	41
49.00	40	50.00	40	52.00	40
49.10	39	50.10	39	52.10	39
49.20	38	50.20	38	52.20	38
49.30	37	50.30	37	52.30	37
49.40	36	50.40	36	52.40	36
49.50	35	50.50	35	52.50	35
49.60	34	50.60	34	52.60	34
49.70	33	50.70	33	52.70	33
49.80	32	50.80	32	52.80	32
49.90	31	50.90	31	52.90	31
50.00	30	51.00	30	53.00	30
50.10	29	51.10	29	53.10	29
50.20	28	51.20	28	53.20	28
50.30	27	51.30	27	53.30	27
50.40	26	51.40	26	53.40	26
50.50	25	51.50	25	53.50	25
50.60	24	51.60	24	53.60	24
50.70	23	51.70	23	53.70	23

续表

后卫攻防时间 /s	分值 / 分	前锋攻防时间 /s	分值 / 分	中锋攻防时间 /s	分值 / 分
50.80	22	51.80	22	53.80	22
50.90	21	51.90	21	53.90	21
51.00	20	52.00	20	54.00	20
51.10	19	52.10	19	54.10	19
51.20	18	52.20	18	54.20	18
51.30	17	52.30	17	54.30	17
51.40	16	52.40	16	54.40	16
51.50	15	52.50	15	54.50	15
51.60	14	52.60	14	54.60	14
51.70	13	52.70	13	54.70	13
51.80	12	52.80	12	54.80	12
51.90	11	52.90	11	54.90	11
52.00	10	53.00	10	55.00	10
52.10	9	53.10	9	55.10	9
52.20	8	53.20	8	55.20	8
52.30	7	53.30	7	55.30	7
52.40	6	53.40	6	55.40	6
52.50	5	53.50	5	55.50	5
52.60	4	53.60	4	55.60	4
52.70	3	53.70	3	55.70	3
52.80	2	53.80	2	55.80	2
52.90	1	53.90	1	55.90	1
≥ 53.00	0	≥ 54.00	0	≥ 56.00	0

二、排球

（一）排球综合技术达标测验

测验目的：测量受试者的排球技术水平。

测验对象：适用于体育教育专业排球选修的学生。

测验内容：

1. 发球

（1）场地设备：一个正规排球场，若干排球。

（2）测验方法：受试者站在发球区发球。男生用上手，女生用下手或上手发球。要求按规则将球发到对方场区，每人连续发斜、直线球各 5 次。

（3）评价：每一个成功的发球计 10 分，违例无分。满分 100 分。

2. 垫球

（1）场地设备：一个正规排球场，在离中线 10 cm、离边线 50 cm 处放一个长 × 宽为 2 m×2 m、高为 1.5 m 的正方形架。

（2）测验方法：测试者供球，受试者将来球垫入方架内，每人连续垫球 10 次。

（3）测验要求：

① 用正面双手垫球动作。

② 球入方架有效，球落在架外，或从架上弹出，均算失误。

③ 若供球落点在规定范围内，受试者不接亦算失误；若供球落点超出规定范围，可不接球，重测一次。

（4）评价：唯有符合要求和动作规格的垫球才计分。每一个成功的垫球计 10 分，满分 100 分。

3. 传球

（1）场地设备：在 4 号位放一架子，架子上的圆圈直径为 1.5 m，圆圈高于网 50 cm，圆圈一边靠网，另一边离边线 20 cm。男生站在离 2 号位边线的 4 m 处，女生站在 4.5 m 处。

（2）测验方法：测试者站在 6 号位，供球给位于 2、3 号位之间的受试者。受试者作二传将球传入圆圈内。

（3）测验要求：

① 球入圈有效，球落在圈外或从圈上弹出算失误。

② 若球落在规定的范围内，不接球也算失误。

③ 一定用上手传球，否则也算失误。力争传球 10 次。

（4）评价：唯有符合要求和规定规格的传球才计分。每一次成功的传球计 10 分，满分 100 分。

4. 正面扣球

（1）场地设备：一个正规排球场，若干排球。

（2）测验方法：受试者站于 4 号位，将从 3 号位（测试者供球）来球扣过网（网高为男生 2.30 m、女生 2.10 m）。

（3）测验要求：

① 按规则要求将球扣到对方场区。

② 有一定的速度和力量。

③ 动作正确，每人连续扣球 10 次。

（4）评价：计符合要求和动作规格的扣球次数。每次成功的扣球计 10 分，满分 100 分。

成套测验成绩的评价：将各测验的得分累计相加，取平均成绩。评价标准见表 9-4。

▶ 表 9-4 排球综合技术达标测验评价标准

等级	测验平均成绩 / 分
优	90～100
良	80～89
中	70～79
下	60～69
差	0～59

（二）修改过的布莱蒂排球测验

测验目的：测量受试者排球综合技术能力。

测验对象：中学生。

测验内容：

（1）场地设备：在一堵墙上，距地面 3.35 m 高的地方，画一条 1.52 m 且与墙基线平行的线。在这条平行线的两端，垂直于平行线各画一条向上至少延伸 1.22 m 的直线。由这些线所围住区域（无上界）为击球目标。在地面上没有限制线。

（2）测验方法：测验进行 3 次，每次给 20 s 的时间，测验开始时，受试者可能在球能从墙上反弹回来的距离内，把球传向墙上的目标区域。然后，直到测试者喊“停”之前，可用传球、垫球、扣球各种控制球的方法，连续不断地把球击向目标。如果控球失败（如持球、连击等），或球落地，停止测验，按照测验开始的程序重新开始，继续测验。

（3）评价：测验的最后得分为 3 次测试中按照规定完成传（垫、扣）球的次数和。所谓按照规定传（垫、扣）球，必须是在球触手的一瞬间把球干净利落地传（垫、扣）出，且击中目标区域。在计数时，记分员不应把持球和没有击中目标而垂直上下的球计算在内。

三、足球

（一）足球技术达标测验

测验目的：测量受试者的足球技术水平。

测验对象：适用于体育教育专业足球选修的学生。

测验内容：

1. 技术评定

技评内容：

（1）16.5 m 正脚背射门。

（2）脚弓传接球。

（3）原地头顶球。

2. 技术达标测验

（1）50 m 运球绕杆射门：

场地设备：一个正规足球场，球若干，秒表，5 根标志杆（杆距 2 m），场地如图 9-5。

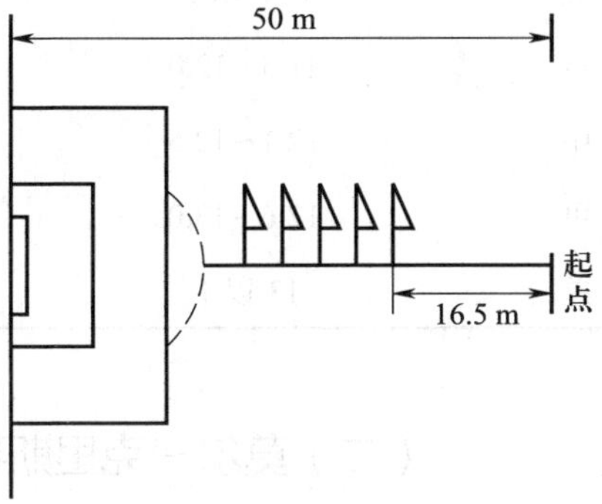

图 9-5　50 m 运球绕杆场地示意图

测验方法：受试者从起点开始运球，脚触球即开始计时。受试者运球绕杆，然后射门。球越过门线停表，测三次。

测验要求：射门不中或漏杆均为失误，射中球门横梁或门柱重测。

评价：计完成测验的时间，取最佳测验成绩。

（2）定位球踢准：

场地设备：足球 5 个，场地如图 9−6 所示，限制线至目标中心的距离为 28 m，目标的内环半径为 2 m，中心为 3 m，外环为 4 m。

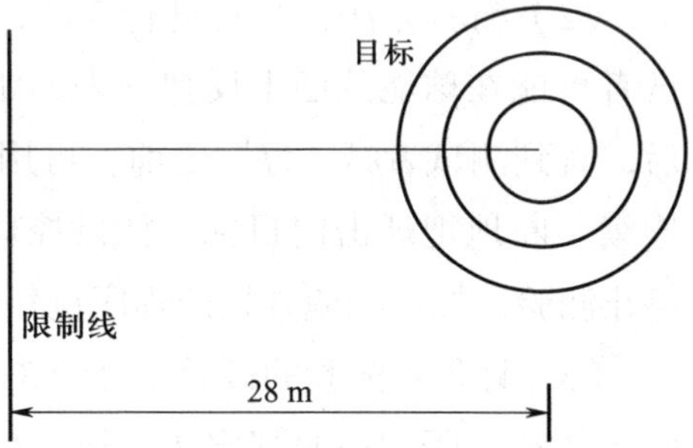

图 9−6　定位踢准场地示意图

测验方法：受试者将球置于限制线上，用脚背内侧向目标踢球，以球落点计成绩。每人连续踢 5 球。

评价：命中内环 5 分、命中中环 3 分、命中外环 1 分。球命中环线计其高分环的分值，累计总得分。

（3）颠球：

测验方法：受试者用正脚背颠球，直至球落地为一次测试，共测三次。

评价：计颠球的次数，取最佳测验成绩（次）。

足球技术达标测验评价标准见表 9−5。

▶ 表 9−5　足球技术达标测验评价标准

等级	50 m 运球绕杆射门 /s	定位球踢准 / 分	颠球 / 次
优	11.5 以下	22 以上	19 以上
良	11.5～12.0	18～22	16～19
中	12.1～12.5	13～17	11～15
可	12.6～13.0	8～12	6～10
差	13 以上	8 以下	6 以下

（二）莫尔－克里斯琴（Mer-Cristian）足球综合技术能力测验

测验目的：测量受试者的足球综合技术水平。

测验对象：适用于体育教育专业足球选修的学生。

测验内容：

1. 运球

场地设备：画一条直径为 18.30 m 的环形路线。起始线长 0.91 m，与圆形的切线垂直（图 9–7）。绕着圆环每隔 4.57 m 放一个 0.46 m 高的锥形物，共 12 个。

测验方法：把足球放在起始线上，随着开始的口令出发。要求受试者带球沿着环形路线运球，绕过每一个锥形物，最后回到起始线。在尽可能短的时间内完成一次测试，共测试三次。第一次以顺时针方向测试，第二次以逆时针方向测试。第三次由受试者自己选择方向。

评价：把三次测试中的最好两次得分作为测验的最后得分。

2. 传球

场地设备：用两个 0.46 m 高的锥形物做门柱，用一根 1.2 m 长的绳子连接两门柱的顶端构成球门柱，由此组成一个宽 0.91 m 的小球门。再由球门线的中点引出三条 13.72 m 长的放射线，它们与球门线的角度分别为 45°、90° 和 135°，并在每条线的远端点分别放上一个锥形物（图 9–8）。

测验方法：受试者用优势脚分别从放射线远端的锥形物处，把静止的球传进小球门。每个角度可传球 4 次，共测 12 次。此外，在每个角度还允许练习 2 次。

评价：每成功传球 1 次得 1 分。球传在门柱上也被认为成功传球，成功传球的总数为最后得分。

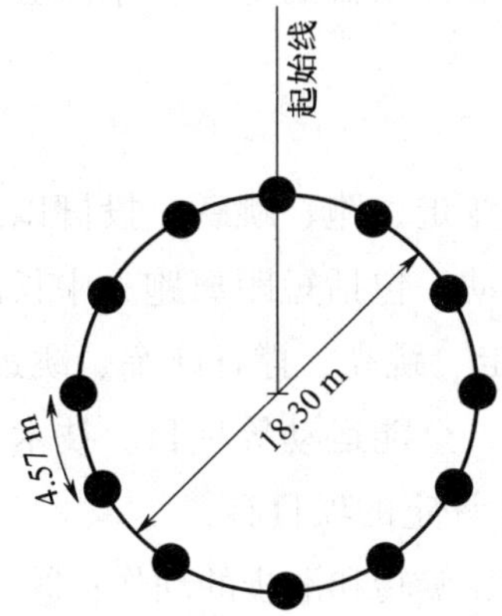

图 9–7　运球测验场地标志示意图

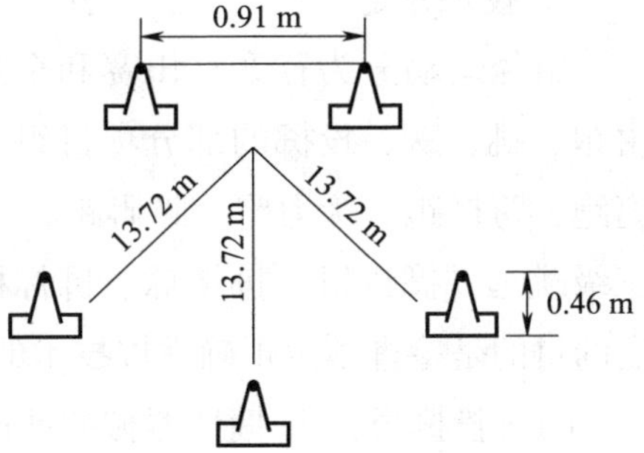

图 9–8　传球测验场地标志示意图

3. 射门

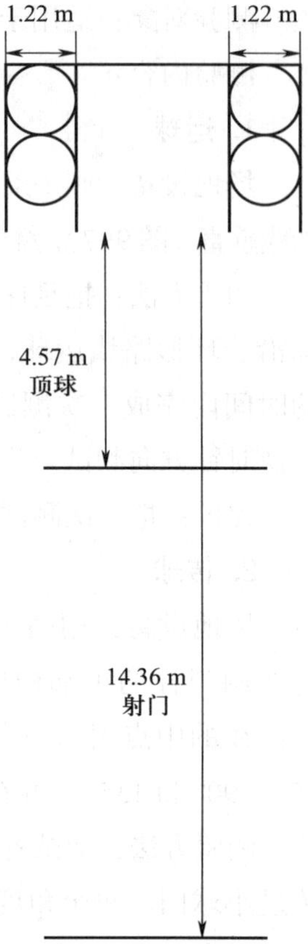

图 9–9 射门测验场地标志和目标示意图

场地设备：球门通过在球门横梁上距两边门柱 1.22 m 远的地方所悬挂的两根绳子，划分成两个得分区域。每个得分区域由两个直径为 1.22 m 的圆形构成射门目标。在距目标区域 14.36 m 远的地方画一条平行于球门横梁的直线（图 9–9）。

测验方法：要求受试者在 14.36 m 线处用优势脚对定位球进行射门，球可以放到线上的任何一点。可先练习 4 次。然后对准每个圆形目标射门 4 次。测试次数总共 16 次。

评价：射中瞄准目标，得 10 分；如果射中了另外目标，得 4 分。球从圆形目标中通过或被反弹回来，均被认为是成功；如果弹地后通过目标区域记 0 分。

四、田径

测验目的：测量受试者的田径技术水平。

测验对象：适用于体育教育专业田径选修的学生。

测验内容：分为投掷类，跳跃类，短、中长距离跑，跨栏跑等，由于田径运动项目较多，部分项目的专项技术测验参见表 9–6。

1. 技术评定

田径运动分为径赛、田赛和全能比赛，即竞走、跑、跳跃、投掷以及由跑、跳、跃、投掷的部分项目组成的全能运动，包括短距离跑、中长距离跑、跨栏跑、接力跑、障碍跑、马拉松、竞走、跳高、撑杆跳高、跳远、三级跳远、掷铁饼、掷链球、掷标枪、推铅球、全能运动等项目。技术评定的目的是检查学生正确掌握技术的程度，技术评定的项目有：

（1）投掷类：① 握持器械的动作；② 助跑、旋转和滑步的动作；③ 最后出手阶段器械的角度、速度与高度、最后用力的时机、顺序；④ 器械出手后的身体平衡。

（2）跳跃类：① 助跑阶段固定的助跑节奏、方式及方法；② 踏跳时动作的协调性、准确性；③ 空中身体的补偿与转动；④ 落地时的缓冲动作。

（3）竞速类：① 起跑及之后的加速跑；② 途中跑的单一步幅动作（上体姿势、后蹬与前摆、腾空和脚落地缓冲）；③ 竞走的单一步幅动作（腿部、躯干、两臂）；④ 交接棒配合动作；⑤ 过栏动作（起跨腿提拉过栏以及摆动腿攻栏摆动）。

2. 技术达标测验

（1）由于田径运动项目较多，部分项目的专项技术测验参见表 9-6。

▶ 表 9-6 田径运动项目技术达标测验

项目	场地设备	测验方法	测验要求	评价
铅球	① 铅球投掷场地； ② 铅球男子 5 kg、女子 4 kg	受试者持球于投掷圈内，按顺序轮流投掷 3 次	按照铅球竞赛规则执行	取最好成绩（技术掌握情况及远度）
标枪	① 标枪投掷场地； ② 标枪男子 800 g、女子 600 g	受试者持枪于投掷圈内，按顺序轮流投掷 3 次	按照标枪竞赛规则执行	取最好成绩（技术掌握情况及远度）
铁饼	① 铁饼投掷场地； ② 铁饼男子 2 kg、女子 1 kg	受试者持铁饼于投掷圈内，按顺序轮流投掷 3 次	按照铁饼竞赛规则执行	取最好成绩（技术掌握情况及远度）
跳远	① 跳远场地； ② 沙耙或铁锹、卷尺	受试者按顺序轮流试跳 3 次	按照跳远竞赛规则执行	取最好成绩（技术掌握情况及远度）
三级跳远	① 跳远场地； ② 沙耙或铁锹、卷尺	受试者按顺序轮流试跳 3 次	按照三级跳远竞赛规则执行	取最好成绩（技术掌握情况及远度）
跳高	① 跳高场地； ② 标尺； ③ 男子起跳高度 1.35 m，女子起跳高度 1.15 m	受试者每个高度 3 次试跳机会	按照跳高竞赛规则执行	取最好成绩（技术掌握情况及高度）
跨栏	① 跨栏场地； ② 男子 110 m 栏栏高 0.914 m，女子 100 m 栏栏高 0.762 m	受试者 1 次测试机会	按照跨栏竞赛规则执行	取最好成绩（技术掌握情况及速度）

续表

项目	场地设备	测验方法	测验要求	评价
中长跑	① 田径场； ② 中长跑距离男子 1 500 m、女子 800 m	受试者 1 次测试机会	按照中长跑竞赛规则执行	取最好成绩（技术掌握情况及速度）
100 m	① 田径场地； ② 蹲踞式起跑	受试者 1 次测试机会	按照 100 m 跑竞赛规则执行	取最好成绩（技术掌握情况及反应和动作速度）

（2）田径运动项目技术达标测验的评价标准参见表 9-7。

▶ 表 9-7 田径运动项目技术达标测验的评价标准

男生田径评价标准									
等级	百分制 / 分	100 m/s	1 500 m 中长跑 /（min·s）	110 m 跨栏跑 /s	跳高 /m	跳远 /m	2 kg 铁饼 /m	5 kg 铅球 /m	0.8 kg 标枪 /m
优	90~100	12.00~12.20	4'45~4'50	17.20~17.70	1.61~1.65	5.51~5.70	24.6~25.0	10.61~11.00	43~45
良	80~89	12.21~12.60	4'51~5'00	17.71~18.30	1.56~1.60	5.21~5.50	23.6~24.5	10.01~10.60	39~42
中	70~79	12.61~13.00	5'01~5'15	18.31~19.30	1.46~1.55	4.91~5.20	22.1~23.5	9.01~10.00	34~38
及格	60~69	13.01~13.50	5'16~5'30	19.31~20.30	1.35~1.45	4.50~4.90	20.0~22.0	8.00~9.00	29~33
不及格	0~59	13.50 以上	5'30 以上	20.30 以上	1.35 以下	4.50 以下	20.0 以下	8.00 以下	28 以下
女生田径评价标准									
等级	百分制 / 分	100 m/s	女 800 m	100 m 跨栏跑 /s	跳高 /m	跳远 /m	1 kg 铁饼 /m	4 kg 铅球 /m	0.6 kg 标枪 /m
优	90~100	14.00~14.20	2'45~2'50	17.20~17.70	1.34~1.36	4.30~4.5	18.6~19.0	8.41~8.90	27~28
良	80~89	14.21~14.50	2'51~3'00	17.71~18.30	1.30~1.33	4.10~4.3	17.6~18.5	7.51~8.40	24~26
中	70~79	14.51~15.00	3'01~3'10	18.31~19.30	1.21~1.29	3.80~4.1	16.1~17.5	6.51~7.50	21~23
及格	60~69	15.01~16.00	3'11~3'20	19.31~20.00	1.15~1.20	3.50~3.8	14.0~16.0	5.51~6.50	18~20
不及格	0~59	16.00 以上	3'20 以上	20.00 以上	1.15 以下	3.50 以下	14.0 以下	5.50 以下	17 以下

五、体操

测验目的：测量受试者的体操技术水平。

测验对象：适用于体育教育专业体操选修的学生。

测验内容：

（1）测验方法：该套测验由体操基本能力和基本技术两部分组成（表9-8、表9-9）。

▶ 表 9-8 男子体操测验项目与评分要求

项目	动作名称	分值 / 分	要求
基本能力（20%）	双杠臂屈伸	10	向下屈臂角度小于等于 90°，向上推直成支撑
	悬垂举腿	10	两腿伸直，举腿脚高于肩为一次
	靠墙摆倒立	10	倒立时，两臂伸直，肩角顶开，身体挺直
	体前屈	10	两腿并拢、伸直，上体前屈，手掌撑地
技巧（20%）	徒手动作	0.5	准确、伸展、协调
	手倒立前滚翻	1.5	经过手倒立过程，手倒立前倒时应有控制，屈臂、低头、含胸、屈髋、屈膝抱腿滚翻
	前滚翻成分腿开立	1.0	腿直、分腿，上体前屈及时，滚动圆滑
	慢起头手倒立前滚翻	1.0	重心控制在支撑面内，两腿匀速从两侧并拢成头手倒立
	前倒成单腿后举的屈臂俯撑	0.5	腿直、开角大，幅度大
	俯撑单腿向前绕越转体 180° 成仰撑	0.5	腿直，绕越转体流畅，方向正
	后滚翻直腿起	1.0	动作过程保持直腿，滚动流畅圆滑
	俯平衡	0.5	上体高于臀部，膝高于肩，后腿尽量向后上方举起
	侧手翻	2.0	整个身体与地面成一垂直面，地上手脚落点成一线，动作伸展连贯
	鱼跃前滚翻	1.5	腾空重心高于髋，髋角不小于 135°，滚翻圆滑
双杠（20%）	挂臂撑屈伸上成分腿坐	1.5	屈伸时腿要直，上成支撑时髋要平于肘
	慢起肩倒立（2 s）	2.0	起倒立时，速度均匀；成倒立时，身体要直
	前滚翻成分腿坐	1.0	滚翻圆滑，换握时臀位高，应有并腿过程

续表

项目	动作名称	分值 / 分	要求
双杠（20%）	腿弹起接支撑后摆转体 180° 成分腿坐	1.0	后摆分腿转体时，臀部高于肘关节水平面。分腿有幅度，分腿坐不砸杠
	两手体前握杠，两腿后滑至挂臂前摆上	2.5	上体起成支撑时，臀部不低于肘关节
	后摆下	2.0	肩角拉开，身体后摆高于肩水平
单杠（20%）	蹬地翻上成支撑	1.5	支撑时双腿与单杠垂直面的夹角在 45° 以上，动作连贯有序，挺身充分
	单腿摆越成骑撑	0.5	腿侧摆越时，有明显的腾空；支撑时前后腿的夹角大于 90°
	骑撑前回环	2.5	两腿前后腿的夹角大于 90°，保持分腿、直臂、直腿完成回环一周
	骑撑后腿前摆越转体 180° 成支撑	1.5	两腿保持在水平面以上，挺身转体时，动作平稳、连贯有序
	支撑后回环	2.0	后摆身体高于肩水平，直臂、直体，回环连贯
	支撑后摆转体 90° 下	2.0	后摆两脚高于头部，有明显的腾空，并保持身体的挺身
跳跃（20%）	山羊分腿腾越高度 1.25 m	10	手撑山羊时髋的高度与肩平，分腿直、有明显的腾空和展体动作
	斜向助跑直角腾越	10	腾越经直角支撑时，髋平肘，脚高于头，落地前展体明显

▶ **表 9-9　女子体操测验项目与评分要求**

项目	动作名称	分值 / 分	要求
基本能力（20%）	俯卧撑	10	俯卧向下屈臂角度小于等于 90°，向上推直成支撑
	悬垂举腿	10	两腿伸直，举腿脚高于水平为一次
	靠墙摆倒立	10	倒立时，两臂伸直，肩角顶开，身体挺直
	体前屈	10	两腿并拢、伸直，上体前屈手掌撑地
技巧（20%）	华尔兹转体 270°	0.5	准确、伸展、协调和流畅
	侧手翻	2.5	整个身体与地面成一垂直面，地上手脚落点成一线，动作伸展连贯

续表

项目	动作名称	分值 / 分	要求
技巧（20%）	变换步跳	0.5	准确、伸展、协调和流畅
	俯平衡	1.0	上体高于臀部，膝高于肩，后腿尽量向后上方举起
	纵劈叉	0.5	一条直线，位置到位，上体保持垂直
	肩肘倒立	1.0	直腿垂直，稳定一次到位
	经单肩后滚翻成单膝跪撑	2.0	屈髋、腿直、开角大，滚动流畅
	前滚翻转体 180° 接后滚翻	1.5	蹬伸前滚有短暂的直腿过程，团身滚动圆滑，后滚翻始终保持团紧，滚翻圆滑
	卡洛步交换转体 180° 接侧波浪	0.5	动作协调、轻松自如
双杠（20%）	跳上分腿坐前进	1.5	动作连贯，直臂支撑，两腿始终伸直，有骑立过程
	滚杠	2.5	滚动圆滑，两腿伸直，滚动过程保持一定的开度
	分腿坐前进	1.0	动作连贯，直臂支撑，两腿始终伸直，有骑立过程
	支撑摆动（2 次）	3.0	前摆送髋拉肩直体，后摆顶肩不塌腰
	前摆下	2.0	前摆两腿伸直并拢，展髋挺身有腾空感
单杠（20%）	蹬地翻上成支撑	2.5	支撑时双腿与单杠垂直面的夹角在 45° 以上，动作连贯有序，挺身充分
	单腿摆越成骑撑	1.0	腿侧摆越时，有明显的腾空；支撑时前后腿的夹角大于 90°
	骑撑前回环	2.5	两腿前后腿的夹角大于 90°，保持分腿、直臂、直腿完成回环一周
	骑撑后腿前摆越转体 180°成支撑	1.5	两腿保持在水平面以上，挺身转体时，动作平稳、连贯有序
	支撑后摆转体 90°下	2.5	后摆两脚高于头部，有明显的腾空，并保持身体的挺身
跳跃（20%）	山羊分腿腾越高度 1.10 m	10	手撑山羊时髋的高度与肩平，分腿直、有明显的腾空和展体动作
	斜向助跑直角腾越 1.10 m	10	腾越经直角支撑时，髋平肘，脚高于头，落地前展体明显

（2）测验要求：成套测验成绩基本能力占20%，规定的基本技术动作占80%。满分为100分。体操四个项目成套动作评分中以10分制进行评分。扣分以0.1分为最小单位。为使评分客观，至少要由4名专业体操教师进行评分。基本能力每项内容按次数和距离，以10分制进行评分。各项考核成绩换算成20分，最后各项考核成绩相加为最后成绩。

（3）评价：

① 基本能力。

双杠双臂屈伸（次数）连续完成10次为6分，按每增加1次得0.5分的标准计算，18次为10分。

悬垂举腿（次数）举腿脚高于肩为一次，连续完成6次为6分，按每增加1次得1分的标准计算，10次为10分。

靠墙摆倒立（次数）2 s为1次，连续完成5次为6分，按每增加1次得0.5分的标准计算，13次为10分。

俯卧撑（次数）连续完成8次为6分，按每增加1次得0.5分的标准计算，16次为10分。

体前屈（距离）指尖触地为6分，手掌撑地为10分。

以上5项基本能力考核时，双杠双臂屈伸、悬垂举腿允许停顿，靠墙摆倒立站立时出现2 s以上停顿或时间不足，则判为考试结束。双杠双臂屈伸屈肘时，肘必须小于等于90°。

② 基本技术（动作完成情况）。

如果一个动作既有技术错误又有艺术完成错误，分别进行扣分。当与正确动作完成发生艺术性和技术性偏差时，要进行以下的扣分。

小错:（扣0.1分）

任何偏离完美的结束姿势和偏离完美的技术完成的细小或轻微偏差。手、脚和身体姿势细微的调节动作。其他与艺术性和技术性要求有微小偏离的动作。

中错:（扣0.3分）

任何明显的或者显著的偏离完美的结束姿势和偏离完美的技术完成的偏差。手、脚和身体姿势有明显或者显著的调节动作。其他与艺术性和技术性要求有明显或者显著偏离的动作。

大错:（扣 0.5 分）

任何很大程度或者严重的偏离完美的结束姿势和偏离技术完成的偏差。很大程度或者严重地调整手、脚和身体姿势。任何完整的虚摆。很大程度或者严重的偏离艺术性和技术性要求的其他错误。

掉下和保护者提供帮助:（扣 1.0 分）

出现在动作没有达到结束位置前的任何掉下动作，最多扣分是 1.0 分。

动作失败或漏做动作：扣完动作分值。

六、武术

测验目的：测量受试者的武术技术水平。

测验对象：体育教育专业本科普修学生。

测验内容：分武术基本功和武术套路两部分。

1. 武术基本功

（1）测验方法：

① 基本功：

踢腿：正踢、侧踢、外摆、里合；

屈伸性腿法：弹腿、蹬腿、侧踹。

每种腿法动作做两遍，腿法动作每遍左右各做 4 次。

② 基本动作组合：五步拳（左、右方向）。

基本动作组合（五步拳）左、右各做一遍。

（2）评价：

各项目满分为 10 分，分数最多可到小数点后 1 位，评价标准参照全国武术单招专项考试方法及评分标准，此处以正踢腿为例（表 9-10）。

▶ 表 9-10　正踢腿评分标准

等级（分值范围）	评价标准
优（8.6~10.0 分）	凡符合摆动腿挺膝伸直，且其余三点（支撑腿挺直，上体正直，摆动腿脚尖触及额头）都符合技术要求
良（7.6~8.5 分）	凡符合摆动腿挺膝伸直，且其余三点（支撑腿挺直，上体正直，摆动腿脚尖触及额头）符合两点

续表

等级（分值范围）	评价标准
中（6.0~7.5 分）	凡符合摆动腿挺膝伸直，且其余三点（支撑腿挺直，上体正直，摆动腿脚尖触及额头）符合一点
差（6.0 分以下）	凡符合摆动腿挺膝伸直，且其余三点（支撑腿挺直，上体正直，摆动腿脚尖触及额头）均不符合

扣分标准，动作规格出现错误，扣 0.10 分。具体扣分标准参考全国武术单招专项考试方法及评分标准。

2. 武术套路

（1）测验方法：主要分为拳术和器械两种，根据教学内容在拳术和器械中各任选 1~2 个套路进行测试，例如，初级长拳、简化太极拳、初级刀枪剑棍等。

测验需在 8 m × 14 m 的场地上完成套路。

（2）评价：各项目满分为 10.00 分，其中动作质量的分值为 5.00 分，演练水平的分值为 5.00 分。

规定动作质量分评分标准为考试学生在考试过程中动作与规格要求不符时，每出现一次扣 0.1 分，其他错误每出现一次扣 0.1~0.3 分。

演练水平等级分为根据学生在考试过程中整套动作的演练水平进行等级分数评定，评分标准见表 9-11。

具体评价标准参考武术套路竞赛规则（2012 年）。

▶ 表 9-11　演练水平等级评分标准

档次	级别	分数段	评分标准
好	① 级	4.81~5.00	劲力充足，用力顺达，力点准确，手眼身法步及身械配合协调，节奏分明，风格突出，动作与音乐和谐一致
	② 级	4.51~4.80	
	③ 级	4.21~4.50	
一般	④ 级	3.81~4.20	劲力充足，用力较顺达，力点较准确，手眼身法步及身械配合较协调，节奏较分明，风格较突出，动作与音乐较和谐一致
	⑤ 级	3.41~3.80	
	⑥ 级	3.01~3.40	

续表

档次	级别	分数段	评分标准
不好	⑦ 级	2.51～3.00	劲力不足，用力不顺达，力点不准确，手眼身法步及身械配合不协调，节奏不分明，风格不突出，动作与音乐不和谐一致
	⑧ 级	2.01～2.50	
	⑨ 级	1.51～2.00	

七、游泳

测验目的：测量受试者的游泳运动能力水平。

测验对象：适用于体育教育专业游泳选修的学生。

测验内容：测试项目为 100 m 蛙泳和 50 m 爬泳。评分表见表 9-12、表 9-13，考生测试时间如超过评分表的下限，按评分表的最低分计分；单项最高分为 50 分，总分为两项测试的合计分。

▶ 表 9-12　100 m 蛙泳评分表

得分 / 分	成绩 /s		得分 / 分	成绩 /s	
	男	女		男	女
50	90	1 : 40	41	110	2 : 00
49	92	1 : 42	40	114	2 : 04
48	94	1 : 44	39	118	2 : 08
47	96	1 : 46	38	122	2 : 12
46	98	1 : 48	37	126	2 : 16
45	100	1 : 50	36	130	2 : 20
44	102	1 : 52	35	134	2 : 24
43	104	1 : 54	34	138	2 : 28
42	106	1 : 56	33	142	2 : 32

▶ 表 9-13 50 m 爬泳评分表

得分 / 分	成绩 /s		得分 / 分	成绩 /s	
	男	女		男	女
50	34	42	41	54	62
49	36	44	40	58	66
48	38	46	39	62	70
47	40	48	38	66	74
46	42	50	37	70	78
45	44	52	36	74	82
44	46	54	35	78	86
43	48	56	34	82	90
42	50	58	33	86	94

思考题

1. 运动技术测量与评价的科学性表现在哪些方面？
2. 简述运动技术质量的测量。
3. 简述 2 种运动技术的测量方法。
4. 了解常见运动项目的专项技术测验和等级量表。

第 10 章 青少年运动员选材测量与评价

本章提要

主要介绍青少年运动员选材的基本理论，并按照定性、定量和综合三种选材方式介绍不同类型青少年运动员选材的测量与评价方法。其中，本章详细论述了青少年运动员选材相对独特的测量与评价方法，主要包括形态选材、性别发育度选材、技战术选材、身高选材、运动素质选材、骨龄选材。

关键词

青少年选材　定性选材　定量选材　综合选材　骨龄

第一节 青少年运动员选材的基本原理

一、青少年运动员选材的概念

《中国大百科书·体育卷》对运动员选材的定义为："把先天条件优越，适合从事某项运动的人才从小选拔出来，进行系统的、有目的培养，以便取得优异的运动成绩。"从体育测量与评价角度理解运动员选材概念，还必须明确以下几个关系。

1. 运动技能测评与运动能力预测之间的关系

这一关系同样表现为运动员当前水平与未来潜力之间的关系。在我们对运动员进行选材测评过程中，必须与运动员能力预测紧密结合，才能真正达到科学选材的目的。我们依据运动员现有水平进行的测量工作只是运动员选材的手段和过程，以预测方法为主导的评价工作才是运动员选材的核心。

2. 运动技能测评与运动员培养环境之间的关系

这一关系也同样表现为运动员先天因素与后天环境之间的关系。不同的运动员有着不同的发展特征，适合于不同的培养环境。运动员选材了解的是其运动能力的先天因素，这是选材的关键因素，而后天培养环境的制约也应该是选取不同类型运动员的重要补充因素。

3. 运动技能测评与运动员成长过程之间的关系

当运动员处在不同的成长阶段，其运动技能测评方式应有所不同。尤其要区分运动员身体发育的高成长期与成熟期之间的区别，以及运动技能成长期与成熟期之间的区别。

综上所述，从体育测量与评价角度看，运动员选材是在特定的环境、时间、对象及培养目标约束下，通过对运动员当前技能水平的测量，经预测，完成对其未来发展前景的评价。

二、青少年运动员选材的基本内容

青少年运动员选材的主要任务，就是选拔出适应专项运动竞技能力需求的优秀青少年运动员。通常竞技能力的主要构成因素表现为青少年运动员的体能、技能、心理能力和智能 4 个方面（图 10-1）。

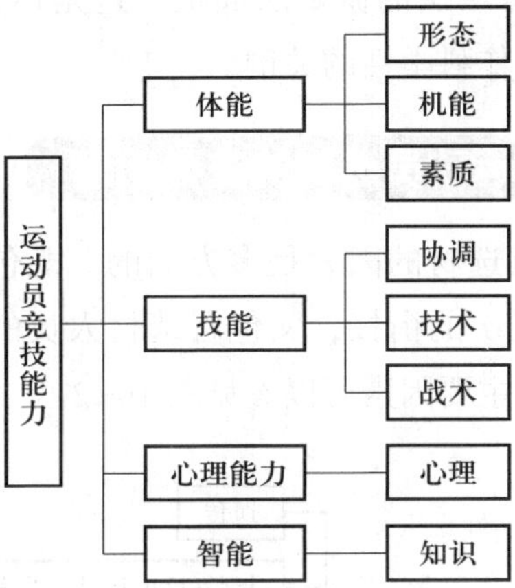

图 10-1　运动员竞技能力的构成

青少年运动员竞技能力构成的基本模型由上述 8 个因素综合组成。但对不同项目，不同运动员个体，各因素所起的作用又有着明显区别。

研究发现，不同项群运动员竞技能力各项构成因素作用的区别如表 10-1 所示：

▶ 表 10-1　不同项群运动员竞技能力各项构成因素作用的模糊等级判别结果

项群	体能主导类			技能主导类	技心能主导类	技战能主导类		
	速度性	快速力量性	耐力性	表现难美性	表现准确性	隔网对抗性	同场对抗性	格斗对抗性
形态	++	+++	++	+++	++	++	++	+++
机能	+++	+++	+++	++	++	++	++	++
素质	+++	+++	+++	++	++	+++	+++	+++
协调	++	++	+	+++	++	+++	+++	+++
技术	++	++	++	+++	+++	+++	+++	+++
战术	++	+	++	+	+	+++	+++	+++
心理	++	++	++	++	+++	+++	+++	+++
知识	+	+	+	+	++	++	++	++

注：① +++ 决定性作用，++ 重要作用，+ 基础作用；
② 暂无技战能主导类轮换攻防对抗性项群的数据。

与不同项群之间的差异相比，同一项目上不同运动员个体竞技能力结构的差异多表现在更深层次的微观层面上。这是运动员选材工作的难点，更是进一步提高选材工作科学性的关键。

三、影响青少年运动员选材的主要因素

影响青少年运动员选材的因素是多方面的，既包含选材对象的个人因素、各选材（训练）层次的衔接，又包含选材人员的能力水平，还包含选材的条件因素。具体的主要因素可以参见图 10–2。

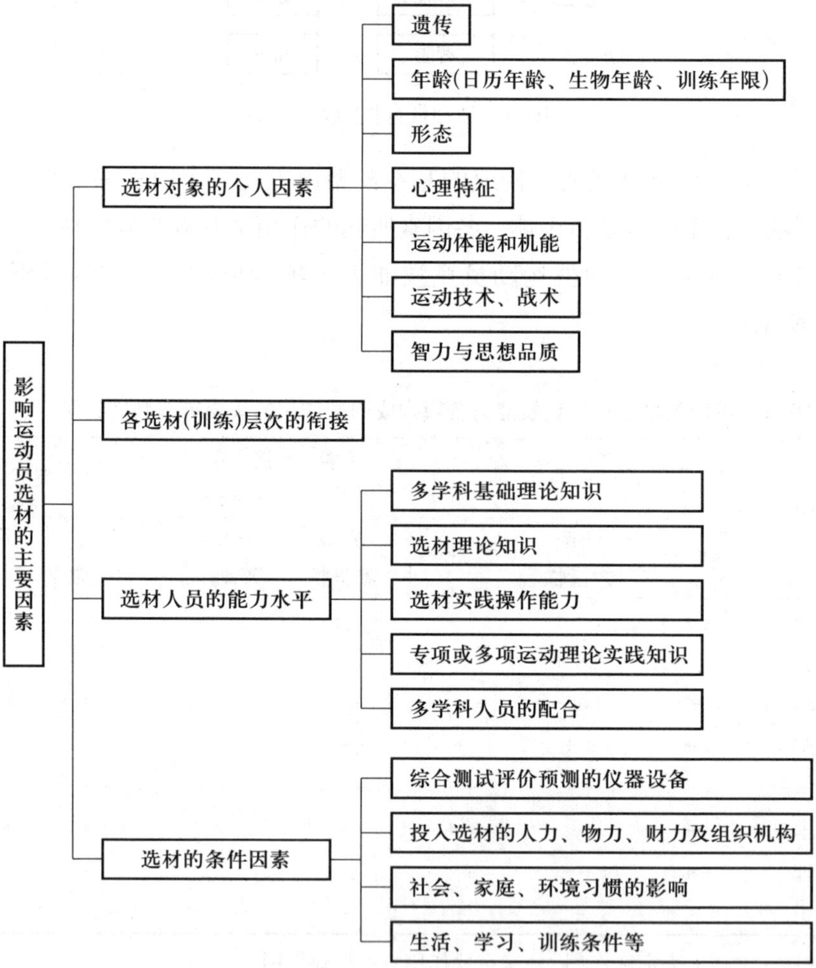

图 10–2　影响运动选材的主要因素

而且这些因素的存在不是孤立的，各因素之间也存在着或多或少的联系。以遗传因素为例，它对于运动员竞技能力的影响（表 10-2），实质上对选材对象其他个人因素也有不同程度的影响。

▶ 表 10-2 竞技能力与遗传效应、生活效应、训练效应间的密切程度

竞技能力	形态	机能	素质	协调	技术	战术	心理	知识
遗传效应	+++	++	+	+			+	+
生活效应	+	+	+	++	+		+++	++
训练效应	+	+++	+++	+++	+++	+++	+++	+++

注：+++高，++中，+低。

四、青少年运动员选材的基本途径

1. 遗传选材

许多研究认为，成为优秀竞技人才，必须拥有运动天赋，适合体育运动的一整套才能是有遗传性的，这种遗传性是青少年运动员选材的物质基础。目前，常用的遗传选材主要有谱系选材、皮纹选材、血型选材、性染色体选材等。

2. 年龄选材

每个人的生长发育进程，以及最后发育的水平，都有其自身发展的特异性。因而，年龄是运动员选材必须考虑的重要内容。探索人体生长发育的年龄特征，各运动项群（目）选材的适宜年龄，儿童少年发育程度的鉴别，能使选材工作更加科学、准确。目前，常用的年龄选材主要有骨龄选材和性别发育程度选材两种。

3. 体型选材

人体形态不仅反映了人的整体外貌特征，还反映了人体局部的结构特点。大多数运动项目都有着各自在形态上的要求和优势，运动员运动能力的好坏与强弱，可以通过人体形态间接地表现出来。因而体型选材与运动员专项水平的发展潜力关系密切。目前，常用的体型选材主要集中在体型分类、体型预测两方面。

4. 运动素质选材

运动素质是青少年运动员取得优异成绩的关键，是机体在运动中表现出来的力量、速度、耐力、柔韧等基本素质，以及灵敏、协调、平衡等复合素质。一个人运动素质水平的高低，除受先天遗传因素的影响外，也与后天环境、营养、健康状况、体育锻炼、训练水平关系密切。运动素质选材是当前应用最为普遍的选材方法，但也是最不稳定的选材方法。由于运动素质的培养有着其自身的规律性和渐进性，因而，早年运动素质较高的运动员，未必就是我们期望的优秀运动员。目前，常用的运动素质选材主要包括力量素质选材、速度素质选材、耐力素质选材、柔韧素质选材、灵敏素质选材、协调素质选材、平衡能力选材、韵律选材等。

5. 运动生理生化机能选材

运动生理生化机能是指人体在运动中各器官系统工作的能力。我们通过运动训练改变与之相适应的人体生理生化机能，从而达到提高运动成绩的目的。由于不同运动项目对人体各器官系统的机能状况有着不同的要求，人体生理生化机能水平的高低又直接影响着运动员的运动能力，因而采用特定的生理生化指标，对运动员进行生理生化机能选材，是一项具有较强稳定性的高科技选材方法。目前，常用的运动生理生化机能选材有骨骼肌选材、心血管机能选材、呼吸机能选材、内分泌机能选材、物质能量代谢选材、感官机能选材、有氧工作能力选材、无氧工作能力选材等。

6. 运动心理选材

大量运动实践证明，心理因素对运动员的活动起着调节、控制和主导作用，这种作用在高强度对抗中显得尤为突出。运动心理选材就是运用现代心理学和运动心理学理论、方法和手段，结合现代竞技理论，选拔出心理素质优秀的竞技后备人才。这一选材领域的研究已经引起了国内外体育学者的高度重视。目前，常用的运动心理选材主要集中在运动心理能力选材和运动员个性心理特征两方面。

7. 运动技能选材

运动技能选材分技术选材和战术选材两部分。由于运动员的技战术水平主要依靠后天培养，因而该内容不是选材工作的重点。

五、青少年运动员选材方法的基本类型和主要特征

随着社会科技水平的不断进步，运动员选材是从静态逐步转向动态，从定性转向定量，从评定转向预测的发展过程，其方法大体可分为经验法、追溯法、科技法三类。

经验法：是运用过去选材的成功经验和失败教训来评价、预测当今选材对象的方法。至今为止，这是大多数教练员的常用方法，也是科学选材的必备的辅助手段。

追溯法：是在综合优秀运动员成长过程的前提下，制定不同层次的选材模式，通过借鉴这些选材模式，对当前备选运动员进行选材的方法。这种方法实质上就是当前运动员与以往优秀运动员的同类对比，借助以往优秀运动员的发展状况来推断当前运动员的发展前景。

科技法：是采用现代科技手段，通过客观测定的结果对运动员未来进行科学预测的选材方法。这种方法的重点是对运动员进行科学的建模和预测，通过各类相关指标数据的测定与分析来探索运动员的未来发展方向。

应该说，三种方法是相对区别又相互联系的，多数情况下三种方法在运动员选材过程中是相互交叉、综合运用的。

第二节 定性选材测量与评价

定性选材是建立在逻辑思维、逻辑分析、经验判断以及逻辑推理基础上的选材方法，多采用评价性文字和语言说明评定标准。

目前，形态选材、性别发育度选材、技战术选材等是较为典型的定性选材的测量与评价方法。

一、形态选材

测量意义：运动员形态指标与竞技能力之间存在着密切的关系，形态选材是大多数教练员选材最直观、最常用的选材方法之一。

适用对象：刚刚从事体育运动的初级运动员。

测量方法：运动员形态选材的测量方法可以是定量的，本书的第 3 章已经有详细的介绍，这里不再重复。但在教练员实际应用当中，往往不可能进行现场测量，因而我们在运动员形态上主要还是依靠定性判断完成选材工作。目前，形态选材的整体指标包括体型体态（体重、体脂）、身体比例、身体结构等内容；形态选材的局部指标包括肢体、躯干和头部的长度、宽度、围度等内容。

测量要求：不同的年龄阶段，人体各部位的生长水平不尽相同。一般情况下，人体在 7 岁以后，肢体各部位的发育快慢按足、小腿、下肢、手、上肢、躯干的先后顺序逐步展开。因而，不同年龄运动员形态选材的具体尺度也不相同，这里所列出的只是形态选材的大体特征，具体选材还应有更为详细的评价标准。

评价：在评价过程中，不同的项目、不同的被测人员、不同的选材目标有着不同的评价体系和标准。从总体上看，运动员形态选材标准按项目（群）分类，有以下特点（表 10-3）：

▶ 表 10-3 竞技体育项目（群）形态选材特征对照表

项目类型		形态特征
体能竞速类项群		
跑走滑组	→	身高、体重中等或偏上；下肢长 / 身高、大腿围 / 身高较大；踝围 / 身高较小
跑	→	身高较跳高、投掷低；短跑运动员大腿粗壮、躯干较长，下肢较短；长跑运动员身长体轻，骨盆稍窄，踝关节围度较小，足弓高，跟腱清晰；跨栏运动员身材高，胸围较小，骨盆窄
竞走	→	体型类似长跑运动员，但胸围较大，体重介于长跑和中跑之间
滑冰、滑雪	→	滑冰运动员身高腿长，下肢围度大；滑雪运动员身材匀称、粗壮
游泳组	→	身高、体重中等偏上，躯长、腿短、臂长、坐高 / 身高较大，肩宽，胸厚、臀薄，臂粗、腿较细、手大，表现出流线形体型
划船组	→	身高体壮，臂长手大，体宽躯长，肢体和躯干围度大
自行车组	→	身高中等或偏上，躯干较长，腿稍短，下肢粗壮，足宽、手宽，髋围大

续表

项目类型	形态特征
体能跳跃类项群	
高度组	
跳高 →	身材细高，躯干短，下肢长
撑竿跳高 →	身高中等或偏上，上肢较长，臂围及胸围较大，腰围、小腿围、踝围、骨盆宽与身高比值均较小，但都略大于跳高运动员
远度组 →	体型介于短跑和跳高运动员之间，更类同于短跑运动员
体能举投类项群	
举重组 →	个矮体重，躯长腿短，手脚宽大，身体粗壮，肩阔腰圆
掷远组 →	身高、体重，身体各环节围度与身高比值较大或最大。标枪运动员身材高，体重相对较小
技能表现类项群	
准确组 →	射击运动员无体型要求；射箭运动中要求上体强壮，胸阔肩宽
难美组	
竞技体操 →	体轻个小，肩宽胸厚，腰细臀薄；吊环上肢短粗，跳马下肢短粗
艺术体操、花样滑冰、花样游泳 →	与竞技体操相比，身材较高，肢体围度较小，躯干稍短，上肢和下肢略长，臂、腿较直，臀窄上翘，有中等以上的外貌
武术 →	身材匀称、体轻、躯干长、下肢短、大腿粗
跳水、蹦床 →	与竞技体操接近，不同的是下肢较粗壮、肩稍窄、上肢较细
技能对抗类项群	
同场球类对抗组	
篮球、手球、水球 →	身高体长、躯短肢长，围度厚度不大，皮下脂肪少，手大脚大，跟腱清晰，足弓明显。其中篮球运动员更显粗壮
足球、冰球、曲棍球、垒棒球 →	身高体重中上，较匀称，下肢粗，臀厚，大腿围、小腿围、踝围指数较大；守门员身高手大、躯短腿长
同场格斗对抗组	体壮匀称，身材较高，四肢围度大，颈部粗壮，臂展长于身高
摔跤、柔道 →	躯干长，骨盆宽，大腿围度粗，肩较宽，上臂围度较大
击剑 →	身材修长，腰部扁宽，臀小胸阔，腿、臂围大
拳击、散打 →	身材高大，肌肉发达，体重适宜，脂肪少，腿围、臀围、胸围、颈围较大
隔网对抗组 →	身材中等或偏上，体型匀称，四肢、小腿、跟腱较长，腰短踝细，足弓高，骨盆小，臀部肌肉向上紧缩

二、性别发育度选材

测量意义：对于少年儿童运动员而言，发育程度是衡量运动员未来发展前景的重要指标之一。性别发育度可以用来推断运动员的标准年龄（或骨龄），进而判断运动员属于早熟、正常、晚熟中的哪种类型，为选材提供参考。

适用对象：处在发育期以前的少年儿童运动员。

测量方法：以观察法为主，对运动员的阴毛、睾丸、乳房进行分级，来确定其发育程度。

测量要求：测量过程应将多部位分级综合起来，判断出合理的标准年龄。

评价：

1. 女性分度标准（表 10-4）

（1）女性乳房分度标准：

0°：乳房未发育，乳部平坦。

Ⅰ° 1：乳头、乳晕呈芽苞状突起，尚无乳节块出现。

Ⅰ° 2：有乳节块出现，有触痛，其他情况与Ⅰ° 1 相同。

Ⅱ° 1：乳头、乳晕呈芽苞状突起，乳节硬块大于乳晕，乳腺稍鼓起。

Ⅱ° 2：乳腺鼓起较大，乳节硬块不易摸到，其他情况与Ⅱ° 1 相同。

Ⅲ°：乳头突起，乳晕突起消失，乳腺鼓起显著，呈成熟状乳房。

（2）女性阴毛分度标准：

0°：阴部无毛。

Ⅰ°：阴毛开始在大阴唇出现，稀少而短。

Ⅱ°：阴毛长到耻骨联合处，稍密而长，部位比较集中。

Ⅲ°：阴毛分布达耻骨联合上缘，呈倒三角形。

▶ 表 10-4　女性发育程度评价表

发育程度（骨龄）/ 岁	分度		
	乳房	阴毛	其他
8	0°	0°	
9	0° ~ Ⅰ° 1	0°	

续表

发育程度（骨龄）/岁	分度		
	乳房	阴毛	其他
10	Ⅰ° 1～Ⅰ° 2	0°	
11	Ⅰ° 2～Ⅱ° 1	0°	
12	Ⅱ° 1～Ⅱ° 2	0° ～Ⅰ°	
13	Ⅱ° 2	Ⅱ° ～Ⅲ°	月经初潮
14	Ⅱ° 2	Ⅲ°	
15	Ⅱ° 2	Ⅲ°	

2. 男性分度标准（表 10-5）

（1）男性睾丸分度标准：（以右侧睾丸长径为准）

Ⅰ°：长径 1.0～1.5 cm。

Ⅰ°～Ⅱ°：长径 1.6～2.0 cm。

Ⅱ°～Ⅲ°：长径 2.1～2.5 cm。

Ⅲ°：长径 2.6～3.0 cm。

Ⅲ°～Ⅳ°：长径 3.1～3.5 cm。

Ⅳ°：长径 3.6～4.0 cm。

Ⅳ°～Ⅴ°：长径 4 cm 以上。

（2）男性阴毛分度标准：

0°：阴部无毛。

Ⅰ°：阴毛开始出现在阴茎根部，毛稀少而短。

Ⅱ°：阴毛长到耻骨联合处，稍密而长，部位比较集中，初步有呈倒三角形趋势。

Ⅲ°：阴毛分布范围广，毛密而长，已呈明显倒三角形，并有向下肢鼠蹊部伸延，毛发重者有向菱形发展的趋势。

▶ 表 10-5　男性发育程度评价表

发育程度（骨龄）/ 岁	分度		
	睾丸	阴毛	其他
10	Ⅰ°	0°	
11	Ⅰ°～Ⅱ°	0°	阴茎开始增长，睾丸增大
12	Ⅱ°～Ⅲ°	0°	喉节增大
13	Ⅲ°	0°～Ⅰ°	第一次出现一过性乳节
14	Ⅲ°～Ⅳ°	Ⅰ°～Ⅱ°	声音变粗
15	Ⅳ°	Ⅱ°	阴囊色素增加，遗精
16	Ⅳ°～Ⅴ°	Ⅱ°～Ⅲ°	睾丸增长完成
17	Ⅳ°～Ⅴ°	Ⅲ°	长骨停止生长

根据少年儿童的骨龄与生活年龄的差值，将少年儿童分成：早熟（差值≥1 岁）；正常（|差值|<1 岁）；晚熟（差值≤ −1 岁）三种类型。

三、技战术选材

测量意义：技战术选材是目前为止研究最为薄弱，又严重缺乏测量依据的选材方法。这种选材方法往往运用在运动员培养过程中的阶段性评价，以此观察运动员的可塑性。

适用对象：有一定训练经历的初级运动员。

场地器材：多以训练、比赛所需场地器材为准。

测量方法：完成这一选材过程，目前还只能依靠教练员在训练或比赛中的主观判断。

测量要求：将传统经验与现场对比相结合，是技战术选材成功的关键。

评价：以羽毛球运动员的技战术选材为例，其评价的内容和标准如下。

1. 手法

手法是上肢动作的总称，它包括据拍法、发球法和击球法三类。手法的评定包括：准备（据拍、功架）、引拍（轨迹、翻拍）、击球（击球点、发力）、随前（回位、回收）4 个方面内容。评价标准如表 10-6。

▶ 表 10-6　羽毛球手法选材的评价内容和标准

	等级		
	优	良	差
准备	① 据拍合现、规范、灵活 ② 基本功架合理、协调	① 据拍基本合理、不灵活 ② 准备动作幅度大，结构合理	① 据拍不规范或错误 ② 准备姿势不规范
引拍	引拍轨迹有利于创造击球条件，完成引拍速度快	引拍回环动作幅度大，完成动作速度慢	引拍过程中受某环节制约，身体不协调或有错
击球	① 击球点适宜 ② 发力集中	① 稍偏离击球点 ② 发力不够集中	① 偏离击球点太远 ② 发不出力
随前	① 击球后快速恢复重心，并连贯地回到有利位置 ② 还原据拍	① 恢复重心慢 ② 回位慢	① 恢复不了重心 ② 回不了位

2. 步法

步法是下肢动作的总称，由垫点、并步、跨步、蹬步和跳步 5 种基本步法组合而成。步法评定包括准备、起动、移动、回动 4 个方面的内容。评价标准如表 10-7。

▶ 表 10-7　羽毛球步法选材的评价内容和标准

	等级		
	优	良	差
准备	① 站位灵活 ② 重心稳，有利于起动	① 站位不够灵活或错误 ② 重心不稳	① 站位错误 ② 重心死板
起动	① 起动及时，方向正确 ② 起动速度快	① 起动尚及时，反应慢 ② 起动速度慢	起动慌乱
移动	① 移动组合步法合理 ② 连贯性好，有节奏	① 移动组合步法基本合理 ② 节奏不明显	移动步法乱
回动	① 重心恢复快 ② 回位快	回位盲目	回位困难

3. 战术意识和基本技术应用

主要是对运动员具体的战术意识强弱，各种基本动作和基本技术组合的适时、适当性，应用的灵活、合理、规范性进行评定。评价标准如表 10-8。

▶ 表 10-8　羽毛球战术意识和基本技术应用选材的评价内容和标准

	等级		
	优	良	差
战术意识	① 意识强 ② 判断准	一般	无战术意识
基本技术应用	① 组合适时 ② 应用灵活	一般	技术应用死板

第三节　定量选材测量与评价

定量选材是在严格的数据测量基础上，运用相应的数学方法构建量化模型，以数量的多少来判断运动员水平的高低，进而对运动员进行评价的过程。由于选材需要一定的超前性，因而定量选材过程往往与模型预测密切相关。

定量选材是研究工作者在多年的运动员选拔过程中，研发出的科技含量与准确程度相对较高的体育测量与评价方法。它借助了当今各相关领域的先进科技手段，完成运动员选材的科学测量工作，并在大量实证研究的基础上，通过数学方法建立量化模型，实现对运动员发展前景的预测和评价。其中，如身高选材，各项运动素质选材，运动生理生化选材等，都是通过严格的定量测量与评价方法，实现运动员科学选材工作。

由于运动素质选材和运动生理生化选材的具体测量与评价方法，与本书第 4 章和第 5 章介绍的测量与评价方法基本一致，这里仅介绍身高选材以及运动素质选材中主要的一些预测评价方法。

一、身高选材

测量意义：身高是体型变化中遗传度相对较高的一项形态指标，而且选材价值极高。

适用对象：中、小学生或儿童。

测量器材：身高测量仪，有时还需要直尺，骨龄测试设备。

测量方法：国内外对于身高的选材预测方法很多。身高的选材预测方法大多是在群体测试基础上，通过统计学分析计算得出预测评价公式。

测量要求：身高选材主要从以下 4 个不同的角度进行预测评价。① 依据父母身高预测子女未来成年身高；② 依据儿童少年身高预测其未来成年身高；③ 依据儿童少年肢体发育长度预测其未来成年身高；④ 依据儿童少年发育程度预测其未来成年身高。测量时可以只选一种进行测量和评价。

（一）依据父母身高预测子女未来成年身高

1. 哈弗利米克预测方法

$$儿子成年身高=\frac{（父亲身高+母亲身高）\times 1.08}{2}$$

$$女儿成年身高=\frac{父亲身高\times 0.923+母亲身高}{2}$$

1983 年刘献武老师依据我国中部地区汉族子女与父母身高关系，对以上预测方法进行了修正：

$$儿子成年身高=\frac{（父亲身高+母亲身高）\times（1.11\sim 1.12）}{2}$$

$$女儿成年身高=\frac{父亲身高\times（0.948\sim 0.98）+母亲身高}{2}$$

2. 王路德预测方法

$儿子成年身高=56.699+0.419\times 父亲身高+0.265\times 母亲身高$

$女儿成年身高=40.089+0.306\times 父亲身高+0.431\times 母亲身高$

［注：该方法以湖北省 1 821 名青年为依据，其他省（区、市）可以参考。］

（二）依据儿童少年身高预测其未来成年身高

1. 瓦尔克尔氏一次身高预测法

从 2.5 岁起根据当年的身高和对应常数推算未来成年身高的方法（表 10–9）。

▶ 表 10–9 瓦尔克尔氏一次身高预测常数表

年龄 / 岁	男		女	
	A	B	A	B
2.5	86.90	1.02	86.75	0.73
3.5	76.76	1.02	86.71	0.91
4.5	76.00	0.97	73.04	0.88
5.5	75.44	0.91	52.22	1.01
6.5	73.09	0.88	50.06	0.97
7.5	71.85	0.85	51.18	0.91
8.5	71.89	0.82	54.57	0.85
9.5	71.86	0.78	68.63	0.71
10.5	71.87	0.75	90.86	0.52
11.5	75.38	0.70	87.94	0.52
12.5	98.97	0.52	77.08	0.57
13.5	111.68	0.42	37.41	0.80
14.5	100.38	0.47	12.40	0.94
15.5	68.02	0.64	6.57	0.97
16.5	34.11	0.82	4.39	0.98
17.5	15.85	0.92	2.15	0.99
18.5	6.13	0.97	1.71	0.99
19.5	2.00	0.99	0.00	1.00
20.5	2.00	0.99	0.00	1.00

预测评价方法：未来成年身高＝A＋（B× 当年身高）。

我国曾凡辉等人对上海 170 名 9~10 岁儿童进行验证，结果：女子偏低，男子接近。表明该方法对我国基本适用。

2. 瓦尔克尔氏二次身高预测法

从 3.5 岁起，间隔 8~15 个月进行两次身高测试，结合对应常数推算未来成年身高的方法（表 10−10）。

▶ 表 10−10　瓦尔克尔氏二次身高预测常数表

年龄 / 岁	男			女		
	A	B_1	B_2	A	B_1	B_2
3.5	76.60	0.99	0.40	86.71	0.81	0.00
4.5	80.60	0.90	0.40	72.97	0.87	0.15
5.5	78.40	0.86	0.40	52.73	1.00	0.10
6.5	75.40	0.84	0.35	44.23	1.03	−0.20
7.5	74.31	0.82	0.25	49.10	0.94	−0.20
8.5	72.24	0.81	−0.03	53.25	0.86	−0.05
9.5	70.85	0.80	−0.30	63.34	0.76	−0.25
10.5	68.04	0.80	−0.65	73.07	0.69	−1.05
11.5	65.47	0.81	−1.20	76.71	0.63	−0.75
12.5	63.92	0.81	−1.65	73.93	0.58	0.20
13.5	99.03	0.54	−0.95	31.16	0.81	0.95
14.5	101.71	0.44	0.50	14.16	0.92	0.50
15.5	53.40	0.70	0.75	6.32	0.97	0.25
16.5	21.92	0.88	0.60	4.39	0.98	0.00
17.5	14.67	0.92	0.40	2.15	0.99	0.00
18.5	7.80	0.96	0.25	1.71	0.99	0.00
19.5	3.70	0.98	0.15	0.00	1.00	0.00
20.5	1.80	0.99	0.10	0.00	1.00	0.00

预测评价方法：未来成年身高 = A +（B_1 × 当年身高）+（B_2 × 增长率）。

由于这一方法属于动态预测，因而预测精度相对较高，是身高选材预测的理想方法。

3. 王宏军身高回归方程预测法

我国学者王宏军在 1986 年根据什拉姆科娃（捷克）的研究成果，提出了我国儿童少年身高预测的几个回归方程（表 10-11）。

▶ 表 10-11　王宏军各年龄段身高预测回归方程

年龄 / 岁	男	女
8	$Y = 0.8849X + 63.33$	$Y = 1.1677X + 15.97$
9	$Y = 0.8749X + 59.90$	$Y = 1.0937X + 19.20$
10	$Y = 0.8539X + 58.31$	$Y = 0.8749X + 47.56$
11	$Y = 0.7996X + 61.96$	$Y = 0.6701X + 68.33$

注：Y 表示未来成年身高（cm）；X 表示该年龄段测得的身高（cm）。

由于该方法源于什拉姆科娃身高预测方法，而前者是以概率为基础的简单预测方法，因而王宏军的身高回归方程预测法也只代表了身高发育的整体趋势，不具有个性特征。

（三）依据儿童少年肢体发育长度预测其未来成年身高

1. 足长预测未来身高的回归方程法

王宏军在 1986 年还提出了运用足长预测未来成年身高的回归方程法（表 10-12）。

▶ 表 10-12　各年龄段足长与未来成人身高的回归方程

年龄 / 岁	男	女
7	$Y = 9.1696X + 1.08$	$Y = 8.745X + 0.7176$
8	$Y = 8.9153X + 0.307$	$Y = 8.46X - 0.144$
9	$Y = 8.5779X - 0.124$	$Y = 8.11X + 0.006$
10	$Y = 8.224X + 0.35$	$Y = 7.784X + 0.2$

续表

年龄 / 岁	男	女
11	$Y=7.982\,8X+0.236\,8$	$Y=7.5X+0.756$
12	$Y=7.642X+0.156$	$Y=7.26X+0.07$
13	$Y=7.349X+0.1$	$Y=7.12X+0.31$
14	$Y=7.107X-0.004$	$Y=7.06X+0.21$
15	$Y=6.953\,5X+0.285\,6$	$Y=7.007X+0.037$
16	$Y=6.904\,5X+0.07$	

注：Y 表示未来成年身高（cm）；X 表示该年龄段足长（cm）。

2. 儿童少年足长占成人比例预测未来身高方法

潘宪民等人在 2001 年对我国 1979 年 16 省市 25 万青少年调查数据进行分析，研制出了在儿童少年足长与成人足长比例基础上，足长与未来身高预测方法。

预测方法（表 10-13）：

$$男性未来成年身高=\frac{当时足长}{14.6+足长占成人百分比}$$

$$女性未来成年身高=\frac{当时足长}{14.4+足长占成人百分比}$$

▶ 表 10-13　各年龄段足长占成人足长百分比

年龄	男	女	年龄	男	女
7	0.007 41	0.007 89	12	0.008 93	0.009 58
8	0.007 65	0.008 22	13	0.009 34	0.009 71
9	0.007 99	0.008 57	14	0.009 65	0.009 85
10	0.008 31	0.008 90	15	0.009 85	0.009 92
11	0.008 61	0.009 20	16	0.009 92	

（四）依据儿童少年发育程度预测其未来成年身高

1. 不同发育类型身高回归预测法

在发育类型已知的情况下，将青春期开始时的身高代入回归方程，对未来成年身高进行预测评价（表 10−14）。

▶ 表 10−14　不同发育类型身高回归预测法

类型	回归方程	r
早熟	$Y=0.9532X+22.885$	0.926
正常	$Y=0.8654X+42.646$	0.910
晚熟	$Y=0.9432X+35.306$	0.950

注：Y 表示未来成年身高（cm）；X 表示该发育类型青春期开始时的身高；r 表示相关系数。

2. 依据骨龄预测未来成年身高方法

依据不同发育类型中骨龄占最后身高的百分比（表 10−15）预测未来身高。

预测方法：

$$未来成年身高=\frac{该骨龄时身高}{该骨龄占最后身高的百分比}\pm 2.5$$

▶ 表 10−15　各阶段骨龄占最后身高的百分比　（单位：%）

骨龄 / 岁	男			女		
	晚熟	正常	早熟	晚熟	正常	早熟
6.0			68.0		72.0	73.3
6.5			70.0		73.8	75.1
7.0	67.0	69.5	71.8	71.2	75.1	77.0
7.5	68.5	70.9	73.8	73.2	77.2	78.8
8.0	69.5	72.3	75.6	75.0	79.0	80.4

续表

骨龄/岁	男			女		
	晚熟	正常	早熟	晚熟	正常	早熟
8.5	70.9	73.9	77.3	77.1	81.0	82.3
9.0	72.0	75.2	78.6	79.0	82.7	84.1
9.5	73.4	76.9	80.0	80.9	84.4	85.8
10.0	74.7	78.4	81.2	82.8	86.2	87.4
10.5	75.8	79.5	81.9	85.6	88.4	89.6
11.0	76.7	80.4	82.3	88.3	90.6	91.8
11.5	78.6	81.8	83.2	89.1	91.4	92.6
12.0	80.9	83.4	84.5	90.1	92.2	93.2
12.5	82.8	85.3	86.0	90.4	94.1	94.6
13.0	85.0	87.6	88.0	94.5	95.8	96.4
13.5	87.5	90.2		96.3	97.4	97.7
14.0	90.5	94.8		97.2	98.0	98.3
14.5	93.5	94.8		98.0	98.6	98.9
15.0	95.8	96.9		98.6	99.0	99.4
15.5	97.1	97.9		99.0	99.3	99.6
16.0	98.0	98.2		99.3	99.6	99.8
16.5	98.5	98.7		99.5	99.7	99.9
17.0	99.0	99.0		99.8	99.9	100
17.5		99.4		99.95	99.95	
18.0		99.6		100	100	
18.5		100				

二、运动素质选材

由于运动素质的优劣直接反映了运动员竞技水平的高低，因而，运动素质选材是运动员选材工作中最直接、最有效的选材方法之一。而且这一选材方式与运动员的育材工作有着直接的联系，往往决定了未来育材工作的重点。

目前的运动素质选材，主要是从力量、速度、耐力、柔韧、灵敏、平衡和韵律几方面展开，运用统计方法建立人体发育的基本模型，再将运动员实测水平与之对比，来评价运动员的未来发展前景。从运动员当前运动素质测量与评价的角度看，这种方法是十分有效的，在实际选材测评中常用的测评指标如表 10–16 所示。

▶ 表 10–16 主要运动项目运动素质选材测评常用指标

项目		运动素质选材测评常用指标
短跑	→	站立式起跑 30 m 和 60 m 跑，立定跳远，立定三级跳远或立定十级跳远，后抛铅球，纵跳，30 m 单足跳，专项成绩（100 m、200 m 或 400 m），步频
中长跑	→	60 m 跑，十级跳远，后抛铅球，步频，专项成绩（800 m 或 1 500 m）
跨栏	→	站立式起跑 30 m 或 60 m 跑，快速 10 s 原地高抬腿，步频，体前屈手触地，双腿前后劈叉和左右劈叉，后抛铅球，立定跳远，立定三级跳远或立定十级跳远，400 m 跑，专项成绩（80 m、100 m、110 m 或 400 m 栏跨栏跑与平跑成绩差距）
跳远、三级跳远	→	60 m 跑，10 m 途中跑，立定跳远或立定三级跳远，后抛铅球，4 步助跑五级跨步跳远，专项成绩（跳远或三级跳远）
跳高	→	站立式起跑 30 m 跑，助跑摸高（净跳高度），后抛铅球，4 步助跑五级跨步跳远，专项成绩
撑竿跳高	→	站立式起跑 60 m 跑，立定跳远，引体向上，4 步助跑五级跨步跳远，专项成绩
铅球	→	30 m 跑，立定跳远，后抛铅球，原地推铅球，卧推，深蹲，直腿坐，上体前屈触地，专项成绩，铅球滑步推和原地推差值
铁饼	→	30 m 跑，立定跳远，后抛铅球，原地掷铁饼，卧推，深蹲，专项成绩，铁饼旋转投和原地投差值

续表

项目		运动素质选材测评常用指标
标枪	→	30 m 跑，立定跳远，掷小垒球，后抛铅球，后桥 / 身高 ×100（12~15 岁），转肩宽度，抓举，双手掷实心球，专项成绩，标枪助跑投和原地投差值
链球	→	30 m 跑，立定跳远，立定三级跳远，后抛铅球，深蹲，卧推，专项成绩
体操	→	30 m 跑，立定跳远，引体向上，30 s 悬垂举腿，直臂屈体慢起倒立，后桥（女），体前屈（男），专项成绩
游泳	→	纵跳，体后屈，立位体前屈，踝关节屈伸度，展臂上举，反臂体前屈，浮力平衡力，专项成绩
跳水	→	30 m 跑，立定跳远，纵跳摸高，悬垂举腿，肩关节柔韧性，踝关节柔韧性，后桥，协调性
举重	→	60 m 跑，立定跳远，后抛铅球，体前屈，横竖叉，握力，背力，负重深蹲，纵跳，专项成绩，总成绩
篮球	→	100 m 跑，助跑摸高，收腹举腿，十字跳，800 m 或 1 500 m 跑
排球	→	60 m 跑，助跑摸高，20 次仰卧起坐计时，36 m 移动
足球	→	守门员：30 m 跑，滑步摸地，立定跳远，引体向上（男），屈臂悬垂（女）；锋线队员：30 m 跑，立定跳远，3 m 往返跑，12 min 跑
乒乓球	→	30 m 跑，立定跳远，400 m 跑，30 s 或 45 s 单摇或双摇跳绳，羽毛球掷远，移动换球
羽毛球	→	50 m 跑，立定跳远，800 m 或 1 500 m 跑，单摇或双摇跳绳，握力，羽毛球掷远，5 次左右两侧跑或 5 次直线进退跑或 10 次低重心四角跑，10 s 快踏步频率
网球	→	30 m 跑，起动计时跑，纵跳，立定跳远，4×8.23 m 往返跑，肩关节柔韧性
击剑	→	1 min 双摇跳绳，立定跳远，100 m，800 m 或 1 500 m 跑
赛艇	→	俯卧拉，负重深蹲，下蹲伸臂距，800 m、1 500 m 或 3 000 m 跑，3 min 立卧撑，纵向踩木
皮划艇	→	俯卧拉，俯卧撑，引体向上，卧推，100 m 跑，下蹲伸臂距，800 m 或 2 000 m 跑，纵向踩木
蹼泳	→	1 min 快速仰卧起坐，纵跳，踝关节屈伸度

续表

项目		运动素质选材测评常用指标
自行车	→	立定跳远，二十级蛙跳，仰卧抱头起，踏蹬频率（原地高抬腿），引体向上（俯卧撑、屈臂悬垂），200 m 行进（100 m 跑），1 000 m 计时（400 m 跑），公路 30 km 或 20 km（1 500 m、800 m 跑）
帆船	→	3 000 m 或 1 500 m 跑，引体向上，1 min 仰卧起坐，背力指数（背力 / 体重 ×100），平衡能力（纵向踩木）
帆板	→	引体向上，屈臂悬垂，卧撑屈伸腿，1 500 m 跑，纵向踩木
射击	→	800 m、1 000 m 跑，俯卧撑
射箭	→	拉弓稳定性时间 / 体重，下肢静力（马步下蹲），转肩距，纵向踩木

以上指标作为运动员选材预测的依据，可以进行横向比较择优选材，也可以结合运动员个体的发展进程进行评价。这里介绍一种新的测量与评价方法，实现对运动员个体发展前景的动态预测，以丰富运动素质选材工作的理论与实践。

测量意义：通过运动员个体成长过程中的技能信息，预测评价运动员未来运动素质可能的发展水平。

适用对象：以个人项目为主体，有一定训练经历的运动员。

场地器材：以训练、竞赛所需场地器材为准。

测量方法：训练竞赛过程中，运动员运动素质指标信息的传统采集方法。

测量要求：在不同时间，按同等方式，测量运动员运动素质的连续动态信息。先后测量次数在 4 次及以上。

评价：以灰色 GM(1, 1) 模型为例，进行预测评价。

以运动员专项素质预测评价为例，运用 Excel 表实现 GM(1, 1) 模型的预测评价（图 10−3）。

某受试女运动员近 6 年的原地铅球成绩依次为：9.12 m；9.34 m；9.78 m；10.25 m；10.33 m；10.69 m。

其中：B 列为原始数据列；C 列为一次累加生成数据列；E 、F 列为均值生成数据矩阵；H 列为向量；K 列为未来三年的预测值。

	A	B	C	D	E	F	G	H	I	J	K
1											
2	1	9.12	9.12		-13.79	1		-0.0321		7	11.08
3	2	9.34	18.46		-23.35	1		8.99862		8	11.44
4	3	9.78	28.24		-33.365	1				9	11.82
5	4	10.25	38.49		-43.655	1					
6	5	10.33	48.82		-54.165	1					
7	6	10.69	59.51								
8											

图 10-3 运用 Excel 计算 GM(1, 1) 模型图示

计算过程为：

（1）在B列中输入原始数据；

（2）在C列中输入以下公式，完成累加工作，即：

$C_2=B_2$；$C_3=C_2+B_3$；$C_4=C_3+B_4$；$C_5=C_4+B_5$；$C_6=C_5+B_6$；$C_7=C_6+B_7$。

（3）计算均值生成数据矩阵，即：

$E_2=-SUM(C_2:C_3)/2$；$E_3=-SUM(C_3:C_4)/2$；$E_4=-SUM(C_4:C_5)/2$；$E_5=-SUM(C_5:C_6)/2$；$E_6=-SUM(C_6:C_7)/2$。

F_2 到 F_6 均输入 1。

（4）计算 A 向量，即：

选中 $H_2:H_3$，在公式栏中输入：

$=MMULT(MINVERSE(MMULT(TRANSPOSE(E_2:F_6), E_2:F_6)), MMULT(TRANSPOSE(E_2:F_6), B_3:B_7))$

再同时按下“Shift”“Ctrl”“Enter”键。

得到 a 值，即：$H_2=-0.032\ 1$；u 值，即：$H_3=8.998\ 62$

（5）于是得到 GM(1，1) 模型方程：

$$\hat{x}^{(1)}_{k+1}=\left(x^{(0)}_{1}-\frac{u}{a}\right)e^{-ak}+\frac{u}{a}\ \text{即：}\ \hat{x}^{(1)}_{k+1}=289.779\ 600e^{0.032\ 1k}-280.659\ 600$$

（6）预测后三年原地铅球成绩，其公式为：

$K_2=(B_2-(H_3/H_2))\times EXP(-H_2\times 6)+(H_3/H_2)-C_7$；

$K_3=(B_2-(H_3/H_2))\times EXP(-H_2\times 7)+(H_3/H_2)-C_7-K_2$；

$K_4=(B_2-(H_3/H_2))\times EXP(-H_2\times 8)+(H_3/H_2)-C_7-K_2-K_3$。

得到未来三年的原地铅球水平依次为：11.08；11.44；11.82。

由此可见，在该运动员滑步技术正常的情况下，未来三年的原地铅球水平可以支撑其滑步铅球达到二级运动员水平。

第四节 综合选材测量与评价

综合选材就是在定性分析的基础上，将主观判断与量化计算结合起来，完成运动员选材的具体工作。由于运动员选材是一项复杂的系统工程，单纯的定性选材主观性太强，单纯的定量选材有时过于刻板，因而综合选材是解决高层次选材的理想方法。

我们通常认为定量研究抛开了测量者自身的主观因素影响，因而较定性研究而言更为科学。但事实上，由于自然界的高度复杂性，人类当前所拥有的定量研究成效十分有限。许多研究领域无法完全使用定量分析开展科学研究工作，运动员选材也是一样。最为常用的典型事例，就是运动员心理选材和骨龄选材。

由于运动心理测量与评价方法在本书第 6 章中已作了详细介绍，因而本节只介绍骨龄选材的测量与评价方法。

测量意义：在当今各类选材方法中，骨龄选材是既具有高科技含量又具有广泛实用价值的少数选材方法之一。这一方法不仅应用于选材，还被广泛应用于体育竞赛、体育科研之中。骨龄就是人体各骨从骨化中心的出现到骨愈合过程中各阶段的相对年龄水平，即骨骼发育的年龄。它反映了儿童少年骨骼的发育程度，是用以鉴别人体生长发育成熟度的可靠指标。

适用对象：骨骼发育尚未成熟的少年儿童。

测量器材：X 光机，骨龄对照图谱。

测量方法：目前，我国最先进的骨龄测定方法，是 2015 年由张绍岩等人研究并发布的《中国人手腕部骨龄标准——中华 05》这一行业标准。

测量要求：在拍摄 X 线片时，受试者左手掌心向下，轻压暗盒，五指自然分开，中指轴与前臂成直线，球管在第三掌骨头正上方，管片距 80 cm。

评价：在《中国人手腕部骨龄标准——中华 05》标准中，使用的是对传统 TW3-C RUS 方法和 TW3-C Carpal 方法两种方法改进后的 RUS-CHN 法。

RUS-CHN 法将观察记录 13 个手腕骨骼的发育情况，它们的具体位置参见（图 10-4）：

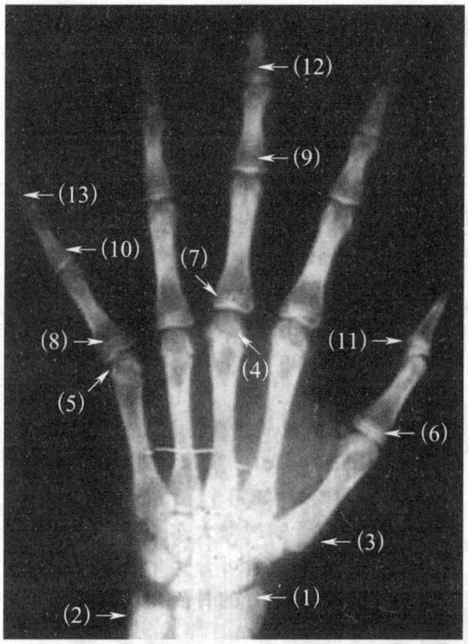

手腕各部位观察点的具体骨骼名称：
(1) 桡骨
(2) 尺骨
(3) 第一掌骨
(4) 第三掌骨
(5) 第五掌骨
(6) 第一近节指骨
(7) 第三近节指骨
(8) 第五近节指骨
(9) 第三中节指骨
(10) 第五中节指骨
(11) 第一远节指骨
(12) 第三远节指骨
(13) 第五远节指骨

图 10-4 RUS-CHN 法的 13 个手腕骨骼位置

手腕各观察点骨骼成熟度等级的具体划分见表 10-17。

▶ 表 10-17 RUS-CHN 法手腕各观察点骨骼成熟度等级划分

骨骼	成熟度等级													
	1	2	3	4	5	6	7	8	9	10	11	12	13	14
桡骨	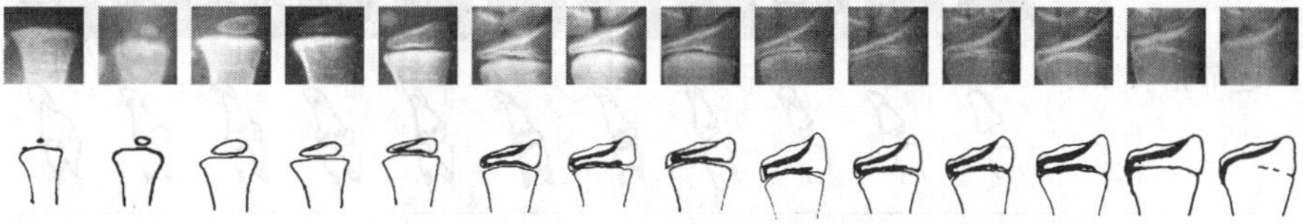													
尺骨	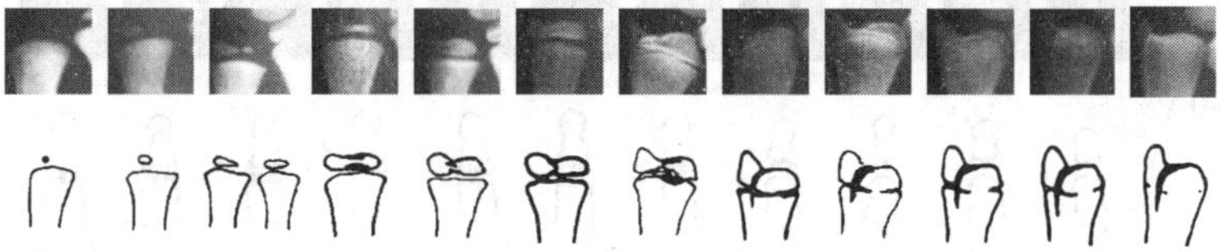													

续表

骨骼	成熟度等级													
	1	2	3	4	5	6	7	8	9	10	11	12	13	14
掌骨Ⅰ	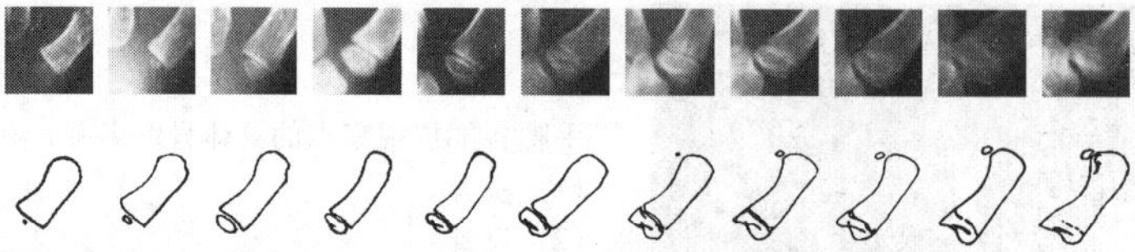													
掌骨Ⅲ和Ⅴ	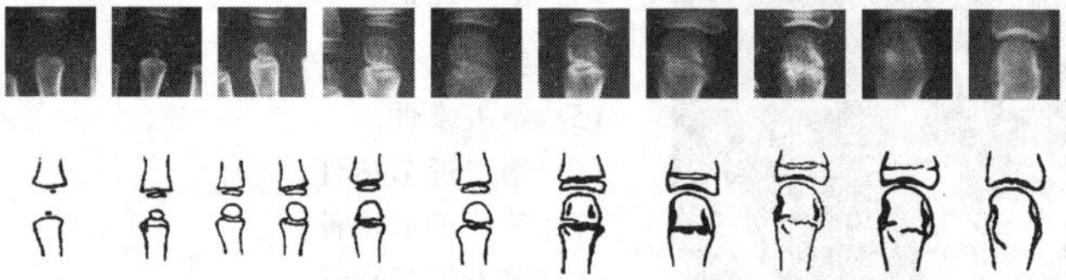													
近节指骨Ⅰ	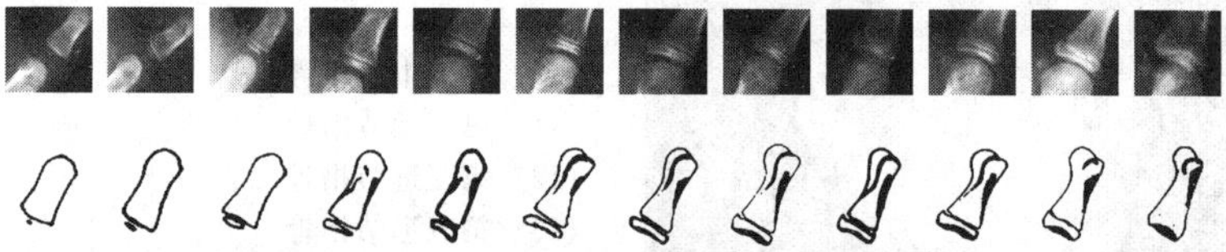													
近节指骨Ⅲ和Ⅴ	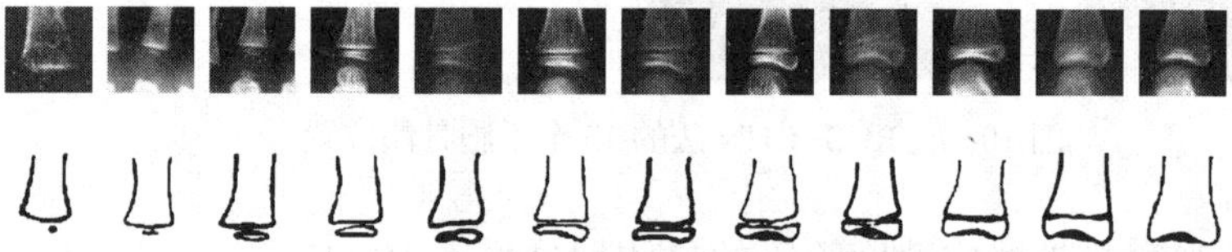													
中节指骨Ⅲ和Ⅴ	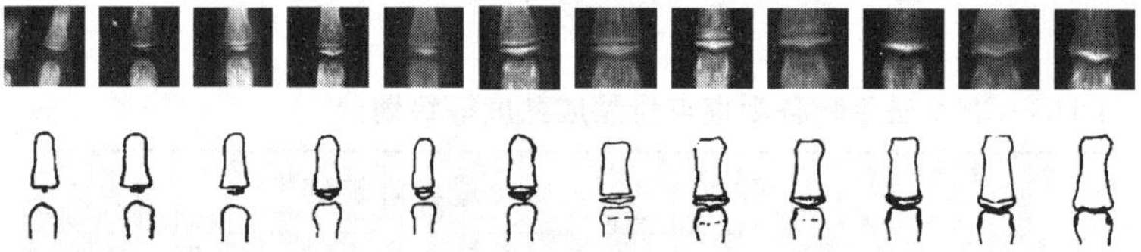													
远节指骨Ⅰ	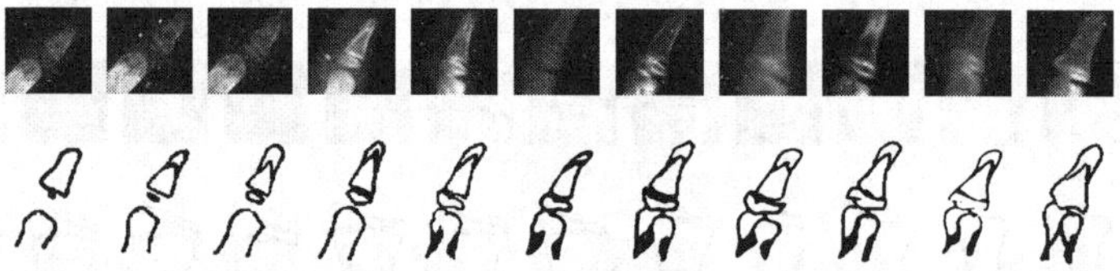													
远节指骨Ⅲ和Ⅴ	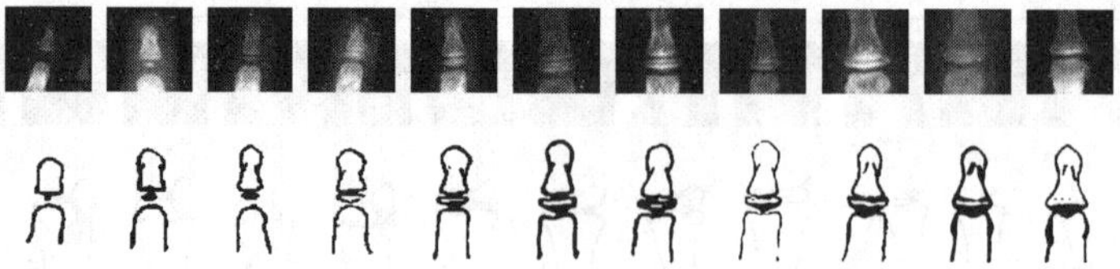													

依据相应的得分表读取每块骨骼发育等级的得分（表 10-18、表 10-19）。

▶ 表 10-18 RUS-CHN 法骨骼发育等级得分表（男） （单位：分）

骨骼	发育等级														
	0	1	2	3	4	5	6	7	8	9	10	11	12	13	14
桡骨	0	8	11	15	18	31	46	76	118	135	171	188	197	201	209
尺骨	0	25	30	35	43	61	80	116	157	168	180	187	194		
掌骨Ⅰ	0	4	5	8	16	22	26	34	39	45	52	66			
掌骨Ⅲ	0	3	4	5	8	13	19	30	38	44	51				
掌骨Ⅴ	0	3	4	6	9	14	19	31	41	46	50				
近节指骨Ⅰ	0	4	5	7	11	17	23	29	36	44	52	59	66		
近节指骨Ⅲ	0	3	4	5	8	14	19	23	28	34	40	45	50		
近节指骨Ⅴ	0	3	4	6	10	16	19	24	28	33	40	44	50		
中节指骨Ⅲ	0	3	4	5	9	14	18	23	28	35	42	45	50		
中节指骨Ⅴ	0	3	4	6	11	17	21	26	31	36	40	43	49		
远节指骨Ⅰ	0	4	5	6	9	19	28	36	43	46	51	67			
远节指骨Ⅲ	0	3	4	5	9	15	23	29	33	37	40	49			
远节指骨Ⅴ	0	3	4	6	11	17	23	29	32	36	40	49			

▶ 表 10-19 RUS-CHN 法骨骼发育等级得分表（女） （单位：分）

骨骼	发育等级														
	0	1	2	3	4	5	6	7	8	9	10	11	12	13	14
桡骨	0	10	15	22	25	40	59	91	125	138	178	192	199	203	210
尺骨	0	27	31	36	50	73	95	120	157	168	176	182	189		
掌骨Ⅰ	0	5	7	10	16	23	28	34	41	47	53	66			
掌骨Ⅲ	0	3	5	6	9	14	21	32	40	47	51				
掌骨Ⅴ	0	4	5	7	10	15	22	33	43	47	51				
近节指骨Ⅰ	0	6	7	8	11	17	26	32	38	45	53	60	67		

续表

骨骼	发育等级														
	0	1	2	3	4	5	6	7	8	9	10	11	12	13	14
近节指骨Ⅲ	0	3	5	7	9	15	20	25	29	35	41	46	51		
近节指骨Ⅴ	0	4	5	7	11	18	21	25	29	34	40	45	50		
中节指骨Ⅲ	0	4	5	7	10	16	21	25	29	35	43	46	51		
中节指骨Ⅴ	0	3	5	7	12	19	23	27	32	35	39	43	49		
远节指骨Ⅰ	0	5	6	8	10	20	31	38	44	45	52	67			
远节指骨Ⅲ	0	3	5	7	10	16	24	30	33	36	39	49			
远节指骨Ⅴ	0	5	6	7	11	18	25	29	33	35	39	49			

将各骨发育等级得分相加，得到手腕成熟度分值。依据 RUS-CHN 法骨骼成熟度百分位数标准曲线，读取受试者的骨龄值（图 10-5、图 10-6）。

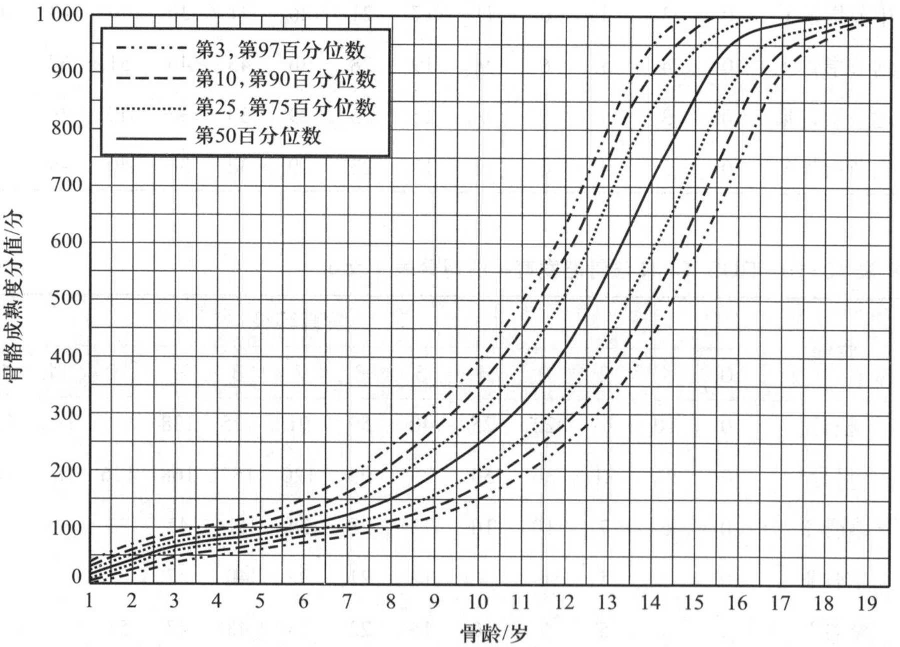

图 10-5 RUS-CHN 法骨骼成熟度百分位数标准曲线（男）

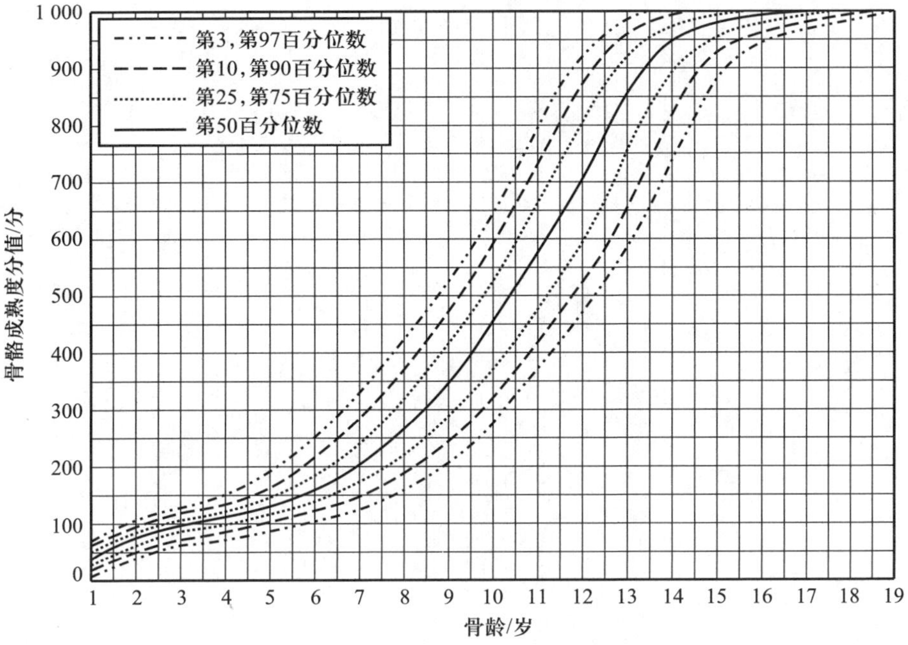

图 10-6　RUS-CHN 法骨骼成熟度百分位数标准曲线（女）

思考题

1. 什么是运动员选材？运动员选材有哪些基本途径？

2. 影响青少年运动员选材的主要因素有哪些？

3. 结合自身专项，论述形态选材评价指标的实用价值？

4. 利用书中几种父母身高预测子女未来成人身高的方法，计算自己的身高预期数值，并比较几种方法间的误差情况。

5. 运用书中介绍的运动素质个体选材预测评价方法，选择自己专项中某一可测素质指标，做该指标未来发展水平的预测评价。

6. 通过资料检索，试述我国青少年儿童手腕骨成熟度有哪些具体应用？

第 11 章 学校体育评价

本章提要

学校体育评价包含内容广泛，涉及学校体育工作的各个方面，如学校体育规划、体育教学、运动训练、体育竞赛、场馆建设、学生体育成绩评价等。本章主要介绍学校体育评价基础理论、指标体系的建立、指标权重的分配、评价标准的制定以及评价方法的选用等。

关键词

学校体育评价　指标体系　权重　标准　方法　案例

第一节 价值理论与学校体育评价

价值理论是一切评价的基础。以下介绍价值和评价等相关概念。

评价（evaluate）即价值判断，是指主体按照一定的标准对客体的价值进行判断的过程。在这里，主体可以是个人或社会组织；客体是指主体以外以及在一定条件下包括主体在内的一切客观事物；而价值反映的是客体及其属性与主体需要之间的满足关系，对这种特定关系的不同认识，形成了人们不同的价值观。

标准是主体根据自己的价值观以及事物发展的规律形成的对客体发展变化的一种期望，是判断客体的属性及发展变化达到主体期望的尺度，是主体对客体进行价值判断的依据。

价值是指客体属性满足主体需要的程度。客体属性满足主体需要的程度越大，价值就越大；反之，价值就越小。

学校体育价值是指学校体育满足学生与社会需要的程度。学校体育满足学生与社会需要的程度愈大，学校体育的价值就大，反之就愈小。因此，学校体育与学生或社会需要的辩证关系，就构成了学校体育价值的内在本质。

价值观是指人们在对价值问题认识过程中形成的衡量价值大小的基本概念。价值观属于意识形态范畴，人所处的社会政治经济制度不同，社会实践不同，对价值的认识也就不同，就会形成不同的价值观。

学校体育价值观就是指人们在对学校体育价值的内在本质的认识过程中所形成的衡量价值问题的基本观念，它与其他价值观一样，随着社会的发展而发展、变化而变化。

学校体育价值取向就是人们依据某种学校体育价值观，根据自身需要，对体育活动作出选择和判断所持的一种倾向性。有什么样的学校体育价值观就有什么样的学校体育价值取向，也就有什么样的学校体育评价观。因此，学校体育价值取向对学校体育评价起着至关重要的作用。

第二节 学校体育评价的目的和目标

目的是指想要达到的地点或境地，想要得到的结果，是行为结果的表现并且支配实践活动的理想和意图。

目标是指为实现预定目的而确定的具体行动方向。

目的和目标既有联系又有区别。目的主要解决“为什么做”的问题，而目标主要解决“做什么才能达到目的”的问题。

学校体育评价目标是学校体育评价活动的出发点和依据，也是学校体育评价活动的归宿，它为学校体育评价活动解决了评价什么的根本问题，因此，它对评价工作的成败具有特殊的意义。

一、学校体育评价目标的分类

学校体育评价目标由于评价对象不同和评价目的不同而千差万别。学校体育评价总目标可以分为效能目标、职责目标、素质目标。

（一）效能目标

效能目标包括效果目标和效率目标。

1. 效果目标

效果目标是指从工作效果的角度确定的评价目标。例如，在评价学校课余运动训练工作时，主要是考察学校课余运动训练的工作计划和训练成绩等。

2. 效率目标

效率目标是指从工作效率的角度确定的评价目标。其中包括在一定时间内完成多少工作任务以及用一定的人力物力对学校体育工作作出多少贡献。

效果目标与效率目标有相近之处，但两者是有区别的。效果目标是指向绝对的成绩，效率目标则是指向相对的成绩。

（二）职责目标

职责目标是指对评价对象所应承担的责任进行评价。例如，评价体育教师的工作时，主要考察体育教师分内应做的事。职责目标可以使评价对象增强事业心和责任感，关心工作的全过程。

（三）素质目标

素质目标是指从人才构成的最基本物质的角度确定评价目标。素质是评价对象的基础和条件，它是一种长期起作用并能决定日后发展方向的因素。例如，政治素质、教学组织管理素质、身体素质等。身体素质教育是学校体育教育的重要组成部分和手段，对于青少年的健康成长具有多方面的意义。

二、学校体育评价目标之间的关系

素质目标反映着对学校体育各个部分的素质要求；职责目标反映着对学校体育各个部分的职责要求；效能目标反映着对学校体育运行效果和效率的要求。

学校体育评价目标的三个组成部分既有相对独立性，又有统一性。三个组成部分并不是并列的，学校体育的根本目的在于提高学生的身体素质，学校体育效能集中地表现在学生身体素质的质量上。所以在学校体育评价目标中，效能目标处于核心地位，素质目标和职责目标都是围绕效能目标提出来的。

第三节　学校体育评价的指标体系

指标体系是学校体育评价的一个重要概念。它在评价工作中起着统揽全局的作用。离开了指标体系，学校体育评价就失去了准则和基础。因此，建立科学的、切合实际的、具有指导性的指标体系，是开展学校体育评价工作的关键所在。

一、指标体系的有关概念

指标是目标的细化，是目标一个方面的规定，它是具体的、可测量的、行为化和操作化的目标。

指标体系是由诸多指标和指标间的结构决定的。即把评价目标逐级分解后形成了一个既有层次顺序，又相互联系的指标群。评价目标被分解时，第一次分解后得到的指标称为一级指标，每个一级指标再分解后得到的指标称为二级指标，二级指标分解后得到三级指标……直到指标具有可测性不用再分解时，则指标体系建成。

比如说，我们可以用身高、体重、胸围、血压、心率、视力和维尔维克指数等几项指标构建一个指标体系，去衡量学生的身体形态和机能。用基本素质、体育教学能力、工作表现、履行职责、工作绩效等几项指标构建一个指标体系，去衡量体育教师综合能力。

二、指标体系的结构

指标体系的结构一般分为形式结构和内容结构。

（一）形式结构

指标体系的形式结构是多指标、多层次的树状结构，见图 11-1。

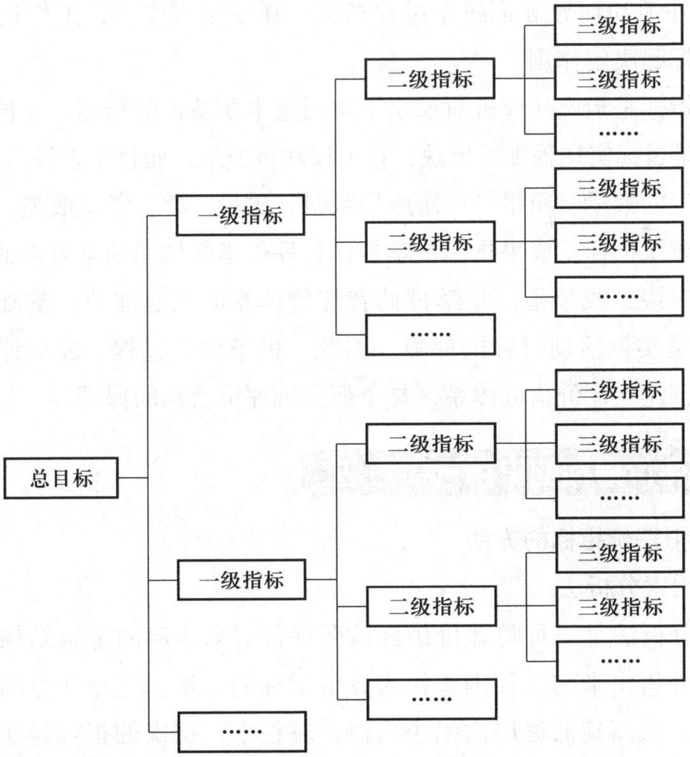

图 11-1 评价指标体系结构

指标体系可以分为不同的层级。一般指标体系分两级或三级较多。层级太多，指标体系太繁杂不可取。同时，每个前一级指标分解成下一级指标的个数也不能太多，一般不超过 6 个。在同一个指标体系中每个指标分解的层级不必相同，具有可操作性即可。

（二）内容结构

按照内容划分，指标体系由条件指标、过程指标和成果指标构成。评价学校体育活动，条件是前提，过程是保证，成果指标反映效果。

条件指标是指反映实现评价目标所必需的物质基础的指标。如对学校体育整体评价时，教师队伍、场馆设施、仪器设备等都是办学条件的评价指标。

过程指标是指反映为实现目标的实际工作表现的指标。工作过程是影响工作目标实现的重要环节。在学校体育评价中，各项管理制度计划的建立与实施，各类人员积极性的调动与发挥，教师工作评价中的备课、授课、考核、课外活动辅导等都属于过程指标。在一定程度上，工作过程的状态对实现目标起决定作用。

成果指标是指反映评价对象水平与质量本质特征的指标。评价对象的水平与质量是目标实现程度的反映，它不仅注重成果，而且重视投入产出比率，如培养学生的数量、质量，科研成果数量、质量，学生考试成绩、能力水平等均属于成果指标。成果指标是学校体育评价指标体系的重要组成部分。

综合来说，成果指标是学校体育评价体系的核心部分，基础条件和工作过程都是实现活动目标的保障。因此，把条件、过程、成果评价有机地结合起来，建立评价指标体系，是全面实现评价目标的保证。

三、评价指标的常用选择方法

1. 初拟评价指标的方法

（1）因素分析法：

因素分析法是一种将评价指标按照评价对象本身的逻辑结构逐级进行分析，把分析出来的主要因素作为评价指标的方法。应当注意的是分析出来的因素，从高到低逐层次缩小内涵，越往下，层次的指标越明确、越具体、范围越小、越可以观测。上一层次的指标应当包含下一层次的指标，而下一层次的指标不可包括上一层次的指标。因素分析的对象是评价目标，分析的目的是指标可测性。

（2）专家咨询法：

专家咨询法是对构成体育评价目标的要素问题进行准确的描述，明确地向有关的体育专家提出书面征询，请他们给予答复。然后集中整理，再请另一批专家对这些意见加以评论，逐渐归纳出较为一致的一套指标方案。此法避免了召开专门会议所产生的附和权威、随大流或因自尊心而意见相左的现象，能较好地集中大多数专家的意见，发挥每个人的积极思维。

2. 筛选评价指标的方法

初拟评价指标一般数量较多，有些能反映评估对象某方面的本质特征，符合指标设计的原则，也必然有些指标不符合设计原则的要求，指标间相包含、交叉，内容重复或相互矛盾，互为因果关系的现象难以避免。所以，对初拟评价指标进行归类合并及筛选，从而保证评价的科学性、有效性就显得尤为重要。

筛选评价指标的方法，有经验法和数学方法两大类。经验法是凭借经验对初拟评价指标进行归类合并，决定舍留的方法，它可分为个人经验法和专家调查法两种。数学方法主要应用主因素分析法（见统计学教材或第 2 章）。

（1）个人经验法：

这种方法是评价指标的设计者个人，在准确把握指标内涵、外延并从实际出发考虑可行性的基础上，根据对目标内涵的分析，考察指标在总体中的地位、作用是否具有可操作性，在指标群中是否有交叉重复等，并对提出的初拟评价指标进行比较、排列、组合，通过思维加工，决定指标的取舍。

（2）专家调查法：

专家调查法实际上是一种调查统计的方法，它以个人经验为基础，集中若干有经验的教师及专家、学者对评价指标取舍的意见，运用统计方法进行指标取舍的方法。它的特点是广泛收集来自理论与实践不同岗位上人员的意见，又运用了统计手段，克服了个人经验法的片面性，因而具有一定的科学依据，同时又简便易行，是当前一种较好的筛选评价指标的方法。

专家调查法筛选评价指标的具体步骤——以体育教师工作综合评价为例

每一种方法在具体的操作过程中，不免要涉及一些数学知识，而且几乎所有的方法都需要数学工具的支持。因此，希望对这些方法的使用感兴趣的同学，可以查阅一些定性或定量的评价方法，来充实自己的评价学知识，以备以后的研究使用。

第四节 学校体育评价指标权重

一、权重的概念及其表现形式

权重又称权重系数，是指每项指标在指标体系整体中所占比重的大小。权重系数集合（简称权集合），是描述各指标重要程度的关系集合。每个指标的权重表示该指标在整体中的相对重要程度，而权重系数集合反映每个因素与其他因素间的关系。

在通常意义下的权重，一般应满足两个条件：

一是，权重 W_i 在 0 至 1 之间取值，即 $0 < W_i \leqslant 1$；

二是，各指标权重之和为 1，即 $\sum\limits_{i=1}^{n} W_i = 1$。

权重有不同的表现形式：

1. 小数形式（评价中多用此形式）

用小数形式表示指标的权重在评价中运用较多。指标体系是个整体，每项指标则是这个整体的组成部分。若把这个整体作为 1，则各个组成部分在整体中所占的比例显然应小于1；把各部分所占比例值加起来应等于 1。即同一层次每项指标的权重之和都应大于 0 而小于或等于 1。同一层次各指标权重之和等于1。故若设 W 表示权重，W_i 表示第 1 项指标的权重，在同一层次上指标应满足：

（1）$0 < W_i \leqslant 1$（当 1 个层次上只有 1 个指标时 $W_i = 1$）。

（2）$\sum\limits_{i=1}^{n} W_i = 1$（$i = 1, 2, 3, \cdots, n$）。

2. 百分数形式

实际是小数形式的一种变形，其实质与小数形式相同。百分数形式满足以下两个条件：

（1）$0 < W_i \leqslant 100\%$（当 1 个层次上只有 1 个指标时 $W_i = 100\%$）。

（2）$\sum_{i=1}^{n} W_i = 100\%$（$i = 1, 2, 3, \cdots, n$）。

即同一层次每项指标的权重之和都应大于 0 而小于或等于 100%。同一层次各项指标权重之和等于 100%。

3. 整数形式

用整数表示指标的权重时，整数实际上是小数或百分数的整倍数。即用整数形式表示指标权重时，先规定同一层次上各项指标的满分值，常见的有 100 和 1 000，其中以 100 最为常见。

若设 S 为同一层次上各项指标的满分整数值，W_i 表示第 i 项指标的权重（$i = 1, 2, 3, \cdots$），则应满足以下两个条件：

（1）$0 < W_i \leqslant S$，即每项指标的权重小于等于满分值。

（2）$\sum_{i=1}^{n} W_i = S$（$i = 1, 2, 3, \cdots, n$），同一层次每项指标的权重之和应等于满分值。

二、权重的作用

评价指标体系是一个多因素、多层次的系统，指标权重是指标体系中各评价指标之间关系和联系的体现，它把评价指标联系在一起，构成了一个有机整体；因为权重从数量上表示了各因素的相对重要性，因此它具有较强的导向功能。

由于同一指标体系中，不同指标的相对重要程度不同，对重要程度不相同的评价指标赋予不同的权重，这就为评价指标的量化、为评价结果的综合运算创造了条件。

三、确定指标权重的方法

（一）直接评分法

邀请若干专家，请他们在列有指标的调查表中分别对各指标的重要程度作出判断，给出分数；然后再统计平均值，即可得到该指标的权重。如果专家在判断时给出各指标分数之和不等于 1，则要进行归一化处理，从而得到各指标权重。所谓归一化处理，就是将同级每个指标的得分，分别除以该级各指标得分之和，所得的相对数即为各指标的权重。

例如，表 11-1 是制定教师课堂教学质量评价指标体系、确定一级指标权集合时调查结果的综合情况以及确定的权集合。本调查要求专家根据课堂教学质量分解后每个指标的相对重要程度给每个指标打分，满分为 10 分。

▶ 表 11-1 教师课堂教学质量评价指标体系的综合情况以及确定的权集合

指标	平均分值	归一化处理	权重系数 W_i
教学目标	1.3	1.3/10	0.13
教学内容	2.7	2.7/10	0.27
教学方法	1.4	1.4/10	0.14
教学技能	1.1	1.1/10	0.11
教学效果	3.5	3.5/10	0.35

此种方法简便直观，易操作。但是应用此法时，专家判断是根据自己的理解直接一次性打分，在专家人数较少时，精确性较差，但专家人数较多时，基本能保证其合理性。

（二）专家调查统计法

这是一种简便易行且信度较高的方法，以“中小学教师工作质量评价指标体系”为例进行介绍。

1. 绘制调查表并发放

将需要分配权重的指标随机排列，制成调查表，发给一些有经验的学校体育工作者。请他们根据自己的看法对每项指标评出很重要、重要、一般、不重要、很不重要五个等级中的任何一个等级。调查表的式样可参照“特尔斐法”的调查表。

2. 收回调查表进行统计

通过向 120 人调查确定中小学教师工作质量评价指标体系，先统计每项指标为相同等级的次数，如 120 人对“工作表现”评价统计结果评为很重要的有 105 人次、重要的有 15 人次，然后计算指标得分，指标得分等于每项指标为相同级的次数乘以等级数值之和。如很重要赋值 5，重要、一般、不重要、很不重要分别赋值为 4、3、2、1，则“工作表现”指标的得分为 $105\times5+15\times4=585$。

3. 计算各项指标得分总和

根据各项指标得分计算各项指标得分总和。指标得分总和等于指标得分之和。

4. 归一化处理，求得每项评价指标的权重

表 11-2 是用专家调查统计法，通过向 120 人调查，确定中小学教师工作质量评价指标体系中三项一级指标“工作表现”“工作成果”“基本素质”的统计、计算情况。

▶ 表 11-2　专家调查统计法确定的中小学教师工作质量评价指标权重统计表

	工作表现	工作成果	基本素质	合计
指标得分	649	518	132	1 299
权重	0.50	0.40	0.10	1.00

工作表现的权重为　$649/1\ 299=0.499\ 6\approx0.50$（取小数点后两位）。同理可得，工作成果的权重为　0.40；基本素质的权重为　0.10。

（三）比例标度方法

比例标度是元素相对重要性的测度。目前，比例标度的方法有确定性测度、Fuzzy 测度、不确定性测度和灰色测度 4 种。

在确定性测度中，根据心理学实验的结论，专家对事物的某种属性同时多次做两两比较时，能使判断基本保持一致性的最好比例标度是取整数 1~9 及其倒数，即 1~9 标度（表 11-3）。

▶ 表 11-3 比例标度

标度	含义
1	表示两个因素相比，具有同样重要性
3	表示两个因素相比，一个因素比另一个因素稍微重要
5	表示两个因素相比，一个因素比另一个因素明显重要
7	表示两个因素相比，一个因素比另一个因素特别重要
9	表示两个因素相比，一个因素比另一个因素极端重要
2，4，6，8 倒数	上述两相邻判断的中值 因素 i 与 j 比较得判断 b_{ij}，则因素 j 与 i 比较的判断 $b_{ji}=\dfrac{1}{b_{ij}}$

显然，对于任何判断矩阵都有：

$$b_{ii}=1,\ b_{ij}=\frac{1}{b_{ji}}\ (i,\ j=1,\ 2,\ \cdots,\ n)$$

因此，对于 n 阶判断矩阵，我们仅需要对 $n(n-1)/2$ 个元素给出数值。

判断矩阵的数值是根据客观数据、专家意见和分析者的认识综合平衡后给出的，判断矩阵的质量可通过一致性检验来检查，这种检验通常是结合排序步骤进行的。

（四）特尔斐法

特尔斐法又称专家咨询法，它以古希腊阿波罗神庙所在地特尔斐命名，表示神的启示。是一种通过有控制的反馈使收集到的专家意见更可靠的方法。

特尔斐法避免了专家会议法的弱点，由于专家在研究问题时不进行面对面的交往，不直接交换意见，在互不影响的条件下达到意见一致，这就防止了权威人物对群体决策产生的特殊作用，使每位专家都能独立地发表自己的意见；既能保证逐渐形成深思熟虑的观点，又能保证提出独到的见解和评定。同时，这种方法采用了数理统计方法，对专家的意见进行了定量处理，在整个过程中，专家的意见逐步统一并最后取得一致，因而是目前较受欢迎的一种做法。

特尔斐法的做法是采用匿名的形式，用问卷形式向专家征求意见，然后由评价方案的设计人员进行汇总、整理，然后将这一轮结果作为参考资料发给每位专家，让专家再发表意见，并多次重复这一过程，直至意见一致，确定评估指标的权重。

特尔斐法的具体实施步骤为：

1. 设计调查表

调查表主要有两种形式：一种是要求专家直接写出各指标的权重值，如表 11-4 所示；另一种是要求专家对各指标的重要程度作出判断，见表 11-5。

▶ 表 11-4 确定权重调查表一

指标	权数	备注
1		
2		
……		
n		

▶ 表 11-5 确定权重调查表二

指标	很重要	重要	一般	不重要	很不重要
1					
2					
……					
n					

2. 发放调查表实施调查

将调查表函寄给调查对象，请他们对每项指标的重要程度作出判断或直接写出各指标的权重数值，做第一轮调查。

3. 回收调查表，进行统计处理

若按调查表 11–8 的形式进行调查，则应首先将重要性等级转换为数值。如假设 15 位专家对教师工作质量评价指标体系的三个一级指标的重要程度判断情况如下（表 11–6）：

▶ 表 11–6 专家对指标重要程度的判断举例

指标	很重要	重要	一般	不重要	很不重要
1. 基本素质	3	12	0	0	0
2. 工作表现	11	3	1	0	0
3. 工作效绩	12	3	0	0	0

假定按重要程度等级“很重要、重要、一般、不重要、很不重要”分别赋值 5、4、3、2、1，则计算出基本素质指标的加权平均值为：

$$(3\times5+12\times4)/15=4.2$$

同理求出工作表现和工作效绩的加权平均值分别为 4.7、4.8。

求出各指标的加权平均值之后，再通过归一化处理，便可求出这一轮的权重意见。

指标 1 的权重：$W_1=4.2\div(4.2+4.7+4.8)=0.31$，同样可求出指标 2 和指标 3 的权重为 0.34，0.35。换言之，专家对指标1、指标 2、指标 3 的权重平均估计值分别为 0.31、0.34、0.35。若按调查表 2 的形式进行调查，则可按下列公式求出每一指标权重估计平均值：

$$\overline{X}=\frac{1}{n}\sum_{i=1}^{n}W_{ij}\ (j=1,\ 2,\ 3,\ \cdots n)$$

式中，n 代表专家人数，W_{ij} 表示第 j 个调查专家对第 i 项评估指标权重的估计值。然后计算每位被调查者对每项指标权重平均值的离差，其公式为：

$$\Delta ij=W_{ij}-\overline{X}(W_i)(j=1,\ 2,\ 3,\ \cdots m)$$

式中，W_{ij} 表示第 j 个专家对第 i 项指标权重的估计值，$\overline{X}(W_i)$ 表示第 i

项指标权重的平均估计值。

4. 第二轮调查

将所有被调查对象对每项指标权重的平均估计值及本人估计值的离差反馈给每个参加调查者，进行第二轮调查。

调查表设计可参考表 11-7。

▶ 表 11-7 调查表设计举例

评价指标	上次调查平均估计值	本人估计值离差	本次调整后的估计值
1			
2			
……			
n			

5. 收回调查表，进行统计处理

处理时要计算每项指标权重的均值和，每位被调查者、每项指标的离差。这样经过三四轮反复，最后就可以得到较为一致的评价指标体系的权集合。

确定指标权重的方法还有层次分析法，参见第 12 章。

第五节 学校体育评价的标准体系

一、构成评价标准的要素

1. 内容

评价标准内容一般用完成或达到目标的行为强度和频率来表示。强度是指达到指标内容要求的程度或各种规范化行为的优劣程度。一般用于定性标准的描述。如用“精通”“熟练”“掌握”“不掌握”等区分教师掌握现代体育理论的等级程度。频率指达到指标内容要求的数量与各种规范化行为的相对次数，一般用于定量标准的描述。如达标率、及格率等。

2. 标度

标度是评价时测定的单位标准，是对评价标准内容的定性或定量形式的表示。

定性标度一般用描述性语言表示。如对教师掌握现代体育理论“精通”“熟练”“掌握”“不掌握”的不同程度赋予“优秀”“良好”“一般”“差”的等级。

定量标度一般用数字表示。如衡量学生掌握基础知识与基本技能的程度，可用考试的分数来表示：优秀为 85~100 分；良好为 75~84 分；中等为 60~74 分；不及格为 60 分以下。

在设计标度时，需要考虑设几个等级，常见的为三级、四级、五级，很少有超过五级的等级划分。

3. 标号

标号是区分标度的符号。在标度确定之后，只需用不同的符号，如汉字甲、乙、丙、丁或优、良、中、不及格，字母 A、B、C、D 等作标记即可。

评价标准内容、标度与标号确定后，按照一定的关系及一定的形式，把它们一一对应地联系起来，就形成了评价标准。例如求知评价标准见表 11-8。

▶ 表 11-8 求知评价标准

要素	标号	标准内容	标度
求知	A	缺乏求知欲望，在较长时间里求知热情低下	1~2 分
	B	在老师、同学、家长的督促下，能激起求知欲望，但求知热情不能持久	3~4 分
	C	有自觉的求知欲望，经常保持一定的求知热情，肯动脑筋钻研学习问题	5~6 分
	D	有较强的求知欲望，保持较高的求知热情，肯动脑筋深入钻研学习问题	7~8 分
	E	有强烈的求知欲望，保持旺盛的求知热情，肯动脑筋刻苦深入钻研学习问题	9~10 分

二、评价标准编制方法和步骤

一般情况下，编制体育评价标准分以下几个步骤。

（1）草拟初步的评价标准：

评价标准起草小组根据由目标分解出来的各层级指标，对有关被评者进行考察，并据此草拟出末级指标的初步评价标准。

（2）对初步的评价标准进行论证：

根据评价原则及评价标准的制定依据、应达到的要求，对草拟标准的先进性、方向性、可行性逐条进行论证。

（3）征询专家意见：

以问卷法或访谈法向有代表性的理论工作者及实践工作者广泛征求意见和建议，并根据专家的意见和建议，对论证后的评价标准进行修改。

（4）试评：

选择有代表性的被评者进行试评，并根据试评中发现的问题，再次对评价标准进行修改。

三、评价标准的分类

评价标准，从不同的角度去考虑，有不同的分类方法，因而就有不同种类。

1. 主观标准和客观标准

主观标准是指由评价设计者从实际中抽象出来，借助主观认识进行鉴别的一种标准；客观标准是指对人或事物的固有关键特性进行准确描述的一种标准。这类标准不轻易变动，具有较长时间的稳定性。

2. 定量标准和定性标准

定量标准是指以达到指标体系项目要求的数量或各种规范化行为的相对数所表达的标准。定量标准是以比率的大小或数量的多少作为准则的标准。

定性标准是指以达到指标体系中项目要求的程度或各种规范化行为的优劣程度而表达的标准，一般用评语或符号作标度。

3. 学校体育评价中常用的素质标准、职责标准和效能标准

（1）素质标准：也称条件标准，是指从被评客体在承担或完成各项体育工作任务时应具备的条件角度确定的评价标准。

（2）职责标准：也称过程标准、状态标准，是指从被评客体应承担的责任和应完成的体育工作任务的角度确定的评价标准。

（3）效能标准：包括效果标准和效率标准，是指从被评对象完成工作任务的效果和取得这些工作效果所耗费的时间、财力等角度确定的评价标准。

第六节 学校体育评价方法

一、定性评价法

定性评价法是一种非数量化方法。在应用这种方法测定评价要素隶属度时，先依据指标内涵及其评价标准，划定（优、良、中、差）等级的标准区间，确定隶属度的模糊矩阵，然后，评价者根据评价信息资料进行推理和价值判断，进而对照指标（优、良、中、差）的等级区间标准，确定每一项指标隶属于优、良、中、差中的某一个等级。常用的定性评价法有下列几种：

（1）个人判断法：

分别征求专家个人的意见，让专家独自根据调查资料对被评对象进行判断和衡量的方法。其优点是专家个人不受外界影响，没有心理负担，能充分发表个人的意见，但是仅靠个人的判断，容易受到专家知识面、知识深度、资料占有量以及当时个人情感态度等因素左右，难免带有一定的片面性。

（2）多人判定法：

它是由比较了解情况的5~7人组成的测定小组中的每个人都根据自己所具有的信息资料，对照等级标准，对评价要素作出等级判断，然后将测定者评定的等级进行统计处理，以得出测定结果的方法。

（3）专家会议法：

通常指把专家集中起来，在审阅调查资料的基础上，到被评者所在地考察、核实、验证，然后将审阅材料与实地调查结合起来，专家们在集体的会议上对被评者进行评价的方法。

（4）现场评定法：

通常指按评价要素质量要求，布置测评现场，组织评价人员根据有关标准，独自进行现场评审，并当场填写评定表格，然后经统计处理得出等级评定结果的方法。

（5）混合评判法：

即按照一定的比率，在主评者、被评者以及与被评者有密切关系的另一类人员等三种对象中，每种抽出部分人员组合起来，然后运用多人判定法共同对某一被评对象进行评价的方法。

二、定量评价法

定量评价法是一种数量化方法，评价者依据客观统计资料，对照评价要素的质量要求，对被评对象的性状进行定量分析、判定，然后按照一定的数学程序和数量标准，确定评价要素隶属于“优、良、中、差”某一等级区间的测量手段和技术。

常用的定量评价法有下列几种：

1. 算术平均值法

设变量 X_1，X_2，X_3，$\cdots X_n$ 为某要素评价时从各样本统计得来的数值，n 为样本数，则：

$$X=\frac{X_1+X_2+X_3+\cdots+X_n}{n}$$

该要素的标准值为正，其等级可按事先制定的评价量表评定（设 $\overline{X}=e$）。

2. 五分制加权平均值法

评价要素是定性描述而无法直接量化，且需借助于评价参加者个人的情感、认识、意向等才能评定出等级时，可采用这种具有概率性的模糊数学方法。因在给评价要素赋权时，确定其优秀标准最高加权值是 5 分，良、中、及格、差分别是 4、3、2、1，故称此方法为五分制加权平均值法。

设某要素评价时参与的人数为 N，填表后优、良、中、及格、差各等级所得的数据（即在相对应的区间所出现的频率）分别为 X_1，X_2，X_3，X_4，X_5，设 M_T 为加权平均值，则：

按公式 $$M_T=\frac{5X_1+4X_2+3X_3+2X_4+1X_5}{N}$$

计算出该要素的平均分值，然后根据事先制定的评价量表，就可以知道该要素的评定等级了。

3. 百分制加权平均值法

当用加权平均值计算时，若使用的样本不是从问卷表格中得来的数据，而是用百分制评定的成绩（如考试成绩、作业成绩等），每人的分数是不等的，则先定出每个等级（或每个集体）分数的平均值，然后再进行加权平均。

设样本总数为 n，各等级（集体）的样本数为 $N_1, N_2, \cdots N_n$。各等级（集体）成绩的平均值为 $\overline{X}_1$，$\overline{X}_2$，$\cdots\overline{X}_n$，设 M_T 加权平均值，则：

$$M_T=\frac{N_1\overline{X}_1+N_2\overline{X}_2+\cdots+N_n\overline{X}_n}{n}$$

三、模糊综合评价法

对多个因素质性评价信息的综合，常采用模糊数学中的模糊综合评价方法进行统计运算。但是，由于模糊综合评价的计算较为复杂，应用起来具有一定的难度。因此，可考虑采用模糊识别方法，即取论域 U =［0，1］，优秀、良好、中等、及格、不及格分别表示为U上的五个模糊集合，建立相应隶属函数，然后运用模糊数学中的最大隶属原则进行模糊识别，以确定综合评价等级。目前，模糊综合评价法在体育领域应用比较广泛，但是应用步骤比较繁杂，具体参见第12章。

常见的定量评价法还有层次分析法，具体参见第12章。

第七节 案例分析

一、案例分析一：学校体育工作评价及其标准的制定

（一）评价的基本程序

（1）组织准备：成立专门的学校体育评价工作小组，聘请有关专家、学者和领导人员担任评价的组织和实施工作。

（2）确定评价方案：主要包括评价体系的构建、权重的确定和方法的选择。

（二）具体步骤

第一步：确定评价指标体系。

组织相关专家、学者和领导召开会议，采用“头脑风暴法”和数理统计方法确定指标体系，如表 11-9。

▶ 表 11-9 学校体育工作评价指标体系

一级指标	一级指标权重	二级指标	二级指标权重	评分/分	得分/分
体育工作规划与发展	0.1	全面贯彻党的教育方针	0.05	85	4.25
		统筹规划学校体育发展	0.025	90	2.25
		组织机构、职责及分工	0.025	85	2.13
体育课程设置与实施	0.2	体育与健康课程标准的执行	0.05	85	4.25
		教学内容安排	0.075	90	6.75
		教育教学方式	0.075	83	6.23
课外体育活动与竞赛	0.3	课外体育活动计划	0.08	80	6.40
		春、秋季综合性学生运动会（或体育文化节）	0.07	90	6.30
		体育特长生和学生体育骨干的示范作用	0.025	85	2.13
		校园体育文化建设	0.05	90	4.50

续表

一级指标	一级指标权重	二级指标	二级指标权重	评分/分	得分/分
课外体育活动与竞赛	0.3	课余体育训练与竞赛	0.05	90	4.50
		课后体育服务	0.025	85	2.13
学生体质监测与评价	0.2	《国家学生体质健康标准》实施	0.085	87	7.40
		《国家学生体质健康标准》管理制度	0.025	90	2.25
		学生体质健康状况作为衡量学校办学水平的重要指标	0.065	85	5.53
		学生体质健康状况分析和研判机制	0.025	90	2.25
基础能力建设与保障	0.2	学校体育保障机制	0.05	85	4.25
		体育教师配备	0.07	90	6.30
		教师工作量的计算标准，实行同工同酬	0.03	85	2.55
		体育场馆、设施和器材配备	0.05	85	4.25

第二步：确定各一级指标和二级指标权重。

第三步：按照优秀（90~100 分），良好（80~89 分），中等（70~79 分），及格（60~69 分），不及格（59 分以下），对表 11-9 所示的指标体系进行评分，评分结果呈现于表 11-9 中的评分栏。

第四步：将评分栏的评分值与相对应的指标权重相乘，即得到该指标的得分，得分呈现于表 11-9 的得分栏。

第五步：若还有其他评分者的得分，那么重复上述步骤，计算得到综合得分，然后将这些综合得分取平均数，即为评价的最后得分。

二、案例分析二：体育课教学评价

（一）评价的基本程序

（1）组织准备：成立专门的体育课教学评价小组，聘请有关专家、学者和相关负责人承担评价的组织和实施工作。

（2）确定评价方案：主要包括评价体系的构建、权重的确定和方法的选择。

（二）具体步骤

第一步：确定评价指标体系。

组织相关专家、学者和负责人召开专题会议，采用“头脑风暴法”和数理统计方法确定指标体系，如表 11-10。

▶ 表 11-10 体育课教学评价指标体系

一级指标	一级指标权重	二级指标	二级指标权重	三级指标	三级指标权重	评分/分	得分/分
教学目标	0.2	认知目标	0.075	基本知识	0.025	85	2.125
				基本技术	0.025	90	2.250
				基本技能	0.025	85	2.125
		能力目标	0.075	教学能力	0.030	85	2.550
				育人能力	0.030	90	2.700
				交往、合作能力	0.015	83	1.245
		情感目标	0.050	兴趣、爱好	0.015	80	1.200
				成功体验	0.015	90	1.350
				态度	0.010	85	0.850
				终身体育意识	0.010	90	0.900
教学内容	0.1	显性课程内容	0.050	教材规定内容	0.025	90	2.250
				计划安排内容	0.025	85	2.125
		隐性课程内容	0.025	专业相关知识	0.015	87	1.305
				相关学科知识	0.010	90	0.900
		内容编排	0.025	科学性	0.005	85	0.425
				重点、难点突出	0.015	90	1.350
				实践性强	0.005	85	0.425

续表

一级指标	一级指标权重	二级指标	二级指标权重	三级指标	三级指标权重	评分/分	得分/分
教学方法、手段	0.2	讲解	0.030	讲解准确性	0.010	90	0.900
				语言表达	0.010	85	0.850
				讲解的逻辑性	0.010	85	0.850
		示范	0.030	示范的准确性	0.010	85	0.850
				示范的位置选择	0.010	87	0.870
				示范的时机选择	0.010	90	0.900
		教学组织	0.030	教学组织合理	0.015	85	1.275
				组织形式多样	0.015	87	1.305
		重点	0.030	重点突出	0.030	90	2.700
		难点	0.030	难点突出	0.030	85	2.550
		现代多媒体教学手段运用	0.030	线上教学	0.015	85	1.275
				线上线下混合教学	0.015	90	1.350
师生主客体关系	0.1	教师主导作用	0.025	调动学生学习的积极性	0.015	83	1.245
				启发学生的创造性思维	0.010	80	0.800
		学生主体作用	0.075	尊重学生	0.040	90	3.600
				积极主动参与教学活动	0.035	85	2.975
教学环境	0.1	物理环境	0.065	设施环境	0.025	83	2.075
				自然环境	0.020	80	1.600
				时空环境	0.020	90	1.800
		精神环境	0.035	社会因素	0.015	85	1.275
				文化因素	0.010	90	0.900
				心理因素	0.010	90	0.900

续表

一级指标	一级指标权重	二级指标	二级指标权重	三级指标	三级指标权重	评分/分	得分/分
教学反馈	0.1	及时性	0.035	及时发现学生存在的偏差和错误	0.020	85	1.700
				及时纠正错误	0.015	85	1.275
		真实性	0.035	对反馈信息作出客观判断	0.020	90	1.800
				筛选出有价值信息	0.015	85	1.275
		全面性	0.030	关注全体学生的反馈	0.020	85	1.700
				对反馈信息作出全面综合的分析	0.010	90	0.900
教学效果	0.2	知识目标达成度	0.050	基本知识掌握	0.020	84	1.680
				基本技术掌握	0.020	86	1.720
				基本技能提升	0.010	83	0.830
		能力目标达成度	0.050	教学能力	0.020	85	1.700
				育人能力	0.020	87	1.740
				交往、合作能力	0.010	88	0.880
		情感目标达成度	0.050	兴趣、爱好	0.020	89	1.780
				成功体验、态度	0.020	90	1.800
				终身体育意识	0.010	88	0.880
		思想品德教育	0.050	意志品质	0.015	90	1.350
				心理素质	0.015	87	1.305
				规则意识	0.010	85	0.850
				合作精神	0.010	84	0.840

第二步：确定各一级指标、二级指标、三级指标权重。

第三步：按照优秀（90~100 分），良好（80~89 分），中等（70~79 分），及格（60~69 分），不及格（59 分以下），对表 11-10 所示的指标体系进行评分，评分结果呈现于表 11-10 中的评分栏。

第四步：将评分栏的评分值与相对应的指标权重相乘，即得到该指标的得分，得分呈现于表 11-10 的得分栏。

第五步：若还有其他评分者的得分，那么重复上述步骤，计算得到综合得分，然后将这些综合得分取平均数，即为评价的最后得分。

三、案例分析三：体育教师综合能力评价

（一）评价的基本程序

（1）组织准备：成立专门的体育教师综合能力评价小组，聘请有关专家、学者和相关负责人承担评价的组织和实施工作。

（2）确定评价方案：主要包括评价体系的构建、权重的确定和方法的选择。

（二）具体步骤

第一步：确定评价指标体系。

组织相关专家、学者和负责人召开专题会议，采用“头脑风暴法”和数理统计方法确定指标体系，如表 11-11。

▶ 表 11-11　体育教师综合能力评价指标体系

一级指标	一级指标权重	二级指标	二级指标权重	评分 / 分	得分 / 分
职业素养	0.3	具有较好的科学、文化素养	0.150	85	12.750
		具有高度的社会责任感以及开阔的国际视野	0.075	90	6.750
		具备现代教育、健康理念	0.075	85	6.375
专业知识	0.3	系统掌握体育学基本理论、基本技能和基本方法	0.150	85	12.750
		掌握现代教育教学理论与方法以及学校体育课程与教学、课外体育锻炼、训练竞赛的基本理论与方法	0.150	90	13.500

续表

一级指标	一级指标权重	二级指标	二级指标权重	评分 / 分	得分 / 分
专业能力	0.2	具备一定的专业技能和较强的教学能力、育人能力、沟通合作能力以及体育科学研究能力	0.100	80	8.000
		能胜任学校体育工作	0.100	90	9.000
职业发展	0.2	富有可持续发展潜力和较强创新精神	0.100	87	8.700
		能从事与体育相关工作的应用型人才	0.100	90	9.000

第二步：确定各一级指标和二级指标权重。

第三步：按照优秀（90~100分），良好（80~89分），中等（70~79分），及格（60~69分），不及格（59分以下），对表11-11所示的指标体系进行评分，评分结果呈现于表11-11中的评分栏。

第四步：将评分栏的评分值与相对应的指标权重相乘，即得到该指标的得分，得分呈现于表11-11的得分栏。

第五步：若还有其他评分者的得分，那么重复上述步骤，计算得到综合得分，然后将这些综合得分取平均数，即为评价的最后得分。

思考题

1. 什么是评价？什么是学校体育评价？
2. 简述学校体育评价的目标之间的关系。
3. 简述建立学校体育评价指标体系的意义及步骤。
4. 简述筛选学校体育评价指标的方法。
5. 简述确定学校体育评价指标体系权重的意义。
6. 简述学校体育评价方法。

第12章 社会体育常用综合评价方法

本章提要

社会体育评价包含内容广泛，涉及社会体育的各个方面，在评价信息资料搜集过程中被确定的信息源总是有限的，所获得的信息资料也只能是局部的，要想从有限的资料里推论出整体的情形，并得出正确的结论，就必须应用科学的评价方法。本章主要介绍层次分析法、数据包络分析法、灰色综合评价法、基于结构方程模型的综合评价法等。

关键词

社会体育　综合评价　层次分析　灰色系统　结构方程模型

第一节　层次分析法

一、层次分析法的概念及其原理

（一）层次分析法的概念

20 世纪 70 年代初，美国运筹学家匹茨堡大学教授 T. L. Satty 在为美国国防部研究“根据各个工业部门对国家福利的贡献大小而进行电力分配”课题时，应用网络系统理论和多目标综合评价方法，提出的一种层次权重决策分析方法。这也就是层次分析法（analytic hierarchy process，AHP）。层次分析法是一种定性与定量分析相结合的多准则决策方法。

（二）层次分析法的原理

应用层次分析法分析问题时，首先，通过分析复杂问题包含的因素及其相互联系，将问题分解为不同的要素，并将这些要素归并为不同的层次，从而形成多层次结构。然后，在每一层次可按某一规定准则，对该层要素进行逐对比较而建立判断矩阵，然后通过计算判断矩阵的最大特征值和正交化特征向量，得出该层要素对于该问题的权重。最后，在这个基础上计算出各层要素对于总体目标的组合权值，从而得出不同设想方案的权值，为选择最优方案提供依据。也就是说，首先要把问题层次化。根据问题的性质和要达到的总目标，将问题分解为不同组成因素，并按照因素间的相互关联影响以及隶属关系将因素按不同层次聚集组合，形成一个多层次的分析结构模型，并最终把系统分析归结为最底层（供决策的方案、措施等），相对于最高层（总目标）的相对重要性权值的确定或相对优劣次序的排序问题。综合评价问题就是排序问题。在排序计算中，每一层次的因素相对上一层次某一因素的单排序问题又可简化为一系列成对因素的判断比较。为了将比较判断定量化，层次分析法引入了 1~9 标度法，并写成判断矩阵形式。形成判断矩阵后，即可通过计算判断矩阵的最大特征根及其对应的特征向量，计算出某一层对于上一层次某一个元素的相对重要性权值。

在计算出某一层次相对于上一层次各个因素的单排序权值后，用上一层次因素本身的权值加权综合，即可计算出层次总排序权值。总之，依次由上而下即可计算出最底层因素相对于最高层的相对重要性权值或相对优劣次序的排序值。

二、层次分析法的步骤

层次分析法大体分为 6 个步骤，即明确问题、建立层次结构、构造判断矩阵、层次单排序及其一致性检验、层次总排序、作出相应决策。现对上述步骤总结如下。

（一）明确问题

通过对系统的深刻认识，确定该系统的总目标，弄清决策问题所涉及的范围、所要采取的措施方案和政策、实现目标的准则、策略和各种约束条件等，广泛地收集信息。

（二）建立层次结构

按目标的不同、实现功能的差异，将系统分为几个等级层次，如目标层、准则层、方案层等，用框图的形式说明层次的递阶结构与因素的从属关系。当某个层次包含的因素较多时，可将该层次进一步划分为若干子层次。层次分析模型是层次分析法赖以建立的基础，是层次分析法的第一个基本特征。

（三）构造判断矩阵

判断元素的值反映了人们对各因素相对重要性的认识，一般采用 1~9 标度及其倒数的标度方法。为了从判断矩阵中提炼出有用的信息，达到对事物的规律性认识，为决策提供科学的依据，需要计算每个判断矩阵的权重向量和全体判断矩阵的合成权重向量。通过两两对比按重要性等级赋值，从而完成从定性分析到定量分析的过渡，这是层次分析法的第二个基本特征。

（四）层次单排序及其一致性检验

A 的特征根问题 $AW=\lambda_{max}W$ 的解 W，经归一化后即为同一层次相应因素对于上一层次某因素相对重要性的排序权值，这一过程称为层次单排序。为进行判断矩阵的一致性检验，需要计算一致性指标时，可以认为层次单排序的结构有满意的一致性，否则需要调整判断矩阵的元素取值，其中 PI 为平均随机一致性指标。

$$CI=\frac{\lambda_{max}-n}{n-1}$$

当随机一致性比率

$$CR=\frac{CI}{RI}<0.10$$

（五）层次总排序

计算各层元素对系统目标的合成权重，进行总排序，以确定结构图中最底层各个元素在总目标中的重要程度。这一过程是从最高层次到最低层次逐层进行的。

（六）作出相应决策

编制程序进行计算，根据计算结果作出相应决策。

三、层次分析法的实例分析

下文以体育明星信源模型的层次分析为例进行介绍。

（1）构建体育明星信源的层次模型：

在文献资料、专家咨询和前期的实践调查基础上，制定了选择体育明星作为信源的评价指标体系。设计的体育明星信源模型由 A、B、C 三层内容构成。A 层为整个指标体系层；B 层为一级指标层，主要由知名度（B_1）、吸引力（B_2）、一致性（B_3）、道德品质（B_4）4 个一级指标组成；C 层为二级指标层，共 17 个二级指标（图 12–1）。

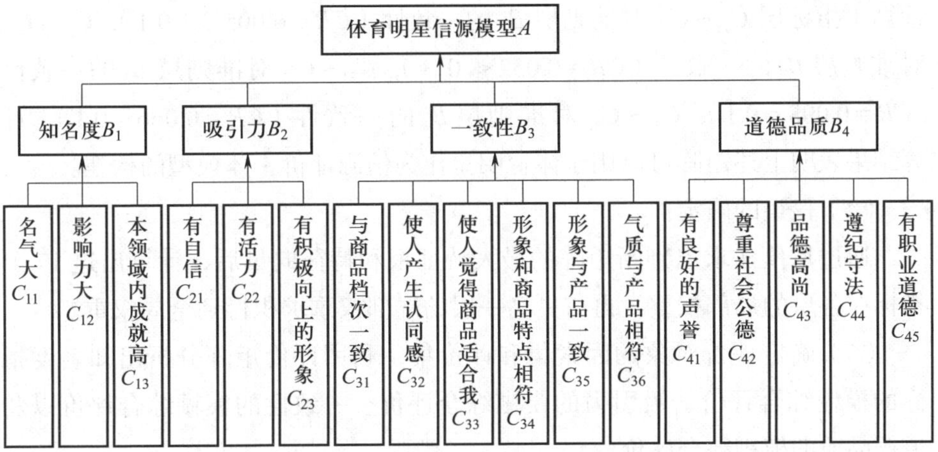

图 12-1　体育明星信源模型评价层次结构

（2）构造判断矩阵：

根据研究的需要，选择相关领域的专家 15 名（市场营销学 5 位、心理学 2 位、体育学 2 位、国家队运动员 2 名、传播学 2 位、广告学 2 位）进行了问卷调查。专家参照重要性程度对照表，对因素进行了两两比较。取 15 位专家对因素进行比较的平均值，根据比较结果构造判断矩阵的分布权重。首先，构造一级指标 B 层的判断矩阵 A。

（3）一致性检验：

检验所构造的判断矩阵一致性的程度，确保该矩阵的有效性，从而科学反映各个指标的相对重要性。AHP 法通常采用随机一致性比率 CR 进行检验，其检验用以下公式：

$$CR = \frac{CI}{RI}$$

$$CI = \frac{\lambda_{\max} - n}{n - 1}$$

式中，CI 代表一致性指标，n 代表矩阵判断阶数，$\lambda_{\max}$ 代表矩阵的最大特征值，RI 代表自由度指标。当 CR 越大，判断矩阵的一致性就越差；CR 越小，判断矩阵越有效。当 $CR < 0.1$ 时判断矩阵具有满意的一致性，否则应重新调整判断矩阵中元素的取值。通过计算，体育明星信源评价的整个体系层的 $CR = 0.027\ 5 < 0.1$，具有完全满意的一致性，为有效矩阵。同理可

计算出指标层 $C_{11} \sim C_{13}$ 对准则层 B_1 的一致性（$CR = 0.005\,3 < 0.1$），$C_{21} \sim C_{23}$ 对准则层 B_2 的一致性（$CR = 0.052 < 0.1$），$C_{31} \sim C_{37}$ 对准则层 B_3 的一致性（$CR = 0.098 < 0.1$），$C_{41} \sim C_{45}$ 对准则层 B_4 的一致性（$CR = 0.066 < 0.1$），计算结果表明上述矩阵可以用于体育明星作为信源评价主体模型的构建。

（4）权重的确定：

通过均值法求出判断矩阵的最大特征根和特征向量后，计算出这 17 个指标在各层的局部权重，再与更高一层的局部权重求积得到全局权重。

（5）确定评价对象的因素集和评价集，利用评价矩阵分析出知名度指标的模糊综合评价、吸引力的模糊综合评价、一致性的模糊综合评价以及道德品质的模糊综合评价。

（6）总结：

综合上述四个一级指标的综合重要性评价以及层次分析得出的权重，可以计算出体育明星信源模型评价的综合重要性向量为：

$$A = W_i \times \begin{Bmatrix} B_1 \\ B_2 \\ B_3 \\ B_4 \end{Bmatrix} = (0.422\,5 \quad 0.422\,5 \quad 0.104\,4 \quad 0.050\,6) \times$$

$$\begin{Bmatrix} 0.312 & 0.373 & 0.181 & 0.103 & 0.021 & 0.003 & 0.001 \\ 0.398 & 0.373 & 0.155 & 0.066 & 0.006 & 0.001 & 0.000 \\ 0.238 & 0.419 & 0.237 & 0.087 & 0.012 & 0.006 & 0.000 \\ 0.368 & 0.364 & 0.176 & 0.070 & 0.016 & 0.004 & 0.002 \end{Bmatrix}$$

$$= (0.343 \quad 0.377 \quad 0.176 \quad 0.084 \quad 0.013 \quad 0.003 \quad 0.001)$$

根据模糊隶属度和按最大隶属度原则，体育明星信源评价的综合重要性属于“比较重要”级别，说明编制的“体育明星信源模型量表”是比较科学的，所选用的指标在消费者心目中都是比较重要的指标。且通过计算得出体育明星信源模型的综合重要性得分为：

$$7 \times 0.343 + 6 \times 0.377 + 5 \times 0.176 + 4 \times 0.084 + 3 \times 0.013 + 2 \times 0.003 + 1 \times 0.001 = 5.925。$$

综合以上结果，得到了各一级指标及总目标重要性的评价得分分别为，“知名度”为 5.748，“吸引力”为 6.081，“一致性”为 5.764，“道德品质”为 5.978，“总体评价”为 5.925。可以看出，消费者对“体育明星信源”评价指标的总体评价为“比较重要”级别，对各项一级指标的评价中各项指标均为“比较重要”，说明构建的体育明星信源模型的评价指标体系是可行的，且从 4 个一级指标的综合评价得分可以看出，体育明星的“吸引力”得分最高，说明消费者认为体育明星的“吸引力”是体育明星作为信源最重要的因素，因此企业在选择体育明星作为代言人时首先要考虑该体育明星是否具有较大的“吸引力”，其次要考虑体育明星的“道德品质”因素。

第二节 数据包络分析法

数据包络分析法（data envelopment analysis，简称 DEA 模型）是著名运筹学家 A. Charnes，W. W. Copper 和 E. Rhodes 以“相对效率”概念为基础，根据多指标投入和多指标产出对相同类型的单位（部门）进行相对有效性或效益评价的一种新的系统分析方法。它是处理多目标决策问题的好方法，它应用数学规划模型计算比较决策单元之间的相对效率，对评价对象作出评价。

一、数据包络分析法的原理

DEA 是以相对效率概念为基础，以凸分析和线性规划为工具的一种评价方法。这种方法结构简单，使用比较方便。自从 1978 年提出第一个 DEA 模型 C^2R 模型并用于评价部门间的相对有效性以来，DEA 方法不断得到完善并在实际中被广泛应用，诸如被应用到技术进步、技术创新、资源配置、金融投资等各个领域，特别是在对非单纯盈利的公共服务部门，如学校、医院，某些文化设施等的评价方面被认为是一个有效的方法。现在，有关的理论研究不断深入，应用领域日益广泛。应用 DEA 方法评价部门的相对有效性的优势地位，是其他方法所不能取代的。或者说，它对社会经济系统多投入和多产出相对有效性评价，是独具优势的。

二、数据包络分析法的模型和步骤

（一）数据包络分析法的模型

在社会、经济和管理领域中，常常需要对具有相同类型的部门、企业或者同一单位不同时期的相对效率进行评价，这些部门、企业或时期称为决策单元。评价的依据是决策单元的一组投入指标数据和一组产出指标数据。投入指标是决策单元在社会、经济和管理活动中需要耗费的经济量；产出指标是决策单元在某种投入要素组合下，表明经济活动产出成效的经济量。指标数据是指实际观测结果。根据投入指标数据和产出指标数据评价决策单元的相对效率，即评价部门、企业或时期之间的相对有效性。

C^2R 模型是 DEA 的第一个模型。

设某个生产决策单元（*DMU*）在一项生产活动中的输入向量为 $x=(x_1, x_2, \cdots, x_m)^T$，输出向量为 $y=(y_1, y_2, \cdots, y_s)$。我们可以用（$x$，$y$）来表示这个 *DMU* 的整个生产活动。

现设有 n 个 *DMU*（$1 \leqslant j \leqslant n$），*DMU* 对应的输入、输出向量分别为：

$$x_j=(x_{1j}, x_{2j}, \cdots x_{mj})^T>0, \quad j=1, 2 \cdots, n$$

$$y_j=(y_{1j}, y_{2j}, \cdots y_{sj})^T>0, \quad j=1, 2 \cdots, n$$

而且 $x_{ij}>0$，$y_{rj}>0$，$i=1, 2 \cdots, m$；$r=1, 2 \cdots, s$，即每个决策单元有 m 种类型的“输入”以及 s 种类型的“输出”。

x_{ij} 为第 j 个决策单元对第 i 种类型输入的投入量；

y_{rj} 为第 j 个决策单元对第 r 种类型输出的产出量。

x_{ij}，y_{rj} 已知的数据，可以根据历史资料得到，也即是实际观测到的数据。

由于在生产过程中各种输入和输出之间的地位与作用不同，因此要对 *DMU* 进行评价，须对它的输入和输出进行“综合”，即把它们看作只有一个总体输入和一个总体输出的生产过程，这样就需要赋予每个输入、输出恰当的权重（图 12-2）。

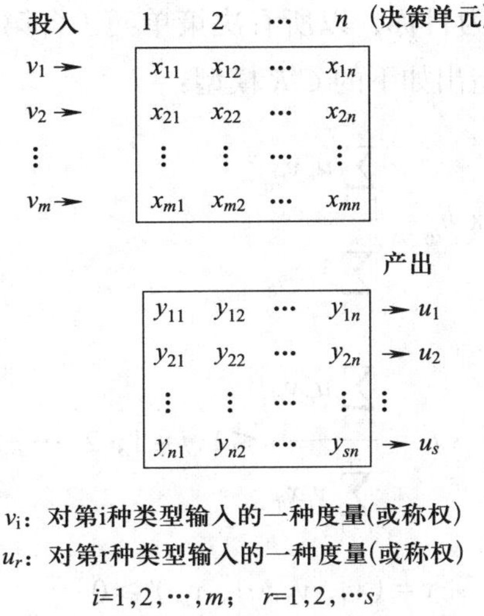

图 12-2 n 个 DMU 的输入输出

问题是，由于我们在一般情况下对输入、输出量之间的信息结构了解较少或者它们之间的相互代替性比较复杂，也由于我们想尽量避免分析者主观意志的影响，我们并不事先给定输入、输出权向量：$v=(v_1, v_2, \cdots, v_m)^T$，$u=(u_1, u_2, \cdots, u_s)^T$，而是先把它们看作变向量，然后在分析过程中再根据某种原则来确定它们。

在这里，v_i 为对第 i 种类型输入的一种度量（权）；u_r 为对第 r 种类型输出的一种度量（权）。

每个决策单元 DMU 都有相应的效率评价指数：

$$h_j=\frac{u^T y_j}{v^T x_j}=\frac{\sum_{r=1}^{s} u_r y_{rj}}{i=\sum_{i=1}^{m} v_i x_{ij}}, j=1, 2, \cdots, n$$

我们总可以适当地取权系数 v 和 u，使得 $h_j \leqslant 1$。

现在，对第 j_0 个决策单元进行效率评价。一般来说，h_{j_0} 越大，表明 DMU_{j_0} 能够用相对较少的输入而得到相对较多的输出。这样，如果我们要对 DMU_{j_0} 进行评价，看 DMU_{j_0} 在这 n 个 DMU 中相对来说是不是最优的。我们可以考察当尽可能地变化权重时，h_{j_0} 的最大值究竟是多少。以第 j_0 个决策单元的效率指数为目标，以所有决策单元（含第 j_o 个决策单元）的效率指数为约束，就构造出如下的 C^2R 模型：

$$\max\ h_{j_0}=\frac{\sum_{r=1}^{s}u_r y_{rj_0}}{\sum_{i=1}^{m}v_i x_{ij_0}}$$

$$s.t.=\frac{\sum_{r=1}^{s}u_r y_{rj}}{\sum_{i=1}^{m}v_i x_{ij}}\leqslant 1,j=1,\ 2,\cdots,\ n$$

$$v=(v_1,\ v_2,\cdots,\ v_m)^T\geqslant 0$$

$$u=(u_1,\ u_2,\cdots,\ u_m)^T\geqslant 0$$

其中 $v\geqslant 0$ 表示对于 i=1, 2,⋯, m, $v_i\geqslant 0$，并且至少存在某 i_0（$1\leqslant i_0\leqslant m$），$i_0>0$。对于 $v\geqslant 0$ 含义相同。

上式是一个分式规划问题，使用 Chatnes-Cooper 变化，即令：

$$t=\frac{1}{v^T x_0},\ w=tv,\ \mu=tu$$

可变成如下的线性规划模型：

$$(P)=\begin{cases}\max h_{j_0}=\mu^T y_o\\ s.t.w^T x_j-\mu^T y_j\geqslant 0,\ j=1,\ 2,\cdots,\ n\\ w^t x_0=1\\ w\geqslant 0,\ \mu\geqslant 0\end{cases}$$

用线性规划的最优解来定义决策单元 j_0 的有效性。

不难看出，利用上述模型来评价决策单元 j_0 是不是有效是相对于其他所有决策单元而言的。

我们注意到 C^2R 可用线性规划 P 来表达。而线性规划一个极重要的、极有效的理论是对偶理论，通过建立对偶模型更易从理论上及从经济意义上进行深入分析。

该线性规划的对偶规划为：

$$(D')=\begin{cases}\min\theta\\ s.t.\sum_{j=1}^{n}\lambda_j x_j\leqslant\theta x_0\\ \sum_{j=1}^{n}\lambda_j y_j\leqslant y_0\\ \lambda_j\geqslant 0,\ j=1,\ 2,\cdots,\ n\\ \theta\text{ 无约束}\end{cases}$$

应用线性规划对偶理论，我们可以通过对偶规划来判断 DMU_{j_0} 的有效性。

为了讨论及应用方便，进一步引入松弛变量 s^+ 和剩余变量 s^-，将上面的不等式约束变为等式约束，则可变为：

$$(D')=\begin{cases}\min\theta\\ s.t.\sum_{j=1}^{n}\lambda_j x_j+s^+=\theta x_0\\ \sum_{j=1}^{n}\lambda_j y_j-s^-=y_0\\ \lambda_j\geqslant 0,\ j=1,\ 2,\cdots,\ n\\ \theta\text{ 无约束},\ s^+\geqslant 0,\ s^-\geqslant 0\end{cases}$$

以后直接称线性规划（D）为规划（P）的对偶规划。

下面给出几条定理与定义，目的是为以后模型的应用做准备。

定理 1：线性规划（P）和其对偶规划（D）均存在可行解，所以都存在最优值。假设它们的最优值分别为 $h_{j_0}^*$ 与 θ^*，则 $h_{j_0}^*=\theta^*\leqslant 1$。

定义 1：若线性规划（P）的最优值 $h_{j_0}^*=1$，则称决策单元 DMU_{j_0} 为弱 DEA 有效。

定义 2：若线性规划（P）的解中存在 $w^*>0$，并且其最优值 $h_{j_0}^*=1$，则称决策单元 DMU_{j_0} 为 DEA 有效（C^2R）。

弱 DEA 有效即具备了有效性的基本条件。DEA 有效则表明各项投入及各项产出都不能置之一旁，即这些投入及产出都对其有效性作了不可忽视的贡献。

定理 2：

（1）DMU_{j_0} 为弱 DEA 有效的充分必要条件是线性规划（D）的最优值

$\theta^*=1$。

（2）DMU_{j_0} 为 DEA 有效的充分必要条件是规划（D）的最优值 $\theta^*=1$，并且对于每个最优解 λ^*，s^{*-}，s^{*+}，θ^*，都有 $s^{*-}=0$，$s^{*+}=0$。

下面进一步说明一下 DEA 有效性的经济意义。即我们能够用 C^2R 判定生产活动是否同时技术有效和规模有效。结论如下：

（1）$\theta^*=1$，且 $s^{*-}=0$，$s^{*+}=0$。此时决策单元 j_0 为 DEA 有效。决策单元 j_0 的生产活动同时为技术有效和规模有效。其中，s^+ 表示产出的“亏量”s^- 表示投入的“超量”。此时不存在“超量”投入及“亏量”产出。

（2）$\theta^*=1$，但至少有某个输入或输出松弛变量大于零。此时决策单元 j_0 为弱 DEA 有效。决策单元 j_0 不是同时技术有效和规模有效。即此时的经济活动不是同时技术效率最佳和规模效益最佳。此时表明某些方面的投入仍有“超量”，某些产出存在“亏量”。

（3）$\theta^*<1$，此时决策单元 j_0 不是 DEA 有效。决策单元 j_0 的生产活动既不是技术效率最佳，也不是规模收益最佳。

另外，通常我们还可用 C^2R 模型中 λ_{j} 的最优值来判别 DMU 的规模收益情况。结论如下：

（1）如果存在 $\lambda_j^*(j=1, 2, \cdots, n)$ 使得 $\sum\lambda_j^*=1$，则 DMU 为规模效益不变。

（2）如果不存在 $\lambda_j^*(j=1, 2, \cdots, n)$ 使得 $\sum\lambda_j^*=1$，则若 $\sum\lambda_j^*<1$，那么 DMU 为规模效益递增。

（3）如果不存在 $\lambda_j^*(j=1, 2, \cdots, n)$ 使得 $\sum\lambda_j^*=1$，则若 $\sum\lambda_j^*>1$，那么 DMU 为规模效益递减。

检验 DMU_{j_0} 的 DEA 有效性时，可利用线性规划，也可利用对偶线性规划。无论哪种方法都不方便，通过构造一个稍加变化的模型可使这一检验简化。这就是具有非阿基米德无穷小的 C^2R 模型。利用此模型可以一次性判断出决策单元是 DEA 有效，还是弱 DEA 有效，或者是非 DEA 有效。如果某个决策单元不属于 DEA 有效，一个很自然的问题就会产生：它与相应的 DEA 有效的“差距”有多大，或者说，与同类型的其他决策单元相比，需要在哪些方面作何等程度的努力，才可达到 DEA 有效。这是我们需要考虑的问题。

另外，由于实际生产过程中积极活动的多样性，或决策者在评价活动中的作用不同，在基本模型 C^2R 的基础上又发展、派生出一些新的 DEA 模型。例如 1985 年 A. Charnes，W. W. Copper，B. Golany 等学者提出了 C^2GS^2 模型，用来研究生产部门间的“技术有效性”；1987 年 A. Charnes，W. W. Copper，魏权龄等学者得到了 C^2WH 模型，用于处理具有过多的输入及输出的情况。

（二）数据包络分析法的步骤

以上可见，DEA 方法应用的一般步骤为：明确评价目的、选择 *DMU*、建立输入 / 输出评价指标体系、收集和整理数据、DEA 模型的选择和进行计算、分析评价结果并提出决策建议。下面分别进行阐述。

（1）明确评价目的：DEA 方法的基本功能是“评价”，特别是进行多个同类样本间的“相对优劣性”的评价。这样就有一系列的问题需要明确，如哪些 *DMU* 能够在一起评价、通过什么样的输出 / 输入评价指标体系进行评价，选择什么样的 DEA 模型进行评价等。为了能使 DEA 方法提供的信息具有较强的科学性，上述问题应该服从于我们应用 DEA 方法的具体目的。因此，明确评价目的是应用 DEA 方法的首要问题。当然，这里所说的“评价”是广义的，实际上是指通过 DEA 方法提供的评价功能而进行的系统分析工作。

（2）选择 *DMU*：由于 DEA 方法是在同类型的 *DMU* 之间进行相对有效性的评价，因此选择 *DMU* 的一个基本要求就是 *DMU* 同类型。在实际中下面两点可以帮助我们选择 *DMU*。

① 用 *DMU* 的物理背景或活动空间来判断，即 *DMU* 具有相同的外部环境、相同的输入、输出指标和相同的目标任务等。

② 用 *DMU* 活动的时间间隔来构造，例如，有一个生产过程的时间间隔为 $[O, T]$，现将 $[O, T]$ q 等分，由于每个等分中的生产过程都是原过程的一部分（一个时段），因此如果将每个等分视为一个 *DMU*，则可认为我们一共得到 q 个同类型的 *DMU*。另外，*DMU* 个数不宜过多，否则可能会使 *DMU* 的同类型受到影响。

（3）建立输入 / 输出评价指标体系：这是应用 DEA 方法的一项基础性前提工作。DEA 主要是利用各决策单元的输入、输出评价指标数据对决策单元进行相对有效性评价。系统的评价指标不同，其有效性的评价结果也将不同。要考虑如下几点：

① 要能够实现评价目的。为了做到这一点，需要把评价目的从输入和输出两个不同的侧面分解成若干变量，并且该评价目的的确能够通过这些输入向量和输出向量构成生产过程。当然如果指标的经济意义比较直观、明显，与评价目的性挂钩也较紧，也就很容易地被认定为输入（出）指标。通常可将各决策单元的效用型指标作为系统的输出指标，将成本型指标作为系统的输入指标。

② 要能全面反映评价目的。一般来说，一个评价目的需要多个输入和输出才能较为全面地描述，缺少某个或者某些指标常会使评价目的不能完整地得以实现。换言之，缺少了某个或某些指标，就不能够全面地反映评价目的。例如，在某个指标体系中新增一个或去掉一个，原来非有效 *DMU* 变成了有效的或原来有效的 *DMU* 变成了非有效的。

③ 要考虑到输入向量、输出向量之间的联系。在生产过程中，*DMU* 各输入和各输出之间往往不是孤立的。在实际中，通过向专家咨询或进行统计分析可以帮助我们做到以上这些，也可在初步确定了输入 / 输出指标体系后，进行试探性的 DEA 分析。如果在用了几组样本数据进行分析后，个别指标对应的权重总是很小，这说明这样的指标对 *DMU* 有效性的影响不大，可以考虑删除这些指标。

（4）收集和整理数据：采用 DEA 方法评价各决策单元的相对有效性时，需要输入各决策单元的输入、输出指标值，这些指标值的正确性将直接影响各决策单元的相对有效性评价结果。所以，正确收集和科学整理各决策单元的输入、输出数据就成为 DEA 评价中的重要组成部分。评价指标中可以包含人文、社会、心理等领域中的非结构化因素，但需要按可靠标准予以量化赋值，如分为若干级别，以数字表示。在实际应用中，投入指标和产出指标均有不同的量纲，但这并不构成使用 DEA 时的困难。决策单元的最优效率指标与投入指标值及产出指标值的量纲选取无关。也就是说，由于 DEA 方法并不直接对指标数据进行综合，因而建立模型前无须对数据进行无量纲化处理。当然，也可在建模前先作无量纲化处理。

（5）DEA 模型的选择和进行计算 DEA 有多种模型，进行评价时选用什么模型需要我们考虑。一般来说需要从以下几方面进行考虑：

① 由于具有非阿基米德无穷小的DEA模型在判断*DMU*是否为（弱）DEA有方便之处，所以在实际中这一模型常被应用。

② 为了得到不同侧面的评价信息，在可能情况下，尽量选用不同类型的DEA模型同时进行分析，再把分析结果相互比较。

（6）对于一组*DMU*，在确定了指标体系后，选择一个合适的DEA模型，进行相对有效性评价，并在评价结果基础上进行分析工作。需要考虑如何把分析工作设计得更为细致更为全面，以便提供尽可能多的比较信息。当然，究竟做些什么，如何做，对提供的结果又如何进行分析等，没有一个固定的模式，还需从问题的实际背景和我们的评价目的出发。最基本的是利用DEA规划模型的求解结果，判断各决策单元的DEA有效性如何，找出非有效性决策单元的无效原因及其改进措施，形成评价结果报告，并向上层决策单元领导提出建议以辅助决策。

具体可采用求解线性规划的商业软件进行求解，也可采用各种专门的DEA软件进行求解。因为DEA方法比较容易操作使用。

三、数据包络分析法实例分析

下面采用数据包络分析方法分析其在体育领域的应用，围绕中国高原训练资源优化配置的目标，利用DEA方法建立了中国高原训练资源配置的评价模型，从综合效率、技术效率和规模效率等方面评价了2014—2017年我国高原训练资源配置效率。

（一）我国高原训练资源配置效率评价指标体系

选取我国青海多巴、内蒙古武川、甘肃榆中、河北崇礼、贵州清镇、云南呈贡、云南海埂、青海尖扎、甘肃刘家峡、云南松茂、贵州红枫湖等11个高原训练基地作为样本，研究2014—2017年4年以来中国高原训练基地竞技体育资源配置的发展及其现状。

综合考虑我国高原训练资源配置效率的基本假设和指标体系选取原则，最终建立中国高原训练基地体育资源配置评价体系，输入指标为：X_1基地工作人员数（人），X_2基地体育场馆面积（万m^2），X_3基地经费支出（万元），

X_4 中级职称以上科研人员总数（人）。X_4 反映了一个高原训练基地科研服务能力的水平，它是高质量的复杂的人力投入，研究将此项单列。输出指标为：Y_1 省级或以上金牌数（个），Y_2 基地体育经营收入（万元），Y_3 经常来参加体育活动的人数（人）。

（二）我国高原训练基地资源配置效率评价

1. 我国高原训练基地资源配置综合效率分析

表 12-1 列出了由 C^2R 模型计算所得的 2014—2017 年间青海多巴、内蒙古武川、甘肃榆中、河北崇礼、贵州清镇、云南呈贡、云南海埂、青海尖扎、甘肃刘家峡、云南松茂、贵州红枫湖等 11 个高原训练基地体育资源配置的综合效率值。

▶ 表 12-1 基于 C^2R 模型的我国高原训练基地资源配置综合效率值

基地	2014 年	2015 年	2016 年	2017 年
青海多巴	0.824	0.893	0.863	0.912
内蒙古武川	0.686	0.692	0.686	0.714
甘肃榆中	0.77	0.786	0.775	0.802
河北崇礼	0.55	0.575	0.558	0.584
贵州清镇	0.548	0.548	0.548	0.578
云南呈贡	0.616	0.632	0.619	0.636
云南海埂	1	1	1	1
青海尖扎	0.507	0.538	0.507	0.534
甘肃刘家峡	0.496	0.507	0.498	0.534
云南松茂	0.643	0.663	0.645	0.692
贵州红枫湖	0.502	0.512	0.509	0.563
平均值	0.649	0.668	0.655	0.686

表 12-1 显示，总体来看，我国主要高原训练基地资源配置综合效率处于有效的基地仅有 9.09%，云南海埂基地资源配置的综合效率为 1，这说明

云南海埂基地资源配置状态相对最优，但这仅仅是相对而言的，这种优化并不代表云南海埂基地的投入产出已达到了最好的水平，仅仅表明云南海埂基地保持该状态体育资源投入和产出的比例下，可以逐渐扩大投入规模。另外，从数据及实际调研显示，云南海埂基地还应加大基地产业化水平，进一步优化其资源配置水平。青海多巴基地是著名的国家级高原训练基地，配备青海体科所的科研人员专门为运动队做好科研服务工作，为国家培养了众多的世界冠军，在管理及制度运行方面较为合理，但表 12-1 显示其综合效率不是最优状态，并不像研究所假设的那样，因而将在技术效率和规模效率评价中探索其资源配置存在的问题。

同时，研究还显示，从 2014—2017 年，青海多巴、云南海埂、甘肃榆中等大多数高原训练基地的综合效率呈现出不断提高的趋势，这有力地证明了我国高原训练基地能够顺应国家竞技体育资源可持续发展战略思想，不断关注基地建设发展的质量和效率。青海多巴基地就是一个典型的例子，青海多巴基地的综合效率从 2014 年的 0.824 提高到了 2017 年的 0.912，综合效率显著提高。在对青海多巴基地考察时发现，青海多巴基地在 2008 年北京奥运会之后，在竭力满足竞技体育服务保障以外，注重管理水平的提高，在管理模式上进行了改革，积极提高产业化管理水平，合理利用自然资源优势，如开发体育类探险和旅游，同时有效挖掘社会资源，如全民健身指导、体育休闲和体育用品经销等，形成了基地良好的发展机制。

最后，研究还发现，我国水上高原训练基地的综合效率值整体水平低于综合高原训练基地，这是由大多数水上高原训练基地建设时间不长、管理经验不足、人才培养质量有待提高等原因造成的。

2. 我国高原训练基地资源配置技术效率分析

由 DEA 的 BC^2 模型得出的各高原训练基地体育资源配置的技术效率值见表 12-2，该表显示，在 2014—2017 年间，青海多巴高原训练基地技术效率从 0.952 上升到 1，然后连续 3 年技术效率均为 1，结合表 12-1 中青海多巴基地综合效率值在这 4 年中分别为 0.824、0.893、0.863 和 0.912，由此分析可知，青海多巴基地资源配置综合效率低下的原因并不是由技术效率引起的，这和实地考察结果一致，青海多巴基地近年来管理模式不断改善，场馆运营能力不断增强，资源整合能力大大提高。云南海埂基地在 2014—

2017 年间技术效率为 1，综合效率 4 年来也均为 1，这充分说明了云南海埂基地在管理水平、制度运行和投入产出结构都处于相对优化状态。表 12-2 还显示，我国绝大多数高原训练基地的技术效率小于 1，这说明我国高原训练基地的科研服务水平、后勤保障能力及制度运行方面还存在一定的问题。因此，技术效率是影响我国高原训练基地体育资源配置效率的一方面原因，当前我国高原训练基地应改善管理模式、建立完善的高原训练监控体系、提高科研人员的科研能力与服务水平、健全后勤工作的营养保障以及进一步完善高原训练基地相关制度。

▶ 表 12-2　基于 BC^2 模型的我国高原训练基地资源配置技术效率值

基地	2014 年	2015 年	2016 年	2017 年
青海多巴	0.952	1	1	1
内蒙古武川	0.817	0.833	0.824	0.851
甘肃榆中	0.839	0.851	0.818	0.861
河北崇礼	0.815	0.836	0.82	0.852
贵州清镇	0.757	0.799	0.757	0.801
云南呈贡	0.79	0.791	0.79	0.806
云南海埂	1	1	1	1
青海尖扎	0.815	0.822	0.815	0.836
甘肃刘家峡	0.752	0.768	0.751	0.791
云南松茂	0.75	0.78	0.739	0.795
贵州红枫湖	0.769	0.795	0.723	0.803
平均值	0.827	0.843	0.821	0.854

从基地技术效率的发展趋势来看，从 2014—2017 年，高原训练基地的技术效率平均值整体呈现上升趋势，但在 2016 年有一定程度的波动现象，2015—2016 年，高原训练基地的技术效率呈现出了轻微的下降趋势，2017 年又有所回升并达到 4 年的最高值。这说明了在后奥运时代，11 个高原训

练基地开始注重人才培养的质量和基地运营的效益，但这种调整可能还处于探索阶段，并不是建立在深入、系统的研究基础之上的，因此，基地的技术效率出现了轻微的波动。

3. **我国高原训练基地体育资源配置规模效率分析**

表 12–3 列出了我国高原训练基地体育资源配置的规模效率值，该表可以从规模结构方面评价现阶段我国高原训练基地资源配置的效率。可以看出，规模效率达到优化状态的只有云南海埂基地，这说明该基地在规模结构上相对合理。著名的青海多巴基地从 2014—2017 年的规模效率均小于 1，结合上述技术效率的分析，充分说明规模效率是影响该基地综合效率的主要原因。除此之外，其他高原训练基地均处于规模无效状态，这可能是由于我国高原训练基地还是计划体制下的管理模式，存在“粗放型”投入问题，这些基地当前的重点应该是加强市场调节作用，调整基地投入规模，避免资源的浪费现象。

▶ 表 12–3 我国高原训练基地资源配置规模效率值

基地	2014 年	2015 年	2016 年	2017 年
青海多巴	0.866	0.893	0.863	0.912
内蒙古武川	0.839	0.831	0.832	0.839
甘肃榆中	0.917	0.924	0.947	0.931
河北崇礼	0.674	0.687	0.681	0.685
贵州清镇	0.723	0.686	0.724	0.722
云南呈贡	0.779	0.799	0.782	0.789
云南海埂	1	1	1	1
青海尖扎	0.622	0.654	0.622	0.639
甘肃刘家峡	0.66	0.661	0.662	0.675
云南松茂	0.857	0.849	0.873	0.871
贵州红枫湖	0.652	0.644	0.704	0.701
平均值	0.781	0.784	0.79	0.796

从基地规模效率的发展趋势来看，从2014—2017年间，高原训练基地的规模效率整体水平很低，虽然规模效率有上升的趋势，但幅度较小，这说明我国高原训练基地的投入产出很不均衡。由此可见，我国高原训练基地综合效率低下的主要原因是由于规模效率低下所引起的，我国高原训练基地当前工作的重点是调整基地投入规模，提高产出效率，避免资源浪费。

4. 我国高原训练基地资源配置效率现状总体评价

表12-4列出了运用C^2R模型和BC^2模型估计的11个高原训练基地在2017年高原训练体育资源配置效率状况。可以看到，在2017年，11个高原训练基地的综合效率平均值只有0.686，技术效率平均值0.854，规模效率平均值0.796；非DEA有效的高原训练基地10个，占被评价高原训练基地总数的90.9%。DEA有效的高原训练基地仅有1个，占被评价高原训练基地总数的9.1%。

在2017年，青海多巴高原训练基地效率非DEA有效，纯技术效率为1而规模效率不为1，由此可见，青海多巴基地非DEA有效的原因在于规模效率非有效。实地调研发现，季节性因素也是影响青海多巴基地综合效率的重要原因。从规模收益率变化的递增和递减来看，青海多巴基地、河北崇礼、贵州清镇、云南呈贡、青海尖扎、甘肃刘家峡、云南松茂和贵州红枫湖等高原训练基地的规模收益变化为递减区间，因此，它们都需要压缩规模效率来达到提高基地资源配置综合效率的目的。

▶ 表12-4 2017年我国高原训练基地资源配置效率状况分析

高原训练基地	综合效率	纯技术效率	规模效率	规模收益变化
青海多巴	0.912	1	0.912	drs
内蒙古武川	0.714	0.851	0.839	ins
甘肃榆中	0.802	0.861	0.931	ins
河北崇礼	0.584	0.852	0.685	drs
贵州清镇	0.578	0.801	0.722	drs
云南呈贡	0.636	0.806	0.789	drs

续表

高原训练基地	综合效率	纯技术效率	规模效率	规模收益变化
云南海埂	1	1	1	–
青海尖扎	0.534	0.836	0.639	drs
甘肃刘家峡	0.534	0.791	0.675	drs
云南松茂	0.692	0.795	0.871	drs
贵州红枫湖	0.563	0.803	0.701	drs
平均值	0.686	0.854	0.796	

研究表明，我国高原训练基地资源配置综合效率较低，DEA 有效的基地仅有 1 个，大多数基地存在资源配置不合理的现象。进一步分析非 DEA 有效的 10 个高原训练基地表明，大多数基地技术效率相对有效，即使无效的基地也差别不大。反之，大多数基地规模效率无效，规模效率值较低且差异大。这表明我国高原训练基地绝大多数基地综合效率低下的主要原因是由规模效率不足导致的。问题主要源于我国高原训练基地的管理模式、运作机制、资源配置形式等方面，在管理过程中以行政手段管理为主，这种事业化的管理模式和粗放型的政府配置模式致使高原训练基地不重视成本效益，资源配置失衡，利用效率低下。这些基地当前重点是加强市场调节作用，调整基地投入规模，避免资源的浪费现象。DEA 数据分析还发现，在 2014—2017 年间，我国高原训练基地资源配置的技术效率整体上呈持续上升趋势，管理水平和管理制度运行较好，这说明在后奥运时代，我国高原训练基地注重人才培养质量，注重基地运营效益，但这种调整还处于探索阶段。而在这期间，我国高原训练基地的规模效率整体水平较低，处于波动状态，虽然呈上升的趋势，但幅度较小，表明我国多数高原训练基地存在“粗放型”投入问题。最后，从规模收益变化来看，我国多数基地处于规模收益递减区间，需要通过压缩规模而达到提高基地资源配置综合效率的目的。

第三节 灰色综合评价法

一、灰色综合评价法的思想与原理

（一）灰色综合评价法的思想

在控制论中，人们常用颜色的深浅来形容信息的明确程度。用“黑”表示信息未知，用“白”表示信息完全明确，用“灰”表示部分信息明确、部分信息不明确。相应地，信息未知的系统称为黑色系统，信息完全明确的系统称为白色系统，信息不完全确知的系统称为灰色系统。灰色系统是介于信息完全明确的白色系统和信息未知的黑色系统之间的中介系统。带有中介性的事物往往具有独特的性能，更值得开发。

（二）灰色综合评价法的原理

灰色系统是贫信息的系统，统计方法难以奏效。灰色系统理论能处理贫信息系统，适用于只有少量观测数据的项目。灰色系统理论主要是利用已知信息来确定系统的未知信息，使系统由“灰”变“白”。其最大的特点是对样本量没有严格的要求，不要求服从任何分布。灰色系统理论提出了一种新的分析方法，即系统的关联度分析方法。这是根据因素之间发展态势的相似或相异程度来衡量因素间关联程度的方法，从而进行关联度分析。首先要找准数据序列，即用什么数据才能反映系统的行为特征。当有了系统行为的数据列（即各时刻的数据）后，根据关联度计算公式便可算出关联程度。在系统发展过程中，若两个因素变化的趋势具有一致性，即同步变化程度较高，即可谓两者的关联程度较高；反之，则较低。因此，灰色关联分析方法，是根据因素之间发展趋势的相似或相异程度，亦即“灰色关联度”，作为衡量因素间关联程度的一种方法。

灰色关联分析，不仅可以作为优势分析的基础，而且也是进行科学决策的依据。由于关联度分析方法是按发展趋势做分析，因此对样本量的多少没有要求，也不需要有典型的分布规律，计算量小，即使是 10 个变量

（序列）的情况也可用手算，且不会出现关联度的量化结果与定性分析不一致的情况。其基本思想是将评价指标原始观测数据进行无量纲化处理，计算关联系数、关联度以及根据关联度排序。其中灰色关联度分析是灰色系统理论应用的主要方面之一。基于灰色关联度的灰色综合评价法是利用各方案与最优方案之间关联度的大小对评价对象进行比较、排序。灰色综合评价法计算简单，通俗易懂。因此，现在也越来越多地被应用于社会、经济、管理的评价问题。

二、灰色综合评价法的模型和步骤

灰色理论应用最广泛的是关联度分析方法。关联度分析是分析系统中各元素之间关联程度或相似程度的方法，其基本思想是依据关联度对系统排序。下面介绍基于关联度分析的综合评价模型和步骤。

（一）灰色关联度分析内容

在客观世界中，有许多因素之间的关系是灰色的，分不清哪些因素之间关系密切，哪些不密切，这样就难以找到主要矛盾和主要特征。关联度是表征两个事物的关联程度。具体地说，关联度是因素之间关联性大小的量度，它定量地描述了因素之间相对变化的情况。

关联度分析是灰色系统分析、评价和决策的基础。灰色关联度分析是一种多因素统计分析方法，用灰色关联度来描述因素间关系的强弱、大小和次序。

从思路上看，关联度分析是属于几何处理范畴的。它是一种相对性的排序分析，基本思想是根据序列曲线几何形状的相似程度来判断其联系是否紧密，曲线越接近，相应序列之间的关联度就越高，反之就越低。

作为一个发展变化的系统，关联度分析事实上是动态过程中发展态势的量化分析。说得确切一点，是发展态势的量化比较分析。发展态势的比较，也就是历年来有关统计数据列几何关系的比较，实质上是几种曲线间几何形状的分析比较，即认为几何形状越接近，则发展变化态势越接近，关联程度越高。

下面就介绍最常用的衡量因素间关联程度大小的量化方法。

作关联分析先要制定参考的数据列（母因素数列），参考数据列常记为 x_0，一般表示为：

$$x_0=\{x_0(1),\ x_0(2),\ \cdots,\ x_0(n)\}$$

关联分析中被比较数列（子因素数列）常记为 x_i，一般表示为：

$$x=\{x_i(1),\ x_i(2),\ \cdots,\ x_i(n)\},\ i=1,\ 2,\ \cdots,\ m$$

对于一个参考数据列 x_0，比较数列为 x_i，可用下述关系表示各比较曲线与参考曲线在各点的差：

$$\zeta_i(k)=\frac{\min\limits_i\min\limits_k|x_0(k)-x_i(k)|+\zeta\max\limits_i\max\limits_k|x_0(k)-x_i(k)|}{|x_0(k)-x_i(k)|+\zeta\max\limits_i\max\limits_k|x_0(k)-x_i(k)|}$$

式中，$\zeta_i(k)$ 是第 k 个时刻比较曲线 x_i 与参考曲线 x_0 的相对差值，这种形式的相对差值称为 x_i 对 x_0 在 k 时刻的关联系数。ζ 为分辨系数，$\zeta\in[0,\ 1]$，引入它是为了减少极值对计算的影响。在实际使用时，应根据序列间的关联程度选择分辨系数，一般取 $\zeta\leqslant 0.5$ 最为恰当。

若记：$\Delta\min=\Delta\min\limits_i\min\limits_k|x_0(k)-x_i(k)|$, $\Delta\max=\Delta\max\limits_i\max\limits_k|x_0(k)-x_i(k)|$

则$\Delta\min$ 与$\Delta\max$ 分别为各时刻与的最小绝对差值与最大绝对差值。从而有：

$$\zeta_i(k)=\frac{\Delta\min+\zeta\Delta\max}{|x_0(k)-x_i(k)|+\zeta\Delta\max}$$

如果计算关联程度的数列量纲不同，要转化为无量纲。无量纲化的方法，常用的有初值化与均值化。初值化是指所有数据均用第一个数据除，然后得到一个新的数列，这个新的数列即是各不同时刻的值相对于第一个时刻的值的百分比。均值化处理就是用序列平均值除以所有数据，即得到一个占平均值百分比的数列。另外，还有我们经常使用的规范化处理方式。

关联系数只表示各时刻数据间的关联程度，由于关联系数的数很多，信息过于分散，不便于比较，为此有必要将各个时刻的关联系数集中为一个值，求平均值便是作为这种信息集中处理的一种方法。绝对关联度的一般表达式为：$r_i=\dfrac{1}{n}\sum\limits_{k=1}^{n}\zeta_i(k)$，或者说 r_i 是曲线 x_i 对参考曲线 x_0 的绝对关联度。

可以看到，绝对关联度是反映事物之间关联程度的一种指标，它能指示具有一定样本长度的给定因素之间的关联情况。但它也有明显的缺点，就是绝对关联度受数据中极大值和极小值的影响，一旦数据序列中出现某个极值，关联度就会发生变化。因此，绝对关联度有时不能真正反映数据列之间的关联程度。另外计算绝对关联度时，需要对原数据作无量纲化处理，比较烦琐，而且，分辨系数的取值不同，也会导致关联系数的不唯一。

不过，关联度分析的目的，是在影响某参考数列 x_0 的诸多因素 x_i 中找出主要因素，也就是按对 x_0 的关联程度大小对 x_i 进行排序。

若 x_i 与 x_0，x_j 与 x_0 的关联度分别为 r_i，r_j，则

（1）$r_i > r_j$ 时，称 x_i 优于 x_j；

（2）$r_i < r_j$ 时，称 x_i 劣于 x_j；

（3）$r_i = r_j$ 时，称 x_i 等于 x_j；

（4）$r_i \geqslant r_j$ 时，称 x_i 不劣于 x_j；

（5）$r_i \leqslant r_j$ 时，称 x_i 不优于 x_j。

于是，我们就可以把影响母序列 x_0 的因素 x_i 按上述定义的优劣排队，即按各自对 x_0 的影响程度大小排序，从而完成我们的关联分析。

总的来说，灰色关联度分析是系统态势的量化比较分析，其实质就是比较若干数列所构成的曲线列与理想（标准）数列所构成的曲线几何形状的接近程度，几何形状越接近，其关联度越高。关联度排序则反映各评价对象对理想（标准）对象的接近次序，即评价对象的优劣次序，其中灰色关联度最大的评价对象为最佳。因此，利用灰色关联度可对评价对象的优劣进行分析比较。

（二）基于灰色关联度分析的灰色综合评价法的步骤

对事物的综合评价，多数情况是研究多对象的排序问题，即在各个评价对象之间排出优选顺序。

灰色综合评判主要是依据以下模型：$R = E \times W$

式中：$R = [r_1, r_2, \cdots, r_m]^T$ 为 m 个被评对象的综合评判结果向量；

$W = [w_1, w_2, \cdots, w_m]^T$ 为 n 个评价指标的权重分配向量，其中 $\sum_{j=1}^{n} w_j = 1$；

E 为各指标的评判矩阵：

$$E=\begin{bmatrix} \zeta_1(1) & \zeta_1(2) & \cdots & \zeta_1(n) \\ \zeta_2(1) & \zeta_2(2) & \cdots & \zeta_2(n) \\ \vdots & \vdots & & \vdots \\ \zeta_m(1) & \zeta_m(2) & \cdots & \zeta_m(n) \end{bmatrix}$$

（k）为第 i 种方案的第 k 个指标与第 k 个最优指标的关联系数。

根据 R 的数值，进行排序。

1. 确定最优指标集

设 $F^*=[j_1^*, j_2^*, \cdots, j_n^*]$,

式中：j_j^*（$k=1, 2, \cdots, n$）为第 n 个指标的最优值。此最优值可是诸方案中最优值（若某一指标取大值为好，则取该指标在各个方案中的最大值；若取小值为好，则取各个方案中的最小值），也可以是评估者公认的最优值。不过在定最优值时，既要考虑到先进性，又要考虑到可行性。若最优指标选得过高，则不现实，不能实现，评价的结果也就不可能正确。

选定最优指标集后，可构造矩阵 D：

$$D=\begin{bmatrix} j_1^* & j_2^* & \cdots & j_n^* \\ j_1^1 & j_2^1 & \cdots & j_n^1 \\ \vdots & \vdots & & \vdots \\ j_1^m & j_2^m & \cdots & j_n^m \end{bmatrix}$$

式中：j_k^i 为第 i 个方案中第 k 个指标的原始数值。

2. 指标值的规范化处理

由于评判指标间通常是有不同的量纲和数量级，故不能直接进行比较，为了保证结果的可靠性，因此需要对原始指标值进行规范处理。

设第 k 个指标的变化区间为$[j_{k1}, j_{k2}]$，j_{k1} 为第 k 个指标在所有方案中的最小值，j_{k2} 为第 k 个指标在所有方案中的最大值，则可用下式将上式中原始数值变换成无量纲值 $C_k^i\in(0, 1)$。

$$C_k^i=\frac{j_k^i-j_{k1}}{j_{k2}-j_k^i},\ i=1, 2, \cdots, n,\ k=1, 2, \cdots, n$$

这样 $D\rightarrow C$ 矩阵：

$$C=\begin{bmatrix} C_1^* & C_2^* & \cdots & C_n^* \\ C_1^1 & C_2^1 & \cdots & C_n^1 \\ \vdots & \vdots & & \vdots \\ C_1^m & C_2^m & \cdots & C_n^m \end{bmatrix}$$

计算综合评判结果：

根据灰色系统理论，将 $\{C^*\}=[C_1^*, C_2^*, \cdots, C_n^*]$ 作为参考数列，将 $\{C\}=[C_1^i, C_2^i, \cdots, C_n^i]$ 作为被比较数列，则用关联分析法分别求得第 i 个方案第 k 个指标与第 k 个最优指标的关联系数 $\xi_i(k)$，即

$$\xi_i(k)=\frac{\min\limits_i \min\limits_k |C_k^*-C_k^i|+\rho \max\limits_i \max\limits_k |C_k^*-C_k^i|}{|C_k^*-C_k^i|+\rho \max\limits_i \max\limits_k |C_k^*-C_k^i|}$$

式中，$\rho\in[0, 1]$，一般取 $\rho=0.5$。

由 $\xi_i(k)$，即得 E，这样综合评判结果为：$R=E\times W$，即

$$\gamma_i=\sum_{k=1}^{n} W(k)\times\xi_i(k)$$

若 γ_i 关联度最大，则说明 $\{C^i\}$ 与最优指标 $\{C^*\}$ 最接近，亦即第 i 个方案优于其他方案，据此，可以排出各方案的优劣次序。

三、灰色综合评价法的实例分析

下面以一个评价体育项目相关程度的综合评价为例说明该模型方法。

体育项目的相关程度评价只停留在定性分析说明上，常以非常密切、比较密切、一般、不密切、无关等评语进行描述，是一种模糊评价，是根据经验确定的，缺乏直观的数值的定量评价，评价的结果也就不太科学、客观。而事实上，体育项目相关程度的评价是一项多因素的综合评价，而非单因素评价，更不是表面化的经验评价。本文试图运用灰色关联度分析方法对体育项目的相关程度进行综合评价，寻求一种相对较为客观且定量化的评价方法，以利于体育工作者在实际的教学或训练中有针对性。

（一）灰色系统行为序列的建立

某个体或某群体的行为数据如下（表 12-5）：

$X_1=(X_1(1), X_1(2), X_1(3), X_1(4))=(45.8, 43.4, 42.3, 41.9)$

$X_2=(X_2(1), X_2(2), X_2(3), X_2(4))=(39.1, 41.6, 43.9, 44.9)$

$X_3=(X_3(1), X_3(2), X_3(3), X_3(4))=(3.4, 3.3, 3.5, 3.5)$

$X_4=(X_4(1), X_4(2), X_4(3), X_4(4))=(6.7, 6.8, 5.4, 4.7)$

▶ 表 12-5　系统行为序列表

序列	分类	1	2	3	4
X_1	总分	45.8	43.4	42.3	41.9
X_2	单项	39.1	41.6	43.9	44.9
X_3	单项	3.4	3.3	3.5	3.5
X_4	单项	6.7	6.8	5.4	4.7

以 X_1 为系统特征序列（参考列），其余各行为

由 $X'_i=X_i/X_i(1)=(X'_i(1), X'_i(2), X'_i(3), X'_i(4))$ $i=1, 2, 3, 4$ 得相关因素序列（比较列），计算灰色关联度。

（二）计算步骤

第一步：求初值像（或均值像）

$$X'_1=(1, 0, 9\ 476, 0.923\ 6, 0.914\ 8)$$

$$X'_2=(1, 1.063\ 9, 1.122\ 8, 1.148\ 3)$$

$$X'_3=(1, 0, 9\ 406, 1.029\ 4, 1.029\ 4)$$

$$X'_4=(1, 1.014\ 9, 0, 8\ 060, 0.701\ 5)$$

第二步：求差序列

由 $\Delta_i(k)=|x'_0(k)-x'_i(k)|$，$i=1, 2, 3, 4$ 得

$$\Delta_2=(0, 0.116\ 3, 0.199\ 2, 0.233\ 5)$$

$$\Delta_3=(0, 0.023\ 0, 0.105\ 8, 0.114\ 6)$$

$$\Delta_4=(0, 0.067\ 3, 0.117\ 6, 0.213\ 3)$$

第三步：求两极差

$$M=\max_i \max_k \Delta_i(k)=0.233\ 5$$

$$m=\min_i \min_k \Delta_i(k)=0$$

第四步：求关联系数（表 12-6）。

取 $\zeta=0.5$，有 $\gamma_{1i}(k)=\dfrac{0.116\,75}{\Delta(k)+0.116\,75}$，$i=1，2，3，4$ 可得

$\gamma_{12}(1)=1，\gamma_{12}(2)=0.501\,0，\gamma_{12}(3)=0.369\,5，\gamma_{12}(4)=0.333\,3$

$\gamma_{13}(1)=1，\gamma_{13}(2)=0.835\,4，\gamma_{13}(3)=0.524\,6，\gamma_{13}(4)=0.504\,6$

$\gamma_{14}(1)=1，\gamma_{14}(2)=0.634\,3，\gamma_{14}(3)=0.498\,2，\gamma_{14}(4)=0.353\,7$

▶ 表 12-6　关联系数表

序列	分类	1	2	3	4
X'_2	单项	1	0.510	0.369 5	0.333 3
X'_3	单项	1	0.835 4	0.524 6	0.504 6
X'_4	单项	1	0.634 3	0.498 2	0.353 7

$$\gamma_{12}=\frac{1}{4}\sum_{k=1}^{4}\gamma_{12}(k)=0.551$$

$$\gamma_{13}=\frac{1}{4}\sum_{k=1}^{4}\gamma_{13}(k)=0.717$$

$$\gamma_{14}=\frac{1}{4}\sum_{k=1}^{4}\gamma_{14}(k)=0.621$$

第五步：计算关联度（表 12-7）

▶ 表 12-7　关联系数表

序列	分类	1	2	3	4	关联度
X'_2	单项	1	0.510	0.369 5	0.333 3	0.551 0
X'_3	单项	1	0.835 4	0.524 6	0.504 6	0.716 2
X'_4	单项	1	0.634 3	0.498 2	0.353 7	0.621 6

（三）结果与分析

若 k 为时间序号，X_3 与 X_1（总分）的关联度最大，为 0.717，它们关联度程度的大小顺序依次为 $X_3>X_4>X_2$，这说明三个项目成绩的好差排序也应如此，体育工作者在教学或运动训练中，应根据具体情况进行针对性教学或训练。若 k 为指标或观测对象序号，而且 X_1 也为单项，对于 X_1 项目的运动员来说，应以 X_3 为最重要的辅助训练项目；而对于学生来说，在 X_1 项目成绩比较好的情况下，为提高其身体素质的全面发展，应抓住弱势，积极进行 X_2 和 X_4 项目的锻炼。灰色关联分析主要着重研究“外延明确、内涵不明确”的对象，解决“小样本、贫信息、不确定”问题，是一种解决不确定半复杂问题的科学方法。体育项目的教学虽受多方面因素的影响，但利用灰色关联分析来评定，具有易操作性的优势。

第四节　基于结构方程模型的综合评价法

一、结构方程模型原理

（一）简介

结构方程模型（structural equation modeling，简称 SEM），又称协方差结构模型，线性结构模型，协方差结构分析，矩结构模型或 LISREL 模型等。它主要是利用一定的统计手段，对复杂的理论模式加以处理，并根据模式与数据关系的一致性程度，对理论模式作出适当的评价，从而达到证实或证伪的目的。结构方程模型实际上是一般线性模型，由因素模型和结构方程模型组成，是一种包括一组自变量和一组因变量的计量模型。因素模型即验证性因子分析模型反映了观测变量和潜变量之间的关系，而结构方程模型反映了潜变量与潜变量之间的结构关系。

（二）基本概念

（1）显变量：显变量是可直接测量的变量，如父母教育程度、父母职业及收入作为家庭经济地位的测量指标。

（2）潜变量：潜变量亦称隐变量，是无法直接观测并测量的变量，如家庭经济地位、学业成就、竞技能力等。潜变量需要通过设计若干指标间接加以测量。

（3）外生变量：外生变量是指那些在模型或系统中，只起解释变量作用的变量。它们在模型或系统中，只影响其他变量，而不受其他变量的影响，比如性别。在路径图中，只有指向其他变量的箭头，没有箭头指向它的变量均为外生变量。

（4）内生变量：内生变量是指那些在模型或系统中，受模型或系统中其他变量影响的变量，即在路径图中，有箭头指向它的变量。它们也可以影响其他变量。

（三）结构方程模型示意图

结构方程模型示意图见图 12-3。观测变量通常用长方形或方形表示，外生观测变量用 x 表示，内生观测变量用 y 表示。潜变量用椭圆或圆形表示，外生潜变量通常用 ξ 表示，内生潜变量通常用 η 表示。δ 外生观测变量 x 的误差；ε 内生观测变量 y 的误差。

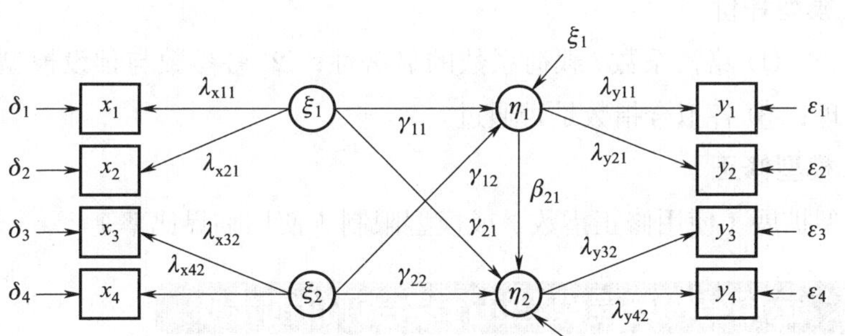

图 12-3　结构方程模型示意图

结构方程模型通常包括三个矩阵方程式：

$$y = \Lambda_y \eta + \varepsilon$$

$$x = \Lambda_x \xi + \delta$$

$$\eta = B\eta + \Gamma\xi + \zeta$$

结构方程模型（SEM）中：

Λ_x：外生观测变量与外生潜变量直接的关系，是外生观测变量在外生潜变量上的因子载荷矩阵；

Λ_y：内生观测变量与内生潜变量之间的关系，是内生观测变量在内生潜变量上的因子载荷矩阵；

B：路径系数，表示内生潜变量间的关系；

Γ：路径系数，表示外生潜变量对内生潜变量的影响；

ζ：结构方程的残差项，反映了在方程中未能被解释的部分。

（四）结构方程模型的步骤

1. 模型构建

构建研究模型，具体包括：观测变量（指标）与潜变量（因子）的关系，各潜变量之间的相互关系等。

2. 模型拟合

对模型求解，其中主要是模型参数的估计，求得参数使模型隐含的协方差矩阵与样本协方差矩阵的“差距”最小。

3. 模型评价

检查：① 路径系数 / 载荷系数的显著性；② 各参数与预设模型的关系是否合理；③ 各拟合指数是否通过。

4. 模型修正

模型扩展（使用修正指数）或模型限制（使用临界比率）。

二、运用结构方程模型进行综合评价的步骤

1. 确定综合评价的多级指标体系

根据评价目的设计三级评价指标体系：二级指标用来测量一级指标，也是一级指标的多个方面，三级指标用于测量二级指标中的各个指标。在这

个过程中确保指标的内容有效性和专家有效性。

2. 设计量表进行调查

一般情况下，一级指标和二级指标为潜变量，三级指标为显变量，常采用 5 级李克特量表直接调查获得变量值的变量。

3. 运用调查数据分析量表的信效度

（1）分析量表的项目一致性信度（α 系数）。

（2）分析量表的结构效度（探索性因子分析）。

（3）分析量表的收敛效度和区分效度（探索性因子分析）。

（4）建立结构方程模型。

（5）根据结构方程模型显变量与潜变量的权系数以及潜变量和潜变量之间的路径系数，综合评价变量与变量之间的关系，并计算综合评价指数。

三、结构方程模型在评价中的应用案例

（一）满意度评价指标构建

在量表的设计上，首先对以往的体育教育服务质量评价和高校教育学生满意度的相关文献进行梳理，借助顾客满意度指数模型，参考高校教育学生满意度测量量表，然后，就本研究的研究目的对量表的问题指标进行设计，形成初始问卷。初始问卷包含高校体育教育学生感知质量（20 个测量指标）、感知价值（2 个测量指标）和总体满意度（2 个测量指标）3 个变量，形成高校体育学生满意度评价指标体系表 12-8，采用 Likert 五点量表法对各变量的测量指标进行评级测量。

▶ 表 12-8 高校体育教育学生满意度量表

变量名称	指标编号	测量指标
体育硬件（TYYJ）	a_1	校内部分体育场地和设施的收费情况
	a_2	体育场所器械的使用安全性
	a_3	身边的体育场馆（设施）数量、种类和质量
	a_4	常去的体育场所器材的维护情况

续表

变量名称	指标编号	测量指标
体育教学（TYJX）	a_5	体育场所布局的合理性
	a_6	学校或学院开展的体育活动的水平
	a_7	课外活动场所开放及使用程度
	a_9	可利用的课外体育活动时间
	a_{10}	课上体育锻炼的效果
	a_{11}	体育课程设置的多样性
	a_{12}	课内所能掌握的体育知识和技能
	a_{13}	体育课的考核方式
	a_{14}	体育课选课系统便利程度
	a_{15}	学校的体育教师的教学及专业水平
课外体育（KWTY）	a_8	参与学校或学院体育活动的奖励方式
	a_{17}	校内举办的体育文化艺术节的内容和形式
	a_{18}	校内组织的体育知识竞赛
	a_{19}	学校体育社团的建设情况
	a_{20}	学校及学院组织的体育活动及体育比赛质量
感知价值（GZJZ）	a_{21}	既定成本下，高校体育教育服务质量的感知
	a_{22}	既定质量下，高校体育教育服务消费的感知
总体满意度（ZTMYD）	a_{23}	学校提供的各项体育教育服务总体满意程度
	a_{24}	实际感知的高校体育教育服务质量是否超出预期

（二）量表的信效度

1. 信度

Likert 量表的信度检验常用 α 值来衡量．一个信度较高的量表或问卷，总量表的信度系数一般在 0.80 以上，通过检验得知，总量表的信度系数为 $0.867>0.80$，说明问卷总体信度很高。表 12–9 显示的是各个变量的信度系数和剔除相应测量指标后变量的信度系数，大部分变量的信度系数在 0.7 以上，只有“课外体育”这一项为 0.587，而删除观测指标 a_{16} 后，“课外体育”这一变量的系数则提高到 0.826。

▶ 表 12-9 量表信度系数表

变量	α 系数	总 α 系数
体育硬件（TYYJ）	0.815	
体育教学（TYJX）	0.816	
课外体育（KWTY）	0.578	0.867
感知价值（GZJZ）	0.774	
总体满意度（ZTMYD）	0.712	

2. 效度

结构方程的拟合指数主要包括绝对拟合指数、比较拟合指数和简约拟合指数三个方面。大部分学者认为，一个好的模型，其拟合指数一般满足：$X^2/df<3$；GFI，AGFI，TLI，IFI，CFI 均大于 0.9；RMSEA 最好小于 0.05，小于 0.08 也可以接受。Bentler & Chou（1987）指出，对于包含较多变量的模型来说，完全达到一般认定的拟合优度是比较困难的。从表 12-10 验证性因素分析模型的拟合情况来看，除了 AGFI 没有接近要求之外，其他的拟合指标均达到了理想水平，各变量指标均具有较高的因子载荷，说明量表的数据和理论模型匹配，具有较好的结构效度。

▶ 表 12-10 验证性因素分析拟合指数

拟合指数	卡方 /d*f*	RMSEA	GFI	AGFI	TLI	IFI	CFI
结果	2.522	0.063	0.903	0.877	0.91	0.922	0.922

（三）结构方程模型

本文借助顾客满意度理论和结构方程模型理论，将“感知质量”的 3

个因子变量"体育硬件""体育教学""课外体育"作为自变量，"总体满意度"作为因变量，"感知价值"作为中介变量建立结构模型（图 12-4）。运用极大似然法对路径系数进行参数估计，得到初始模型。各项拟合指标表明拟合度比较高，模型中的路径系数能够很好地揭示高校体育教育学生感知质量、感知价值和总体满意度之间的关系（表 12-11）。

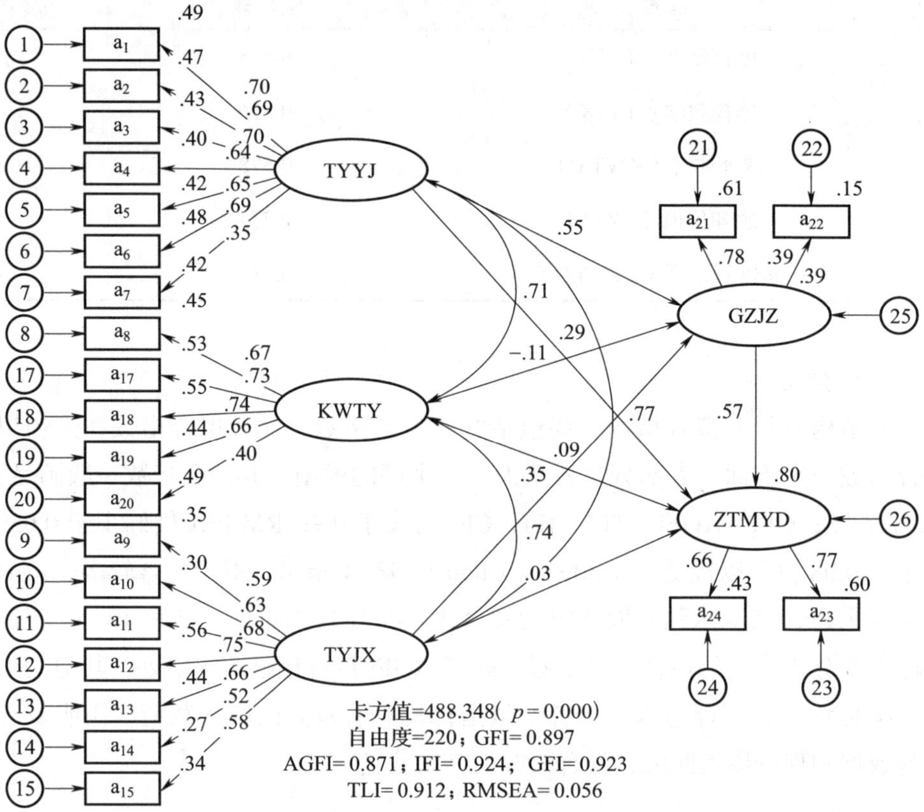

图 12-4　高校体育教育学生满意度结构方程模型图

注：为方便读者阅读，图中数据省略小数点前的 0，例如"0.49"表示为".49"。

▶ 表 12-11　修改后的路径系数表

	标准化路径系数估计	*S.E*	*C.R*	*p*
感知价值←课外体育	0.477	0.115	4.223	* * *
感知价值←体育教学	0.327	0.136	2.942	0.003

续表

	标准化路径系数估计	S.E	C.R	p
总体满意度←感知价值	0.6	0.173	3.414	***
总体满意度←体育硬件	0.37	0.144	2.581	***

（四）分析与评价

1. 分析

高校学生对学校体育教育的“感知质量”“感知价值”和“总体满意度”评分较低，说明学生认为学校提供的体育教育服务质量不高，没有达到预期水平。相对于女生而言，男生各变量的评分均要低于女生，说明男生对学校的体育教育要求更高，期望更大，在付出相同的成本下希望获得更高的体育教育质量。

高校体育教育学生的“感知质量”是由“体育硬件”“体育教学”和“课外体育” 3 个维度构成，其中“体育硬件”和“体育教学”对“感知价值”和“总体满意度”有直接和间接的影响。

直接效应是由原因变量对结果变量的直接影响，效应量大小为两个变量间的路径系数；间接效应则是原因变量通过影响中介变量，从而对结果变量产生的间接影响，当只有一个中介变量时，效应量大小为两个路径系数的乘积。“体育硬件”对“总体满意度”的直接效应量为 0.37，间接效应量为 $0.477 \times 0.6 = 0.286$，总效应量为 $0.37 + 0.286 = 0.656$，说明“体育硬件”每提升 1 个单位，“总体满意度”就会提升 0.656 个单位；“体育教学”对“总体满意度”没有直接效应，间接效应量为 $0.327 \times 0.6 = 0.196$，说明“体育教学”每提升 1 个单位，“总体满意度”就会提升 0.196 个单位。因此，学校通过加大对体育场馆、器材等硬件设施的投入，能够大幅提升学生对学校体育教育的满意程度。

“感知价值”是“感知质量”对“总体满意度”影响的中介变量，对“总体满意度”的路径系数为 0.6，影响力很高。经济学角度的“顾客感知价值”是顾客在感知到产品或服务的利益之后，减去其在获取产品或服务时所付出的成本，从而得出的对产品或服务效用的主观评价；从心理学角度将服务感知价值定义为基于全部付出和收益而对服务效用的总体评价。学生的全部付出包括学生在接受体育教育服务过程中所付出的物质成本（学费、花费）和时间成本，而在高校教育中，这部分成本是不可能降低的。因此，只有提高学校体育教育的服务质量，才能提升学生的感知价值，进而提升学生的总体满意度。

2. 满意度指数计算

满意度指数以测量模型和结构模型中的路径系数为权系数进行加权平均计算获得满意度指数值。计算模型见表 12-12。

▶ 表 12-12　满意度指数计算表

<table>
<tr><th></th><th>显变量得分</th><th>权系数</th><th>得分</th><th>潜变量得分 X</th><th>权系数</th><th>满意度指数 Z</th></tr>
<tr><td rowspan="7">TYYJ</td><td>a_1</td><td>λa_1</td><td>$a_1 \times \lambda a_1$</td><td rowspan="7">$x_1 = a_1 \times \lambda a_1 + a_2 \times \lambda a_2 + a_3 \times \lambda a_3 + a_4 \times \lambda a_4 + a_5 \times \lambda a_5 + a_6 \times \lambda a_6 + a_7 \times \lambda a_7$</td><td rowspan="7">$\gamma_1$</td><td rowspan="18">$= x_1 \times \gamma_1 + x_2 \times \gamma_2 + x_3 \times \gamma_3 + x_4 \times \beta_1$</td></tr>
<tr><td>a_2</td><td>λa_2</td><td>$a_2 \times \lambda a_2$</td></tr>
<tr><td>a_3</td><td>λa_3</td><td>$a_3 \times \lambda a_3$</td></tr>
<tr><td>a_4</td><td>λa_4</td><td>$a_4 \times \lambda a_4$</td></tr>
<tr><td>a_5</td><td>λa_5</td><td>$a_5 \times \lambda a_5$</td></tr>
<tr><td>a_6</td><td>λa_6</td><td>$a_6 \times \lambda a_6$</td></tr>
<tr><td>a_7</td><td>λa_7</td><td>$a_7 \times \lambda a_7$</td></tr>
<tr><td rowspan="5">KWTY</td><td>a_8</td><td>λa_8</td><td>$a_8 \times \lambda a_8$</td><td rowspan="5">$x_2 = a_8 \times \lambda a_8 + a_{17} \times \lambda a_{17} + a_{18} \times \lambda a_{18} + a_{19} \times \lambda a_{19} + a_{20} \times \lambda a_{20}$</td><td rowspan="5">$\gamma_2$</td></tr>
<tr><td>a_{17}</td><td>λa_{17}</td><td>$a_{17} \times \lambda a_{17}$</td></tr>
<tr><td>a_{18}</td><td>λa_{18}</td><td>$a_{18} \times \lambda a_{18}$</td></tr>
<tr><td>a_{19}</td><td>λa_{19}</td><td>$a_{19} \times \lambda a_{19}$</td></tr>
<tr><td>a_{20}</td><td>λa_{20}</td><td>$a_{20} \times \lambda a_{20}$</td></tr>
<tr><td rowspan="4">TYJX</td><td>a_9</td><td>λa_9</td><td>$a_9 \times \lambda a_9$</td><td rowspan="4">$x_3 = a_9 \times \lambda a_9 + a_{10} \times \lambda a_{10} + a_{11} \times \lambda a_{11} + a_{12} \times \lambda a_{12} + a_{13} \times \lambda a_{13} + a_{14} \times \lambda a_{14} + a_{15} \times \lambda a_{15}$</td><td rowspan="4">$\gamma_3$</td></tr>
<tr><td>a_{10}</td><td>λa_{10}</td><td>$a_{10} \times \lambda a_{10}$</td></tr>
<tr><td>a_{11}</td><td>λa_{11}</td><td>$a_{11} \times \lambda a_{11}$</td></tr>
<tr><td>a_{12}</td><td>λa_{12}</td><td>$a_{12} \times \lambda a_{12}$</td></tr>
</table>

续表

	显变量得分	权系数	得分	潜变量得分 X	权系数	满意度指数 Z
	a_{13}	λa_{13}	$a_{13}\times\lambda a_{13}$			
TYJX	a_{14}	λa_{14}	$a_{14}\times\lambda a_{14}$			
	a_{15}	λa_{15}	$a_{15}\times\lambda a_{15}$			
GZJZ	a_{21}	λa_{21}	$a_{21}\times\lambda a_{21}$	$x_4=a_{21}\times\lambda a_{21}+a_{22}\times\lambda a_{22}$	β_1	
	a_{22}	λa_{22}	$a_{22}\times\lambda a_{22}$			

比如各项显变量的打分按 1~5 分计分，通过学生评价获得各指标的分数，根据各权重系数进行加权计算，获得该学生满意度指数值，见表 12-13。

▶ 表 12-13　某学生体育满意度指数计算表

	显变量得分	权重系数	得分	潜变量得分 X	权重系数	满意度指数 Z
TYYJ	4	0.7	2.8	16.53	0.77	20.462 3
	3	0.69	2.07			
	5	0.7	3.5			
	3	0.64	1.92			
	2	0.65	1.3			
	1	0.69	0.69			
	5	0.85	4.25			
KWTY	4	0.67	2.68	11.09	0.35	
	3	0.73	2.19			
	2	0.74	1.48			
	4	0.66	2.64			
	3	0.7	2.1			
TYJX	5	0.59	2.95	14.03	0.08	
	5	0.63	3.15			

续表

	显变量得分	权重系数	得分	潜变量得分 X	权重系数	满意度指数 Z
TYJX	4	0.68	2.72			
	1	0.75	0.75			
	4	0.66	2.64			
	2	0.62	1.24			
	1	0.58	0.58			
GZJZ	5	0.78	3.9	4.79	0.57	
	1	0.89	0.89			

思考题

1. 层次分析法的步骤是什么？
2. 数据包络分析的步骤是什么？
3. 灰色综合评价法可以解决的问题有哪些？
4. 基于结构方程模型的综合评价法的步骤是什么？

参考文献

一、研究论文

［1］Ainsworth B E, Haskell W L, Herrmann S D, et al. 2011 Compendium of physical activities: a second update of codes and MET values[J]. Medicine & Science in Sports & Exercise, 2011, 43 (8): 1575–1581.

［2］Armstrong T, Bull F. Development of the World Health Organization Global Physical Activity Questionnaire (GPAQ)[J]. Journal of Public Health, 2006, 14(2): 66–70.

［3］Bassett D R. International physical activity questionnaire: 12-country reliability and validity[J]. Medicine & Science in Sports & Exercise, 2003, 35(8): 1396.

［4］Freedson P S, Miller K. Objective monitoring of physical activity using motion sensors and heart rate[J]. Research Quarterly for Exercise & Sport, 2000, 71(sup2): 21–29.

［5］Giles-Corti B, Broomhall M H, Knuiman M, et al. Increasing walking: how important is distance to, attractiveness, and size of public open space? [J]. American Journal of Preventive Medicine, 2005, 28(2-supp-S2): 169–176.

［6］蔡丹聃，孙有平，季浏．中外青少年体质测定标准之力

量素质评价指标的比较［J］. 首都体育学院学报，2013，25（4）：371-374.

［7］戴剑松，孙飙. 体力活动测量方法综述［J］. 体育科学，2005，25（9）：69-75.

［8］傅纪良. 中国与新西兰学生体质健康测试标准的比较分析［J］. 成都体育学院学报，2005，31（4）：102-104.

［9］李红娟，张柳. 儿童青少年身体活动与体质健康的关系及促进建议［J］. 人民教育，2020（10）：36-41.

［10］李虹，梅锦荣. 测量大学生的心理问题：GHQ-20 的结构及其信度和效度［J］. 心理发展与教育，2002，18（1）：75-79.

［11］李加奎. 运用灰色关联分析对体育项目的相关程度进行综合评价的研究［J］. 南京体育学院学报（自然科学版），2002，1（1）：18-20.

［12］李炜培，邓树勋，孙力. 体育系田径达标成绩分布规律及评分标准探讨［J］. 上海师范学院学报（自然科学版），1984（2）：79-86.

［13］刘星亮.《体育测量评价》理论与实践教学初探［J］，武汉体育学院学报，1998（3）：102-105.

［14］彭龙辉. 体育测量评价若干问题的研究［J］. 广州体育学院学报，1998（2）：45-49.

［15］屈宁宁，李可基. 国际体力活动问卷中文版的信度和效度研究［J］. 中华流行病学杂志，2004（3）：87-90.

［16］苏浩，王卉，谢敏豪. 体力活动不足的判断标准探讨［J］. 中国运动医学杂志，2013，32（2）：179-181，185.

［17］孙文树，季浏. 基于层次分析和模糊数学综合评价的体育明星信源模型研究［J］. 武汉体育学院学报，2016，50（4）：33-39.

［18］王正珍，周誉．运动、体力活动与慢性疾病预防［J］．武汉体育学院学报，2013，47（11）：69–75.

［19］魏登云．第34届世界体操锦标赛裁判员评分的客观性分析［J］．中国体育科技，2000（7）：24–26.

［20］魏登云，夏冬．体育测量客观性、可靠性和有效性的对比分析［J］．北京体育大学学报，2002（4）：499–501.

［21］魏登云．重新认识体育测量的客观性［J］．北京体育大学学报，1999（3）：73–76.

［22］谢波飞．中美日新学生体质健康评价标准研究［J］．体育文化导刊，2009（8）：92–94.

［23］薛新轩，朱辉．青少年跆拳道运动员的选材标准与测评步骤［J］．武汉体育学院学报，2002（6）：141–142.

［24］杨印生，李树根，郝海．数据包络分析（DEA）的研究进展［J］．吉林工业大学学报，1994（4）：111–118.

［25］张俊珍．基于DEA的中国高原训练资源配置效率评价研究［J］．西安体育学院学报，2019，36（6）：680–684.

［26］张立．一种简易监测运动强度和评定运动能力的方法—RPE等级值［J］．武汉体育学院学报，1995（1）：41–45.

［27］郑凯．测量可靠性及其估价方法分析［J］．体育科学，2007（2）：90–93.

二、教材或专著

［1］陈骏良．体育测量与评价［M］．北京：人民体育出版社，1991.

［2］丛湖平．体育统计学［M］．2版．北京：高等教育出版社，2007.

[3] 郭庆科．心理测验的原理与应用[M]．北京：人民军医出版社，2002.

[4] 侯光文．教育评价概论[M]．石家庄：河北教育出版社，1999.

[5] 胡中锋，李方．教育测量与评价[M]．广州：广东高等教育出版社，1999.

[6] 李鸿江．田径[M]．3版．北京：高等教育出版社，2014.

[7] 李洁，陈仁伟．人体运动能力检测与评定[M]．北京：人民体育出版社，2005.

[8] 刘华，郝文亭．体育测量与评价[M]．桂林：广西师范大学出版社，2005.

[9] 宋专茂，陈伟．心理健康测量[M]．广州：暨南大学出版社，1999.

[10] 孙庆祝，郝文亭，洪峰．体育测量与评价[M]．2版．北京：高等教育出版社，2010.

[11] 王金灿．运动选材原理与方法[M]．北京：人民体育出版社，2005.

[12] 王景英．教育评价理论与实践[M]．长春：东北师范大学出版社，2002.

[13] 隗金水．运动员选材的选育结合理论与实证研究[M]．北京：北京体育大学出版社，2006.

[14] 邢文华，李晋裕，马志德，等．体育测量与评价[M]．北京：北京体育学院出版社，1985.

[15] 余竹生，沈勋章，朱学雷．运动员科学选材[M]．上海：上海中医药大学出版社，2006.

[16] 张绍岩．中国人手腕部骨龄标准——中华05及其应用[M]．北京：科学出版社，2015.